'걸어서 행복해져라. 걸어서 건강해져라.
우리의 나날들을 연장시키는, 즉 오래 사는 최선의 방법은
끊임없이, 그리고 목적을 갖고 걷는 것이다.'

찰스 디킨스(영국의 소설가)

길 따라 발길 따라 13
걸어서 해독하자! 주말 디톡스 여행
서울에서 제주까지 힐링로드 170선

지은이 김성중 정규찬
펴낸이 정규도
펴낸곳 황금시간

초판 1쇄 발행 2013년 5월 15일
초판 2쇄 발행 2013년 8월 16일

편집 권명희 김성중
디자인 김나경 이승현 정규옥
지도 일러스트 배윤희

황금시간
주소 경기도 파주시 문발로 211
전화 (02)736-2031(내선 361~362)
팩스 (02)732-2036
출판등록 제406-2007-00002호
공급처 (주)다락원
구입문의 전화 (02)736-2031(내선 250~252)
        팩스 (02)732-2037

Copyright ⓒ 2013, 황금시간

저자 및 출판사의 허락 없이 이 책의 일부 또는 전부를 무단 복제·전재·발췌할 수 없습니다. 잘못된 책은 바꿔 드립니다.

값 18,000원
ISBN 978-89-92533-48-5 13980

http://www.darakwon.co.kr

• 다락원 홈페이지를 통해 주문하시면 자세한 정보와 함께 다양한 혜택을 받으실 수 있습니다.
• 기타 문의사항은 황금시간 편집부로 연락 주십시오.

필자의 말

차도로 가득 찬 것처럼 보이던 도시며 마을에, '걷는 이'들을 배려한 길이 많이 생겨났습니다. 제주올레가 도화선이 된 '걷기 열풍' 덕분입니다. 관광객 유치의 좋은 아이템으로 본 지자체들이 앞 다퉈 길을 내기도 했습니다. 그중에는 정말 걷기 좋은 길도 있고 걷기 힘든 길도 있습니다. 정성스레 단장해 놓은 길도 있고 이름이 붙은 지 얼마 안 되어 폐허처럼 버려진 길도 있습니다.

지난 몇 년 동안 걷기 좋은 길들을 찾아다녔습니다. 걷고 또 걸었지요. 신발이 해질 때까지 걸어도 더 걷고 싶었던 제주의 바닷가, 알싸한 공기가 가슴 깊이 차오르던 팔영산 편백나무 숲, 느슨하게 마음을 풀어주던 지리산 상황마을…. 길의 풍경과 공기, 냄새까지 기억납니다. 한 장면 한 장면, 사진처럼 낙엽처럼 마음에 수북하게 쌓여 있습니다.

걷는 동안, 봄 여름 가을 겨울이 차례차례 찾아오고 마음에 꽃비가 내렸다가 광풍이 몰아치기도 했습니다. 가벼운 걸음도 무거운 신발 자국도, 달뜬 마음도 외로움도, 그 길에 남겨 두고 왔지만 얻은 것은 더 많았습니다.

걷기 여행을 하면 몸과 마음이 가벼워집니다. 피로와 스트레스가 슬그머니 사라지고 가벼워진 몸에 근육이 붙습니다. 도시의 소음이나 바쁜 일상 속에서 좀체 누릴 수 없는 성찰의 시간도 기다립니다. 종종걸음을 멈추고 나를 돌아보는 시간은 얼마나 귀한지요. 피톤치드 가득한 숲 한가운데에서 깊게 내쉬고 들이쉬는 숨은 한여름 얼음 동동 띄운 음료 한 잔보다 시원하고 상쾌합니다.

    이 책은 그간 전국을 샅샅이 누비며 만난 길에 대한 보고서이자 독자 여러분과 함께 좋은 길만 골라 걷고 싶다는 고백입니다. 제주올레와 지리산 둘레길, 북한산 둘레길의 모든 코스를 소개했고, '전국 베스트 힐링로드' 섹션에 걷기여행자를 위한 전국의 길들 중 특히 추천할 만한 곳을 추려 담았습니다. 길은 편안한지, 길의 거리와 걷는 데 걸리는 시간은 얼마나 되는지, 대중교통을 이용할 수 있는지, 가장 걷기 좋은 계절은 언제인지, 누구와 함께 걷는 게 좋은지, 어린아이도 걸을 수 있는지 꼼꼼히 적어 놓아 원하는 길을 선택하는 데 도움이 되도록 했습니다.

    하루나 이틀, 주말에만 시간을 내도 충분합니다. 코스마다 들어 있는, '1박 2일 추천 일정표'를 참조하세요. 여행을 가는 김에 길을 걸어도 좋고, 길을 걷기 위해 떠나서 주변 명소를 둘러봐도 좋습니다. '걷기+여행'은 해독주스보다 좋은, 진정한 디톡스 여행입니다.

    영국의 소설가 찰스 디킨스는 '걸어서 행복해져라. 걸어서 건강해져라. 우리의 나날들을 연장시키는, 즉 오래 사는 최선의 방법은 끊임없이, 그리고 목적을 갖고 걷는 것이다.'라고 했습니다.

    건강과 행복을 꿈꾸는 모든 분들에게 이 책을 바칩니다.

2013년 5월
김성중, 정규찬

차례

필자의 말 4

차례 6

일러두기 12
주말여행도 OK! 1박 2일 추천 일정 | 든든한 코스 지도 | +여행으로 여정을 풍성하게 | 족집게 여행 팁 | 깨알 정보 읽는 법

계절별 & 주제별 추천 걷기여행지 16
꽃 보러 가자 | 바닷가도 걷고 캠핑도 하고 | 단풍과 억새, 갈대가 기다리는 길 | 환상적인 설경 속으로 | 단둘이 걷고 싶다면 | 아이와 함께 걷기여행 | 재미있는 역사 이야기 | 해가 뜨고 해가 지고~

꼭 걸어봐야 할 3대 둘레길

제주올레

001 1코스 시흥~광치기 32
오름과 바다, 멋진 길의 삼중주

002 1-1코스 우도 34
우도의 비경을 구슬 꿰듯

003 2코스 광치기~온평 36
물빛 고운 바닷길에서 호젓한 산길까지

004 3코스 온평~표선 38
높은 곳에서 제주의 산과 바다를 보라

005 4코스 표선~남원 40
힘들지만 볼거리가 많아 지루하지 않다

006 5코스 남원~쇠소깍 42
꽃들 만발한 해안 지나면 푸른 난대림

007 6코스 쇠소깍~외돌개 44
제주 도심을 구석구석 누벼 보자

008 7코스 외돌개~월평 46
걸어 보면 아는 인기 최고 올레길

009 7-1코스 월드컵경기장~외돌개 48
엉또폭포와 서귀포 앞바다의 절경

010 8코스 월평~대평 50
'럭셔리 제주'를 보는 재미

011 9코스 대평~화순 52
숲을 들고나다 만나는 비밀의 계곡

012 10코스 화순~모슬포 54
천의 얼굴을 지닌 바다가 있다

013 10-1코스 가파도 56
아이와 함께 걸어도 좋은 올레길

014 11코스 모슬포~무릉 58
아픈 역사가 함께 걷는다

015 12코스 무릉~용수 60
수월봉부터 환상적인 경관

016 13코스 용수~저지 62
중산간 누비는 아기자기 숲길

017 14코스 저지~한림 64
마을 나서면 찬란한 숲과 바다

018 14-1코스 저지~무릉 66
마음까지 초록으로 물들이는 곶자왈

019 15코스 한림~고내 68
누구나 꿈꾸던 바로 그 풍경

020 16코스 고내~광령 70
봄날 햇살처럼 잔잔하고 소박한 길

021 17코스 광령~산지천 72
북쪽 해안 따라 용두암까지 시원한 눈맛

022 18코스 산지천~조천 74
한없이 넓은 바다를 품에 안는다

023 18-1코스 추자도 76
풍경이 감동이 되고 위로가 되고

024 19코스 조천~김녕 78
절반은 바다, 절반은 원시림 같은 숲

025 20코스 김녕~하도 80
일곱 마을에서 마주치는 제주의 오늘

026 21코스 하도~종달 82
투박해서 더 정겨운 길

지리산 둘레길

027 주천~운봉 88
구룡치 넘으면 아늑한 숲 터널

028 운봉~인월 90
5월이면 산과 마을에 철쭉꽃 잔치

029 인월~금계 91
다랑논과 지리산, 삶의 풍경화

030 금계~동강 92
엄천강을 벗 삼아 편하게 걷다

031 동강~수철 94
야생화 만발하는 아름다운 물길

032 수철~어천 95
지리산 줄기가 손에 잡힐 듯

033 어천~운리 96
천왕봉 부럽지 않은 멋진 조망

034 운리~덕산 98
고운 오솔길에 물 맑은 계곡까지

035 덕산~위태 100
대숲을 지나는 초록빛 바람

036 위태~하동호 102
소박한 풍경들이 더 특별하다

037 하동호~삼화실 103
옹기종기 지리산 마을 지나는 길

038 삼화실~대축 104
옹색한 갓논에서 삶의 의미를 보다

039 하동읍~서당 105
둘레길 중 가장 짧고 쉽다

040 대축~원부춘 106
넉넉한 악양 들녘을 품고 간다

041 원부춘~가탄 107
지리산 주능선이 굽이굽이 펼쳐진 길

042 가탄~송정 108
더 이상 아름다울 수 없는 벚꽃길

043 목아재~당재 109
왕시루봉과 피아골의 기운 듬뿍

044 송정~오미 110
아름다운 숲길 지나 운조루까지

045 오미~난동 111
지리산 남쪽 자락의 정다운 물길

046 오미~방광 112
고향 같은 마을에서 무공해 산책

047 방광~산동 114
힘들지만 볼 것 많은 임도와 옛길

048 산동~주천 115
산수유 꽃대궐 차리인 동네

북한산 둘레길

049 **1~4구간 120**
북한산 둘레길의 화려한 마중

050 **5~7구간 122**
사색하며 걷는 귀한 시간

051 **8~10구간 123**
산과 눈 맞으며 구름정원을 걸어보자

052 **11~13구간 124**
숲 속 오솔길과 청정 계곡

053 **14~16구간 125**
능선 따라 펼쳐진 풍광이 으뜸

054 **17~20구간 126**
북한산에 깃든 역사를 살피다

055 **21구간 127**
40여 년 감춰 둔 자연 속으로

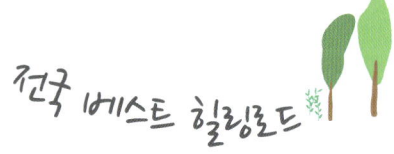
전국 베스트 힐링로드

서울

056 **서울성곽길 남산 코스 133**
한양과 서울, 과거와 현재를 오가다

057 **서울성곽길 낙산 코스 136**
아기자기 예술 감성 묻어나는 길

058 **서울성곽길 북악산 코스 138**
600년 도읍이 발아래 펼쳐진다

059 **서울성곽길 인왕산 코스 140**
인왕산은 서울의 축복이다

060 **양재천~탄천 142**
잘 그린 풍경화 속을 거닐다

061 **불암산 산책로 145**
땀이 흐를 때쯤 시원한 계곡과 호수

062 **월드컵공원 148**
강과 도심이 한눈에 들어오는 언덕

063 **안산 151**
숙연하고 아름다운 역사의 땅

064 **서울숲 154**
서울의 대표적인 공원 산책로

065 **북악스카이웨이 157**
'끝내주는' 전망에 구경거리도 많다

066 **몽촌토성 160**
센트럴파크 부럽지 않다

067 **경복궁~창덕궁~창경궁~종묘 164**
고도(古都)의 궁궐을 따라 걸으면

068 **망우리공원 사색의 길 167**
울창한 숲 사이 편안한 산책로

인천·경기도

069 **강화나들길 2코스 호국돈대길 172**
호국과 애국에 관한 단상

070 **강화나들길 7코스 갯벌 보러 가는 길 175**
푸른 바다와 회색 갯벌이 시야 가득

071 **아침고요수목원~수레넘어고개 178**
아름다운 정원 너머 고요한 잣나무 숲

072 **고양누리길 서삼릉누리길 181**
풍성한 볼거리를 구슬 꿰듯

073 **서울대공원 산림욕장 184**
도심에도 한적한 숲이 있다

074 **다산길 2코스 다산길 187**
남한강 따라 정약용의 고향으로

075 **남한산성 190**
영광과 굴욕의 역사를 보다

076 수원 화성 193
조선 후기 토목건축의 백미

077 늠내길 2코스 갯골길 196
폐염전, 생태공원으로 진화 중

078 봉미산 산음 임도 199
사계절 언제나 고요하고 멋진 산길

079 양수리 202
두 물줄기가 하나 되는 길목

080 소풍길 3코스 불로장생길 205
삶도 걷기도 '소풍'처럼

081 설봉공원~설봉산 208
가볍게 조깅하기 좋은 산책로

082 평화누리길 파주 4코스 211
분단이 빚은 낯선 풍경

083 산정호수 214
그 유명한 호수의 물안개

084 경포호~사천항 218
어디가 호수이고 어디가 바다일까

085 거진해맞이봉 산림욕장 221
하늘과 바다와 바위심의 합주

086 무릉계곡 224
여기가 바로 무릉도원인가요

087 덕풍계곡 227
전국 제일의 계곡 트레킹 코스

088 준경묘 금강송 숲길 230
왕실이 관리하던 최고의 숲

089 구령령 옛길 233
구비마다 사연을 품었다

090 동강 어라연 236
흘러가는 강물에 걸음을 맞추듯

091 치악산 구룡사~세렴폭포 239
치악산의 순한 속내를 들여다보다

092 곰배령 242
그 길 끝에는 천상의 화원

093 설악산 백담사~영시암 245
수려한 자연에 마음을 씻고

094 하늘길 248
운탄길과 화절령의 매력적인 변신

095 쇠둘레 평화누리길 1코스 한여울길 250
단절의 땅과 평화를 심는 발걸음

096 봄내길 1코스 실레이야기길 252
요절한 천재, 김유정의 문학 속으로

097 검룡소~대덕산 254
국내 최대 야생화 군락지 가는 길

098 바우길 1코스 선자령 풍차길 257
초원을 달리는 바람과 마주치다

099 바우길 2코스 대관령 옛길 260
옛 사람들의 꿈이 오가던 길

100 오대산 월정사~상원사 262
몸과 마음을 힐링하는 숲

101 용소계곡 265
맑은 물에 발 담그는 계곡 트레킹

102 계족산 황톳길 270
서늘하고 부드러운 황토의 감촉

103 대청호반길 1코스 금강 로하스 해피로드 273
금강은 지금도 변신 중

104 장태산자연휴양림 276
나무 교향악단의 초대

105 산막이옛길 279
사라진 마을 위를 거닐다

106 화양동계곡 **282**
　　강직한 선비 닮아 정갈하여라

107 속리산 법주사~세심정 **285**
　　속세와 이별하고 싶은 산

108 미동산수목원 **288**
　　숲도 걷고 산림 문화 체험도 하고

109 상당산성 **291**
　　가볍게 걸으며 역사를 배운다

110 청남대 대통령길 **294**
　　그들을 떠올리게 하는 6개의 테마

111 월악산 하늘재 **297**
　　현세와 내세의 거리는 얼마일까

112 마곡사 솔바람길 **300**
　　청년 김구의 고뇌를 보다

113 부소산성 **303**
　　백제 사비 시대 도성과 낙화암

114 용현자연휴양림 내포문화숲길 시범구간 **306**
　　숲길 걸어 백제 불교문화 속으로

115 설광봉도 봉수산 임도 **309**
　　유유자적 봉황이나 찾아볼까

116 솔향기길 1코스 **312**
　　은은한 솔향 따라오는 바다

117 태안 해변길 4코스 솔모랫길 **315**

　　볼거리 많고 걷기 편한 해안길

118 무돌길 광주 북구 구간 **320**
　　무등산 자락마다 정겨운 마을

119 고인돌 질마재 따라 100리길 3코스 질마재길 **323**
　　미당의 시가 태어난 그 곳

120 구불길 6코스 달밝음길 **326**
　　금강을 배웅하고 공원에 오르다

121 금구명품길 2코스 **329**
　　날개 펼친 봉황을 닮은 산줄기

122 모악산 마실길 2코스 **332**
　　생명의 땅으로 마실 가다

123 바래봉 **335**
　　정상에서 팔랑치까지 철쭉의 바다

124 전주한옥마을~영화의 거리 **338**
　　마음과 감성을 흔드는 도시의 거리

125 천년고도 옛길 1코스 건지산 옛길 **341**
　　생태와 문화가 하모니를 이루다

126 백제가요 정읍사 오솔길 1, 3코스 **344**
　　사랑이 어떻게 변하니

127 정약용 남도유배길 2코스 다산오솔길 **347**
　　다산의 학식과 마음을 따라가다

128 팔영산 편백건강숲길 **350**
　　나무 의사가 기다리는 자연 병원

129 섬진강 길 **353**
　　느릿느릿 시간을 거스르는 낭만

130 관방제림~메타세쿼이아 가로수 길 **356**
　　오래된 숲의 짙은 그늘 속으로

131 대한다원 차밭 **359**
　　동글동글 초록 파도 일렁이는 곳

132 순천만 **362**
　　'갈대의 순정'도 장관이더라

133 모실길 3코스 천년의 숲길 **365**
　　갯벌과 모래밭 지나 솔숲으로

134 보길도 **368**
　　옛 시인이 풍류를 즐기는 법

135 슬로길 1~7코스 **371**
　　느린 우체통으로 추억을 부치다

136 장성 치유의 숲 **374**
　　편백나무 향과 피톤치드 가득한 숲

137 두륜산 대흥사 숲길 **377**
　　고목이 터널 이루는 십리숲

경상도

138 남산 382
길가에 핀 민중불교의 꽃

139 토함산 불국사~석굴암 385
신라 천년의 역사를 껴안다

140 직지문화 모티길 388
모퉁이 돌 때마다 정겨운 산골

141 고모산성~토끼비리길 391
토끼가 다니던 벼랑, 명승이 되다

142 문경새재 과거길 394
맨발로 넘어도 되는 고갯길

143 외씨버선길 춘양목 솔향기길 397
사과향기 솔향기 그윽한 길

144 MRF 이야기길 4코스 숨소리길 400
나각산에 오르면 낙동강이 한눈에

145 블루로드 B코스 402
어디서나 일출을 볼 수 있다

146 소백산자락길 3자락 405
그 길 참 조붓하고 오붓하다

147 금강소나무숲길 1구간 408
예약해야 걸을 수 있는 멋진 숲길

148 주왕산 주방계곡 411
깊은 산이 품은 폭포 세 개

149 남해 바래길 1코스 다랭이지겟길 414
고단한 삶이 그린 그림

150 남부길 417
진주의 꼿꼿한 자부심

151 우포늪 420
생명의 찬가를 듣는다

152 무학산 둘레길 봉국사~만날고개 423
더 아름다운 마산을 보고 싶다면

153 주남저수지 426
철새들의 군무를 보러 오세요

154 진해 드림로드 장복 하늘마루 산길~천자봉 해오름길 429
꿈꾸듯 행복한 시간을 드립니다

155 삼칭이해안길 432
여기가 바로 한국의 나폴리

156 화개십리벚꽃길 435
봄날, 분분하게 꽃비 내리고

제주도

157 군산 440
유채꽃 화사한 일출·일몰 명소

158 백약이오름~동거문오름 443
닮은 듯 다른 오름 세 개

159 서귀포자연휴양림 446
편안한 산책과 짜릿한 눈맛

160 설록다원서광~남송이오름 449
차밭에서 목장까지 실컷 푸르다

161 제주유배길 1코스 추사유배길 452
유배지에 남은 예술의 향기

162 큰사슴이오름 455
봄 야생화, 가을 억새의 손짓

163 한라산 둘레길 1구간 법정사~시오름 458
숲의 기운 가득한 '내륙 올레'

164 거문오름 461
화산섬 제주를 빼닮다

165 노꼬메오름 464
밀림 지나면 눈부신 억새 능선

166 다랑쉬오름~용눈이오름 467
잘생긴 오름에 달이 뜨면

167 동백동산 470
희귀식물 품은 람사르 습지

168 바리메오름 473
나를 위한 공양의 시간

169 사려니 숲길 476
언제든 걷고 싶은 최고의 숲길

170 절물자연휴양림 478
천연림 곶자왈과 삼나무 숲

일러두기

제주올레·지리산 둘레길·북한산 둘레길 전 코스 가이드

국내에 걷기 열풍을 몰고 온 제주올레와 지리산 둘레길, 북한산 둘레길은 걷기여행을 꿈꾸는 이라면 누구나 한번쯤 걸어보고 싶어 하는 국내 3대 걷기 코스라고 할 수 있다. 체력이 약한 사람도 완주할 수 있는 비교적 평탄한 길들로 구성되어 있으며, 수평의 눈높이에 해당 지역의 비경을 제대로 담고 있다. 제주올레는 26개, 지리산 둘레길은 22개, 북한산 둘레길은 21개의 코스(또는 구간)로 구성되어 있는데 모두 걷는다면 완주의 성취감도 클 것이다.

걷기여행자라면 꼭 걸어보길 바라는 마음으로 이들 3대 둘레길의 전 코스를 소개했다. 하루에 걷기 좋은 거리(제주올레와 지리산 둘레길은 한 코스, 북한산 둘레길은 서너 코스)를 기준으로 삼아 각 코스의 특징과 볼거리, 맛집 등 걷기여행에 꼭 필요한 정보를 담았다.

전국 베스트 힐링로드 선정 기준

우후죽순 생겨나고 있는 전국의 수많은 걷기 코스 중에서 ①갈림길 등에서 헷갈리지 않도록 이정표나 안내 표시가 잘되어 있고 ②길옆 풍경이 아름답고 ④하루 해거름 전까지 걷기를 마무리할 수 있고 ③걸어본 이들이 이구동성으로 추천하는 길을 골라 소개했다. 전국편인 만큼 특정지역에 치우치지 않도록 지역별 안배도 고려했다.

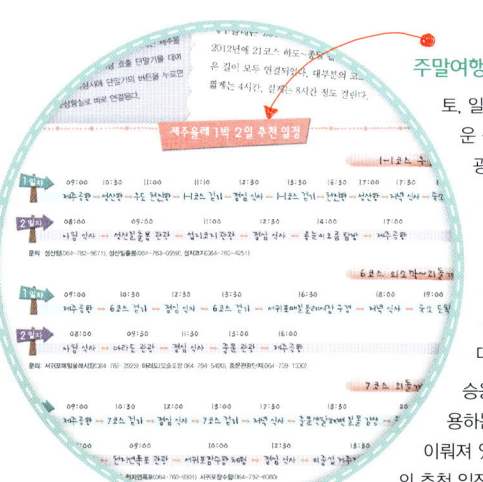

주말여행도 OK! 1박 2일 추천 일정 참조

토, 일요일 주말만 이용해도 걷기여행을 다니는 데는 전혀 문제가 없다. 가까운 곳이라면 당일 여행도 가능하고 1박 2일이라면 하루는 걷고 하루는 관광을 할 수도 있다.

이 책의 독자라면 시간이 얼마나 걸리는지, 동선은 어떻게 짜야 하는지, 오가는 길에 어느 곳을 둘러봐야 하는지 난감해 하지 않아도 된다. 시간 여유가 없는 독자들을 위해 코스(전국 베스트 힐링로드 섹션)마다 '1박 2일 추천 일정'을 제시해 두었다. 걷기 코스와 함께 가볼 만한 주변 관광지, 머무는 시간과 이동 거리를 고려한 예상 시간이 적혀 있어 그대로 따라 움직여도 무리가 없다.

승용차(자가운전) 이동을 기준으로 추천 일정을 제시했고, 대중교통을 이용하는 것이 훨씬 편하고 효율적인 서울만 예외로 했다. 여러 개의 코스로 이뤄져 있어 상대적으로 장기 여행자가 많은 3대 둘레길의 경우에는 각각 3개의 추천 일정을 예시해 단기 일정을 짜는 데 참조할 수 있도록 했다.

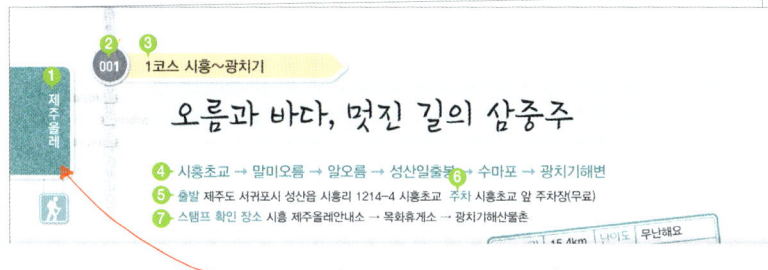

정보 읽기 1(꼭 걸어봐야 할 3대 둘레길)

❶ 길의 이름. 색으로도 구분. ❷ 이 책에 소개된 순서.

❸ 길에 속한 코스(또는 구간)의 이름. 즉 제주올레라는 '길' 내에 코스가 여럿(총 26개) 있는데 그중 1코스 시흥~광치기를 소개했다는 뜻이다. 길에 따라 코스에 번호가 붙어 있는 경우 함께 표기했다.

❹ 코스의 출발지부터 중간에 들르는 주요 지점, 마치는 곳까지 코스의 경로를 순차적으로 알려준다.

❺ 걷기여행 출발지의 주소. 내비게이션 검색어로도 활용.

❻ 출발지 주변 주차 정보.

❼ 제주올레 코스마다 스탬프 확인 장소가 3곳씩 있다. 전 코스를 걸으며 (사)제주올레에서 제공하는 패스포트(유료 판매)에 스탬프를 모두 찍으면 올레 완주증을 받을 수 있다.

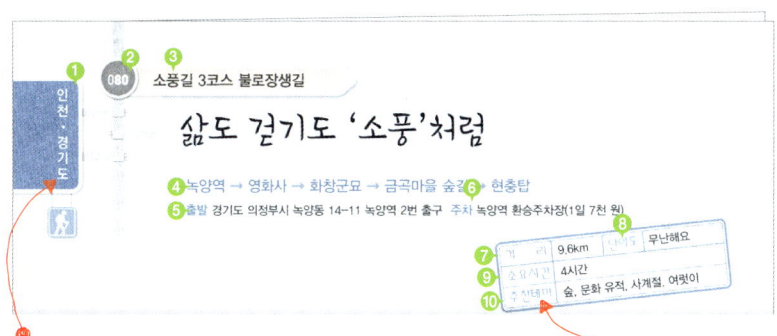

정보 읽기 2(전국 베스트 힐링로드)

❶ 길이 위치한 광역시도 이름. 색으로도 구분.

❷ 이 책에 소개된 순서.

❸ 길의 이름과 코스 이름. 즉 소풍길이 길의 이름이고 불로장생길이 코스 이름이다. 소풍길 내에 여러 개의 코스가 있는데 그중 하나인 불로장생길 코스를 소개했다는 뜻이다. 길에 따라 코스에 번호가 붙어 있는 경우 함께 표기했다. 길이 하나의 코스로 이뤄진 경우 길의 이름만 적었고, 정식 이름이 없는 코스는 '출발지~도착지' 형식으로 표기했다.

❹ 코스의 출발지부터 중간에 들르는 주요 지점, 마치는 곳까지 코스의 경로를 순차적으로 알려준다.

❺ 걷기여행을 시작하는 곳의 주소. 내비게이션 검색어로도 활용.

❻ 출발지 주변 주차 정보.

정보 읽기 3(코스 정보표)

❼ 코스의 전체 거리.

❽ 코스의 난이도. 아이들도 걸을 수 있는 코스는 '쉬워요', 2~4시간 걸리고 오르막이 심하지 않은 코스는 '무난해요', 험한 산길이 있거나 5시간 이상 오래 걸어야 하는 코스는 '조금 힘들어요'나 '힘들어요'로 구분해 놓았다.

❾ 출발지부터 도착지까지 걷는 데 걸리는 시간. 쉬는 시간과 관람 시간은 포함하지 않았다.

❿ 길의 특징, 가기 좋은 계절, 추천 동반 인원 등 원하는 여행을 계획하는 데 도움 되는 정보가 들어 있다.

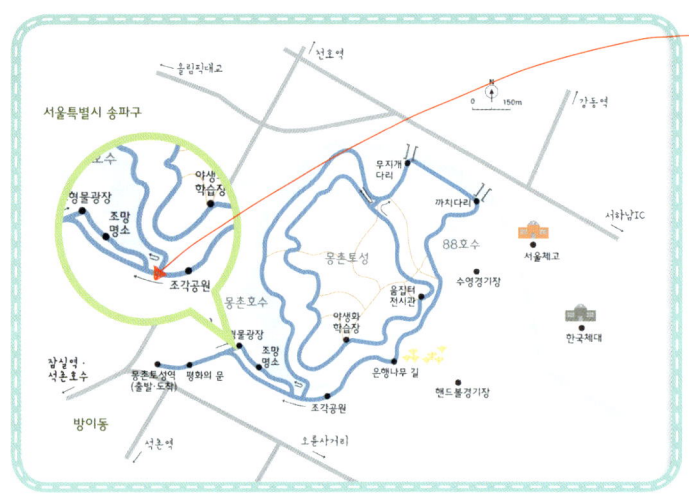

상세 지도

지도를 보면 초보자도 쉽게 길을 찾을 수 있다. 불명확한 약도가 아닌, 실제로 걸으면서 측정한 GPS 정보를 담은 지도다. 갈림길마다 가야할 방향을 화살표로 표시했다.

대중교통 정보

우리나라는 대중교통이 잘 되어 있으므로 때로는 승용차보다 버스로 떠나는 여행이 더 편하다. 걷기 코스의 출발지까지 가는 버스 노선과 걷기여행을 마친 후 출발지로 되돌아오는 법, 버스의 배차 간격 등을 상세히 적어 놓았다.

여행 팁

길의 개요, 축제 정보, 주의해야할 점, 꼭 봐두어야 할 장소, 가장 여행하기 좋은 시기, 준비물 등 말 그대로 여행하는 데 필요한 각종 팁을 전한다.

+여행
걷기여행의 전후로 둘러볼 만한 주변 여행지 소개. 1박2일 이상의 일정이라면 걷기+여행 (관광, 체험 등)의 조합이 더 즐겁다.

노동당사
광복 후 철원이 북한 관할 지역이었을 때 조선노동당이 지은 건물. 반공인사를 잡아 고문과 학살이 자행되었다. 6.25전쟁 중 내부는 모두 파괴되었고 현재는 외부 형태만 남아 있다. 승일공원에서 차로 20분 거리.
위치 강원도 철원군 철원읍 관전리 3-2
입장료 없음

계절별 & 주제별 추천 걷기여행지
각 코스마다 원하는 여행지를 찾는 데 도움 되는 정보가 들어 있지만, 그래도 마음에 드는 길을 고르기 쉽지 않을 경우 이 코너를 참조하자. 계절별, 주제별로 베스트 추천 여행지를 골라 소개하고 관련 정보 페이지를 넣어 찾아보기 쉽도록 했다.

계절별 주제별 추천 걷기여행지

▰ 계절별, 주제별, 베스트, 추천 여행지, 맞춤 여행, 걷기여행 컨설팅

언제 어딜 가야 좋을까?

"혼자 호젓하게 걷는 게 좋지 시끌벅적한 곳은 별로야."
"다섯 살 딸내미와 같이 걸을 수 있는 편한 길은?"
"관광도 하고 가볍게 산책도 하고 싶은데…."

원하는 풍경 속을 걸어야 즐겁다.
길의 표정은 계절이나 시간에 따라서도 바뀐다.

언제 누구와 어딜 걸어야 행복할까?
고민하는 당신에게 추천하는 '계절별, 주제별 베스트 걷기여행지'.

추천코스
봄

벚꽃, 유채꽃, 철쭉, 청보리, 산수유, 축제

p 56 제주올레 10-1코스 가파도
청보리밭, 청보리축제, 4월 중순~5월 중순

p 115 지리산 둘레길 산동~주천
산수유꽃, 구례 산수유꽃축제, 3월~4월 중순

p 335 바래봉
철쭉, 지리산 운봉바래봉 철쭉제, 4월 중순~말

p 435 화개십리벚꽃길
벚꽃, 화개장터벚꽃축제, 4월 초

p 455 큰사슴이오름
유채꽃, 벚꽃, 제주유채꽃큰잔치, 4월 초~중순

계절별 & 주제별 추천 걷기여행지

추천코스
여름
산림욕, 계곡, 해수욕, 휴양림, 오토캠핑장

p 224 **무릉계곡**
계곡, 폭포, 오토캠핑장

p 227 **덕풍계곡**
계곡, 협곡, 폭포, 오토캠핑장, 휴양림

p 315 **태안 해변길 4코스 솔모랫길**
해수욕, 갯벌, 낙조

p 374 **장성 치유의 숲**
편백나무 숲 산림욕장, 휴양림

p 478 **절물자연휴양림**
삼나무 숲 산림욕장, 휴양 시설

추천코스
가을
단풍, 억새, 갈대

p 160　몽촌토성
　공원, 호수, 단풍

p 288　미동산수목원
　수목원, 미동산, 단풍

p 362　순천만
　갈대, 순천만 갈대축제, 11월 초

p 338　전주한옥마을~영화의 거리
　전주천, 억새, 단풍

p 467　다랑쉬오름~용눈이오름
　억새, 10월 중순~말

추천코스
겨울
설경, 겨울바다, 철새

p 175 강화나들길 7코스 갯벌 보러 가는 길
겨울바다, 갯벌, 철새

p 164 경복궁~창덕궁~창경궁~종묘
고궁, 설경

p 365 모실길 3코스 천년의 숲길
겨울바다, 갯벌

p 245 설악산 백담사~영시암
산사, 설경

p 326 구불길 6코스 달밝음길
겨울바다, 설경

추천코스
단둘이 걷고 싶어
연인, 축제, 볼거리, 즐길 거리

p 50 제주올레 8코스
대포주상절리, 중문색달해변, 중문관광단지

p 202 양수리
양수리환경생태공원, 세미원, 두물머리

p 218 광포대~사천항
벚꽃, 유채꽃, 광포딸꽃진지

p 359 대한다원 차밭
차밭, 다향제, 삼나무, 편백나무, 전망대

p 394 문경새재 과거길
드라마 촬영장, 맨발 산책로, 자연생태공원

추천코스
아이 손잡고 걸을 수 있는 편한 길

가족, 나들이, 자연, 볼거리, 즐길 거리

p 154 서울숲
꽃사슴 방사장, 습지초화원, 동물의 집

p 184 서울대공원 산림욕장
산림욕장, 동물원, 봄바람 대축제, 놀이동산

p 291 상당산성
성곽 길, 호수, 성문

p 279 산막이옛길
괴음정망대, 구름다리, 괴산호 유람선 여행

p 391 고모산성~토끼비리길
산성, 옛길, 영강 물놀이, 레일바이크

추천코스
역사 이야기, 완전 좋아!
역사, 문화, 인물, 유적

p 120 북한산 둘레길 소나무숲길~솔샘길
애국지사 · 독립운동가 묘소, 4.19기념탑

p 172 강화나들길 2코스 호국돈대길
갑곶돈대, 용진진, 광성보, 덕진진

p 303 부소산성
부소산문, 낙화암, 조룡대, 고란사

p 347 정약용 남도유배길 2코스 다산오솔길
다산초당, 백련사, 영랑생가

p 382 남산
포석정, 석불, 석탑, 신라 유적

추천코스
해가 뜨고~ 해가 지고~
🏷 일출, 일몰

p 54 제주올레 10코스 화순~모슬포
🏷 송악산, 하모해수욕장 일몰

p 64 제주올레 14코스 저지~한림
🏷 월령포구, 금능으뜸원해변, 한림항 일몰

p 312 솔향기길 1코스
🏷 꾸지나무골해수욕장, 중막골해변 일몰

p 365 모실길 3코스 천년의 숲길
🏷 우전해수욕장, 짱뚱어다리 일몰

p 371 슬로길 1~7코스
🏷 항도 일출, 도청항과 화랑포 일몰

꼭 걸어봐야 할 3대 둘레길

올레길은 나지막한 돌담 옆을 지나 유채꽃밭과 원시림 속으로 들어갔다가

오름을 넘어 산홋빛 바다 옆을 지난다.

제주 구석구석에 내리는 햇살과 바람을 맞으며 길 위에 서면

걸을 수 있다는 사실이 축복처럼 느껴진다.

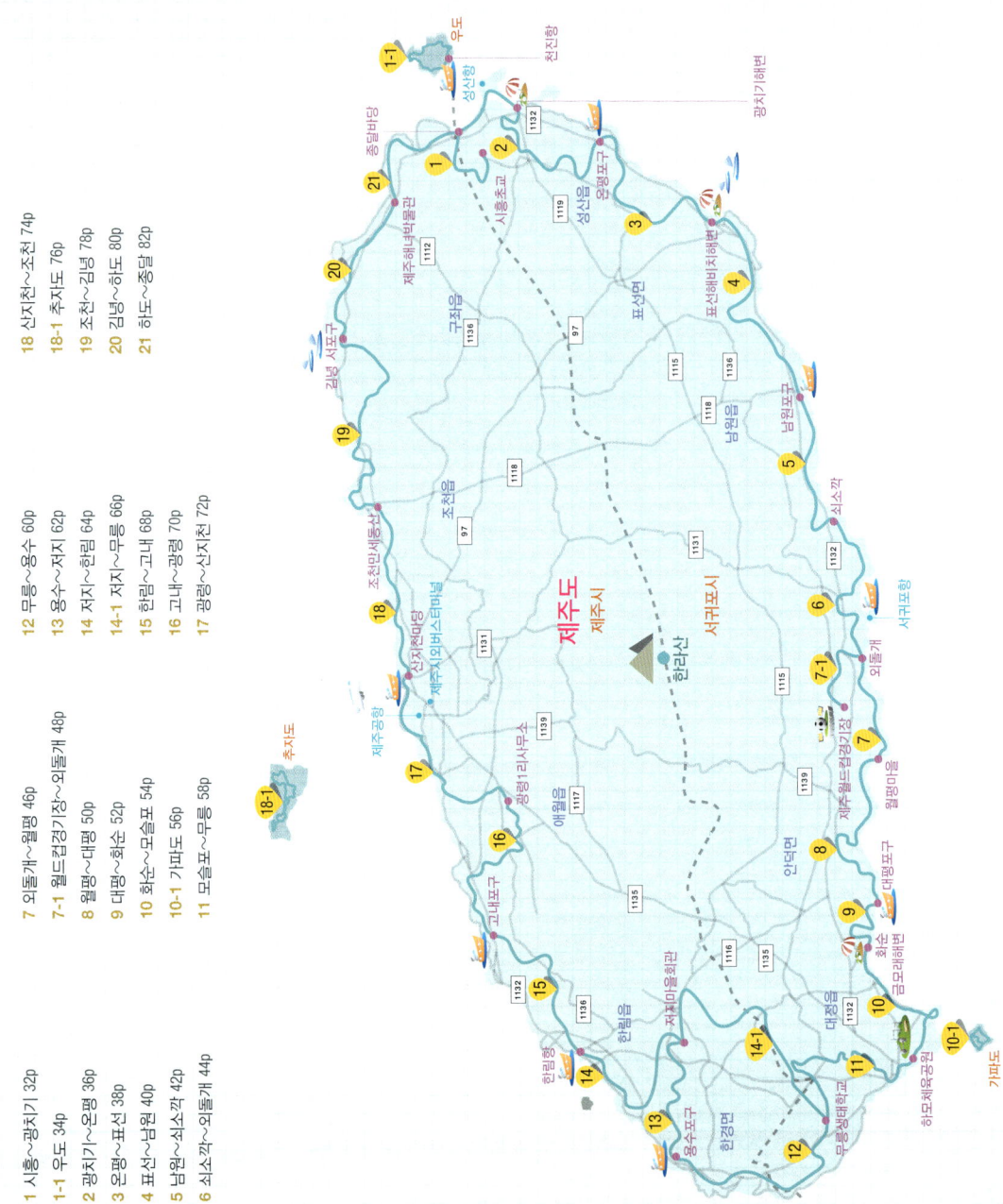

진짜 제주를 만나려면 올레를 걸어라

유명 관광지가 아닌, 자연의 선물 같은 섬 제주도를 만나려면 올레를 걸어야 한다. 올레길은 나지막한 돌담 옆을 지나 유채꽃밭과 원시림 속으로 들어갔다가 오름을 넘어 산홋빛 바다 옆을 지난다. 제주 구석구석에 내리는 햇살과 바람을 맞으며 길 위에 서면 걸을 수 있다는 사실이 축복처럼 느껴진다.

제주올레는 2009년에 1코스 시흥~광치기 올레를 시작으로 2012년에 21코스 하도~종달 올레가 개장하면서 26개의 아름다운 길이 모두 연결되었다. 대부분의 코스가 10~20km 거리여서 짧게는 4시간, 길게는 8시간 정도 걸린다.

인적이 드문 숲길이나 비인기 코스를 걸을 때는 안전사고에 대비하여 혼자보다는 여럿이 함께 걷도록 한다. 제주올레 홈페이지(www.jejuolle.org)나 제주올레 콜센터(064-762-2190)를 통해 동행할 사람을 구할 수도 있다. 또한 제주공항·제주항 관광안내센터와 서귀포 6코스에 위치한 제주올레사무국에서는 비상 호출 단말기를 대여해준다. 비상시에 단말기의 버튼을 누르면 112상황실로 바로 연결된다.

제주올레 1박 2일 추천 일정

1~1코스 우도

1일차: 09:00 제주공항 → 10:30 성산항 → 11:00 우도 천진항 → 11:10 1-1코스 걷기 → 12:30 점심 식사 → 13:30 1-1코스 걷기 → 16:30 천진항 → 17:00 성산항 → 19:00 저녁 식사 → 숙소 도착

2일차: 08:00 아침 식사 → 09:00 성산일출봉 관광 → 11:00 섭지코지 관광 → 12:30 점심 식사 → 14:00 용눈이오름 탐방 → 17:00 제주공항

문의: 성산항(064-782-5671), 성산일출봉(064-783-0959), 섭지코지(064-760-4251)

6코스 쇠소깍~외돌개

1일차: 09:00 제주공항 → 10:30 6코스 걷기 → 12:30 점심 식사 → 13:30 6코스 걷기 → 16:30 서귀포매일올레시장 구경 → 18:00 저녁 식사 → 19:00 숙소 도착

2일차: 08:00 아침 식사 → 09:30 마라도 관광 → 11:30 점심 식사 → 13:00 중문 관광 → 16:00 제주공항

문의: 서귀포매일올레시장(064-762-2925), 마라도(모슬포항 064-794-5490), 중문관광단지(064-739-1330)

7코스 외돌개~월평

1일차: 09:00 제주공항 → 10:30 7코스 걷기 → 12:00 점심 식사 → 13:00 7코스 걷기 → 17:30 저녁 식사 → 18:30 중문색달해변 일몰 감상 → 20:00 숙소 도착

2일차: 08:00 아침 식사 → 09:00 천지연폭포 관광 → 10:00 서귀포잠수함 체험 → 12:30 점심 식사 → 13:30 이중섭 거주지·거리 관광 → 16:30 제주공항

문의: 중문색달해변(064-728-3919), 천지연폭포(064-760-6301), 서귀포잠수함(064-732-6060)

제주올레

001 1코스 시흥~광치기

오름과 바다, 멋진 길의 삼중주

시흥초교 ➞ 말미오름 ➞ 알오름 ➞ 성산일출봉 ➞ 수마포 ➞ 광치기해변

출발 제주도 서귀포시 성산읍 시흥리 1214-4 시흥초교　**주차** 시흥초교 앞 주차장(무료)
스탬프 확인 장소 시흥 제주올레안내소 ➞ 목화휴게소 ➞ 광치기해산물촌

거 리	15.4km	난이도	무난해요
소요시간	5시간		
추천테마	숲, 바다, 오름, 사계절, 연인끼리		

혼저 옵서예~

말미오름에서 본 제주 풍경

32　꼭 걸어봐야 할 3대 둘레길

시흥~종달 해안도로 옆 해변

스마트폰 유저라면 '제주올레공식앱'을 써보자~

스마트폰이 있는 경우, 제주올레를 걷기 전에 '제주올레공식앱'을 다운받아 보자. 제주도에 본사를 두고 있는 다음 커뮤니케이션이 사회공헌 차원에서 만들어 사단법인 제주올레에 기부한 것으로, 쓰임새가 좋고 완성도가 높다는 평가다. 코스 소개는 물론 내게 맞는 제주올레 찾기, 코스별 볼거리, 숙소, 맛집, 코스 우회 안내 등 도움 되는 정보와 자료들이 들어 있다. 안드로이드용과 아이폰용 모두 출시되어 있다. 다운 및 사용 무료.

여행 Tip 올레길 주변에 하룻밤 묵기 좋은 게스트하우스가 많다. 1인 1박에 2만 원대이고, 코스를 마치는 지점에서 숙소까지 픽업을 해주는 곳도 있다.

가장 먼저 세상에 선보인 올레길. 오름과 바다가 이어지는 길로 사시사철 푸른 들을 지나며, 유채 만발한 봄에 더 사랑스럽다. 1코스는 수려한 볼거리가 많지 않고 포장된 구간이 많아 조금 심심하거나 지루하게 느껴질 수 있다. 하지만 제주의 참모습은 바로 이런, 맑은 물에 세수를 마친 시골 아이처럼 순박한 아름다움에 있다.

말의 머리처럼 생겼다는 말미오름과 새의 알을 닮았다는 알오름에 오르면 성산포의 들판과 우도 앞바다, 한라산과 다랑쉬오름을 한눈에 볼 수 있다. 종달리 소금밭을 지나면서부터는 휠체어도 무리 없이 지날 수 있는 길이 이어진다. 백사장 고운 종달리해수욕장에서 조개를 줍고, 해녀들이 직접 운영하는 식당에 들러 전복죽도 맛본다. 걷는 내내 연녹색 물빛의 독특한 바다 풍경에 지루할 틈이 없다.

 찾아가기 제주시외버스터미널에서 성산 방향 동일주 노선(20분 간격)을 타고 시흥리에서 내린다. 시흥초교까지 걸어서 3분.
돌아오기 광치기해변에서 제주 방향 동일주 노선(20분 간격)을 탄 후 제주시외버스터미널에서 내린다. 중간에 시흥리를 경유한다.

 숙박 달집 게스트하우스 070-8867-9562
성산해비치 게스트하우스 (064)784-0864
식당 시흥해녀의 집(전복죽) (064)782-9230
충남식당(해물뚝배기) (064)782-4655

002 1-1코스 우도

우도의 비경을 구슬 꿰듯

천진항 → 산호해변 → 하우목동항 → 하고수동해변 → 비양도 → 우도봉 → 천진항

출발 제주도 제주시 우도면 연평리 1737-15 천진항　**주차** 성산항 주차장(무료), 우도 천진항 주차장(무료)
스탬프 확인 장소 천진항 또는 하우목동항 → 하고수동해변 → 천진항 또는 하우목동항

거리	15.3km	난이도	무난해요
소요시간	4~5시간		
추천테마	바다, 오름, 사계절, 연인끼리		

비양도 소라탑(왼쪽)과 우도 등대

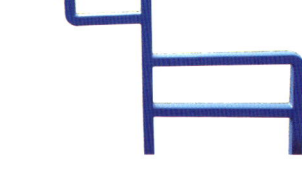

찾아가기 제주시외버스터미널에서 성산부두 노선(40~50분 간격)을 타고 성산항에서 내린다. 성산항여객터미널에서 우도로 가는 여객선(30~60분 간격) 이용.
돌아오기 우도 천진항이나 하우목동항에서 여객선(30~60분 간격)을 타고 성산항으로 이동한다. 성산항여객터미널에서 제주시외버스터미널로 가는 성산부두 노선(40~50분 간격)이 있다.

숙박 노닐다 게스트하우스 (064)784-5460
　　　산호풍경 펜션 (064)783-3542
　　　하늘이민박 (064)783-0235
식당 어부일기(땅콩회국수) (064)783-0996
　　　회양과 국수군(방어회국수)
　　　　　　　　　　　 (064)782-0150

소가 머리를 들고 있는 모습을 닮았다 하여 우도(牛島)라 불리는 섬. 제주도 부속 섬 가운데 가장 크고 1년 내내 쪽빛 바다를 감상할 수 있는 곳이다. 제주도를 좋아하는 이라면 산호해변에서 물놀이하고 우도봉(쇠머리오름)을 산책한 추억을 갖고 있을 그 섬에 올레 1-1코스가 놓여 있다.

산호해변은 우도 올레가 안겨주는 첫 번째 선물이다. 홍조단괴로만 이루어진 퇴적물이 쌓여 형성된 해변은 하얗다 못해 푸른빛이 돈다. 여객선이 오가는 하우목동항에서 봄에는 유채꽃이, 가을에는 마늘과 땅콩이 자라는 밭길로 들어서면 전형적인 제주 돌담의 모습을 볼 수 있다. 연푸른 물빛을 지닌 하고수동해변과 '섬 속의 섬' 비양도를 둘러보고, 하얀 등대와 빨간 등대가 인상적인 우도봉도 오른다. 길 끝에서는 붉게 타는 듯한 꽃양귀비가 배웅한다.

여행 Tip

우도에서는 매년 4월 중순에 '제주유채꽃큰잔치'와 '우도소라축제'가 열린다. 11월 중순에는 '우도땅콩축제'도 개최된다. 땅콩은 우도의 특산품으로, 축제 때 더 싸게 살 수 있다.

우도봉 전경

> 산호해변을 보려면 선글라스 정도는 껴줘야…

산호해변

제주올레

003 2코스 광치기~온평

물빛 고운 바닷길에서 호젓한 산길까지

광치기해변 → 식산봉 → 대수산봉 → 혼인지 → 환해장성 → 온평포구

출발 제주도 서귀포시 성산읍 고성리 224-1 광치기해변 **주차** 광치기해변 주차장(무료)
스탬프 확인 장소 광치기해산물촌 → 성산홍마트 → 혼인지 정보센터

거 리	16.5km	난이도	무난해요
소요시간	5~6시간		
추천테마	숲, 바다, 오름, 사계절, 여럿이		

혼인지

광치기해변과 온평포구를 잇는 2코스는 올레가 아니면 결코 만날 수 없는 제주의 은밀한 속살을 보여준다. 해안에서 계속 바다를 따라 유명한 섭지코지로 갈 것 같은 예상을 깨고 길은 철새들의 낙원인 통밭알저수지로 들어간다. 이어 난대림의 보고인 식산봉에 오르는데, 식산봉과 통밭알저수지가 만나는 지점은 수석 정원을 보는 듯 기품이 넘친다. 물빛 고운 바닷길부터 잔잔한 저수지를 낀 들길, 호젓한 산길까지 서로 다른 매력을 지닌 길들이 다투듯 이어진다.

성산읍에서 가장 높은 대수산봉(146m)에 오르면 세화~성산~표선으로 이어지는 제주 동부의 모습이 한눈에 들어온다. 길은 제주의 옛 신화 중에 '고, 양, 부' 삼신인이 벽랑국에서 찾아온 세 공주를 맞이하였다는 온평리 바닷가를 걸어 그들이 혼인식을 치렀다는 혼인지를 지나 온평포구에서 마무리된다.

찾아가기 제주시외버스터미널에서 성산 방향 동일주 노선(20분 간격)을 탄 후 동남에서 내린다. 광치기해변까지 걸어서 10분 거리.
돌아오기 온평포구에서 걸어서 10분 거리인 혼입지입구 정류장으로 이동 후 제주 방향 동일주 노선(20분 간격)을 탄다. 중간에 동남 정류장을 경유한다.

숙박 둥지황토마을 게스트하우스
　　　　　　　　　　　010-3733-8805
　　　은성이네 민박 010-8784-2763
　　　시드 게스트하우스 (064)784-7842
식당 쫑이네해산물(소라내장볶음밥)
　　　　　　　　　　　(064)784-8766
　　　소라의 성(성게미역국) (064)784-6363

여행Tip 올레 2코스는 아쉽게도 제주의 명소이자 드라마 〈올인〉 촬영지인 섭지코지를 지나지 않는다. 코스를 걷기 전이나 마친 후 잠깐이라도 섭지코지에 들러 보자(입장료 없음).

온평포구의 환해장성

004 3코스 온평~표선

높은 곳에서 제주의 산과 바다를 보라

온평포구 → 독자봉 → 김영갑갤러리 → 신풍·신천 바다목장 → 표선해비치해변

출발 제주도 서귀포시 성산읍 온평리 956-3 온평포구(혼인지 정보센터) **주차** 온평포구 주차장(무료)
스탬프 확인 장소 혼인지 정보센터 → 김영갑갤러리 → 표선 제주올레안내소

거 리	21.3km	난이도	조금 힘들어요
소요시간	7~8시간		
추천테마	숲, 바다, 오름, 사계절, 여럿이		

현무암 위에
꽃을 피운 암대극

통오름에서 본 제주 중산간 일대

도댓불(옛 제주 등대)

온평포구의 올레 이정표

여행 Tip
김영갑갤러리 '두모악'에 가면 무인찻집이 있다. 제주를 닮은 사진가 김영갑의 사진도 감상하고 '놀멍 쉬멍' 차 한 잔 마시는 여유도 즐겨보자.

중산간 지대가 전체 코스의 3분의 2쯤 이어진 3코스는 제주올레 중 두 번째로 길고 험한 길이다. 찾는 사람이 뜸해 외로운 길이지만 그만큼 호젓한 평화로움을 즐길 수 있다. 온평포구를 벗어나면 고즈넉한 난산리를 거쳐 나지막한 통오름에 오른다. 펑퍼짐한 통오름은 사철 꽃밭을 이루고 조망이 아주 좋다.

독자봉을 넘으면 김영갑갤러리인 '두모악'에서 제주의 오름, 바람, 구름이 담긴 시 같은 사진을 감상할 수 있다. 중산간에서 내려오면 드넓은 초지와 바다가 만나는 신풍, 신천 바다목장과 표선해비치해변의 백사장이 올레꾼을 기다린다.

3코스는 '제주올레-영국 코츠월드 웨이 우정의 길'이기도 하다. 영국에서는 코츠월드의 더슬리 마을에서 시작해 스틴치콤 언덕을 돌아 내려오는 5.5km 구간이 우정의 길로 정해졌다.

찾아가기 제주시외버스터미널에서 성산 방향 동일주 노선(20분 간격)을 탄 후 혼인지입구 정류장에서 내린다. 온평포구까지 걸어서 10분.
돌아오기 표선해비치해변 옆 제주민속촌 정류장에서 번영로 노선(20분 간격)이나 동일주 노선(20분 간격)을 이용한다. 중간에 혼입지입구 정류장을 경유한다.

숙박 더한스 펜션 (064)782-0748
　　　성산풀하우스 펜션 (064)698-2827
　　　버스정류장 게스트하우스
　　　　　　　　　　　070-4405-8382
식당 제주허브동산(허브꽃비빔밥)
　　　　　　　　　　　(064)787-5787
　　　다미진(돔 지리) (064)787-5050

005 4코스 표선~남원

힘들지만 볼거리가 많아 지루하지 않다

표선해비치해변 ➡ 당케포구 ➡ 해병대길 ➡ 망오름 ➡ 영천사 ➡ 남원포구

출발 제주도 서귀포시 표선면 표선리 44-4 표선해비치해변(제주민속촌) 주차 표선해비치해변 주차장(무료)
스탬프 확인 장소 표선 제주올레안내소 → 남쪽나라횟집 → 남원포구

거리	22.7km	난이도	조금 힘들어요
소요시간	7~8시간		
추천테마	숲, 바다, 오름, 사계절, 여럿이		

가는개 해병대길

 찾아가기 제주시외버스터미널에서 표선 방면 번영로 노선(20분 간격)을 타고 제주민속촌에서 내린다. 바로 옆에 표선해비치해변이 있다.
돌아오기 남원포구에서 제주 방면 남조로 노선(20분 간격)을 타고 제주시외버스터미널로 갈 수 있다. 표선해비치해변으로 가려면 동일주 노선(20분 간격) 이용.

숙박 하얀언덕 게스트하우스 (064)787-7007
모두올레 게스트하우스 (064)764-5437
남촌풀하우스 펜션 (064)787-4100
식당 당케식당(흑돼지 오겹살)
　　　　　　　　　　　 (064)787-1917
남쪽나라횟집(돔 매운탕)
　　　　　　　　　　　 (064)787-5556

절반은 해안, 나머지 절반은 오름과 중산간을 걷게 되는 4코스는 올레길 중 가장 길고 힘들다. 하지만 35년여 만에 복원된 가마리 해녀올레가 제주 해녀들의 삶을 상기시키고, 가는개 해병대길, 새로 만든 거슨새미 가는 길 등 역사와 문화가 깃든 길들이 이어진다. 당케포구, 갯늪, 거우개, 거슨새미 등 특징적인 볼거리도 많아 지루하지 않다.

망오름에서 거슨새미로 가는 길은 미로 찾기처럼 재미있다. 무덤과 삼나무 숲길 사이를 구불구불 타고 돌다가 물이 아래로 흐르지 않고 한라산을 향해 위로 거슬러 오른다는 작은 샘, 거슨새미를 만난다. 주민들의 식수로 쓰였을 만큼 수량이 풍부하고 맑은 이 물은 흘러넘쳐 농로를 적시고 귤밭으로 들어간다.

가마리 해녀올레로
느량느량 오라게.

가마리 바닷가의 등대

당케포구

제주올레

제주올레

006 5코스 남원~쇠소깍

꽃들 만발한 해안 지나면 푸른 난대림

남원포구 → 큰엉길 → 곤내골 올레점방 → 넙빌레 → 망장포구 → 예촌망 → 쇠소깍

출발 제주도 서귀포시 남원읍 남원리 91-14 남원포구(남원포구식당 앞)　**주차** 남원포구 주차장(무료)
스탬프 확인 장소 남원포구 → 곤내골 올레점방 → 쇠소깍휴게소

거 리	14.5km	난이도	무난해요
소요시간	4~5시간		
추천테마	숲, 바다, 사계절, 연인끼리		

큰엉길의 돈나무 꽃

해안절벽 남원큰엉

쇠소깍의 명물인 테우(배)

길의 대부분이 해안으로 이어져, 그리 어렵지 않게 걸을 수 있는 5코스는 손바닥처럼 작은 남원포구에서 시작한다. 아름다운 해안 산책로인 큰엉길에서는 울창한 숲과 향기 짙은 돈나무 꽃, 기암절벽과 동굴을 차례대로 만나는 동안 저 멀리 짙은 에메랄드빛 바다가 배경으로 펼쳐진다. 위미리에서는 해녀들이 물질하는 모습을 볼 수 있고, 찔레꽃과 메꽃, 해당화가 흐드러진 해안 길을 지나면 주민들과 올레꾼들의 쉼터인 넙빌레에 닿는다.

동백나무와 부채선인장 군락을 지나면 어느새 민물과 바닷물이 만나는 쇠소깍의 비경이 펼쳐지며 코스가 끝난다. 울창한 난대림 사이로 비밀스럽게 흐르는 쇠소깍은 사시사철 수량이 풍부하고 수온도 높다. 느릿느릿 시간을 낚는 '테우(배)'가 이곳의 명물이다.

편안 쿠과?

 찾아가기 제주시외버스터미널에서 남원 방면 남조로 노선(20분 간격)을 타고 남원포구에서 내린다.

돌아오기 쇠소깍에서 15분 정도 걸어 효돈입구 삼거리로 간 후 일주 노선(20분 간격)을 이용한다. 중간에 시작점인 남원포구를 경유한다.

숙박 너울랑 게스트하우스 010-8552-3950
    검은돌펜션 010-9301-1072
    포유펜션 (064)764-7122
식당 아서원(짬뽕) (064)767-3130
    별주부전(흑돼지 두루치기)
    (064)764-8899

제주올레 43

007 6코스 쇠소깍~외돌개

제주 도심을 구석구석 누벼 보자

쇠소깍 → 제지기오름 → 검은여 → 정방폭포 → 이중섭 거주지 → 천지연폭포 → 외돌개

출발 제주도 서귀포시 하효동 995 쇠소깍(쇠소깍휴게소)　**주차** 쇠소깍 주차장(무료)
스탬프 확인 장소 쇠소깍휴게소 → 제주올레사무국 → 외돌개 제주올레안내소

거리	15.6km	난이도	무난해요
소요시간	5~6시간		
추천테마	숲, 바다, 오름, 사계절, 연인끼리		

이중섭 거주지

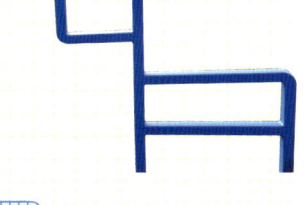

찾아가기 제주시외버스터미널에서 남원 방면 동일주 노선(20분 간격)를 타고 효돈입구 삼거리에서 내린다. 쇠소깍까지 걸어서 15분.
돌아오기 외돌개 정류장에서 시내버스(50~60분 간격)를 타고 서귀포 중앙로터리에서 내린다. 농협 뒤편에 위치한 시외버스터미널에서 제주 방면 중문고속화 노선(10~15분 간격) 이용. 외돌개에서 쇠소깍으로 되돌아올 때는 택시(064-762-4244)가 편하다.

숙박 효돈올레민박 010-2697-2627
　　　은혜네집 게스트하우스
　　　　　　　　　　010-9943-2566
식당 덕성원(게짬뽕) (064)762-2402
　　　조림명가(갈치조림) (064)767-8562

6코스부터 올레는 서귀포시 도심으로 들어간다. 도심이라 해도 조금만 벗어나면 바다와 숲이 보이는 곳이 제주도지만 화가의 집과 미술관, 시장 등 제주 도시인의 삶과 만나는 길은 남부 코스 중 유일하다.

쇠소깍을 출발해 보목리에서 바다를 코앞에 두고 솟은 제지기오름에 오른다. 정상에 오르면 소나무 사이로 섶섬과 어울린 보목포구가 정겹다. 검은여와 소정방폭포, 정방폭포를 둘러보고 서귀포 시내로 들어서면 이중섭 거주지가 있다. 화가가 삶의 가장 행복한 시간을 보냈다고 하는 이곳에서 예술혼을 느껴보고, 서귀포매일올레시장에 들러 삶의 활기를 체험한다. 천지연폭포 위 산책로에서는 한라산과 천지연폭포의 비경을 만끽할 수 있다.

여행 Tip
6코스는 이중섭 거주지에서 해안과 도심 길로 나뉘는데, 후자를 추천한다. 서귀포매일올레시장에서 특산품을 구경하고 이중섭거리에서 제주의 젊음과 문화를 느껴보자.

소정방폭포 앞바다

소정방폭포

제주올레

008 7코스 외돌개~월평

걸어 보면 아는 인기 최고 올레길

외돌개 → 돔베낭길 → 수봉로 → 일강정 바당올레 → 강정포구 → 월평마을 아왜낭목

출발 제주도 서귀포시 서홍동 791 외돌개(제주올레안내소) **주차** 외돌개 주차장(무료)
스탬프 확인 장소 외돌개 입구 → 풍림리조트 바닷가우체국 → 월평마을 아왜낭목

거 리	14.4km	난이도	조금 힘들어요
소요시간	5~6시간		
추천테마	숲, 바다, 사계절, 연인끼리		

위미리의 해녀들

여행 Tip 일강정 바당올레부터 서건도 앞까지 이어지는 해안 길에는 울퉁불퉁한 돌들이 깔려 있어 걸을 때 특히 주의해야 한다. 발목까지 감싸는 등산화 착용 필수.

돔베낭길

명승지가 많아 아름답고 그래서 가장 인기가 높아 늘 사람들로 붐빈다. 시작부터 올레꾼의 가슴을 두드려 흥분을 자아내는 외돌개는 화산이 폭발하여 용암이 섬의 모습을 바꿔놓을 때 생겼다는 높이 20m의 바위로, 소나무 몇 그루를 머리에 이고 있는 모습이 멋지다.

외돌개부터 상록수 울창한 돔베낭길로 이어진 해안은 서귀포 70리 중에서도 가장 걷기 좋은 길이고, 김수봉 씨가 홀로 개척한 수봉로는 호젓하고 정겨운 자연생태길이다. 거친 현무암 지대에 자갈과 돌을 깔아 사람이 지날 수 있도록 만든 일강정 바당올레는 길을 낸 사람들의 땀과 정성이 고스란히 드러나 감동적이다. 풍림리조트의 바닷가 우체국에서 잠시 다리를 쉬고 다시 나서면 곧 강정포구에 닿는다. 이곳에서 해안을 따라 30분쯤 가면 월평마을이다.

 찾아가기 제주시외버스터미널에서 중문고속화 노선(10~15분)을 타고 서귀포 중앙로터리에서 내린다. 외돌개까지 시내버스(50~60분 간격) 이용.

돌아오기 월평마을에서 20분 거리인 약천사까지 걸어가면 공항리무진 버스(20분 간격)가 다닌다. 외돌개로 되돌아올 때는 택시(064-732-0082) 이용.

숙박 외돌개나라 게스트하우스
(064)732-1183
스위트 제주 게스트하우스
010-2001-4851
식당 강정 해녀의 집(성게칼국수)
(064)739-0772

외돌개

009 7-1코스 월드컵경기장~외돌개

제주올레

엉또폭포와 서귀포 앞바다의 절경

제주월드컵경기장 → 엉또폭포 → 고근산 → 토계촌 입구 → 하논분화구 → 외돌개

출발 제주도 서귀포시 법환동 914 제주월드컵경기장 **주차** 제주월드컵경기장이나 이마트 내 주차장(무료)
스탬프 확인 장소 제주월드컵경기장 → 제남보육원 → 외돌개 제주올레안내소

거리	15.4km	난이도	무난해요
소요시간	5~6시간		
추천테마	숲, 바다, 오름, 사계절, 여럿이		

엉또폭포. 평소 물이 말라 있다

꼭 걸어봐야 할 3대 둘레길

1코스부터 부드럽게 이어지던 올레길이 외돌개에 이르러 삐쭉 곁가지로 뻗어 나가는데, 바로 7-1코스다. 짙은 녹음 가운데 은밀하게 자리 잡은 엉또폭포와 서귀포 앞바다의 절경을 볼 수 있는 고근산, 부드러운 논길이 이어지는 하논분화구는 재미와 감동을 함께 전해준다.

시민들의 산책 코스인 고근산에 올라 서귀포 일대를 조망하고, 해안이 아닌 천연 난대림 깊숙이 위치한 50m 높이의 엉또폭포도 만난다. 바닥에서 하루 1천~5천L의 용천수가 솟는다는 하논분화구는 동양 최대의 마르형 분화구(용암이나 화산재 없이 주변의 돌들만 날려 구멍이 남게 된 분화구)로 가치가 크다.

찾아가기 제주시외버스터미널에서 중문고속화 노선(10~15분 간격)을 타고 제주월드컵경기장에서 내린다.
돌아오기 외돌개 정류장에서 시내버스(50~60분)를 타고 서귀포 중앙로터리에서 내린다. 농협 뒤편에 위치한 시외버스터미널에서 제주 방면 중문고속화 노선(10~15분 간격)을 이용한다. 제주월드컵경기장으로 되돌아올 때는 서귀포 중앙로터리에서 시내버스(수시 운행) 이용.

숙박 라푸타 게스트하우스 010-2375-9180
  소풍BnB 게스트하우스 (064)739-4054
식당 삼다국수(고기국수) (064)739-3167

여행Tip 7-1코스의 명소인 엉또폭포에는 평소 물이 거의 흐르지 않는다. 콸콸 쏟아지는 폭포수를 감상하려면 최소 70mm 이상 비가 내린 다음 날 가야 한다.

제주의 돌담과 삼나무 숲

고근산 가는 길에 본 서귀포 앞바다

'럭셔리 제주'를 보는 재미

8코스 월평~대평

월평마을 아왜낭목 → 약천사 → 베릿내오름 → 중문색달해변 → 논짓물 → 대평포구

출발 제주도 서귀포시 월평동 476 아왜낭목(월평송이슈퍼) **주차** 월평송이슈퍼 앞 도로변(무료)
스탬프 확인 장소 월평마을 아왜낭목 → 대포주상절리 관광안내소 → 대평포구

거 리	19.2km	난이도	무난해요
소요시간	6~7시간		
추천테마	숲, 바다, 오름, 사계절, 연인끼리		

갯메꽃

선궷네 계곡의 맑은 물이 이 바다로 흘러든다

여행 Tip 중문관광단지를 지나는 8코스는 볼거리, 먹을거리가 넘친다. 그중에서도 대포주상절리의 용솟음치는 파도와 바다를 붉게 물들이는 중문색달해변의 일몰은 놓치지 말 것.

중문색달해변

여래해안도로

지난날 차를 타고 몇 번은 다녀갔을 중문관광단지와 신라호텔, 하얏트호텔을 걸어서 돌아보게 될 줄 누가 알았겠는가. 같은 장소라고 믿어지지 않을 만큼 완전히 다르다. 그래서 올레는 제주도를 수십 번 다녀온 사람에게도 처음 와본 사람에게도 똑같이 '새로운 제주'를 보여준다.

8코스는 시작부터 새롭다. 동양 최대 규모의 사찰 약천사는 돌아보는 데 1시간이 족히 걸린다. 환경이 파괴되지 않도록 돌을 하나씩 손으로 날라 만들었다는 섬세한 해병대길이 잠정 폐쇄되어 코스가 변경된 점이 아쉽지만 주상절리의 비경과 드넓은 백사장의 모래언덕, 투명하고 푸른 바다, 드라마에서 종종 보던 멋진 호텔 정원 등이 휴양지 제주의 매력을 잘 보여준다.

찾아가기 제주공항에서 공항리무진 버스(20분 간격)를 타고 약천사에서 내린다. 월평마을까지 걸어서 15분 거리.
돌아오기 대평포구에서 걸어서 10분 거리인 대평슈퍼 앞에서 시내버스(20~45분 간격)를 타고 중문에서 내린 후 제주 방면 중문고속화노선(10~15분 간격)을 탄다. 월평마을로 되돌아올 때는 택시(064-794-1400) 이용.

숙박 샬레 게스트하우스 010-3691-1859
해라의 성 펜션 (064)738-9490
하얀도화지 펜션 (064)738-3269

식당 노을꽃(해초비빔밥) (064)738-5566

제주올레

011 9코스 대평~화순

숲을 들고나다 만나는 비밀의 계곡

대평포구 ➜ 몰질 ➜ 볼레낭길 ➜ 월라봉 ➜ 안덕계곡 ➜ 화순금모래해변

출발 제주도 서귀포시 안덕면 창천리 914-6 대평포구(대평회센타 앞)　**주차** 대평포구 주차장(무료)
스탬프 확인 장소 대평포구 ➜ 황개천다리 ➜ 바당올레횟집

거 리	8.2km	난이도	조금 힘들어요
소요시간	3~4시간		
추천테마	숲, 바다, 오름, 사계절, 여럿이		

자주괭이밥

찾아가기 제주시외버스터미널에서 중문고속화 노선(10~15분 간격)을 타고 중문에서 내린다. 시내버스(20~45분 간격)를 타고 대평마을 종점에서 하차.
돌아오기 화순금모래해변에서 10분 거리인 화순사거리까지 걸어간 후 농협 앞에서 평화로 노선(20분 간격)을 탄다. 대평마을로 되돌아올 때는 화순사거리에서 읍면순환버스 이용.

숙박 돌담에 꽃 머무는 집 게스트하우스
　　　　　　　　　　010-4536-1955
　　　굿스테이 에쿠스모텔 (064)792-2341
식당 바당올레횟집(바당올레정식)
　　　　　　　　　　(064)794-8558

9코스는 10km가 안 되는 짧은 구간이지만, 대평포구부터 월라봉까지 제법 오르막이 있어 걷기에 쉽지 않다. 그래도 길의 대부분이 산으로 들어가 오르락내리락 하다 보니 편한 올레길에 비해 완주하는 성취감이 크고, 인적이 드물어 호젓한 숲의 기운을 만끽할 수 있다.

월라봉 자락에서 바라보는 산방산 일대는 푸르고 시원하다. 제주에서 가장 아름다운 계곡으로 꼽히는 안덕계곡은 원시의 속살을 그대로 간직하고 있다. 울창한 상록수림 사이로 기암괴석과 그 사이 빛 고운 물이 흐르는 절경을 볼 수 있다. 산길에서 흘린 땀과 뻐근한 다리가 더욱 값지게 느껴진다.

대평포구

월라봉에서 본 산방산과 바다

화순금모래해변

안덕계곡

여행 Tip
9코스는 화순금모래해변에 도착할 때까지 매점과 음식점이 없다. 걷기 전에 미리 식수와 간식을 준비하자.

012 10코스 화순~모슬포

천의 얼굴을 지닌 바다가 있다

화순금모래해변 → 산방연대 → 사계포구 → 송악산 → 알뜨르 비행장 → 하모체육공원

출발 제주도 서귀포시 안덕면 화순리 776-8 화순금모래해변 **주차** 화순금모래해변 주차장(무료)
스탬프 확인 장소 바당올레횟집 → 송악산휴게소 → 하모체육공원

거 리	15.0km	난이도	조금 힘들어요
소요시간	5~6시간		
추천테마	숲, 바다, 오름, 사계절, 여럿이		

용머리해안 일대. 멀리 보이는 범선은 하멜기념관이다

용머리해안

송악산 앞바다

사계포구 앞바다

바다는 몇 개의 얼굴을 갖고 있을까? 그 답을 알고 싶으면 올레 10코스를 걸어봐야 한다. 금 성분이 섞인 화순금모래해변, 수억 년의 시간과 파도와 바람이 힘을 모아 기기묘묘한 형태로 펼쳐 놓은 거대한 퇴적암 지대, 자연의 조각품 주상절리와 뽀얀 백사장, 모래로 언덕을 이루는 사구, 그리고 물놀이를 즐기기 좋은 해수욕장과 빈 품에 낭만을 가득 안은 겨울 바다까지 천의 얼굴을 보여준다.

바다의 품에서 이어지던 10코스는 제주 남부의 바다가 시원하게 펼쳐지는 송악산을 지나 일본의 중국 공략 거점이었던 알뜨르 비행장에서 다양한 볼거리를 제공하고, 모슬포 입구인 하모체육공원에서 막을 내린다. 스위스 '레만호의 라보 와인길'과 자매결연한 길이기도 하다.

 찾아가기 제주시외버스터미널에서 평화로 노선(20분 간격)을 타고 화순농협에서 내린다. 화순금모래해변까지 걸어서 10분 거리.
돌아오기 하모체육공원에서 걸어서 15분 거리인 모슬포시외버스터미널로 간 후 평화로 노선(20분 간격)을 탄다. 중간에 화순농협을 경유한다.

숙박 사계여행민박 (064)792-4466
  알뜨르 게스트하우스 010-2330-7500
  두그루 게스트하우스 (064)900-9584
식당 산방식당(밀면) (064)794-2165

013 10-1코스 가파도

제주올레

아이와 함께 걸어도 좋은 올레길

상동포구 → 청보리밭 B코스 → 청보리밭 A코스 → 하동포구 → 상동포구

출발 제주도 서귀포시 대정읍 가파로 67번길 96-3 상동포구 **주차** 모슬포항 주차장(무료)
스탬프 확인 장소 상동포구 → 하동포구 → 상동포구

거 리	6.6km	난이도	쉬워요
소요시간	2시간		
추천테마	바다, 사계절, 연인끼리		

찾아가기 제주시외버스터미널에서 평화로 노선(20분 간격)을 타고 모슬포에서 하차. 걸어서 15분 거리인 모슬포여객터미널로 간 후 가파도 행 여객선(09:00, 11:00, 14:00, 16:00) 이용.

돌아오기 상동포구 선착장에서 여객선(09:20, 11:20, 14:20, 16:20)을 타고 모슬포항에 내린 후 모슬포시외버스터미널에서 제주 방면 평화로 노선(20분 간격) 이용.

숙박 바다별장 펜션 (064)794-6885
가파도민박 (064)794-7083
식당 바다별장(해물모둠회, 뿔소라구이) (064)794-6885

제주도의 부속 섬은 90여 개. 마라도나 우도처럼 유명한 곳도 있지만 낯선 곳도 있고 가파도처럼 아리송한 곳도 있다. 이름을 들어본 적은 있으나 그 섬이 제주도 소속임을 정확히 아는 이가 많지 않은 가파도는 모슬포항에서 배로 20분 거리에 있다. 오랫동안 관심 받지 못하던 가파도에 2시간 정도면 가볍게 걸을 수 있는 약 6km의 '미니 올레'가 10-1 코스로 만들어지면서 사람들의 발길이 잦아지기 시작했다.

17만 평의 보리밭이 펼쳐지는 가파도 올레는 전 구간이 휠체어가 다닐 수 있을 만큼 쉽고 편하다. 어디를 가나 부드러운 곡선으로 출렁이는 보리밭을 볼 수 있고, 상동포구부터 하동포구까지 해안 길도 걸을 수 있다. 총 26개 올레의 중간 쉼표와도 같은, 걷기보다 머물기가 더 어울리는 길이다.

가파도 해안 길

청보리밭 산책로

여행 Tip
해마다 가파도에서는 보리밭 전경이 아름다운 4월 중순~5월 중순에 청보리축제가 열린다.
문의: (064)794-7130

가파도 앞바다 낚싯배

014 11코스 모슬포~무릉

제주올레

아픈 역사가 함께 걷는다

하모체육공원 → 모슬봉 숲길 → 대정성지 → 신평~무릉 곶자왈 → 무릉생태학교

출발 제주도 서귀포시 대정읍 하모리 2139-3 하모체육공원   주차 하모체육공원 주차장(무료)
스탬프 확인 장소 하모체육공원 → 모슬봉 정상 → 무릉생태학교

거 리	17.7km	난이도	조금 힘들어요
소요시간	6~7시간		
추천테마	숲, 오름, 사계절, 여럿이		

모슬봉 일대 들판

5 꼭 걸어봐야 할 3대 둘레길

대정성지

모슬봉 자락 양배추 밭

바다와 오름이 주인공인 여느 올레 코스들과 달리 11코스는 역사가 주인공이다. 올레길 최대의 공동묘지가 있는 모슬봉과 천주교 성지인 정난주 마리아의 묘(대정성지) 등을 지나고, 이 모든 인간의 역사를 묵묵히 지켜본 자연의 역사 곶자왈도 탐방할 수 있다.

대정 지역에서는 4.3항쟁과 6.25전쟁으로 많은 사람이 목숨을 잃었는데, 모슬봉에는 당시 희생된 사람들의 묘지가 들어서 있다. 현대사의 아픔을 되새기며 정상부로 오르면 군부대 때문에 통제되는 정상 바로 아래에 서게 된다. 산방산~형제산~송악산~모슬포로 이어지는 풍경이 그림처럼 아름답다. 제주올레에 의해 처음 공개된 신평~무릉 곶자왈은 미로 같은 숲길 위로 하늘이 열렸다 닫히기를 반복하는 비밀의 숲이다.

찾아가기 제주시외버스터미널에서 평화로 노선(20분 간격)을 타고 모슬포시외버스터미널에서 내린다. 하모체육공원까지 걸어서 15분.
돌아오기 무릉보건소 정류장에서 읍면순환버스를 탄다. 모슬포시외버스터미널에서 내린 다음 평화로 노선(20분 간격)을 이용한다.

숙박 산야펜션 (064)794-7724
       현순여 할망집 민박 (064)792-3446
식당 옥돔식당(보말칼국수) (064)794-8833

여행Tip 무릉 곶자왈 구간은 숲이 깊어 길을 잃을 위험이 있다. 되도록 여럿이 함께 걷고, 이정표를 잘 살펴 정해진 코스를 벗어나지 않도록 한다.

015 12코스 무릉~용수

수월봉부터 환상적인 경관

무릉생태학교 → 농남봉 → 신도포구 → 수월봉 → 자구내포구 → 생이기정 → 용수포구

출발 제주도 서귀포시 대정읍 무릉리 581-1 무릉생태학교(제주자연생태문화체험골)
주차 무릉2리복지회관 맞은편 주차장(무료)
스탬프 확인 장소 무릉생태학교 → 산경도예 → 용수포구

거리	17.1km	난이도	무난해요
소요시간	5~6시간		
추천테마	바다, 오름, 사계절, 여럿이		

찾아가기 제주시외버스터미널에서 평화로 노선(20분 간격)을 타고 모슬포시외버스터미널에서 내린다. 읍면순환버스로 갈아탄 후 무릉보건소에서 하차. 무릉생태학교까지 걸어서 10분 거리.
돌아오기 용수포구에서 13코스 방향으로 20분쯤 걸어 나오는 충혼탑 사거리에서 서일주 노선(20분)을 이용한다. 무릉생태학교로 되돌아 올 때는 택시(064-772-1818) 이용.

숙박 뿌리 게스트하우스 010-3799-4333
　　　고인옥 할망집 민박 010-7382-8890
식당 황금룡버거(허브버거) (064)773-0097
　　　해루(토종닭계장) (064)772-2200
　　　도원횟집(회덮밥) 010-639-4119

서귀포시와 제주시를 잇는 12코스는 들과 바다, 오름이 조화를 이루며 제주 서부의 비경을 마음껏 자랑한다. 무릉리에서 시작하는 길은 마늘밭에서 농사짓는 사람들과 올레꾼에게 편의 시설을 제공하는 교회, 수생식물의 낙원인 연못, 둑길과 정자 등을 지나 농남봉으로 이어지며 아기자기한 풍경을 보여준다.

제주의 서쪽 끝에 자리한 수월봉부터는 환상적인 경관이 기다리고 있다. 수월봉 정상에 서면 바다와 차귀도가 한눈에 잡히고, 엉알길에서는 화산학의 교과서라 부를 만큼 다양한 퇴적 구조를 보여주는 화산쇄설암을 관찰할 수 있다. 당산봉을 넘으면 생이기정. 황토 고운 평야와 한라산, 해안 절벽과 시퍼런 바다가 시원하게 펼쳐지고, '새가 많은 절벽'이라는 이름처럼 눈 밑에서 갈매기가 나는 모습도 감상할 수 있다.

신도 바닷가

생이기정의 해안 풍경

제주올레

13코스 용수~저지

중산간 누비는 아기자기 숲길

용수포구 → 특전사 숲길 → 하동 숲길 → 아홉굿마을 → 저지오름 → 저지마을회관

출발 제주도 제주시 한경면 용수리 4274-1 용수포구(절부암 앞)　**주차** 용수포구 주차장(무료)
스탬프 확인 장소 용수포구 → 아홉굿마을 → 저지마을회관

거리	15.4km	난이도	무난해요
소요시간	5~6시간		
추천테마	숲, 오름, 사계절, 여럿이		

 찾아가기 제주시외버스터미널에서 서일주 노선(20분 간격)을 타고 충혼탑 사거리에서 내린다. 용수포구까지 걸어서 20분 거리.
돌아오기 저지마을회관에서 읍면순환버스를 타고 신창에서 내린 다음 제주 방면 서일주 노선(20분 간격)을 이용한다. 중간에 충혼탑 사거리 경유.

 숙박 오렌지다이어리 게스트하우스
　　　　　　　　010-9162-3543
　　제주모모 게스트하우스
　　　　　　　　010-9838-7841
식당 새오름해장국(한우해장국)
　　　　　　　　(064)772-5807
　　수다뜰(보리비빔밥) (064)773-1946

13코스는 출발지점인 용수포구에서 잠시 바다를 만날 뿐 내륙 깊숙이 들어가 줄곧 중산간 지대의 숲길을 걷게 된다. 폭 좁은 숲길들이 정겹게 이어지는데, 전 구간에 걸쳐 새로 만들거나 이름 붙인 구간이 많아 올레가 탄생시킨 길이라 할 만하다.

중산간 지대 초입의 밭길과 특전사 숲길은 제주도에 주둔하던 제13공수특전여단의 50여 명 병사들이 복원 및 정비 작업을 도왔다. 수령이 오래 된 나무들이 많은 고목 숲길, 고사리가 무성하게 우거진 고사리 숲길, 산자락을 구불구불 올라가는 뒷동산 아리랑길 등은 제주올레가 길을 내면서 이름을 붙였다. 천여 개의 의자가 놓여 있는 아홉굿마을을 지나면 길은 2005년 '생명의 숲'과 2007년 '아름다운 숲'으로 선정된 저지오름으로 이어진다.

저지오름에서 본 풍경

설문대할망의 의자?

여행 Tip 낙천리의 아홉굿마을은 1천여 개의 의자가 놓여 있는 노천 박물관이다. 개성 있는 의자들을 하나하나 살펴보는 재미가 있다. 마을에서 민박집(064-773-1946)도 운영한다.

아홉굿마을의 의자탑

제주올레

017 14코스 저지~한림

마을 나서면 찬란한 숲과 바다

저지마을회관 → 소낭 숲길 → 무명천 → 금능으뜸원해변 → 한림항 비양도 선착장

출발 제주도 제주시 한경면 1843-2 저지마을회관 **주차** 저지마을회관이나 저지오름 주차장(무료)
스탬프 확인 장소 저지마을회관 → 월령포구 → 한림항 비양도 선착장

거 리	19.1km	난이도	조금 힘들어요
소요시간	6~7시간		
추천테마	숲, 바다, 사계절, 여럿이		

월령리 선인장 자생지

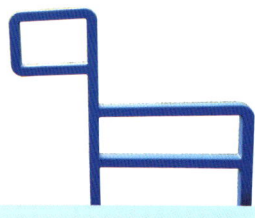

오시록헌 농로

마을에서 시작해 숲길과 바닷길을 지나 다시 마을로 돌아오는 여정으로, 인적 없는 중산간 지대와 금능·협재 바다의 아름다운 풍경이 어우러진 올레. 보리밭 너머로 한라산 풍경이 펼쳐지는 저지마을의 농로를 걸어 곶자왈처럼 무성한 큰소낭 숲길, 굴렁진 숲길, 월령 숲길을 연달아 지나면 무명천 산책로가 나온다.

산책로가 지루하게 느껴질 즈음 월령리의 선인장 자생지가 나타난다. 마을 돌담 안과 해안 바위 위에 가득한 선인장을 보며 걷다 보면 어느새 포구에 이른다. 한림항까지 이어지는 해안로에서는 옥빛 바다와 비양도가 길동무 역할을 한다. 비양도는 1002년에 화산이 분출하면서 생긴 섬으로 제주도의 화산섬 중 가장 나이가 어리다.

찾아가기 제주시외버스터미널에서 서귀포 방면 서일주 노선(20분 간격)을 타고 신창에서 내린다. 읍면순환버스로 갈아 탄 후 저지마을회관에서 하차.
돌아오기 한림수협으로 가면 서일주 노선(20분 간격)이 있다. 한림수협에서 읍면순환버스를 타면 저지마을회관으로 간다.

숙박 J's B&B 게스트하우스 070-7531-3840
연지곤지민박펜션 070-8900-5500
식당 재암식당(해물뚝배기) (064)796-2858

여행 Tip 코스에는 없지만, 금능으뜸원해변 옆에 위치한 한림공원에 들러보자. 협재굴, 쌍용굴, 민속마을, 식물원 등 볼거리가 많다. 입장료는 성인 9천 원, 청소년 6천 원, 어린이 5천 원. 문의: (064)796-0001

협재해변

월령포구의 일몰

14-1코스 저지~무릉

마음까지 초록으로 물들이는 곶자왈

저지마을회관 → 문도지오름 → 저지 곶자왈 → 설록다원서광 → 무릉 곶자왈 → 무릉생태학교

출발 제주도 저주시 한경면 1843-2 저지마을회관 주차 저지마을회관이나 저지오름 주차장(무료)
스탬프 확인 장소 저지마을회관 → 오설록 티뮤지엄 → 인당내 풀내음

거 리	18.0km	난이도	조금 힘들어요
소요시간	5~6시간		
추천테마	숲, 오름, 사계절, 여럿이		

 찾아가기 제주시외버스터미널에서 서귀포 방면 서일주 노선(20분 간격)을 타고 신창에서 내린다. 읍면순환버스로 갈아 탄 후 저지마을 회관에서 하차.

돌아오기 무릉생태학교에서 걸어서 10분 거리인 무릉보건소 정류장으로 간 후 읍면순환버스를 타고 모슬포에서 내린다. 제주시외버스터미널로 가는 평화로 노선(20분 간격) 이용. 저지마을회관으로 가려면 한림 방면 읍면순환버스를 탄다.

 숙박 저지마을펜션 070-7098-4111
무릉생태학교 게스트하우스
010-5301-2085
식당 나비정원(전복갈비탕) (064)792-2688

바다를 단 한 번도 만나지 않는 14-1코스는 '제주의 허파'라고 불리는 곶자왈 숲이 중심을 이룬 올레다. 서부 지역 곶자왈 중 가장 보존이 잘된 저지~무릉 곶자왈을 걷는 동안 몸과 마음은 초록으로 물들고, 머리는 한결 맑아진다.

경사가 급하지 않은 흙길을 걸어 문도지오름에 오르면 초록빛 곶자왈과 저 멀리 한라산이 시원하게 펼쳐진다. 저지 곶자왈로 들어서면 무성한 숲의 생명력이 온몸을 휘감는다. 숲 향기에 취해 이정표를 따라 걸어가면 갑자기 광대한 차밭(설록대원서광)이 나타난다. 오설록 티뮤지엄 전망대에서 차밭 풍경을 조망한 뒤 다시 길을 나서면 무릉 곶자왈이다. 짙푸른 숲은 가느다란 햇빛이 나무 틈새로 내리꽂혀 몽환적이다.

문도지오름

오설록 티뮤지엄

무릉 곶자왈

여행 Tip 인적이 드물고 깊은 숲이 내내 이어지므로, 반드시 여럿이 함께 걷도록 한다.

설록다원서광의 차밭

제주올레

019 15코스 한림~고내

누구나 꿈꾸던 바로 그 풍경

한림항 비양도 선착장 → 영새성물 → 귀덕리 농로 → 과오름 둘레길 → 고내봉 → 고내포구

출발 제주도 제주시 한림읍 한수리 879-31 한림항(한림어촌계 앞)　**주차** 한림항 주차장(무료)
스탬프 확인 장소 한림항 비양도 선착장 → 납읍초교 → 고내포구

거리	19.2km	난이도	무난해요
소요시간	6~7시간		
추천테마	숲, 오름, 사계절, 여럿이		

찾아가기 제주시외버스터미널에서 서귀포 방면 평화로 노선(20분 간격)을 타고 한림수협에서 내린다.

돌아오기 고내마을 앞 정류장에서 제주시 방면 서일주 노선(20분 간격)을 탄다. 서귀포시 방면으로 타면 한림항으로 갈 수 있다.

숙박 하쿠나 마타타 게스트하우스
　　010-4760-6675
　게스트하우스 정글 010-4335-6648
　한림게스트하우스 010-4750-2622
식당 화연이네(고등어구이) (064)799-7551
　곤밥보리밥(보리밥정식)
　　　　　　　　　　　(064)799-0116

갈매기가 푸른 하늘을 수놓는 한적한 항구와 들꽃이 소담히 핀 돌담길. 절반은 알아들을 수 없는 제주 할망의 투박하지만 정겨운 사투리. 마을 어귀에 있는 폭낭(팽나무)과 풀 향기 진동하는 숲, 그리고 다시 노을 지는 바다. 일상에 지친 도시인들이 제주를 그리워하며 꿈꾸는 모습은 대개 그렇다. 한림의 바다에서 출발해 중산간의 마을과 밭, 오름을 돌아 다시 고내의 바다에 이르는 15코스는 도시인들의 꿈을 현실로 보여주는 길이다. 저 언덕을 넘으면 어떤 풍경이 기다릴까 끊임없이 기대하는 설렘으로 가득하다.

납읍초교 바로 옆에 있는 납읍난대림지대는 천연기념물 제375호로 지정된 공원이다. 온난한 기후에서 자생하는 식물들이 숲을 이루어 후박, 생달, 동백나무 등이 한겨울에도 울창하다.

영새성물 가는 길에 있는 수원리 마을

납읍리의 청보리밭

> **여행 Tip**
> 고내봉 정상에는 나무가 많이 자라 있어 조망이 좋지 않다. 정상 직전에 있는 산불감시초소에서 제주 서부의 오름들을 충분히 감상하도록 한다.

귀덕리 농로

제주올레

16코스 고내~광령

봄날 햇살처럼 잔잔하고 소박한 길

고내포구 → 신엄포구 → 새물 → 수산봉 → 항파두리 항몽유적지 → 광령1리사무소

출발 제주도 제주시 애월읍 고내리 1111-4 고내포구   주차 고내포구 주차장(무료)
스탬프 확인 장소 고내포구 → 항파두리 항몽유적지 → 광령1리사무소

거리	17.3km	난이도	무난해요
소요시간	5~6시간		
추천테마	숲, 바다, 오름, 사계절, 여럿이		

애월 해안가에 있는 노천카페

구엄포구의 도댓불

고내의 작은 포구에서 시작하는 16코스는 제주 사람들의 생활과 역사 유적들을 보여주는 한편 해안, 마을, 오름, 숲, 계곡을 두루 지난다. 특별하거나 화려하지는 않지만 제주의 소박한 아름다움과 섬사람들의 평화로운 삶이 봄날의 햇살처럼 잔잔하게 가슴을 파고든다.

신엄리의 도댓불은 현무암으로 쌓아올린 고인돌 모양의 전통 등대로, 이후 만들어진 구엄리 옛 등대와 비교 관찰해보는 재미가 있다. 위급할 때 연기와 불빛으로 연락을 취하던 군 통신망인 신엄리 남두연대, 해수가 섞이지 않은 용천수로 마을 식수가 되었던 중엄리 새물, 아직도 하얀 소금기가 햇빛에 빛나는 구엄리 소금빌레 등을 해안로에서 만날 수 있고, 내륙에서는 고려 시대 삼별초군의 마지막 보루였던 항파두리 항몽유적지를 둘러볼 수 있다.

찾아가기 제주시외버스터미널에서 고내리로 가는 서일주 노선(20분 간격)을 탄다.
돌아오기 광령1리사무소 앞 정류장에서 제주공항으로 가는 887번 버스나 제주시외버스터미널로 가는 중산간 노선(30~50분 간격)을 이용한다. 시작점으로 가려면 광령1리사무소에서 읍면순환버스 이용.

숙박 노래하는 숲 게스트하우스
　　　　　　　　　　　(064)747-2359
　　　선타운 펜션 (064)7487-1135
　　　노루물민박 (064)748-8250
식당 물메골(연잎밥정식) (064)713-5486
　　　광령식당(두루치기) (064)746-8877

청화마을 감귤밭과 삼나무

021 17코스 광령~산지천

북쪽 해안 따라 용두암까지 시원한 눈맛

광령1리사무소 → 무수천 숲길 → 이호테우해변 → 도두봉 → 용두암 → 관덕정 → 산지천마당

출발 제주도 제주시 애월읍 광령리 1270 광령1리사무소 **주차** 광령1리사무소 주차장(무료)
스탬프 확인 장소 광령1리사무소 → 닐모리동동 → 산지천마당

거리	18.3km	난이도	무난해요
소요시간	5~6시간		
추천테마	숲, 바다, 오름, 사계절, 연인끼리		

찾아가기 제주시외버스터미널에서 중산간 노선(30~50분 간격)이나 제주공항에서 887번 버스를 탄 후 광령1리사무소에서 내린다.
돌아오기 산지천마당 앞 동문시장 정류장에서 63번, 100번 버스를 타고 제주시외버스터미널에서 내린다. 광령1리사무소로 가려면 택시(064-712-7193) 이용.

숙박 신강남게스트호텔 (064)753-8770
　　　미라클 게스트하우스 (064)743-8953
　　　소라장모텔 (064)753-0776
식당 황금해장국(소고기해장국)
　　　　　　　　　　　　(064)753-8851
　　　광령맛집(백반) (064)748-5392

　드라이브나 산책 코스로, 혹은 괜찮은 식당이나 카페가 많은 곳으로, 제주 사람에게도 여행자들에게도 사랑받는 용담해안도로를 따라 드넓게 펼쳐진 북쪽 바다를 감상하며 걷는 올레다. 높지 않은 오름과 완만한 바닷길, 험하지 않은 숲길 등으로 이루어져 무난하게 완주할 수 있다.
　시작은 무수천과 함께 한다. 물이 잘 마르는 건천이어서 '무수(無水)'라는 이름이 붙었는데, '근심을 잊게 한다[無愁]'는 뜻도 지니고 있다. 물길이 바다와 합류할 때까지 잡념 없이 설렁설렁 걷기 좋다. 조약돌이 잔치를 벌이는 알작지와 모래사장이 근사한 이호테우해변을 지나면 용담해안도로가 기다리고, 연이어 제주의 관광 명소인 용두암과 용연이 나온다. 길 끝에서는 제주에서 가장 오래된 건축물인 관덕정과 활기로 넘치는 동문시장도 둘러볼 수 있다.

용연

무수천

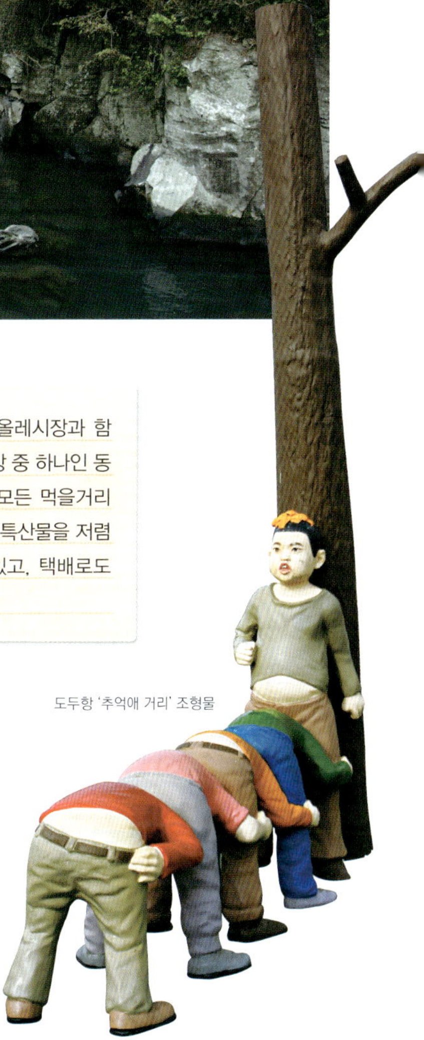

도두항 '추억애 거리' 조형물

여행 Tip
서귀포매일올레시장과 함께 제주의 2대 시장 중 하나인 동문시장은 제주의 모든 먹을거리가 모이는 곳이다. 특산물을 저렴하게 구입할 수 있고, 택배로도 받아볼 수 있다.

제주올레 73

022 | 18코스 산지천~조천

제주올레

한없이 넓은 바다를 품에 안는다

산지천마당 → 사라봉 → 삼양검은모래해변 → 대섬 → 연북정 → 조천만세동산

출발 제주도 제주시 일도1동 1498 산지천마당(동문시장 맞은편)
주차 동문시장 공영주차장(30분 무료, 초과 15분마다 300원)
스탬프 확인 장소 산지천마당 → 삼양검은모래해변 → 조천만세동산

거 리	18.3km	난이도	무난해요
소요시간	5~6시간		
추천테마	숲, 바다, 오름, 사계절, 여럿이		

연북정 지나 만나는 조천리 마을

여행 Tip 삼양검은모래해변은 파도가 심하게 칠 때 경관이 더 아름답다. 닭머르 해안 주변은 억새가 군락을 이뤄 늦가을에 찾으면 멋진 풍경을 감상할 수 있다.

닭머르 해안의 억새

꼭 걸어봐야 할 3대 둘레길

사라봉 '장수 산책로'

산지천은 예부터 상인들로 북적이던 교역 중심지였다. 바다로 흘러 드는 산지천을 따라 소금·담배·수산물 보급서 등이 있던 곳에 세워진 비석들을 살펴볼 수 있다. 일몰이 아름다운 사라봉과 시원한 바닷바람을 온몸으로 느낄 수 있는 별도봉은 18코스의 자랑이다. 4.3항쟁 당시 마을 전체가 불타 없어졌던 곤을동 마을 터, 옛 지방 관리들의 공적을 기린 화북 비석거리, 현무암이 잘게 쪼개져 넓은 모래밭을 이룬 삼양검은모래해변도 만난다.

삼양동 주택가부터 이어지는 숲길을 지나 불탑사에 닿으면 제주의 유일한 불탑인 오층석탑(보물 제1187호)을 볼 수 있다. 길이 끝나갈 무렵 닭머르 해안은 한없이 넓은 바다를 품에 안겨주고, 항일운동 유적지가 있는 조천만세동산은 가슴을 뭉클하게 한다.

찾아가기 제주시외버스터미널이나 제주공항에서 100번 버스를 타고 동문로터리에서 내린다.
돌아오기 조천만세동산 정류장에서 제주시외버스터미널로 가는 읍면순환버스나 동일주 노선(20분 간격) 이용. 동문로터리로 가려면 10, 38번 시내버스 이용.

숙박 벨리타 게스트하우스 070-7011-7274
아프리카 게스트하우스
070-7761-4410
살레 인 제주 게스트하우스
(064)755-4333
식당 만인칡칼국수(칡칼국수)
(064)755-5959

023 18-1코스 추자도

풍경이 감동이 되고 위로가 되고

추자항 → 추자등대 → 추자교 → 신양항 → 돈대산 → 기정길 → 추자항

출발 제주도 제주시 추자면 대서리 147-16 추자항　**주차** 제주항여객선터미널 주차장(무료)
스탬프 확인 장소 추자항 → 묵리슈퍼 → 추자항

거 리	18.4km	난이도	많이 힘들어요
소요시간	7~8시간		
추천테마	숲, 바다, 사계절, 여럿이		

찾아가기 제주항여객선터미널에서 추자항으로 가는 여객선(09:30, 14:00) 이용.
돌아오기 추자항(16:15)이나 신양항(11:00)에서 제주항여객선터미널로 갈 수 있다.

숙박 추자도 올레 게스트하우스
　　　　　　　　　　　(064)711-1801
　　　태흥여관 (064)712-5600
　　　어장여관 (064)742-3512
식당 중앙식당(굴비정식) (064)742-3735

　　　제주올레 중 유일하게 난이도가 최상으로 분류된 18-1코스는 추자도의 봉우리들을 오르내리며 섬의 진면목을 온몸으로 느끼는 길이다. 추자도는 사람이 사는 4개의 섬과 38개의 무인도를 묶어 부르는 이름인데, 추자도 올레는 추자교로 연결된 상추자도와 하추자도를 온전하게 일주하도록 조성되었다. 바다에 떠 있는 깊은 산과 산봉우리 아래로 펼쳐지는 푸른 바다가 가슴 벅찬 감동으로 다가오지만, 그 감동을 얻으려면 하루를 꼬박 땀 흘릴 각오가 필요하다.

　　　하추자도의 마을 묵리는 앞뒤가 산으로 막혀 있다. 오래전 추자도 사람들이 다른 마을로 오가기 위해 넘던 산길이 묵리 고갯길이다. 코스를 완주할 자신이 없다면 상추자도가 한눈에 보이는 고갯길을 넘어 묵리 교차로에서 되돌아 나오면 된다.

돈대산 능선에서 본 상추자도

추자등대에서 본 추자항

19코스 조천~김녕

절반은 바다, 절반은 원시림 같은 숲

조천만세동산 → 함덕서우봉해변 → 서우봉 → 북촌포구 → 김녕 농로 → 김녕 서포구

출발 제주도 제주시 조천읍 조천리 1142 조천만세동산 **주차** 조천만세동산 주차장(무료)
스탬프 확인 장소 조천만세동산 → 동복리 마을운동장 → 김녕 서포구

거리	18.7km	난이도	무난해요
소요시간	6~7시간		
추천테마	숲, 바다, 사계절, 연인끼리		

북촌포구

함덕서우봉해변

북촌포구를 중심으로 반은 바다, 반은 숲을 이루고 있는 올레다. 특히 조천만세동산에서 함덕서우봉해변과 서우봉, 북촌포구로 이어지는 해안~오름 길은 크게 힘들지 않게 걸을 수 있고 경치도 좋다.

물빛 고운 바다를 뒤로 한 채 북촌포구에서 콩과 마늘이 자라는 밭을 지난다. 동북리와 김녕 농로, 남흘동에서는 솔향기 가득한 숲과 곶자왈이 지닌 원시의 기운을 만끽할 수 있다. 숲길은 아담한 포구인 김녕 서포구에 닿을 때까지 이어진다.

찾아가기 제주시외버스터미널에서 읍면순환버스나 동일주 노선(20분 간격)을 타고 조천만세동산 정류장에서 내린다.

돌아오기 김녕 서포구에서 걸어서 15분 거리인 백련사 앞 정류장에서 동일주 노선(20분 간격)을 탄다. 중간에 조천만세동산 경유.

숙박 장화신은고양이 게스트하우스
(064)784-2568
M게스트하우스 (064)784-2621
팜비치리조트 (064)784-5570
식당 버드나무집(해물칼국수)
(064)782-9992

서우봉에서 본 북촌리와 제주 바다

025 20코스 김녕~하도

일곱 마을에서 마주치는 제주의 오늘

김녕 서포구 → 성세기해변 → 월정해수욕장 → 행원포구 → 한동해안도로 → 해녀박물관

출발 제주도 제주시 구좌읍 김녕리 4074 김녕 서포구(어민복지회관) **주차** 김녕 서포구 주차장(무료)
스탬프 확인 장소 김녕 서포구 → 행원포구 → 해녀박물관

거리	16.5km	난이도	무난해요
소요시간	6~7시간		
추천테마	바다, 사계절, 연인끼리		

갯메꽃
ⓒ문성필

월정해수욕장
ⓒ제주인

찾아가기 제주시외버스터미널에서 성산 방면 동일주 노선(20분 간격)을 타고 백련사에서 내린다. 김녕 서포구까지 걸어서 10분.
돌아오기 해녀박물관에서 5분쯤 걸어 항일운동기념탑로 이동 후 제주 방면 동일주 노선(20분 간격)을 타고 제주시외버스터미널에서 내린다. 중간에 백련사 경유.

숙박 레프트핸더 게스트하우스
　　　　　　　　　　　070-8274-0943
　　　달에 물들다 게스트하우스
　　　　　　　　　　　010-2637-1129
식당 해맞이쉼터(해산물 모둠라면)
　　　　　　　　　　　(064)782-7875
　　　은성식당(국밥) (064)784-5885

　　오름도 숲도 없이 평탄한 해변과 들판 길이 이어지고 포장도로도 많아 올레꾼에게는 썩 매력적으로 다가오지 않는다. 하지만 가끔 먹는 별식보다 매일 먹는 집밥이 더 맛있게 느껴질 때가 있듯 7개의 마을과 바다와 들을 걸으며 제주 서민들의 현재를 만나보는 시간이 편안하다.

　　(사)제주올레는 20코스를 '바람의 길'이라 소개했다. 제주 동부 지역에서도 바람이 가장 많이 부는 곳이 구좌읍 일대이기 때문이다. 길을 걷다 보면 웅웅거리며 돌아가는 거대한 풍력발전기와 바람이 생명인 윈드서핑을 즐기는 사람들을 볼 수 있다.

　　길은 물빛 아름답기로 유명한 월정해변, 광해군의 유배 기착지였던 행원포구, 동부 지역에서 가장 규모가 큰 세화오일장 등을 지나 해녀박물관에서 끝난다.

 꼭 걸어봐야 할 3대 둘레길

월정리 앞바다

ⓒ문성필

월정해수욕장

026 21코스 하도~종달

투박해서 더 정겨운 길

해녀박물관 → 별방진 → 각시당 → 토끼섬 앞 → 지미봉 → 종달바당

출발 제주도 제주시 구좌읍 하도리 3204-1 해녀박물관 **주차** 해녀박물관 주차장(무료)
스탬프 확인 장소 해녀박물관 → 석다원 → 종달바당

거 리	10.7km	난이도	무난해요
소요시간	4시간		
추천테마	바다, 오름, 사계절, 연인끼리		

하도해수욕장

2012년 11월, 대한민국에 걷기 열풍을 일으켰던 제주올레가 5년여 만에 21코스를 마지막으로 모든 코스가 개통됐다. 21코스는 해녀박물관에서 출발하여 해안과 마을을 지나 지미봉을 거쳐 종달바당으로 이어진다.

　해녀의 삶을 살펴볼 수 있는 해녀박물관에서 연대동산과 낮물밭길, 조선 시대 진지인 별방진을 차례로 걷는다. 투박해서 더 정겨운 길은 조용하고 아늑해 사색을 즐기며 걷기 좋다. 별방진을 지나면 푸른 바다를 품은 해안도로가 끝없이 펼쳐진다. 우리나라에서 유일한 문주란 자생지인 토끼섬이 바라보이고, 새들을 관찰할 수 있는 하도리 철새도래지도 만난다. 지미봉에 오르면 성산일출봉, 우도, 식산봉으로 이어지는 아름다운 절경이 한눈에 들어온다. 지미봉을 넘어 잠시 해안을 따르면 종달바당이다.

찾아가기 제주시외버스터미널에서 성산 방향 동일주 노선(20분 간격)을 탄 후 하도리 항일운동기념탑에서 내린다. 5분쯤 걸어가면 해녀박물관이 있다.
돌아오기 종달바당에서 15분쯤 걸어 종달초교로 간 다음 동일주 노선(20분 간격)을 탄다. 중간에 항일운동기념탑 경유.

숙박 내무반 게스트하우스 (064)784-7942
　　　마리의 당근밭 게스트하우스
　　　　　　　　　　　　(064)782-1273
식당 석다원(성게해물칼국수)
　　　　　　　　　　　　(064)784-2329

여행Tip 걷기 전에 해녀박물관에 들러 해녀들의 삶을 살펴보도록 하자. 박물관 내에 전시관, 영상실, 체험관 등이 들어서 있다. 입장료는 성인 1천100원, 청소년·어린이 500원. 문의: (064)782-9898

종달바당　　　　　　　　　　　　　ⓒ문성필

지리산 둘레길

지리산 둘레길은 '민족의 영산' 지리산의 장엄한 정기를 아낌없이 전한다.

힘든 고갯길이 끝나면 편안한 고샅길과 논둑길이 기다린다.

서로 다른 말씨와 풍습이 어우러져

화합과 소통을 이루는 '삶의 철학'이 깃든 길이다.

지리산 둘레길 전체 코스

1 주천~운봉 88p	9 덕산~위태 100p	
2 운봉~인월 90p	10 위태~하동호 102p	
3 인월~금계 91p	11 하동호~삼화실 103p	17 목아재~당재 109p
4 금계~동강 92p	12 삼화실~대축 104p	18 송정~오미 110p
5 동강~수철 94p	13 하동읍~서당 105p	19 오미~난동 111p
6 수철~어천 95p	14 대축~원부춘 106p	20 오미~방광 112p
7 어천~운리 96p	15 원부춘~가탄 107p	21 방광~산동 114p
8 운리~덕산 98p	16 가탄~송정 108p	22 산동~주천 115p

꼭 걸어봐야 할 3대 둘레길

둘레길에서는 지리산의 마음이 보인다

2008년 봄, 산봉우리를 향해 '오르는' 대신 넓고 넓은 산자락을 따라서 '걷는' 길이 지리산에 들어섰다. 산비탈에 계단처럼 일군 다랑논, 과일 주렁주렁 열리는 과수원, 산들바람 불어오는 들판, 사계절 푸른 대나무 숲, 그리고 그곳에서 살아가는 사람들을 가까이서 만날 수 있는 지리산 둘레길의 탄생이었다.

처음에는 5개 구간뿐이었지만 계속 길이 추가돼 2012년에는 지리산 자락을 완전히 순환하는 22개 구간, 총 거리 274km의 둘레길이 완성되었다. 초반에는 다소 미흡했던 이정표가 많이 보완되어 길 찾기에 어려움이 없고, 탐방지원센터도 지역마다 있어 편리하다.

> 지리산 둘레길 구간은 대부분 15km 내외로 긴 편이고, 걷는 도중 물과 음식을 구하기 힘든 경우가 많으므로 미리 준비해야 한다. 시골 마을에서 출발하고 끝나는 구간은 대중교통을 이용하는 데 어려움이 있다. 버스 시간은 물론 해당 지역의 콜택시 번호도 미리 알아두도록 한다.

지리산 둘레길 1박 2일 추천 일정

주천~운봉

1일차
- 10:00 남원IC
- 11:00 주천~운봉 걷기
- 13:00 점심 식사
- 14:00 주천~운봉 걷기
- 18:00 저녁 식사
- 20:00 숙소 도착

2일차
- 08:00 아침 식사
- 10:00 춘향테마파크 관람
- 12:30 점심 식사
- 14:30 남원IC

문의: 지리산 둘레길 주천안내센터(063-625-8952), 춘향테마파크(063-620-6836)

인월~금계

1일차
- 10:00 지리산IC
- 10:30 인월~금계 걷기
- 12:30 점심 식사
- 13:30 인월~금계 걷기
- 16:00 벽송사·서암정사 관람
- 18:00 저녁 식사
- 19:30 숙소 도착

2일차
- 08:00 아침 식사
- 09:30 임천 드라이브
- 10:30 동의보감촌 관광
- 12:30 점심 식사
- 14:00 남사예담촌 관광
- 16:00 단성IC

문의: 지리산 둘레길 인월안내센터(063-635-0850), 동의보감촌(055-970-6431), 남사예담촌(055-972-7107)

오미~방광

1일차
- 10:00 남원IC
- 11:30 오미~방광 걷기
- 13:00 점심 식사
- 14:00 오미~방광 걷기
- 18:00 저녁 식사
- 19:30 숙소 도착

2일차
- 08:00 아침 식사
- 09:30 구례 산수유마을 관광
- 11:30 점심 식사
- 13:00 화엄사 관람
- 14:30 구례화엄사IC

문의: 지리산 둘레길 구례안내센터(061-781-0850), 구례 산수유마을(061-780-2726), 화엄사(061-782-7600)

027 주천~운봉 제1구간

구룡치 넘으면 아늑한 숲 터널

주천 ➡ 구룡치 ➡ 노치 ➡ 행정 ➡ 운봉

출발 전북 남원시 주천면 장안리 260-1 주천치안센터 **주차** 주천치안센터 앞 공터(무료)

거 리	14.7km	난이도	조금 힘들어요
소요시간	5시간		
추천테마	숲, 강, 사계절, 여럿이		

노치마을의 논

찾아가기 남원시외버스터미널에서 버스(20~40분 간격)를 타고 주천 장안슈퍼에서 내린다.
돌아오기 운봉우체국 정류장에서 남원시외버스터미널로 가는 버스(60분 간격) 이용. 주천으로 돌아가려면 버스를 타고 남원시외버스터미널까지 간 다음, 주천 장안슈퍼로 가는 버스(찾아가기와 동일)로 갈아탄다.

숙박 그린피아 모텔 (063)636-7200
     람세스 모텔 (063)635-3377
식당 비부정(산채비빔밥) (063)625-3388
     에덴식당(산나물백반) (063)626-1633

해발 500m 운봉고원의 너른 들과 6개의 마을을 잇는 옛길, 제방길, 농로 등을 만날 수 있는 1구간은 화려한 풍경은 아니지만 지리산 서북 능선을 조망하며 사색을 즐기기에 좋은 코스다. 회덕에서 남원장, 노치에서 운봉장을 보러 다녔던 옛길이 잘 보존되어 있다. 초반에는 경사진 언덕을 오르느라 숨이 차지만 구간의 대부분은 폭이 넓고 노면 정비도 잘 되어 어렵지 않다.

솔정지에서 구룡치를 넘어 덕치리까지 가는 길이 아름드리 소나무가 운치를 더하는 이 구간의 백미. 정상인 구룡치를 넘어서면 아늑한 숲 터널이 이어진다. 마무리는 수백 년 된 서어나무들이 마을을 지켜준다는 행정마을의 서어나무 숲이 맡는다. 듬직한 나무에는 임권택 감독의 영화 <춘향전>에서 춘향이가 탔던 그네가 매달려 있다.

꼭 걸어봐야 할 3대 둘레길

여행 Tip

주천~운봉 구간의 종착점 인근에는 운봉허브밸리가 있어 들러볼 만하다. 이곳에서는 캐모마일 등 각종 허브 식물을 구경하고 구입할 수 있다. 매년 5월 말~6월경 허브축제가 열린다. 문의: (063)631-2587

구룡치 숲길

028 운봉~인월 제2구간

지리산 둘레길

5월이면 산과 마을에 철쭉꽃 잔치

운봉 → 신기교 → 비전 → 대덕리조트 → 월평 → 인월

출발 전북 남원시 운봉읍 서천리 221-5 운봉농협 사거리 주차 운봉읍 주민센터 주차장(무료)

거 리	10.5km	난이도	무난해요
소요시간	4시간		
추천테마	숲, 강, 사계절, 여럿이		

찾아가기 남원시외버스터미널에서 버스(10~20분 간격)를 타고 운봉우체국에서 내린다.
돌아오기 인월공용버스터미널에서 남원시외버스터미널로 가는 버스(20~30분 간격) 이용. 중간에 시작점인 운봉을 경유한다.

숙박 들머리집 (063)636-2007
　　　 해비치모텔 (063)636-0361
식당 인월보리밥집(꽁당보리밥)
　　　　　　　　　　(063)625-5316

여행 Tip 인월로 들어가기 전에 만나는 월평마을에 민박집이 많다. 민박 요금은 1박에 3만~5만 원이다.

　　길이가 10km로 짧고 전 구간이 평지인 둑길과 임도로 되어 있는 운봉~인월 구간은 초보자도 4시간 정도면 부담 없이 완주할 수 있다. 그러면서도 지리산 특유의 호방한 기상은 간직하고 있으므로 초보 걷기 여행자가 둘레길의 매력을 접해보기에 좋은 코스다. 특히 운봉마을과 바래봉 전체가 '꽃불'에 뒤덮인 것처럼 철쭉으로 붉게 물드는 5월 말쯤이면 우렁찬 동편제 가락에 철쭉 꽃잎 흔들리는 아찔한 풍경 속으로 들어갈 수 있다.

　　너른 운봉 들녘을 따라 오른쪽으로 지리산 서북 능선, 왼쪽으로 백두대간을 조망하며 옛 통영별로길과 둑길을 걷는다. 황산대첩비·국악의 성지·송흥록 생가 등 문화와 역사의 현장을 지나고, 봄이면 분홍 철쭉, 가을이면 황금빛 들녘을 볼 수 있다.

황산대첩비지

바래봉의 철쭉

029 인월~금계 제3구간

다랑논과 지리산, 삶의 풍경화

인월 → 중군 → 중황 → 등구재 → 창원 → 금계

출발 전북 남원시 인월면 인월리 641 (구)인월교 주차 지리산 둘레길 인월센터 주차장(무료)

거리	18.7km	난이도	무난해요
소요시간	6시간		
추천테마	숲, 강, 사계절, 여럿이		

찾아가기 남원시외버스터미널이나 함양시외버스터미널에서 버스(20~30분 간격)를 타고 인월터미널에서 내린다.

돌아오기 금계마을에서 함양시외버스터미널로 가는 버스(07:50 10:25 16:15 18:55 20:05) 이용. 인월로 돌아가려면 금계마을에서 함양시외버스터미널 반대 방향의 버스(06:30 09:10 14:30 17:20 19:00)를 탄다.

숙박 느티나무산장 (055)962-5345
　　　자연소리 (055)964-2313
식당 두꺼비집(어탕) (063)636-2979
　　　아우네(흑돼지 구이) (055)962-3556

여행Tip 운봉~인월 구간에는 쉼터가 많은 편이다. 그중 하나인 '중황마을 쉼터'에서는 백반, 라면, 막걸리, 파전 등을 판다.
문의: 010-9091-3583

옛 고갯길 등구재를 중심으로 지리산 주능선을 조망하며 넓게 펼쳐진 다랑논과 6개의 산촌 마을을 지나는 인월~금계 구간은 가장 길고 힘들면서 많은 인파가 몰리는 둘레길이다. 지리산을 제대로 느껴보고 싶다는 마음 때문이기도 하고, 걷는 길에 익숙해진 도보 여행객들이 점차 늘고 있다는 뜻이기도 하다. '성찰과 순례'라는 둘레길의 취지가 이상적으로 완성되는 아름다운 코스다.

백련사계곡에서 만나는 수성대는 흐르는 물소리와 수면 위에 동동 뜬 징검다리가 사랑스럽고, 마을 뒤편의 논밭과 산허리를 감으며 지나는 하황~중황~상황마을 길은 지리산 주능선과 다랑논을 배경으로 걷는 그림엽서 같은 풍경이다. 전라북도 남원에서 경상남도 함양으로 넘어가던 고갯길인 등구재는 노을과 초저녁 달빛이 아름답다.

중황마을 논길

030 금계~동강 제4구간

엄천강을 벗 삼아 편하게 걷다

금계 → 의중 → 모전 → 송전 → 운서 → 동강

출발 경남 함양군 마천면 의탄리 870 지리산 둘레길 함양안내소 주차 금계초교(폐교) 주차장(무료)

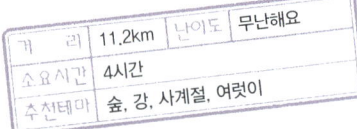

거 리	11.2km	난이도	무난해요
소요시간	4시간		
추천테마	숲, 강, 사계절, 여럿이		

송전마을 다랑논

찾아가기 함양시외버스터미널에서 버스(06:30 09:10 14:30 17:20 19:00)를 타고 금계마을에서 내린다.
돌아오기 동강마을에서 함양시외버스터미널로 가는 버스(30분 간격) 이용. 동강에서 금계로 가는 버스(30분 간격)가 있다.

숙박 지리산리조트 (055)963-5763
　　　송전농촌체험마을 (055)903-9088
식당 문정식당(오리백숙) (055)962-8913

처음 금계~동강 구간이 개통될 때는 빨치산 루트가 들어 있어 난이도가 높았으나, 탐방객들이 농작물을 무단 채취하고 쓰레기를 버리곤 해 주민들의 항의로 코스를 조정, 엄천강을 따라 걷는 무난한 코스가 되었다.

한적한 오솔길과 너른 들판을 걷는 동안 함양의 젖줄인 엄천강이 은은한 정취로 동행한다. 아스팔트 도로를 걷는 구간이 많아 아쉽지만 시원스레 펼쳐지는 산골 풍광에 취하게 되면 흙길에 대한 그리움이 금세 잊힌다. 아홉 마리 용이 살았다는 용유담은 기암들과 어우러진 넓은 소의 경치가 아름다워 예부터 많은 시인묵객들이 찾던 곳으로, 정자에서 땀을 식혀 가기에 좋다. 송문교에서는 용이 누운 모습과 비슷하다는 와룡암이 내려다보이고, 운서마을의 쉼터를 지나면 둘레길의 상징과 같은 드넓은 다랑논이 펼쳐진다.

엄천강 용유담

의중마을의 보호수

운서마을 다랑논

> **여행Tip**
> 금계마을 정류장에 내리면 뒤편으로 금계초교(폐교) 내에 지리산 둘레길 함양안내소(055-964-8200)가 있다. 이곳에서 무료로 지리산 둘레길 지도를 받아볼 수 있고, 마을 주민인 안내원으로부터 코스 설명을 들을 수 있다.

지리산 둘레길

031 동강~수철 제5구간

야생화 만발하는 아름다운 물길

동강 ➡ 상사계곡 ➡ 쌍재 ➡ 고동재 ➡ 수철

출발 경남 함양군 휴천면 동강리 463-1 동강횟집 앞　**주차** 엄천교 건너편에 있는 원기 정류장 앞 공터(무료)

상사계곡

거리	11.9km	난이도	무난해요
소요시간	4시간		
추천테마	숲, 강, 사계절, 여럿이		

찾아가기 함양시외버스터미널에서 버스(30분 간격)를 타고 동강마을에서 내린다.

돌아오기 수철마을회관에서 산청시외버스터미널로 가는 버스(07:40 09:10 10:30 13:00 15:40 17:50 18:50) 이용. 수철마을에서 동강마을로 돌아가려면 버스를 여러 번 갈아타야 한다. 수철마을에서 버스(하루 5회)를 타고 산청까지 간 다음, 산청에서 유림으로 가는 버스(하루 7회)를 이용한다. 유림에서 산내로 가는 버스(30분 간격)를 타면 원기 정류장으로 간다.

숙박 해뜨는아침펜션 010-9383-5560
　　 청류동산장 (055)973-2781
식당 지리산약두부(약두부버섯전골)
　　　　　　　　　 (055)974-0288
　　 삼거리식당(고동정식) (055)973-2663

시멘트로 포장된 왕산 임도를 5분여 걸으면 약수터와 쉼터가 나온다. 약수는 약초와 산삼 재배로 유명한 왕산의 명수(明水)이니, 빈 물병에 가득 담아 가자.

　　청정한 숲과 계곡을 따라 걷다가, 지리산의 정기를 듬뿍 받으며 가벼운 산행도 하면서 4개의 마을을 지나는 동강~수철 구간은 물길을 거쳐 숲길과 옛길로 재를 넘는 아름다운 코스다. 함양(동강)과 산청(수철)을 잇는 이 길은 전쟁 중 400~700여 명의 양민들이 공비로 몰려 학살당한 비극의 현장이기도 하다.

　　산청·함양사건추모공원을 지나면 방곡에서 쌍재 사거리까지 아름다운 물길이 이어진다. 상사병에 걸려 죽은 남자의 전설이 전해지는 상사폭포는 바위로 병풍을 두른 듯 아늑하고 은밀하다. 왕산으로 오르는 계곡 길은 대나무 난간으로 잘 정비되어 걷기 편하고, 쌍재 사거리부터 고동재 삼거리까지는 소나무와 굴참나무가 병정처럼 도열한 옛길이 멋지다. 왕산과 필봉산의 능선이 에워싸며 나그네를 품어준다.

032 수철~어천 제6구간

지리산 줄기가 손에 잡힐 듯

수철 → 산음 → 경호강 → 한밭 → 내동 → 성심원 → 어천

출발 경남 산청군 금서면 수철리 36 수철마을회관 **주차** 수철마을회관 옆 공터(무료)

거 리	14.5km	난이도	조금 힘들어요
소요시간	5시간		
추천테마	숲, 강, 사계절, 여럿이		

 찾아가기 산청시외버스터미널에서 버스(07:30 08:50 10:20 13:20 15:30 17:40 18:40)를 타고 수철마을회관에서 내린다.

돌아오기 강 건너편에 있는 심거 정류장에서 신안면 소재지의 원지시외버스 정류소로 가는 버스(07:11 09:51 14:41 16:51)를 타거나 어천마을에서 콜택시를 부른다. 수철마을로 돌아가려면 어천마을 앞 심거 정류장에서 버스(07:30 08:40 09:30 11:30 12:00 16:50 15:00 16:00 17:10 18:20)를 타고 산청시외버스터미널로 간 다음, 수철마을로 가는 버스(찾아가기와 동일)로 갈아타야 한다.

숙박 어천계곡 펜션 016-609-4788
산울림 펜션 010-2700-9958
식당 수철가든(백숙) (055)973-2758
늘비식당(어탕국수) (055)972-1903

걷는 동안 웅장한 지리산 줄기가 가깝게 또는 멀리, 연극무대의 배경처럼 함께한다. 수철마을에서 시작한 길은 다랑논을 품은 마을을 차례차례 지나 경호강과 만난다. 꽤 오랫동안 강 옆을 따라가면서 3번 국도의 소음을 듣고, 시멘트 도로를 걷는 불편함이 있지만 풍부한 수량으로 힘 있게 흐르는 강과 그 주변 풍경이 매력 있고, 힘겹게 넘어야 할 고개가 적다.

강 주위로 펜션이 많이 들어선 한밭마을부터는 국도와 멀어지면서 자동차 소음이 사라지고 강가의 호젓함만 남는다. 내동마을에 들어서면 잠시 강과 멀어져 청량한 대숲과 계곡의 운치도 느낄 수 있다. 성심원에서 어천으로 넘어가는 코스의 마지막 고개에는 산허리로 곱게 난 오솔길이 수줍은 듯 숨어 있다.

여행 Tip 코스 중간에 지나는 산청군 소재지에서 점심을 먹고 물이나 간식거리를 준비하도록 한다.

033 어천~운리 제7구간

천왕봉 부럽지 않은 멋진 조망

어천 ➔ 아침재 ➔ 운리~청계 임도 ➔ 운서 ➔ 탑동 ➔ 운리

출발 경남 산청군 단성면 방목리 690-3 어천마을 주차 어천마을 입구 경호강변 주차장(무료)

거리	13.2km	난이도	힘들어요
소요시간	5시간		
추천테마	숲, 계곡, 사계절, 여럿이		

어천~운리 구간은 웅석봉(1천99m) 산자락을 오르는 어려운 길이고, 특히 어천마을을 지나 계곡 쉼터부터 정상 갈림길까지는 무릎이 머리에 닿을 정도로 경사가 심해 어린이나 산행에 익숙하지 않은 사람에게는 적당하지 않다. 그러나 정상에 서면 천왕봉이 부럽지 않은 멋진 조망이 기다리고, 이후로는 흙길과 포장길이 뒤섞인 한적한 임도를 따라 몸까지 초록이 될 듯 푸르른 숲길을 어렵지 않게 걸을 수 있다.

청계 임도

길이 시작되는 어천마을에는 인제 내린천이나 연천 한탄강 못지않게 급류가 흐르는 경호강이 있어 풍경이 시원스럽고, 길이 마무리되는 탑동마을에는 신라 시대 때 스님 수백 명이 머물던 대사찰 단속사지가 있어 분위기가 고즈넉하다. 단속사지에는 보물인 쌍둥이 석탑 2기와 600년 된 매화나무가 남아 역사를 말해 준다.

찾아가기 원지시외버스 정류소에서 버스(07:30 08:40 09:30 11:30 12:00 16:50 15:00 16:00 17:10 18:20)를 타고 어천마을에서 내린다.
돌아오기 운리마을 다물민족학교 앞에서 원지시외버스 정류소로 가는 버스(07:20 09:55 14:15 18:15) 이용. 어천마을로 돌아가려면 버스를 타고 원지시외버스 정류소로 간 다음, 원지시외버스 정류소에서 어천마을 앞 심거 정류장으로 가는 버스(07:30 08:40 09:30 11:30 12:00 16:50 15:00 16:00 17:10 18:20)로 갈아탄다.

숙박 산청계곡 펜션 (055)973-1341
　　　청계산방 (055)973-1482
식당 성화식당(석쇠불고기정식)
　　　　　　　　　　　(055)972-0040
　　　연화식당(훈제오리고기)
　　　　　　　　　　　(055)972-2255

단속사지

여행Tip 구간 종착점에서 인접한 단성면 남사마을은 전통 가옥과 옛 돌담 길의 정취가 고스란히 남아 있다. 옛 담벼락이 잘 보존된 덕분에 남사예담촌이라고 불린다. 이곳에서는 문화해설프로그램을 진행하고 있으며, 숙박도 가능하다. 문의: 010-2966-5543

웅석봉 숲길

034 운리~덕산 제8구간

고운 오솔길에 물 맑은 계곡까지

운리 → 운리 임도 → 백운계곡 → 마근담 → 사리 → 덕산

출발 경남 산청군 단성면 운리 517-3 운리마을 다물평생교육원 앞 주차 운리마을 다물평생교육원 앞 공터(무료)

거리	15.0km	난이도	무난해요
소요시간	5시간		
추천테마	숲, 계곡, 사계절, 여럿이		

사리마을의 곶감

운리마을

찾아가기 원지시외버스 정류소에서 버스(08:30 13:40 17:10 20:00)를 타고 운리에서 내린다.
돌아오기 덕산에서 원지시외버스 정류소로 가는 버스(60분 간격) 이용. 운리마을로 돌아가려면 덕산에서 원지시외버스 정류소까지 간 다음, 운리마을로 가는 버스(찾아가기와 동일)로 갈아탄다.

숙박 마근담 농촌체험마을 (055)973-7103
　　　덕산장여관 (055)972-8610
식당 물레방아식당(피리찜) (055)972-8290
　　　팔도한우촌(한우구이) (055)973-0092

언덕을 꼬불꼬불 돌아 올라가는 임도에서는 발아래로 넓은 세상이 펼쳐지고, 참나무와 소나무가 울창한 산허리 고운 오솔길에서는 물 맑은 계곡이 흐른다. 운리~덕산 구간은 몇몇 힘든 오르막이 있지만 전체적으로 길이 순하고 아늑한 분위기다. 그래서 짧지 않은 거리임에도 크게 힘들지 않다. 운리마을에서 곧바로 산자락으로 향하는 길은 임도. 곧 오솔길로 모습을 바꾸며 오랫동안 숲으로만 이어진다.

고개를 넘어 시천면 소재지인 사리마을로 내려오면 퇴계 이황과 더불어 조선 중기 대표적 유학자인 남명 조식의 유적지를 들러볼 수 있다. 오랜만에 사람들의 활기가 느껴지는 덕천강 앞, 덕산시장에 다다르면 운리~덕산 구간이 끝난다.

운리 임도

백운계곡 소나무 숲

035 덕산~위태 제9구간

대숲을 지나는 초록빛 바람

덕산 → 덕천강 → 중태재(갈치재) → 유점 → 위태

출발 경남 산청군 시천면 사리 933-1 덕산시장 주차 덕산시장 주차장(무료)

거리	10.9km	난이도	무난해요
소요시간	4시간		
추천테마	숲, 강, 사계절, 여럿이		

위태마을 대숲

꼭 걸어봐야 할 3대 둘레길

덕산마을

지리산 둘레길 중에서 비교적 거리가 짧은 덕산~위태 구간은 경남 산청군과 하동군에 걸쳐져 있다. 길을 시작하는 덕산은 곶감 주산지 답게 감나무가 많아 늦가을이 되면 여기저기에 주황색 감들이 주렁주렁 열린다.

포장된 길로 익숙한 마을 풍경을 지나쳐가다 중태마을을 등지면 고갯길이 시작된다. 중태마을안내소에는 주변 농작물이 훼손되는 것을 예방하기 위해 탐방객들의 실명을 기재하는 부스가 설치되어 있다.

주변이 울창한 숲으로 바뀌고 풀밭으로 선명하게 그어진 옛길이 여행자를 이끈다. 중태재에 이르면 경남 하동군으로 행정구역이 바뀐다. 이정표에 적힌 갈치재는 중태재의 다른 이름이다. 옛길은 바람마저 초록빛으로 흩어놓을 듯한 위태마을 대숲으로, 주변 풍경이 고요하게 담겨 있는 작은 연못 곁을 지나쳐 위태마을로 향한다.

찾아가기 원지시외버스 정류소에서 버스(60분 간격)를 타고 덕산에서 내린다.
돌아오기 위태에서 진주시외버스터미널로 가는 버스(08:10 12:55 18:50) 이용. 위태에서 덕산으로 돌아가려면 진주시외버스터널까지 간 다음. 진주시외버스터미널에서 덕산으로 가는 버스(30분 간격)로 갈아탄다.

숙박 위태마을 하늘가애민박
010-8513-7169
위태마을 정돌이네 민박
010-9303-6961
식당 보현갈비식육식당(한우생고기)
(055)972-8000
금성식육식당(흑돼지고기)
(055)972-9416

036 위태~하동호 제10구간

소박한 풍경들이 더 특별하다

위태 → 지네재 → 오율 → 궁항 → 양이터재 → 나본 → 하동호

출발 경남 하동군 옥종면 위태리 732-6 위태 정류장 주차 위태 정류장 주변 공터(무료)

거리	11.5km	난이도	무난해요
소요시간	5시간		
추천테마	숲, 사계절, 여럿이		

찾아가기 진주시외버스터미널에서 버스(07:50 12:35 18:40)를 타고 위태에서 내린다.
돌아오기 하동호에서 하동시외버스터미널로 가는 버스(07:30 10:40 13:00 14:50 17:30) 이용. 하동호에서 위태로 바로 가는 버스는 없다. 콜택시를 불러 이동하는 것이 가장 빠르다. 버스를 이용해 위태로 가려면 하동호에서 하동시외버스터미널로, 하동시외버스터미널에서 진주시외버스터미널로 가는 버스(30분 간격)를 갈아타야 한다. 진주시외버스터미널에서 위태로 가는 버스(찾아가기와 동일)가 있다.

숙박 위태마을 하늘가애민박
　　　　　　　　　010-8513-7169
　　위태마을 정돌이네 민박
　　　　　　　　　010-9303-6961
식당 동흥식당(재첩 진국, 재첩회)
　　　　　　　　　(055)884-2257

푸른 하늘을 머리에 이고 너른 벌판을 품은 지리산 자락의 남쪽을 돌아가는 길. 그 끝에 하늘빛을 그대로 투영한 호수가 기다린다. 위태~하동호 구간은 특별히 모난 구석이 없다. 부드럽게 밟히는 흙길과 산속을 졸졸졸 흐르는 계곡, 낡은 시골집 담벼락에 자란 담쟁이 같은 특별하지 않은 풍경들이 오히려 이 길을 오래도록 기억하게 한다.

위태마을에서 지네재를 넘어 궁항마을로 가는 동안 문명의 소음이라고는 들리지 않는 조용한 숲을 걷는다. 궁항마을에서는 첩첩이 겹친 지리산의 남쪽 자락이 장쾌하게 펼쳐져 잠시 걸음을 멈추게 한다.

양이터재를 넘어가면 규모가 큰 대나무 숲을 지나 산중 임도를 한동안 걷게 된다. 임도의 끝은 나본마을. 섬진강으로 흘러드는 물을 모아 놓은 산속의 호수인 하동호가 눈앞에 있다. 포장된 도로를 따라 호수 둘레를 돌아가면 하동호관리소 앞에서 코스가 끝난다.

> **여행 Tip**
> 위태~하동호 구간을 걸을 때는 사진기를 꼭 챙겨간다. 계절과 날씨에 따라 다양한 풍경을 선보이는 하동호 촬영 기회를 놓치지 말것.

하동호

037 하동호~삼화실 제11구간

옹기종기 지리산 마을 지나는 길

하동호 → 평촌 → 존티 → 존티재 → 동촌 → 삼화실

출발 경남 하동군 청암면 중이리 18 하동호 둑길 입구　**주차** 하동호 주차장(무료)

거　리	9.3km	난이도	무난해요
소요시간	4시간		
추천테마	숲, 호수, 사계절, 여럿이		

삼화실 농가

찾아가기 하동시외버스터미널에서 버스(08:40 11:00 13:00 15:30 19:00)를 타고 하동호에서 내린다.

돌아오기 삼화 삼거리 정류장에서 하동시외버스터미널로 가는 버스(07:00 09:40 12:40 16:10) 이용. 하동시외버스터미널에서 하동호로 돌아가는 버스(찾아가기와 동일)를 탈 수 있다.

숙박 J모텔 (055)884-5454
　　　모텔고궁 (055)884-5300
식당 성남식당(산채정식) (055)882-8757
　　　공리(고추짬뽕) (055)884-4202

여행Tip 구간 내에서 숙소를 구할 경우 이정마을 근처에 산돌농원 황토방(010-2830-4585)이 있다.

하존티마을

둘레길 중 비교적 짧고 쉬운 길이다. 매화꽃 피는 봄이면 나른한 향기에 취해 시골의 여유를 만끽하는 맛이 있지만, 햇살 내리쬐는 여름이면 그늘이 없어 피부가 따갑고 땀이 멎지 않는 길이기도 하다. 밋밋한 시골길이라 해도 지리산 자락인 만큼 온갖 나무와 꽃과 열매, 계곡과 징검다리에 정자까지, 길에서 만날 수 있는 것들은 다 있다.

옛 시절의 향수를 느끼며 평촌마을에서 관점마을로 가는 돌다리, 존티마을의 대나무 숲, 청암면 명호리 사람들이 삼화초등학교 다닐 때 숨을 헐떡이며 넘던 소나무 숲길 존티재 등을 지나면 종점인 삼화실마을에 도착한다. 배꽃의 이정마을, 복숭아꽃의 상서마을, 자두꽃의 중서마을에 과실 실(實)자를 붙여 삼화실(三花實)이라 부른 만큼 과실나무가 많다.

038 삼화실~대축 제12구간

옹색한 갓논에서 삶의 의미를 보다

삼화실 ➡ 버디재 ➡ 서당 ➡ 우계저수지 ➡ 신촌 ➡ 대축

출발 남 하동군 적량면 동리 1063-1 삼화실 주차 경이정2교 주변 갓길(무료)

거 리	16.9km	난이도	무난해요
소요시간	7시간		
추천테마	숲, 호수, 사계절, 여럿이		

찾아가기 하동시외버스터미널에서 버스(08:50 12:00 16:00 20:00)를 타고 삼화삼거리 정류장에서 내린다.
돌아오기 대축마을에서 하동시외버스터미널로 가는 버스(40분~1시간 간격) 이용. 삼화실로 돌아가려면 하동시외버스터미널로 이동한 다음, 하동시외버스터미널에서 삼화실로 가는 버스(찾아가기와 동일)로 갈아탄다.

숙박 일리지 게스트하우스 010-7503-2270
　　지리산방 흙집풍경 010-9980-3555
식당 돌다리산장(오리불고기)
　　　　　　　　　　　　(055)884-5163

　산 넘어 산이다. 여행자에게는 힘든 만큼 보람도 큰 멋진 산들이고, 지리산 사람들에게는 힘들어도 지게며 봇짐을 지고 넘어야 할 삶의 현장들이다. 버디재, 신촌재, 먹점재, 미동마을 고갯길 등 4개의 산을 오르락내리락하다 보면 다리는 팍팍하게 저려오지만 오를 때 다르고 내릴 때 다른 지리산의 풍광에 몸 고단한 거 금세 잊고, 산비탈에 자리 잡은 갓처럼 옹색한 '갓논'을 바라보면 그 논을 잠시 지나는 나그네는 감히 고단한 티를 낼 수가 없게 된다.

　먹점재 쉼터의 조망은 한 폭의 그림 같고, 고지가 높은 신촌마을에서는 우계저수지와 논, 밭들이 한눈에 들어온다. 미동마을의 사철 푸른 소나무 숲이 걷는 내내 싱그럽고, 대축마을의 천연기념물인 문암송은 생명의 존엄성을 되새기게 해준다.

여행 Tip 고개를 많이 넘어야 하고, 거리가 제법 길어 체력적으로 힘들 수 있다. 코스 중간에 물과 간식을 구할 수 있는 곳이 별로 없으므로 출발하기 전에 미리 챙기도록 한다.

섬진강을 끼고 있는 대축마을의 너른 들판

039 하동읍~서당 제13구간

둘레길 중 가장 짧고 쉽다

하동읍 → 관동 → 하동중앙중학교 → 바람재 → 서당

출발 경남 하동군 하동읍 읍내리 1198-1 지리산 둘레길 하동 안내센터
주차 하동 새마을금고 뒤 공영주차장(무료)

거리	7.1km	난이도	쉬어요
소요시간	3시간		
추천테마	숲, 봄·여름·가을, 연인끼리		

하동 들판
ⓒ하늘위땅

찾아가기 하동시외버스터미널에서 하동읍사무소 방향으로 5분 정도 걸어가면 하동 안내센터가 나온다.
돌아오기 서당마을회관에서 하동시외버스터미널로 가는 버스(07:30 14:30 18:30) 이용. 하동시외버스터미널에서 하동 새마을금고 뒤 공영주차장은 걸어서 5분 거리.

숙박 섬진각여관 (055)884-1172
　　　화연자연농원 (055)883-8789
식당 여여식당(재첩국백반) (055)884-0080
　　　흥룡횟집(참게탕) (055)883-1417

　　　12구간(삼화실~대축)이 대축에서 끝나고 14구간(대축~원부춘)이 대축에서 시작되므로 하동읍~서당 구간은 13구간이라기보다는 12-1구간쯤으로 불러도 좋을 특별 코스다. 대중교통을 이용해 둘레길을 걷는 여행자를 위해 만든 샛길로, 하동읍에서 출발해 삼화실~대축 구간의 중간 지점인 서당마을까지 이어진다. 둘레길 중 가장 짧고 쉬운 길이고, 코스 중간에 하동읍으로 빠지기에도 부담이 없다.
　　　길의 절반 정도가 시멘트·아스팔트 포장도로여서 발이 좀 아프지만, 하동읍의 시원한 너뱅이(넓은 들판)와 적량 들판을 보면 마음이 편안해진다. 봄날 차밭 길을 지나 산속 오솔길로 접어들면 매화향이 진동한다. 오솔길의 야생화도 지천으로 피어나 아기자기하고 정겨운 꽃길을 걸을 수 있다.

040 대축~원부춘 제14구간

넉넉한 악양 들녘을 품고 간다

대축 → 평사리 들판 → 입석 → 아랫재 → 원부춘

출발 경남 하동군 악양면 축지리 948-2 대축마을 입구 주차 대축마을 입구 공터(무료)

거리	8.6km	난이도	힘들어요
소요시간	4시간		
추천테마	숲, 강, 봄·가을, 여럿이		

찾아가기 하동시외버스터미널에서 버스(07:40 08:00 09:40 10:10 11:00 12:40 14:00 15:20 16:45 18:50 20:30)를 타고 대축에서 내린다.

돌아오기 원부춘에서 하동시외버스터미널이나 화개시외버스공용터미널로 가는 버스(각 1회 운행 06:30 15:05) 이용. 대축마을로 돌아가려면 원부춘에서 버스를 타고 하동시외버스터미널로 간 다음, 하동시외버스터미널에서 대축으로 가는 버스(찾아가기와 동일)로 갈아 탄다.

숙박 토담농가 (055)884-3741
　　　지리산팔베게 (055)883-7779
식당 장터국밥(돼지국밥) (055)884-1008

길지는 않지만 힘든 구간이다. 출발점인 대축마을은 해발 100m가 안되는데 형제봉 고개는 750m나 되고, 종점인 원부춘마을은 다시 300m가 못되니 산의 '둘레를 돈다'기보다는 작은 산 하나를 오르는 셈이다. 숨가쁜 오르막이 이어져도 물을 구할 곳이 없으므로 미리 식수를 준비해 출발하자.

축지교에서 입석마을로 가는 길은 둘로 나뉜다. 왼쪽은 동정호와 최참판댁을 거치는 코스이고, 오른쪽은 악양천 둑길을 걷는 코스다. 최참판댁 가는 길이 더 길지만 어느 길로 들어서도 악양 들녘(평사리 들판)의 넉넉함을 품고 간다. 입석마을부터는 산행이다. 울창한 서어나무 숲을 지나 가파른 오르막을 올라 형제봉 주능선 위의 웃재, 그 너머 몇 개의 오르막을 더 올라야 한다.

평사리 들판

041 원부춘~가탄 제15구간

지리산 주능선이 굽이굽이 펼쳐진 길

원부춘 → 중촌 → 화개골 차밭 → 대비 → 백혜 → 가탄

출발 경남 하동군 화개면 부춘리 326-1 원부춘마을회관　주차 원부춘마을회관 앞 공터(무료)

거리	12.6km	난이도	힘들어요
소요시간	6시간		
추천테마	숲, 봄·가을, 계곡, 여럿이		

형제봉 오르막 길

ⓒ신비만세　ⓒ신비만세

여행 Tip 원부춘마을에서 가탄마을로 넘어가는 길에는 잠시 쉬어가기 좋은 카페 하늘호수차밭(055-882-8154)이 있다.

화개골 차밭

 찾아가기 하동시외버스터미널이나 화개시외버스공용터미널에서 버스(각 1회 운행 06:30 15:05)를 타고 원부춘에서 내린다.
돌아오기 가탄에서 화개시외버스공용터미널로 가는 버스(60분 간격) 이용. 원부춘으로 돌아가려면 가탄에서 버스를 타고 화개시외버스공용터미널로 간 다음, 화개시외버스공용터미널에서 원부춘으로 가는 버스(찾아가기와 동일)로 갈아탄다.

숙박 미루나무풍경 (055)883-7747
　　　화담펜션 010-3479-8345
식당 동백식당(참게탕) (055)883-2439
　　　태봉식당(메기참게탕) (055)883-2466

　지리산 고산 지역의 길들을 걷는 원부춘~가탄 구간은 경사진 길이 많아 어려운 코스다. 콘크리트 임도에는 그늘이 없어 햇볕이 따가운 계절에 고생스럽지만, 임도, 숲길, 마을 길 등이 고루 섞여 있어 변화무쌍한 길을 걷는 재미가 있다.

　형제봉 임도 삼거리와 헬기장에서는 지리산 주능선들이 굽이굽이 치마폭처럼 펼쳐진 장관을 볼 수 있다. 화개 지역은 잘 정돈된 초록 차밭이 파란 하늘과 선명한 대비를 이루며 싱그러운 풍경을 만들어 낸다. 화개천 건너로는 하동의 화개십리벚꽃길도 보인다.

　길의 순환 방향으로 치면 원부춘~헬기장~산길~가탄이지만 초반에 가파른 산길을 오른 뒤 헬기장에서 한숨 돌리고 수월하게 내려가기 위해 가탄에서 걷기 시작하는 사람들도 많다.

042 가탄~송정 제16구간

더 이상 아름다울 수 없는 벚꽃길

가탄 → 화개십리벚꽃길 → 법하 → 작은재(큰재) → 기촌 → 목아재 → 송정

출발 경남 하동군 화개면 탑리 374-2 가탄마을 입구　주차 가탄마을 입구 갓길(무료)

거리	11.3km	난이도	힘들어요
소요시간	5시간		
추천테마	숲, 봄·가을, 여럿이		

 찾아가기 화개시외버스공용터미널에서 버스(60분 간격)를 타고 가탄에서 내린다.
돌아오기 송정에서 구례공영버스터미널로 가는 버스(60분 간격) 이용. 버스를 이용해 가탄으로 돌아가려면 차를 여러 번 갈아타야 하고, 버스의 배차 간격이 길어 쉽지 않다. 송정에서 바로 콜택시를 부르거나, 버스를 타고 일단 구례공영버스터미널로 간 다음에 택시를 타고 가탄으로 이동한다.

숙박 곡전재 (061)781-8080
　　　피아골노고단산장 (061)782-1877
식당 불곰산장(산채비빔밥) (061)783-1240
　　　토지우리식당(다슬기수제비)
　　　　　　　　　　　　(061)781-2415

　경남 하동에서 전남 구례로 이어지는 가탄~송정 구간은 화개십리벚꽃길과 섬진강 최근접 19번 국도를 옆에 끼고 섬진강을 내려다보며 걷는 산길이다. 최고 품질의 야생녹차 생산지인 하동에는 곳곳에 싱그러운 차밭이 있고, 황장산 촛대봉에서 뻗어내린 작은재를 넘어 경상도에서 전라도로 넘어가면 밤나무 밭 풍요로운 산골 마을의 목가적인 풍경이 이어진다.

　가파른 봉우리를 넘어야 하는 어려운 산길이지만 햇살이 파고들 틈도 없이 울창한 숲, 시야가 트이는 곳마다 유구한 흐름을 보여주는 섬진강이 있어 상쾌하게 걸을 수 있다. 깊은 산중에서 종종 만나는 묵답은 옛사람들 삶의 무게를 느끼게 하고, 도시로 다 떠나고 네 가구만 남은 추동마을의 집들은 나무를 얼기설기 엮어 그 위에 황토를 바른 모습이 향수를 불러일으킨다.

하동 차밭

화개십리벚꽃길

지리산 둘레길

043 목아재~당재 제17구간

왕시루봉과 피아골의 기운 듬뿍

목아재 → 연곡골(피아골) → 평도 → 당치 → 농평

출발 전남 구례군 토지면 외곡리 산296 목아재 주차 불가능

거리	7.8km	난이도	무난해요
소요시간	3시간		
추천테마	숲, 계곡, 여럿이		

여행 Tip 당재에서 목아재로 되돌아갈 때 연곡사에 들러 보자. 피아골의 깊은 계곡에 위치한 연곡사에서는 동부도(국보 제53호), 북부도(국보 제54호) 등 많은 문화재를 관람할 수 있다.

지리산 통곡봉

 찾아가기 구례공영버스터미널에서 버스(60분 간격)를 타고 가탄에서 내려 목아재까지 걸어서 간다.

돌아오기 농평마을에서 연곡사로 되걸어간 다음 구례공영버스터미널로 가는 버스(60분 간격) 이용. 목아재로 되돌아가는 방법은 (찾아가기)와 동일.

 숙박 숲속의아침 010-8627-7000
산아래첫집 (061)782-7460
식당 동방천다슬기전문점(다슬기수제비)
(061)781-7435
용궁가든(참게메기매운탕)
(061)782-8440

가탄~송정 구간의 목아재에서 당재로 빠질 수 있도록 만들어진 목아재~당재 구간은 왕시루봉, 통곡봉 등 산봉우리와 피아골의 단풍, 계곡 등 지리산의 다양한 모습을 볼 수 있는 특별 지선이다. 하동읍~서당 구간이 둘레길 진입을 위한 지선이라면, 목아재~당재 구간은 지리산 진입을 위한 지선이라 할 수 있다. 가탄~송정이나 송정~오미 구간으로 가려다가 길을 잘못 들어 목아래~당재 구간을 걷게 되는 일이 많으므로 목아재에 이를 때쯤 이정표를 꼼꼼히 살펴야 한다.

해발 800m 고지에 있는 농평마을은 고로쇠 수액을 채취하러 오는 외부인들이 많아 민박 등의 편의 시설이 들어서 있다. 이 길은 농평마을에서 끝난다. 둘레길을 계속 걸으려면 시작점인 목아재까지 되돌아 나와야 한다.

044 송정~오미 제18구간

아름다운 숲길 지나 운조루까지

송정 ➜ 송정계곡 ➜ 원송계곡 ➜ 노인요양원 ➜ 오미

출발 전남 구례군 토지면 송정리 82-10 송정마을　**주차** 송정마을 입구 주변 공터(무료)

거리	9.2km	난이도	무난해요
소요시간	4시간		
추천테마	숲, 계곡, 사계절, 여럿이		

운조루

찾아가기 구례공영버스터미널에서 버스(60분 간격)를 타고 송정에서 내린다.
돌아오기 오미에서 구례공영버스터미널로 가는 버스(120분 간격) 이용. 송정으로 돌아가려면 버스를 타고 구례공영버스터미널로 이동한 다음, 송정으로 가는 버스(찾아가기와 동일)로 갈아탄다.

숙박 그리스텔 (061)783-2600
　　　섬진강모텔 (061)783-0448

식당 부부식당(다슬기수제비)
　　　　　　　　　　(061)782-9113
　　　천수식당(참게탕) (061)782-7738

　전라도로 넘어온 둘레길은 한동안 거칠고 험하던 모습을 감추고 조금 순해진다. 송정마을을 출발하자마자 팍팍한 산길, 오미마을 못미처 하늘에 닿을 듯 끝없이 올라가는 왕시루봉 능선을 만나지만 하동권 둘레길에 비하면 크게 힘들지 않다. 저 멀리 펼쳐진 섬진강도 청량제가 되어준다. 갖가지 나무들이 우거진 아름다운 숲길 곳곳에는 2011년 1월에 발생한 산불의 흔적이 아직도 남아 마음을 아프게 한다.

　오미마을에는 남한의 3대 길지 중 한 곳으로 알려진 조선 시대 양반가의 한옥 운조루가 있다. 뒤주에 '타인능해(他人能解)'라 적어 놓아 가난한 사람들이 마음대로 쌀을 덜어갈 수 있게 한 노블레스 오블리주의 모범을 보여준다.

045 오미~난동 제19구간

지리산 남쪽 자락의 정다운 물길

오미 → 용두 → 서시천 → 구례읍 → 연파 → 난동

출발 전남 구례군 토지면 오미리 103 오미마을 운조루　**주차** 오미마을 공터(무료)

거 리	18.0km	난이도	힘들어요
소요시간	5시간		
추천테마	숲, 강, 여럿이		

찾아가기 구례공영버스터미널에서 버스(06:40 08:40 10:30 13:30 15:00 18:30)를 타고 오미에서 내린다.

돌아오기 난동에서 구례공영버스터미널로 가는 버스(06:40 09:00 12:30 15:10 17:45) 이용. 오미로 돌아가려면 버스를 타고 구례공영버스터미널까지 간 다음, 구례공영버스터미널에서 버스(찾아가기와 동일)를 갈아탄다.

숙박 대가집민박 (061)781-0565
　　　예일각 (061)782-5500
식당 목화식당(소내장탕) (061)782-9171

오미~난동과 오미~방광 구간은 어느 코스를 선택하든 온당리에서 방광~산동 구간과 만나고, 두 구간을 이어 걸으면 원점인 오미로 돌아오게 된다. 이 같은 구성은 화엄사, 천은사, 산수유마을, 지리산온천랜드 등을 목적지로 구례를 찾은 관광객들이 독립된 둘레길을 걷게 하는 매력이 있어 이 지역을 다녀간 사람들은 오미~오미 순환 코스를 가장 많이 걸었다. 관광객을 여행자로 바꾸는 둘레길의 힘이다.

아담한 용두마을을 벗어나 둑길로 접어들면 본격적인 둘레길이 시작된다. 걷는 내내 지리산 남쪽 자락을 따라 난 섬진강과 서시천 물길이 정다운 벗처럼 여행자의 곁에 머물고, 사계절 알곡과 채소를 길러내는 기름진 들판은 보기만 해도 배가 부르다.

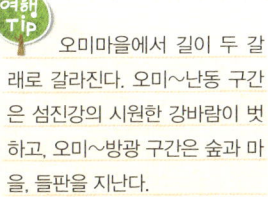

오미마을에서 길이 두 갈래로 갈라진다. 오미~난동 구간은 섬진강의 시원한 강바람이 벗하고, 오미~방광 구간은 숲과 마을, 들판을 지난다.

섬진강 갈대

046 오미~방광 제20구간

고향 같은 마을에서 무공해 산책

오미 ➡ 하사 ➡ 지리산 남부탐방안내소 ➡ 당촌 ➡ 수한 ➡ 방광

출발 전남 구례군 토지면 오미리 951 오미마을 원내 정류장 주차 오미마을 공터(무료)

거 리	12.5km	난이도	무난해요
소요시간	5시간		
추천테마	숲, 강, 봄·가을, 여럿이		

화엄사계곡

운조루 연못

수한마을의 논

수한마을 대숲

> **여행 Tip**
> 황전마을(화엄사 입구)로 가려면 계곡을 건너야 한다. 물줄기가 거셀 때는 건널 수 없으므로 코스를 걷기 전 기상 체크는 필수다.

대부분의 둘레길이 웅장한 산세, 깊은 물길, 수려한 풍광을 자랑하는 반면 오미~방광 구간은 오래된 마을 낡은 한옥에서 농사짓고 사는 지리산 사람들의 숨소리를 들려준다. 드라마틱한 도보 여행을 꿈꾸는 사람에게는 재미없는 길, 복숭아꽃 살구꽃 피는 고향 마을 무공해 산책을 원하는 사람에게는 멋진 길일 수 있다.

오미마을에서 고택인 운조루의 정취를 감상한 뒤 길을 나서면 해발 100m 내외의 지리산 중턱에 자리 잡은 마을 아래로 넉넉한 구례 들판이 평화롭게 펼쳐진다. 텃밭과 차밭, 과수원과 조경 농원 등을 지난다. 마을 뒤편으로 오르면 계곡이 흐르는 솔향기 짙은 숲길. 농로와 숲길을 번갈아가며 정다운 지리산 마을 7곳을 거치고, 화엄사 입구 집단시설지구에서 잠시 관광 인파와 편의 시설을 만나고 나면 다시 축사와 대나무 숲, 돌담과 늙은 감나무가 기다리는 시골길이 열린다.

찾아가기 구례공영버스터미널에서 버스(06:40 08:40 10:30 13:30 15:00 18:30)를 타고 오미에서 내린다.
돌아오기 방광에서 구례공영버스터미널로 가는 버스(30~40분 간격) 이용. 오미마을로 돌아가려면 버스를 타고 구례공영버스터미널까지 간 뒤, 구례공영버스터미널에서 버스(찾아가기와 동일)를 갈아탄다.

숙박 지리산에안길펜션 010-3607-5237
　　　화산관광농원 (061)782-0203
식당 지리산대통밥(대통밥정식)
　　　　　　　　　　(061)783-0997

지리산 둘레길

047 방광~산동 제21구간

힘들지만 볼 것 많은 임도와 옛길

방광 → 상대 → 당동 → 구리재 → 구례수목원 → 산동

출발 전남 구례군 광의면 방광리 4113-2 방광마을 주차 방광마을 입구 공터(무료)

거 리	13.0km	난이도	힘들어요
소요시간	5시간		
추천테마	숲, 계곡, 봄·가을, 여럿이		

산동마을

여행 Tip
탑동마을을 비롯한 구례군 산동면 일대에는 산수유나무가 많다. 그 중에서도 가장 유명한 곳이 상위마을이다. 이른 봄에 찾으면 산수유 꽃으로 온통 노랗게 물든 마을 풍경을 볼 수 있다.

찾아가기 구례공영버스터미널에서 버스(30~40분 간격)를 타고 방광에서 내린다.
돌아오기 산동농협 정류장에서 구례공영버스터미널로 가는 버스(30~90분 간격) 이용. 방광으로 돌아가려면 버스를 타고 구례공영버스터미널로 간 다음, 구례공영버스터미널에서 버스(찾아가기와 동일)를 갈아탄다.

숙박 탑골민박 (061)781-6245
강남민박 010-9955-0094
식당 청기와뜰(돌솥밥, 산수유 냉면)
(061)781-6060
할매된장국집(할매된장국)
(061)783-6931

오미~방광 구간이 마을 안쪽을 지나는 반면 방광~산동 구간에서는 마을서 약간 물러선 산 중턱에서 구례읍의 북쪽 마을과 그 너머 산들을 관망하며 걷는다. 선뜻 감나무 밭을 내어준 땅주인의 마음을 접하며, 500m의 높은 고개를 힘들여 넘는 여행자를 보며, 산중에 꾸린 화가들의 마을을 지나며, 온천장으로 밀려드는 인파를 구경하며, 지리산은 누구에게 어떤 의미인지 생각해보게 된다.

난동마을을 휘감아 탑동마을로 이어지는 지초봉 임도는 그늘 없이 가파른 오르막이어서 숨이 턱에 찬다. 흙의 유실을 막기 위해 시멘트 포장을 해놓아 발바닥 피로감도 크다. 마실 물을 준비해 들고, 봄이면 이 가파른 산비탈에 물결친다는 진달래꽃을 상상하며, 간간이 나무 사이로 보이는 섬진강 풍경을 피로회복제 삼아 오른다.

지리산 둘레길

048 산동~주천 제22구간

산수유 꽃대궐 차리인 동네

산동 → 계척 → 밤재 → 지리산유스호스텔 → 주천

출발 전남 구례군 산동면 원촌리 186 산동면사무소　**주차** 산동면사무소 주차장(무료)

거리	15.9km	난이도	무난해요
소요시간	7시간		
추천테마	숲, 계곡, 봄·가을, 여럿이		

찾아가기 구례공영버스터미널에서 버스(30~90분 간격)를 타고 산동농협에서 내린다.
돌아오기 주천에서 남원시외버스터미널로 가는 버스(20~40분 간격) 이용. 산동으로 돌아가려면 버스를 타고 남원시외버스터미널로 간 다음, 남원시외버스터미널에서 산동농협으로 가는 버스(08:00 10:30 12:15 14:00 15:55 17:45)로 갈아탄다.

숙박 구룡노을펜션 (063)635-3367
　　　 월정가 (063)0635-6575
식당 들불식당(고등어백반) (063)625-8575
　　　 대성식당(산채비빔밥, 토종닭백숙)
　　　　　　　　　　　　　　(063)626-1203

둘레길의 마지막 구간은 '산수유 길'이다. 봄이면 산동면 일대가 노랗게 물들고, 현천마을부터 계척마을까지의 산수유 군락이 특히 장관이다. 계척마을에서는 우리나라에서 가장 오래되었다는 산수유나무와 정겨운 돌담 길을 만날 수 있다. 어렵지 않은 길인 데다 지리산의 영봉 노고단을 바라보며 걸을 수 있어 더욱 좋다.

원촌마을에서 오전에만 열리는 산동장(2일, 7일)을 구경하고, 테마파크처럼 아름다운 현천마을에서 저수지와 산수유, 돌담이 어우러진 풍경을 감상한 뒤 계척마을에서 수령이 1천 년쯤 되었다는 산수유 시목을 만나본다. 밤재 입구부터는 수령 30년이 넘은 수만 그루의 편백나무 숲 속으로 둘레길이 이어진다. 이 숲은 벤치와 평상, 화장실 등이 갖추어져 있어 쉬어가기에 좋다.

현천마을의 산수유 ©막쏘주　　현천제 일대의 산수유 군락 ©막쏘주

여행Tip 구례 산수유마을에서 산수유가 절정으로 피는 시기는 4월 초에서 중순 사이다. 미리 개화 시기를 체크하고 찾으면 산수유 꽃세상을 만끽할 수 있다.

북한산 둘레길

서울과는 다른 속도로 시간이 흐르는 서울의 길들이 있다.

자동차와 사람으로 북적이는 도심에서 조금 떨어진 장소. 끊임없이 자동차가

오가는 수도권 외곽순환도로의 바로 아래…. 짙푸른 숲과 물 맑은 계곡을

한가득 품고 있는 북한산 둘레길이 그것이다.

북한산 둘레길 전체 코스

1 소나무숲길 120p
2 순례길 120p
3 흰구름길 120p
4 솔샘길 120p
5 명상길 122p
6 평창마을길 122p
7 옛성길 122p
8 구름정원길 123p
9 마실길 123p
10 내시묘역길 123p
11 효자길 124p
12 충의길 124p
13 송추마을길 124p
14 산너미길 125p
15 안골길 125p
16 보루길 125p
17 다락원길 126p
18 도봉옛길 126p
19 방학동길 126p
20 왕실묘역길 126p
21 우이령길 127p

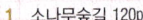 꼭 걸어봐야 할 3대 둘레길

도심을 가볍게 걸어 명산의 품속으로

서울과는 다른 속도로 시간이 흐르는 서울의 길들이 있다. 자동차와 사람으로 북적이는 도심에서 조금 떨어진 장소, 끊임없이 자동차가 오가는 수도권 외곽순환도로의 바로 아래…. 짙푸른 숲과 물 맑은 계곡을 한가득 품고 있는 북한산 둘레길이 그것이다.

북한산 둘레길 덕에 북한산과 도봉산을 등산이 아닌 산책으로 만날 수 있다. 사람뿐만이 아닌, 자연을 위한 길이기도 하다. 샛길을 연결하고 정비해서 만든 탐방로가 놓이면서 무분별하게 샛길이 생기는 일이 줄었다.

북한산 둘레길은 2010년 북한산에 45.7km(13개 구간)가 생기고 2011년에 도봉산 둘레를 연결한 26.1km(8개 구간)가 추가로 개통되면서 총 71.8km가 순환형으로 완전하게 연결되었다. 비교적 대중교통 이용이 편하고 편의 시설도 잘 갖추고 있다. 우이령길 구간은 북한산 둘레길 중 유일하게 탐방예약제를 실시한다.

북한산 둘레길 1박 2일 추천 일정

소나무숲길~된구름길

1일차 09:00 우이동 → 10:00 소나무숲길~된구름길 걷기 → 12:00 점심 식사 → 13:00 소나무숲길~된구름길 걷기 → 16:00 연산군묘 탐방 → 17:30 저녁 식사 → 19:00 숙소 도착

2일차 08:00 아침 식사 → 10:00 북서울 꿈의 숲 관광 → 12:00 점심 식사 → 13:30 태릉 관광 → 15:00 신내IC

문의: 북한산 둘레길 탐방안내센터(02-900-8085), 북서울 꿈의 숲(02-2289-4001), 태릉(02-972-0370)

옛성길~마실길

1일차 09:00 구기터널삼거리 → 09:30 옛성길~마실길 걷기 → 13:30 점심 식사 → 15:00 서오릉·원당종마목장 산책 → 18:00 저녁 식사 → 19:30 숙소 도착

2일차 08:00 아침 식사 → 09:30 월드컵공원 관광 → 12:30 점심 식사 → 14:30 행주산성 관광 → 17:00 행신역

문의: 서오릉(02-359-0090), 원당종마목장(031-966-2998), 월드컵공원(02-300-5500), 행주산성(031-8075-4652)

보루길~왕실묘역길

1일차 09:00 회룡역 → 09:30 보루길~왕실묘역길 걷기 → 12:30 점심 식사 → 13:30 보루길~왕실묘역길 걷기 → 17:30 저녁 식사 → 19:00 숙소 도착

2일차 08:00 아침 식사 → 10:30 국립수목원·광릉 관광 → 12:30 점심 식사 → 14:00 의정부역

문의: 국립수목원(031-540-2000)

049 소나무숲길~솔샘길 1~4구간

북한산 둘레길의 화려한 마중

우이동치안센터 → 소나무숲길 → 순례길 → 흰구름길 → 솔샘길 → 북한산탐방안내소

출발 서울 강북구 우이동 4-2 우이동치안센터 **주차** 불가능
구간 정보 소나무숲길 2.8km, 1시간 30분 순례길 2.1km, 40분
흰구름길 3.9km, 1시간 40분 솔샘길 1.8km, 40분

거 리	10.6km	난이도	무난해요
소요시간	4시간 30분		
추천테마	숲, 계곡, 사계절, 여럿이		

섬다리(순례길)

찾아가기 지하철 4호선 수유역 앞 정류장에서 101, 120, 153, 8153번 버스를 타고 우이동 도선사 입구에서 내린다.
돌아오기 북한산탐방안내소 입구 정류장에서 110A, 110B, 143, 1113번 버스가 지하철 4호선 길음역으로 간다.

숙박 젊은 느티나무 (02)993-6358
　　　월벽타운 (02)998-7333
　　　문모텔 (02)904-6039
식당 원석이네식당(김치찌개) (02)906-4059
　　　돼지할머니네(돼지국밥) (02)918-8198

북한산 둘레길의 1~4구간에 속하는 소나무숲길~순례길~흰구름길~솔샘길은 숲의 정취를 느끼고 우이계곡의 물소리를 벗 삼아 걸으며 우리나라 독립운동의 역사를 만날 수 있는 길이다. 한 번 걸어보고 여행을 계속 할지, 그만둘지 결정할 생각이었다면 당장 전 구간을 다 걷고 싶은 마음이 샘솟을 만큼 북한산 둘레길의 매력을 압축해서 보여준다.

흰구름길에 있는 12m 높이의 구름전망대는 북한산, 수락산, 불암산, 서울 도심의 모습까지 한눈에 조망할 수 있는 시원스러운 자리여서 가슴이 뻥 뚫린다. 이어지는 솔샘길은 정리운동하듯이 편하게 걸으며 일정을 마무리할 수 있는 쉽고 짧은 구간이다.

4.19민주묘지(순례길)

여행 Tip 흰구름길이 시작되는 지점에 북한산 둘레길 탐방안내센터가 있다. 이곳에서 북한산 둘레길 안내 지도와 기념품 등을 구입할 수 있다. 문의: (02)900-8086

솔밭공원(소나무숲길)

050 명상길~옛성길 5~7구간

사색하며 걷는 귀한 시간

북한산탐방안내소 → 명상길 → 평창마을길 → 옛성길 → 북한산생태공원

출발 서울 성북구 정릉동 829 북한산탐방안내소
주차 북한산탐방안내소 옆 주차장(1시간 1천 원, 초과 10분당 200원)
구간 정보 명상길 2.3km, 50분 평창마을길 4.9km 1시간 50분
옛성길 2.5km 1시간 20분

거 리	9.7km	난이도	조금 힘들어요
소요시간	4시간		
추천테마	숲, 계곡, 사계절, 여럿이		

찾아가기 지하철 4호선 길음역 3번 출구 앞 정류장에서 정릉 청수장 방면 110A, 110B, 143, 1113번 버스를 타면 북한산탐방안내소로 갈 수 있다.
돌아오기 북한산생태공원에서 지하철 3호선 불광역까지 걸어서 15분 소요.

숙박 노블레스 (02)356-7947
리츠모텔 (02)383-7136
벨라지오관광호텔 (02)354-0990
식당 장모님해장국(감자탕, 해장국)
(02)379-4294
옛날민속집본점(모듬손두부)
(02)379-7129
청목(육회비빔밥) (02)379-2591

　5구간 명상길은 제법 가파르고 바위도 있어 둘레길치고는 험한 편이고, 6구간 평창마을길은 주택가 이면도로가 1시간 가까이 이어진다. 7구간 옛성길은 오르막과 내리막이 적절하게 섞여 걷기 좋지만 큰 특징이 없고, 도시 풍경이 계속 시야에 들어와 산을 걷는 기분을 느끼기 어렵다.

　하나만 걸으면 이렇듯 불만이 생기는 길들인데 셋을 이어 걸으면 각각의 단점이 상쇄되어 강약을 조절해주는 작용을 한다. 명상길은 초입부터 가파른 등산로가 이어지지만 중간 중간 쉴 수 있는 커다란 바위와 벤치가 있어 완급 조절을 하며 걸을 수 있다. 평창마을길은 그림 같은 집들을 감상하며 쉬엄쉬엄 걷기 좋다. 옛성길에서는 이름에서처럼 조선 시대 도성과 북한산성을 연결하는 성문을 볼 수 있다.

평창동 주택가(평창마을길)

027 구름정원길~내시묘역길 8~10구간

산과 눈 맞추며 구름정원을 걸어보자

북한산생태공원 → 구름정원길 → 마실길 → 내시묘역길 → 효자동공설묘지

출발 서울 은평구 불광동 산42-5 북한산생태공원(북한산래미안 1단지 옆) **주차** 북한산생태공원 주차장(무료)
구간 정보 구름정원길 5.1km, 2시간 마실길 0.9km, 20분
 내시묘역길 3.3km, 1시간 10분

거 리	8.3km	난이도	쉬워요
소요시간	3시간 30분		
추천테마	숲, 계곡, 사계절, 여럿이		

스카이워크(구름정원길)

찾아가기 지하철 3호선 불광역 2번 출구에서 구기터널 방향으로 15분쯤 걸어가면 북한산생태공원이 나온다.
돌아오기 효자동 공설묘지에서 34, 704번 버스를 타면 지하철 3호선 구파발역으로 간다.

숙박 마운틴95캠프 (02)387-9533
 모텔암 (02)351-3666
식당 전주식당(참나무 돼지바비큐)
 (02)355-3300
 둔내막국수(물막국수) (02)381-8870
 오가네(훈어삼합, 팥칼국수)
 (02)353-1678

 8~10구간인 구름정원길~마실길~내시묘역길은 아름답고 정겹다. 둘레길 중 가장 인기 있으면서 가장 긴 숲길인 구름정원길에는 숲 위로 목제 다리(스카이워크)가 놓여 있어 하늘 가까이 다가선 느낌을 준다. 흙과 나무, 돌, 시멘트 등 다양한 형태의 길들을 만나는데, 울창한 숲인가 싶으면 이내 아파트가 보이고 계곡과 무덤가를 지나면 주택 골목이 나오는 등 도심과 자연을 오가며 걷는다.

 둘레길 중 가장 짧은 마실길은 작은 언덕 하나 없는 평지여서 이웃집 마을에 놀러가듯 편하다. 내시묘역길 역시 아이나 노약자도 걸을 수 있을 만큼 쉬운 코스다. 나무가 많아 산에 들어선 기분이 제법 나고, 투명 발판이 설치된 8m 높이의 아찔한 둘레교도 건널 수 있다.

여기소마을과 의상봉(내시묘역길)

052 효자길~송추마을길 11~13구간

숲 속 오솔길과 청정 계곡

효자동공설묘지 → 효자길 → 충의길 → 송추마을길 → 원각사 입구

출발 경기도 고양시 덕양구 효자동 128 효자동공설묘지
주차 북한산성 입구 주차장(1일 5천 원)
구간 정보 효자길 2.8km, 1시간 충의길 2.6km, 1시간
송추마을길 5.2km, 2시간

거리	10.6km	난이도	무난해요
소요시간	4시간		
추천테마	숲, 계곡, 봄·가을, 여럿이		

박태성 정려비(효자길)

효자길의 숲 산책로

찾아가기 지하철 3호선 구파발역에서 34, 704번 버스를 타고 효자동공설묘지에서 하차.
돌아오기 원각사 입구 정류장에서 23, 34번 버스가 지하철 1호선 의정부역으로 간다.

숙박 초가집 (031)878-3921
　　　춘하추동 (031)826-4121
　　　계곡산장 (031)826-4046
식당 송추가마골본관(가마골 갈비, 갈비탕)
　　　　　　　　　　　　(031)826-3311
　　　송추고을(송추떡갈비) (031)826-1515

북한산 둘레길의 경기 지역 들머리인 효자길은 효자동의 유래와 연관이 있다. 조선 시대 관리로 지내던 박태성은 효성이 지극하였는데, 부친이 세상을 떠난 후 매일 새벽마다 이 동네에 있는 부친의 묘를 찾았다고 한다. 그의 효행은 조정에까지 알려졌고, 고종이 그를 기려 비석을 내리고 동네 이름도 효자동으로 바꿨다. 효자길을 20분쯤 걸으면 숲길 초입에서 그의 효자비를 볼 수 있다. 효자비부터는 북한산의 깊은 숲길이 이어지고, 맑은 계곡물이 흐르는 밤골과 사기막골이 청량한 기운을 더한다.

충의길은 송추마을길에 닿을 때까지 도로 옆 인도를 따라 이어진다. 사기막골부터 중간 지점인 솔고개까지는 산길이 새롭게 나 있어 어느 길을 걸어도 좋다. 바위 봉우리가 멋진 오봉 능선이 내내 바라다보인다. 송추마을길 곳곳에는 이름난 식당이 많다.

053 산너미길~보루길 14~16구간

능선 따라 펼쳐진 풍광이 으뜸

원각사 입구 → 산너미길 → 안골길 → 보루길 → 원도봉 입구

출발 경기도 양주시 장흥면 울대리 산52-1 원각사 입구 **주차** 원각사 입구 주변 공터 주차(무료)
구간 정보 산너미길 2.3km, 1시간 안골길 4.7km, 2시간
보루길 3.1km, 1시간 30분

거 리	9.1km	난이도	조금 힘들어요
소요시간	4시간 30분		
추천테마	숲, 계곡, 봄·가을, 여럿이		

 찾아가기 지하철 1호선 의정부역 5번 출구로 나와 건너편 정류장에서 23번 버스를 타고 원각사 입구 정류장에서 내린다. 시작점까지 가는데 걸어서 20분 소요.
돌아오기 원도봉 입구에서 신흥대학 방면으로 15분쯤 걸어가면 지하철 1호선 망월사역이 나온다.

숙박 칼튼 (031)873-0080
　　아마레호텔 (031)878-5795
　　퓨전여관 (031)879-9641
식당 산너머남촌(산너머남촌 정식)
　　　　　　　　　(031)877-0095
　　형네식당(의정부 부대찌개)
　　　　　　　　　(031)846-4833

　산너미길~안골길~보루길은 둘레길 중 가장 험한 코스다. 하지만 북한산의 등산로들에 비하면 순한 편이어서 잘 걷는 이는 신나고 못 걷는 이는 힘겨운 수준이다. 힘든 만큼 멋진 전망을 보여주므로 포기하지 않고 걷다 보면 점점 에너지가 채워질 것이다.

　사패산 능선을 오르락내리락 하는 산너미길은 거북바위 터에서 바라보는 풍광이 으뜸이다. 사패교, 갓바위교, 울띄교 등 아기자기한 나무다리가 놓여 운치를 더해 준다. 안골길은 험하지 않지만 초입부터 길을 잃기 쉽다. 약수터 체육공원에서 북쪽 방향 길은 사패산으로 가는 등산로이므로 주의해야 한다. 서울 구간에 비해 경기 구간의 이정표는 부실한 편이므로 수시로 맞는 길인지 확인하며 걷자. 보루길에서는 가파른 오르막과 내리막을 끝마치면 귀한 선물처럼 계곡이 기다린다.

안골길에서 만난 직동공원 산책로

054 다락원길~왕실묘역길 17~20구간

북한산에 깃든 역사를 살피다

원도봉 입구 → 다락원길 → 도봉옛길 → 방학동길 → 왕실묘역길 → 우이동치안센터

출발 경기도 의정부시 망월로 28번길 205 원도봉탐방지원센터 **주차** 북한산국립공원 도봉사무소 주차장(무료)
구간 정보 다락원길 3.3km, 1시간 20분 **도봉옛길** 3.1km, 1시간 20분
방학동길 3.1km, 1시간 20분 **왕실묘역길** 1.6km, 30분

거 리	11.1km	난이도	무난해요
소요시간	4시간 30분		
추천테마	숲, 계곡, 사계절, 여럿이		

찾아가기 지하철 1호선 망월사역 3번 출구에서 원도봉 입구까지 걸어간다(15분 소요).
돌아오기 우이동치안센터 앞 정류장에서 101, 120, 153, 8153번 버스가 지하철 4호선 수유역으로 간다.

숙박 아람장 (02)993-1290
　　　늘푸른가든 (02)992-4100
식당 소귀골(오리모듬구이) (02)906-8833
　　　옛골토성(훈제오리바비큐)
　　　　　　　　　　　 (02)990-9292
　　　우촌식당(생콩탕) (02)993-3854

17~20구간인 다락원길~도봉옛길~방학동길~왕실묘역길은 야트막한 산길이다. 크고 작은 사찰과 왕실의 묘역이 있고 가끔 계곡도 만나므로 마음 내키는 곳에 들르며 쉬엄쉬엄 걷기 좋다.

다락원길은 차로와 인도, 군부대와 캠프장, 마을과 텃밭 등이 차례로 등장하며 다양한 모습을 보여준다. 도봉산의 주 탐방로를 지나는 도봉옛길은 서울로 다시 들어서는 구간이다. 여러 등산로와 만나는 데다 이정표가 정확한 위치에 있지 않아 길을 잘못 들어서기 쉽다. 대신 전망 좋은 곳과 도봉사, 광륜사, 능원사 등 들러볼 곳이 많다. 도봉산 주봉을 감상할 수 있는 방학동길은 쌍둥이 전망대가 명소이고, 왕실묘역길에서는 연산군 일가의 묘와 재실, 세종대왕 둘째딸 정의공주의 묘, 수령 830년이나 된 은행나무 등을 볼 수 있다.

왕실묘역길의 데크 산책로

도봉옛길 구간의 도봉사 담벼락

북한산 둘레길

055 우이령길 21구간

40여 년 감춰 둔 자연 속으로

우이령 입구 → 교현탐방지원센터 → 소귀고개 정상 → 우이탐방지원센터 → 우이동치안센터

출발 경기도 양주시 장흥면 북한산로 102번길 93 교현탐방지원센터
주차 교현탐방지원센터 주변 공터 주차(무료)

거 리	6.7km	난이도	무난해요
소요시간	2시간 30분		
추천테마	숲, 계곡, 사계절, 여럿이		

 찾아가기 지하철 3호선 구파발역 1번 출구에서 34, 704번 버스를 버스를 타고 우이령 입구 정류장에서 하차.
돌아오기 우이동치안센터 앞 정류장에서 101, 120, 153, 8153번 버스가 지하철 4호선 수유역으로 간다.

숙박 우리산장 (02)996-3535
　　　아유르베다 (02)800-8777
　　　미림장 (02)992-9977
식당 대풍칼국수(칼국수, 보쌈)
　　　　　　　　　　　(02)905-1141
　　　미림산장(한정식) (02)993-3330

　　도봉산과 북한산의 경계 지역인 우이령길은 소의 귀[牛耳]처럼 생겼다 하여 이 같은 이름이 붙었다. 1968년 1·21사태 이후 일반인의 출입이 금지되다가 41년 만인 2009년에 전면 개방됐다. 오랜 세월 통제된 덕분에 주변 생태계가 잘 보존되어 있으며 맨발로 걷기에도 좋다.
　　이 길에서 볼 수 있는 가장 아름다운 경관은 오봉이다. 다섯 개의 새하얀 바위 봉우리에 운무라도 깔리면 신령스런 기운을 풍긴다. 오르는 길에 있는 전망대에서는 오봉의 전경을 한눈에 담을 수 있다. 고갯마루를 지나면 소나무, 졸참나무, 오리나무 등 다양한 나무들이 길벗이 되어주고, 1·21사태 이후 지은 군 시설물도 간간이 보인다. 우이령 탐방로가 끝나는 우이탐방안내센터부터 우이동치안센터에 닿을 때까지 '우이동 먹거리마을'을 지난다.

여행 Tip 우이령길은 예약제로 운영한다. 65세 미만 일반인은 인터넷(bukhan.knps.or.kr)으로, 65세 이상과 장애인은 전화(우이탐방지원센터 02-998-8365, 교현탐방지원센터 031-855-6558)로 예약할 수 있다.

북한산 오봉

전국 베스트 힐링로드

600년 고도의 자취를 따라가 보자.

궁궐과 성곽에서 역사를 읽고, 강과 숲에서 자연과 삶의 조화를 배운다.

깊은 산의 정취까지 맛볼 수 있는 '수도'가 또 있을까.

걷다 보면 사랑할 수밖에 없는 도시가 서울이다.

서울성곽길 전체 코스

1   남산 코스 숭례문~장충체육관 133p
2   낙산 코스 장충체육관~혜화문 136p
3   북악산 코스 혜화문~창의문 138p
4   인왕산 코스 창의문~숭례문 140p

056 서울성곽길 남산 코스

한양과 서울, 과거와 현재를 오가다

숭례문 → 남산공원 → N서울타워 → 남산 순환로 → 장충체육관 → 동대입구역

출발 서울 중구 남대문로4가 29 숭례문 **주차** 불가능

거 리	6.8km	난이도	무난해요
소요시간	4시간		
추천테마	숲, 문화 유적, 사계절, 연인끼리		

'서울성곽길'은 조선 시대에 지어진 서울의 성곽을 따라 걷는 길이다. 일제는 일제강점기에 근대화에 방해가 된다는 이유로 이 성곽과 성문을 크게 훼손했는데 서울시가 1975년부터 복원하기 시작, 지속적인 보수 작업을 통해 아름다운 자연 속에서 서울의 역사와 문화를 돌아볼 수 있는 순례길로 만들었다.

1구간인 남산 코스에서는 남산공원과 봉수대, N서울타워, 국립극

장충동 주택가의 서울성곽

찾아가기 지하철 1호선 서울역 4번 출구나 4호선 회현역 5번 출구에서 시청 방향으로 10분쯤 걸어가면 숭례문이다.
돌아오기 장충체육관 정문 앞에 지하철 3호선 동대입구역이 있다.

숙박 해피가든게스트하우스 (02)771-3789
윤게스트하우스 070-8117-8668
식당 평안도족발집(족발) (02)2279-9759
하늘정원(파스타) (02)2266-9886
삼수갑산(돼지목살 소금구이)
(02)771-7188
화장실 남산도서관, N서울타워, 국립극장, 동대입구역

장, 장충단공원 등이 포함되어 과거와 현재를 오가며 한양과 서울의 모습을 볼 수 있다. 남산공원에서 자라는 소나무 5만 그루도 볼거리다.

출발 지점의 성곽 산책로는 성곽길을 연결하느라 최근 복원한 것이다. 전망 좋은 잠두봉 포토 아일랜드를 지나 N서울타워 광장에 닿으면 봉수대가 반긴다. 매일(월요일 제외) 11시 반부터 12시 반까지 거행되는 봉화 의식도 볼 만하다. N서울타워 광장의 벤치 부근은 서울의 중심점으로 GPS가 내장된 최신식 표지가 세워져 있다. 여기가 바로 서울의 '한복판'인 셈이다.

장충동 주택가로 가면 돌의 모양에 따라 성곽이 지어진 시기를 짐작할 수 있다. 옆으로 넓게 퍼진 직사각형의 돌은 세종 때, 정사각형의 돌은 숙종 때 축성된 것이다. 성 밖으로 나와 산책용 데크를 따라 걷다 보면 성벽에 글자가 새겨진 각자석(刻字石)이 눈에 띈다. 일종의 공사 실명제로, 태조 때는 주로 지명과 날짜를 새겼고 중기 이후에는 감독관과 기술자의 이름까지 기록했다고 한다.

장충동 주택가 성곽

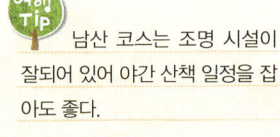

남산 코스는 조명 시설이 잘되어 있어 야간 산책 일정을 잡아도 좋다.

잠두봉 포토 아일랜드에서 본 풍경

남산 봉수대

남산 봉수대에서 매일(월요일 제외) 11시 반부터 12시 반까지 거행되는 봉화 의식이 볼 만하다.

'서울성곽'이란?

조선을 개국한 태조 이성계는 도읍을 한양으로 옮기고 도읍 둘레를 따라 성곽을 쌓기로 한다. 도성 축조의 명을 받은 정도전은 태조 4년(1395년)에 사대문 안의 낙산, 인왕산, 남산, 북악산을 측량하고, 이 네 산을 연결하는 성터를 정한 뒤 18km의 성곽을 쌓기 시작했다. 이 방대한 공사를 농한기에 시급히 완성하기 위해 이듬해 정월부터 11만8천 명을 동원했고, 1396년 숭례문을 시작으로 다음해 4월 흥인문의 옹성을 완공하며 끝냈다. 그로부터 27년 뒤인 세종 4년(1422년)에는 32만 명의 인부와 2천200명의 기술자를 동원해 흙으로 쌓은 성곽 일부를 돌로 바꿨고, 숙종 30년(1704년)에는 약 5년에 걸쳐 대대적인 수축을 했다.

북촌한옥마을

경복궁과 창덕궁 사이에 위치한 전통 한옥마을이다. 사적과 문화재, 민속자료 등을 살펴볼 수 있다. 공방, 박물관, 문화원에서 전통 체험을 할 수 있으며, 사진 촬영 포인트인 '북촌8경'을 따라 둘러보는 코스가 인기다. 여행객을 위한 한옥 게스트하우스도 운영한다. 지하철 3호선 안국역에서 걸어서 5분 거리.
위치 서울 종로구 계동길 37
전화 (02)3707-8388 **입장료** 없음

1박 2일 추천 일정

1일차
15:00 서울역 → 15:20 남산 코스 걷기 → 17:30 저녁 식사 → 18:30 남산 코스 걷기 → 21:00 숙소 도착

2일차
08:00 아침 식사 → 09:30 남산골 한옥마을 관광 → 11:30 점심 식사 → 13:00 경복궁 관광 → 15:00 북촌한옥마을 관광 → 18:00 경복궁역

문의 남산(02-753-2563), 남산골 한옥마을(02-2264-4412), 경복궁(02-3700-3900), 북촌한옥마을(02-3707-8388)

057 서울성곽길 낙산 코스

아기자기 예술 감성 묻어나는 길

동대입구역 → 광희문 → 흥인지문 → 낙산공원 → 혜화문 → 한성대입구역

출발 서울 중구 장충동2가 189-2 지하철 3호선 동대입구역　**주차** 장충체육관 주차장(10분당 1천 원)

거 리	4.9km	난이도	무난해요
소요시간	2시간 30분		
추천테마	문화 유적, 사계절, 아이들과		

광희문

4개의 산을 따라 꼬불꼬불 연결된 서울성곽길 주변에는 4대문과 4소문, 10곳이 넘는 공원, 국보 1호 숭례문과 보물 1호 흥인지문을 포함해 170개에 달하는 문화유산이 산재해 있다. 그야말로 역사의 현장이고 문화재의 보고다. 낙산 코스는 거기에 더해 아기자기한 예술 감성이 구석구석 묻어 있다. 동대문 의류상가와 혜화동 대학로에서 패션과 청춘의 현주소를 확인하고, 아름다운 낙산의 정자나 벤치에 앉아 쉬다 보면 서울 전경이 한눈에 잡힌다.

이 코스에서 성곽이 보존되거나 복원된 구간은 60% 정도다. 동대입구역과 흥인지문(동대문) 사이는 광희문(남소문) 부근을 제외하면 성곽이 전혀 없다. 보호나 제한 없이 급속도로 도심 개발이 진행되었음을 짐작케 한다. 동대문역사문화공원 둘레를 따라 걷다 보면 공원을 조성하다 발견한 이간수문이 복원되어 있는데, 남산에서 흘러내린 물

홍인지문(동대문)

오간수문과 청계천

남산의 서울성곽

을 청계천으로 빼내기 위해 건설한 조선 시대 수문이다. 청계천 위의 오간수교에서 내려다보면 오간수문을 재현한 아치 모양의 구멍 5개가 보인다.

흥인지문부터 혜화문까지는 성곽이 잘 보존되어 있다. 쉼터가 간간이 등장하고 길에는 붉은색 보도블록이 깔려 있어 편히 쉴 수 있는 근린공원 같다. 암문을 통과해 성곽 안으로 들어서면 서울에 몇 남지 않은 달동네 풍경이 펼쳐진다.

낙산공원은 오래된 성곽의 분위기가 물씬하다. 봄이면 성곽에 다닥다닥 붙은 담쟁이덩굴에 새싹이 오르고 그 사이로 겨울잠에서 깬 동물들이 머리를 내밀며 생명의 힘을 보여준다. 계단을 내려와 벽화마을인 이화마을에 들른 후 대학로로 들어서면 풍경이 한걸음에 1970년대에서 2000년대로 넘어간다.

찾아가기 지하철 3호선 동대입구역 5번 출구로 나오면 시작점인 장충체육관이다.
돌아오기 혜화문에서 성신여대 방향으로 3분쯤 걸어가면 지하철 4호선 한성대입구역이다.

숙박 아이게스트하우스 (02)762-2100
　　　유진게스트하우스 (02)741-3338
식당 순희네빈대떡(빈대떡) (02)2268-3344
　　　디마떼오(알마이스 피자)
　　　　　　　　　　　(02)747-4444
　　　국시집(국수) (02)762-1924
화장실 동대입구역, 낙산공원, 한성대입구역

1박 2일 추천 일정

1일차
10:00 동대입구역 → 10:20 낙산 코스 걷기 → 12:00 점심 식사 → 13:30 낙산 코스 걷기 → 15:30 남산골 한옥마을 관광 → 18:00 저녁 식사 → 19:00 숙소 도착

2일차
08:00 아침 식사 → 09:00 창경궁, 창덕궁 관광 → 12:00 점심 식사 → 13:30 인사동 문화의 거리 관광 → 15:30 북촌한옥마을 관광 → 18:00 안국역

문의: 낙산공원(02-743-7985), 남산골 한옥마을(02-2264-4412), 창경궁(02-762-4868), 창덕궁(02-762-8261), 북촌한옥마을(02-3707-8388)

058 서울성곽길 북악산 코스

600년 도읍이 발아래 펼쳐진다

한성대입구역 ➔ 혜화문 ➔ 북악산 ➔ 숙정문 ➔ 창의문 ➔ 부암동주민센터

출발 서울 성북구 삼선동1가 14 지하철 4호선 한성대입구역 **주차** 불가능

거 리	5.2km	난이도	조금 힘들어요
소요시간	3시간		
추천테마	숲, 문화 유적, 사계절, 여럿이		

북악산 전망대

창의문 뒤편의 공원

찾아가기 지하철 4호선 한성대입구역 5번 출구에서 혜화역 방향으로 3분쯤 걸어가면 혜화문이 나온다.
돌아오기 부암동주민센터 앞 정류장에서 1020, 7022, 7212번 버스가 지하철 3호선 경복궁역으로 간다.

숙박 안국게스트하우스 (02)736-8304
　　　효선당 게스트하우스 (02)725-7979
식당 자하손만두(만두국) (02)379-2648
　　　라비아(화덕피자) (02)395-5199
　　　노란집(고등어조림) (02)3675-5373
화장실 말바위안내소, 숙정문, 창의문, 부암동주민센터

여행 Tip 말바위안내소에서 출입증을 받으려면 신분증이 있어야 한다.

　　1968년 1월 21일, 북한 특수부대와 국군의 총격전이 일어난 이후 오랜 세월 통제된 북악산 코스는 2007년에야 일반인에게 개방되었다. 지금도 군사보호구역으로 지정돼 정해진 시간에 출입증을 받아야 들어갈 수 있는 불편이 따르지만, 도심에서 떨어져 소음 없는 산중에서 걷는 맛이 뛰어나고 북악산에 올라 600년 도읍을 굽어보는 경치가 장관이다. 경사가 급한 지역과 계단이 많아 서울성곽길의 다른 코스에 비해 힘들지만 멈춰서 뒤돌아보는 풍광은 으뜸이다.

　　혜화문과 연결된 성벽을 따라 잠시 걸어가면 길은 팔각정자가 보이는 삼거리에서부터 성북동 서울시장 공관 외벽을 따라 이어진다. 와룡공원 입구에 이르면 담벼락이 아닌 제대로 된 성곽이 다시 모습을

보이고 북악산을 향한 본격적인 산길이 시작된다.

통행증을 나눠주는 말바위안내소부터 창의문까지는 정해진 탐방로를 벗어날 수 없고 사진 촬영에도 제약이 있지만 숙정문에서는 자유롭게 촬영할 수 있다. 4대문 중의 북문인 숙정문은 출입의 기능보다 풍수지리학적으로 북쪽 음기를 막는 역할을 해왔는데, 한 예로 나라에 가뭄이 들면 숙정문을 열어 음기를 받아들이고 기우제를 지냈다고 한다.

백악마루로 오르는 길에는 1968년 총격전 당시 15발의 총탄을 맞은 '총알소나무'가 탐방객들의 관심을 모으며 서 있다. 북악산 정상 백악마루(342m, 백악산은 북악산의 다른 이름)에 오르면 경복궁과 광화문광장을 중심으로 전형적인 배산임수의 지형을 가진 서울 도심을 굽어볼 수 있다. 창의문으로 내려오는 길은 이 코스에서 가장 힘든 급경사 내리막이다. 숙정문을 대신해 실질적인 북문 역할을 했던 창의문은 현재 4소문 중 유일하게 원형을 보존하고 있어 눈여겨볼 가치가 있다. 하지만 숭례문 방화사건 이후 적외선탐지기를 설치해 문루 출입을 철저히 막고 있으므로 멀리서만 바라보는 것으로 아쉬움을 달래야 한다.

창의문으로 가는 길

숙정문

정릉

사적 제208호인 정릉은 조선 태조의 제2비인 신덕왕후 강씨의 능이다. 능 주변으로 산책로가 잘 조성되어 있어 가벼운 나들이 코스로 좋다. 정릉 산책로는 2.5km, 1시간 정도 걸린다. 성북구민회관에서 걸어서 15분 거리.
위치 서울 성북구 아리랑로19길
전화 (02)914-5133
관람시간 09:00~18:00(매주 월요일 휴관)
관람료 성인 1천 원, 청소년·어린이 없음

1박 2일 추천 일정

 1일차
10:00 한성대입구역 → 10:30 정릉 탐방 → 12:30 점심 식사 → 13:30 북악산 코스 걷기 → 17:30 저녁 식사 → 19:00 숙소 도착

 2일차
08:00 아침 식사 → 09:30 경희궁 관광 → 12:00 점심 식사 → 13:30 덕수궁 관광 → 15:00 광화문역

문의: 정릉(02-914-5133), 북악산 말바위안내소(02-765-0297), 경희궁(02-731-0531), 덕수궁(02-771-9951)

059 서울성곽길 인왕산 코스

인왕산은 서울의 축복이다

부암동주민센터 → 창의문 → 청운공원 → 인왕산 → 돈의문 터 → 숭례문

출발 서울 종로구 부암동 265-21 부암동주민센터 **주차** 불가능

거 리	6.2km	난이도	조금 힘들어요
소요시간	3시간		
추천테마	숲, 문화 유적, 사계절, 여럿이		

찾아가기 지하철 3호선 경복궁역 3번 출구로 나와 버스 정류장에서 1020, 7022, 7212번 버스를 타고 부암동주민센터에서 내린다.
돌아오기 숭례문에서 5분쯤 걸으면 나오는 지하철 1호선 서울역이나 4호선 회현역을 이용한다.

숙박 마루게스트하우스 (02)703-0201
　　　SS게스트하우스 (02)719-5252
식당 은호식당(꼬리곰탕) (02)753-3263
　　　한순자손칼국수(손칼국수)
　　　　　　　　　　　　　(02)777-9188
화장실 부암동주민센터, 청운공원, 강북삼성병원

진경산수화의 대가 겸재 정선(1676~1759)의 '인왕제색도(국보 제216)'는 비가 갠 뒤의 인왕산(338m) 풍경을 그리고 있다. 물을 흠씬 먹은 검은 바위는 강건하고 빗물을 머금은 수목은 청량하다. 겸재의 단골 소재가 될 만큼 아름다운 풍광을 자랑하는 인왕산은 조선 내사산 중 우백호를 상징(좌청룡은 낙산)했을 뿐만 아니라 실제 호랑이가 살았던 산으로 유명하다. 구한말에도 인왕산 호랑이가 경복궁에 나타났다는 기록이 있다. 전체가 화강암으로 이루어져 있고, 서울의 진산 중 하나로 꼽힌다.

서울성곽길 인왕산 코스는 그 인왕산 능선을 따라 이어지는 성곽을 걷는 길이다. 기이한 모습을 뽐내는 바위들을 감상하며 정상에 올

인왕산에서 본 서울

라 경복궁과 청와대, 북한산, 남산과 한강 너머까지 파노라마처럼 펼쳐지는 풍경을 굽어본 뒤 돈의문 터를 거쳐 숭례문까지 내려가며 한국 근대사의 흔적을 찾아볼 수 있다.

길은 윤동주(1917~1945)를 기리는 '시인의 언덕 오르는 길' 계단에서 시작된다. 종로구 누상동에 살았던 시인은 인왕산과 북악산 능선을 걸으며 '서시', '별 헤는 밤' 등 대표작을 구상했다고 한다. 정상으로 올라가는 길은 가파르다. 성곽이 완성되기까지 사망자만 872명이 나왔다니 이 힘든 길에서 목숨을 걸고 돌을 날랐을 민초들의 노고에 숙연해진다. 정상부에서 가장 전망이 좋은 곳은 감시탑 앞 전망대다. 서울성곽 안에 있는 한양의 모든 풍경이 거침없이 펼쳐지고, 성벽 왼쪽으로는 기차바위 능선이 보인다. 정상은 거대한 바위 성채를 연상시킨다. '치마바위'라는 바위절벽 위로 올라가면 호랑이 등을 닮은 바위가 하나 놓여 있다.

인왕산을 내려오면 길이 교남동 주택가로 이어진다. 작곡가 홍난파(1898~1941)가 말년을 보낸 '홍난파 가옥' 주변은 월암근린공원으로 꾸며져 있다. 돈의문(서대문) 터를 지나 길을 건너면 정동길의 시작이다. 건축가 김수근(1931~1986)이 도쿄대 시절 설계했다는 경향신문 사옥부터 러시아공관 터, 을사늑약이 이뤄진 중명전, 한국 최초의 여성교육기관인 이화학당(이화여고), 정동제일교회, 덕수궁 돌담길 등 고색창연한 건물들이 한국 근대사의 흔적을 보여주는 아름다운 거리다.

인왕산 성곽

용산가족공원

광복 이후 주한미군사령부의 골프장으로 쓰이던 부지를 1992년 시민공원으로 조성했다. 1만5천여 그루의 나무가 자라는 4.6km의 산책로와 자연학습장, 잔디광장, 연못 등이 들어서 있다. 공원 내에 국립중앙박물관과 전쟁기념관이 있다. 서울역에서 지하철 4호선을 타고 네 정거장 거리인 이촌역(국립중앙박물관)에서 하차.

위치 서울 용산구 용산동6가 68-87
전화 (02)792-5661 **입장료** 없음

1박 2일 추천 일정

1일차: 10:00 서울역 → 10:20 인왕산 코스 걷기 → 12:00 점심 식사 → 13:00 인왕산 코스 걷기 → 16:00 남산 케이블카 관광 → 18:00 저녁 식사 → 19:00 남산 야경 구경 → 21:00 숙소 도착

2일차: 08:00 아침 식사 → 10:00 전쟁기념관 관람 → 12:00 점심 식사 → 13:30 국립중앙박물관 관람 → 16:00 이촌역

문의: 남산 케이블카(02-753-2403), 전쟁기념관(02-709-3139), 국립중앙박물관(02-2077-9000)

060 양재천~탄천

잘 그린 풍경화 속을 걷다

매봉역 → 양재천 → 탄천 → 수서역

출발 서울 강남구 도곡2동 464-1 지하철 3호선 매봉역 주차 불가능

거 리	8.4km	난이도	쉬워요
소요시간	3시간 30분		
추천테마	강, 봄·가을·겨울, 여럿이		

양재대로 아래

양재천은 관악산에서 발원하여 과천과 서울 남부 지역을 가로질러 탄천과 합류한 뒤 한강으로 흘러든다. 하천을 깨끗하게 되살려 생태 복원에 성공한 모범적인 사례로 손꼽힌다. 거기에 산책로 등 다양한 휴식 공간을 조성해 서울 시민들에게 큰 인기를 얻고 있다.

양재천에는 높낮이가 다른 3개의 길이 있다. 하천과 가장 가까운 시멘트 길은 자전거 도로이고, 2개 보행길 중 높은 둑길은 푹신한 우레탄 길로 인근 풍광이 한눈에 들어와서 시원스럽다. 그 가운데 길은 풀과 나무가 우거져 포근하고 안락한 분위기를 자아낸다. 사계절 내내

탄천 산책로

일정 수준의 수량을 유지하는 하천과 그 양옆으로 넓게 펼쳐진 초지, 초록빛 사이로 선명하게 이어진 붉은색 자전거 도로, 일정하게 심은 가로수 등이 잘 그린 풍경화를 보는 듯하다.

  곳곳에 놓인 돌다리를 건너 하천 양쪽의 산책로를 오갈 수 있고, 벼 농사장과 썰매장, 수생생물 생태공원과 철새 전망대 등에서 체험과 학습을 할 수도 있다. 봄에는 화사한 꽃과 식물이 반겨주고, 가을에는 낙엽의 거리가 운치를 더한다. 인근 카페거리에서는 종종 문화공연도 열린다.

  양재천 하류 습지에 놓인 데크를 건너 탄천으로 접어들기 직전에 만나는 작은 다리는 이름이 '등용문'이다. 한강이나 탄천의 물고기들이 산란과 번식을 위해 수질이 좋아진 양재천으로 몰려드는 길목이어서 그런 이름이 붙었다는데, 강남 한복판으로 연결되는 다리의 위치상 절묘한 이름이라는 느낌이다. 용인에서 발원한 탄천은 하천 절반이 성남시에 속해 있고 강남과 송파 사이를 통해 한강으로 흘러든다. 갈대, 물억새, 창포 등의 자연정화 식물을 심은 '자유수면습지'가 있고, 습지 사이에 나무로 만든 관찰 데크를 설치해 둘러볼 수 있도록 했다.

찾아가기 지하철 3호선 매봉역 4번 출구로 나와 강남수도사업소 방향으로 5분쯤 걸어가면 양재천 산책로가 나온다.
돌아오기 광평교를 건너 5분쯤 걸어가면 지하철 3호선 수서역 5번 출구가 나온다.

숙박 아마레호텔 (02)555-0343
     데미안모텔 (02)3462-6301
식당 디오디아(뷔페) (02)526-8700
     우미각(샤브샤브) (02)579-7113
     양철북(양, 대창구이) (02)3411-8300
화장실 매봉역, 광평교 옆, 수서역

양재천 산책로

양재천 징검다리

서울 **143**

서울

양재천

영동5교 아래

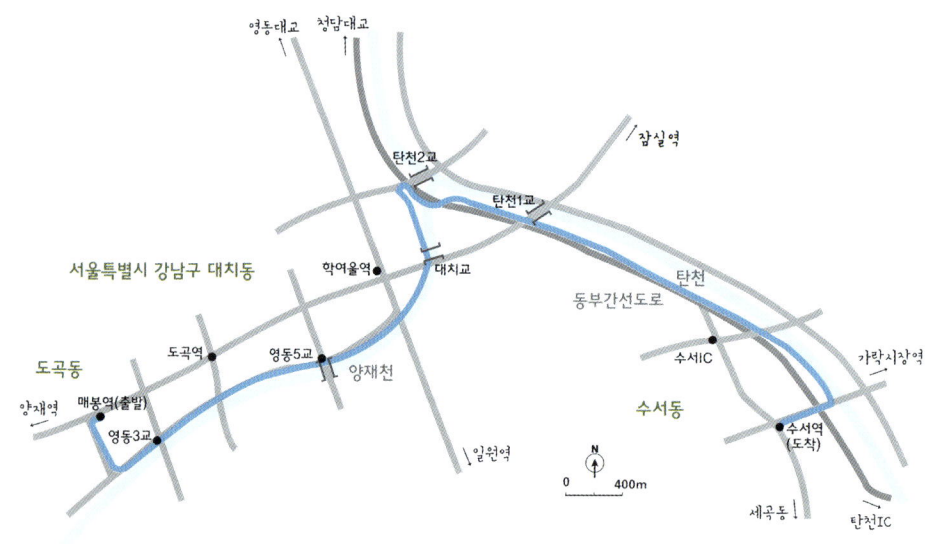

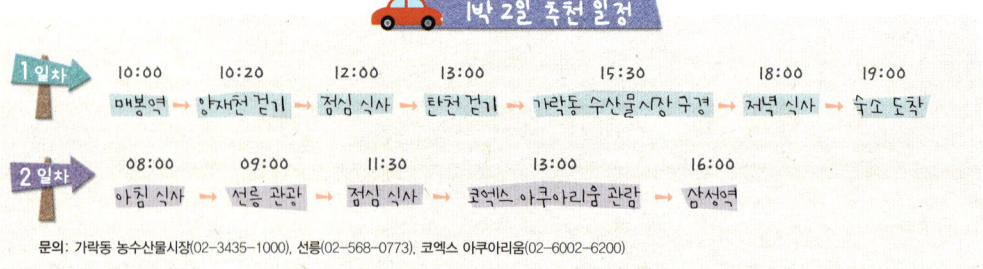

문의: 가락동 농수산물시장(02-3435-1000), 선릉(02-568-0773), 코엑스 아쿠아리움(02-6002-6200)

061 불암산 산책로

땀이 흐를 때쯤 시원한 계곡과 호수

덕릉고개 → 넓은마당공원 → 건강산책로 → 학도암 → 제명호 → 삼육대 정문

출발 서울 노원구 상계동 산156-1 덕릉고개(덕릉예비군훈련장 옆)　**주차** 불가능

거리	7.6km	난이도	무난해요
소요시간	3시간		
추천테마	숲, 봄·여름·가을, 여럿이		

등산로와 산책로를 잇고 다듬은 불암산 둘레길은 하루길(10km)과 나절길(8km)로 나뉜다. 부지런히 걸으면 하루에 완주할 수도 있지만, 좀 더 여유로우면서 다양한 볼거리를 넣은 '변형 불암산 둘레길'을 걸어본다. 산길과 숲길이 적당하게 섞여 흙을 밟기도 하고 바위를 타넘기도 하면서 걸을 수 있고, 땀이 흐를 때쯤이면 시원한 계곡과 그늘 드리운 정자가 나타난다.

학도암 마애관음보살좌상

삼육대 제명호

서울

찾아가기 지하철 4호선 당고개역 1번 출구 맞은편 정류장에서 남양주시 별내면으로 가는 33, 33-1번 버스를 타고 시작점인 덕릉고개(덕릉예비군훈련장)에서 내린다.
돌아오기 삼육대 정문 정류장에서 1155, 1156번 버스를 타면 지하철 6호선 화랑대역과 7호선 태릉입구역을 지난다.

숙박 W호텔 (02)975-1911
　호텔시네마 (02)975-1177
　삼원장 (02)975-1938
식당 담터통추어탕(추어탕) (031)571-9502
화장실 넓은마당공원, 넓적바위, 학도암 등

덕릉고개에서 우거진 숲길을 따라 10분쯤 가면 전망대에 올라선다. 둘레길을 조성할 때 새로 만든 곳으로, 북한산과 수락산을 포함한 서울 북부 지역이 시원스레 눈에 들어온다. 나무계단을 따라 내려가면 잠시 너덜지대를 지나고 이후부터 완만한 숲길이다. 불암약수터가 있는 넓은마당공원에서 바라보는 불암산이 절경이다.

덕암초교 뒤편에서 시작되는 '건강산책로'는 노면이 깨끗해서 맨발로 걸을 수 있다. 산책로를 따라 녹음 짙은 숲길을 걸어 조그만 정자와 간단한 운동시설이 있는 생성약수터를 지나면 불암산 능선에 오르게 되고 잠시 후 초암약수터 입구 사거리에 이른다. 건강산책로 끝지점인 넓적바위부터 학도암을 거쳐 불암산 주능선에 올라서기까지는 힘든 오르막길이다.

학도암은 작은 암자지만, 명성황후(1851~1895)의 시주로 조성된 거대한 마애관음보살좌상이 있어 예사롭지 않은 곳임을 보여준다. 높이 22m의 거대한 바위에 돋을새김 방식으로 조각된 관음보살은 생불을 보는 듯 경외감마저 생긴다.

학도암에서 삼육대 숲길을 지나 제명호로 향한다. 연인들이 손을 잡고 일곱 번 찾으면 사랑이 이뤄진다는 아름다운 호수다.

불암산 숲길

여행 Tip
불암산 둘레길의 하루길(10km)은 덕릉고개~넓적바위~삼육대 갈림길~불암산 정상~덕릉고개를 걷는 코스로 4시간쯤 걸린다. 나절길(8km)은 삼육대 정문~공릉산 백세문~삼육대 갈림길~삼육대 정문을 잇는 길로 3시간쯤 걸린다.

 +여행

태릉

조선 제11대 왕인 중종의 두 번째 계비 문정왕후 윤씨의 무덤으로 명종과 인순왕후 심씨의 무덤인 강릉과 함께 사적 제201호로 지정되었다. 능 주변으로 울창한 소나무 숲 산책로가 나 있다. 삼육대 정문에서 태릉입구역 방향으로 걸어서 15분 거리.
위치 서울 노원구 화랑로 681 **전화** (02)972-0370
관람시간 09:00~18:00(매주 월요일 휴관)
관람료 성인 1천 원, 청소년·어린이 없음

 1박 2일 추천 일정

 1일차
10:00 덕릉고개 → 10:10 불암산 산책로 걷기 → 13:00 점심 식사 → 14:00 산들소리수목원 관광 → 18:00 저녁 식사 → 19:30 숙소 도착

2일차
08:00 아침 식사 → 09:00 태릉 관광 → 11:30 점심 식사 → 13:30 동구릉 관광 → 15:30 화랑대역

문의: 산들소리수목원(031-574-3252), 태릉(02-972-0370), 동구릉(031-563-2909)

062 월드컵공원

강과 도심이 한눈에 들어오는 언덕

월드컵경기장역 → 평화의 공원 → 난지천공원 → 노을공원 → 하늘공원 → 월드컵경기장역

출발 서울 마포구 성산2동 420 지하철 6호선 월드컵경기장역 **주차** 월드컵공원 주차장(10분당 300원)

거 리	12.0km	난이도	무난해요
소요시간	4시간		
추천테마	숲, 사계절, 연인끼리		

하늘계단

난지연못

이곳은 한때 누구나 기피하는 거대한 쓰레기 산이었다. 하지만 6년간 쓰레기에서 생기는 메탄가스를 배출하는 안정화 기간을 거친 뒤 1년간 공원화 작업 끝에 완성된 월드컵공원은 노을 지는 억새밭, 물고기 헤엄치는 연못, 별밤 아름다운 초원 등을 품었다. 이제 이곳은 축구와 쇼핑, 공연을 즐기는 복합 문화 공간이자 평화의 공원, 하늘공원, 노을공원, 난지천공원, 난지한강공원 등의 테마공원에서 자연과 함께 호흡하는 생태 공간이 되었다.

전국 베스트 힐링로드

월드컵공원에서는 억새축제, 마포나루 새우젓축제, 우리술대축제, 희망의 나눔걷기, 마라톤대회, 음악회 등 연중 다양한 행사가 열린다. 겨울에는 눈썰매장과 스케이트장에서 연날리기와 팽이치기 등을 즐길 수 있고, 새해 첫날에는 해맞이 행사에 참여할 수 있다. 봄이면 야생화가, 가을이면 단풍이 아름답고, 가장 인기 높은 하늘공원에서는 억새밭 위로 내리는 노을이 무뎌진 도시인의 감성을 일깨운다.

태양광 발전시설을 대폭 확대해 서울의 환경 랜드마크가 될 월드컵공원을 평화의 공원, 난지천공원, 노을공원, 하늘공원, 평화의 공원, 월드컵경기장 순서로 걷는다. 동선의 중복을 최대한 줄이고 각 공원의 매력을 체험해 보기 위한 코스다. 시원스럽게 분수가 솟는 평화의 공원 난지연못에서 시작해 징검다리를 건너 난지천공원으로 간다. 파릇하고 보들보들한 잔디가 가득한 난지잔디광장은 멀리 병풍처럼 둘러선 고층아파트와 어우러져 도심 속 공원의 모던함을 보여준다.

마사토가 깔린 노을공원의 산책로는 걷기 편하다. 주변에는 땅속에 고인 메탄가스를 분출하는 흰색 기둥이 눈길을 끈다. 서울의 별 헤는 밤을 선사하는 노을캠핑장에는 샐러리맨들의 텐트가 주말을 맞이한다. 하늘공원의 억새밭 산책로에는 조그만 황토 알갱이를 밟으며 걷는 맨발산책로가 조성되어 있고, 호박·표주박·수세미 같은 덩굴식물이 자라는 터널을 지나면 거대한 조형물인 '하늘을 담는 그릇'과 만난다. 계단을 걸어 올라가면 하늘뿐만 아니라 초원과 강과 도심까지 전부 담아 놓은 풍경이 기다린다.

찾아가기 지하철 6호선 월드컵경기장역 1번 출구에서 마포농수산물시장을 지나면 평화의 공원 입구가 나온다.
돌아오기 평화의 공원에서 월드컵경기장 방향으로 5분쯤 걸어가면 지하철 6호선 월드컵경기장역 1번 출구다.

숙박 노을캠핑장 (02)304-3213
식당 강릉여부박씨(광어회) (02)308-5655
　　　깜우(갈비탕) (02)338-6661
화장실 월드컵경기장역, 노을공원, 하늘공원

> **여행Tip** 억새꽃이 만발하는 10월에는 하늘공원에서 서울억새축제가 열린다. 축제 기간에는 야간에도 개장한다.

노을공원의 조형물

하늘공원의 조형물 '하늘을 담는 그릇'

강서습지생태공원

방화대교 남단 한강 둔치에 있는 생태공원이다. 갈대밭 사이로 전망대와 관찰로가 나 있고, 한강변에 자란 버드나무가 운치를 더한다. 방화역 방면으로 10분쯤 걸어가면 산책하기 좋은 방화근린공원도 나온다. 월드컵공원에서 택시로 10분 거리.
위치 서울 강서구 개화동 47 방화대교 남단 **입장료** 없음

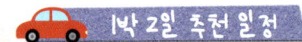

1박 2일 추천 일정

1일차
09:00 월드컵경기장역 → 09:10 월드컵공원 걷기 → 13:00 점심 식사 → 15:00 선유도공원 관광 → 17:30 저녁 식사 → 19:00 숙소 도착

2일차
08:00 아침 식사 → 09:30 행주산성 관광 → 11:30 점심 식사 → 13:30 강서습지생태공원 탐방 → 16:00 방화역

문의: 월드컵공원(02-300-5500), 선유도공원(02-2634-7250), 행주산성(031-8075-4652)

063 안산

숙연하고 아름다운 역사의 땅

독립문역 → 서대문형무소 → 독립공원 → 안산근린공원 → 봉수대 → 서대문구청

출발 서울 서대문구 현저동 101 지하철 3호선 독립문역　**주차** 독립공원 주차장(10분당 300원)

거리	5.4km	난이도	무난해요
소요시간	2시간		
추천테마	숲, 문화 유적, 사계절, 연인끼리		

　서대문구의 중심에 위치한 안산(296m)은 빼어난 전망과 아름다운 경관을 지닌 산이다. 무악산이라고도 불리고 능선이 말의 안장을 닮았다 하여 길마재라고도 한다. 수맥이 풍부해 약수터가 27개나 있고 나무가 울창해 산책하기 좋다. 정상인 봉수대에서 바라보면 남산과 63빌딩 등 서울의 풍경이 한눈에 들어오고, 주변으로 백련산과 인왕산, 홍제천 등도 시원하게 펼쳐진다.

　특히 노약자나 장애인, 임신부 등 보행이 불편한 사람도 자유롭게 걸으며 산림욕을 즐길 수 있는 '무장애 산책로'가 좋은 반응을 얻고 있다. 봄이면 눈이 내린 듯 하얀 세상으로 만드는 벚꽃과 붉은 눈물처럼 뚝뚝 떨어지는 메타세쿼이아 단풍, 기묘한 형상의 암석도 이 길의 매력이다.

안산에서 본 인왕산

서울

안산 산책로

안산 메타세쿼이아 숲

찾아가기 지하철 3호선 독립문역 4번 출구에서 오른쪽 계단을 잠시 오르면 독립공원이다.
돌아오기 서대문구청 앞 정류장에서 7713, 7738, 7739번 버스의 버스를 타면 지하철 3호선 홍제역을 지난다.

숙박 경복궁게스트하우스 010-2620-3363
　　　모다게스트하우스 070-7764-1485
식당 못난이만두(못난이만두) (02)313-8895
　　　한옥(바싹불고기) (02)730-1088
화장실 독립문역, 이진아기념도서관, 서대문구청

　아픈 역사의 현장인 독립공원을 지나 안산으로 오르는 코스는 숙연하면서도 아름답다. 깔끔하게 정리된 독립공원이지만 자유와 독립을 위해 목숨을 아끼지 않은 투사의 열정은 감춰지지 않고, 말없이 자리를 지키고 있는 산이지만 격동의 시절을 감싸 안은 무게가 온전히 전해진다. 독립공원 안에는 독립협회가 청(淸)으로부터의 자주독립 열망을 담아 세운 독립문, 유관순을 비롯한 수많은 독립투사들이 고문당하고 처형되었던 서대문형무소(현 서대문형무소역사관) 등이 있다.

　산 중턱을 가로질러 오르는 길은 조금 힘들다. 걸음을 멈추고 뒤돌아보면 북한산 줄기가 희미한 지평선처럼 그어진 풍경이 멋스럽다. 정자가 나오면 오르막이 끝난다. 바위 위에 설치된 데크 전망대를 지나면 갈림길이 나온다. 이런 갈림길을 자주 만나지만 등산객들이 하나 둘씩 쌓은 돌탑을 이정표 삼으면 된다. 봉원사 스님들의 목탁 소리를 들으며 다시 능선을 타면 조금 험한 암반 구간을 지나 안산 정상인 봉수대에 오를 수 있다.

　서대문구청 방향으로 내려가는 길에는 메타세쿼이아, 벚나무, 단풍, 잣나무, 자작나무 등이 자라는 숲을 지난다. 아름드리나무 사이로 곱고 편한 길이 나 있는, 안산 산책로의 가장 아름다운 구간이다.

안산근린공원

서대문형무소역사관

🚗 1박 2일 추천 일정

 1일차

10:00	10:10	12:30	14:30	16:30	18:00	19:00
독립문역 →	안산 걷기 →	점심 식사 →	북촌한옥마을 관광 →	삼청동 관광 →	저녁 식사 →	숙소 도착

 2일차

09:00	10:00	12:00	13:30	16:00
아침 식사 →	경복궁 관광 →	점심 식사 →	창덕궁, 종묘 관광 →	종로3가역

문의: 북촌한옥마을(02-3707-8388), 경복궁(02-3700-3900), 창덕궁(02-762-8261), 종묘(02-765-0195)

064 서울숲

서울의 대표적인 공원 산책로

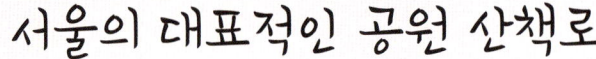

뚝섬유원지역 ➜ 한강 산책로 ➜ 서울숲 ➜ 뚝섬역

출발 서울 광진구 자양동 73 지하철 7호선 뚝섬유원지역 **주차** 한강시민공원 뚝섬지구 주차장(30분 1천 원, 초과 10분당 200원)

거리	7.5km	난이도	쉬워요
소요시간	3시간		
추천테마	숲, 사계절, 연인끼리		

찾아가기 지하철 7호선 뚝섬유원지역 3번 출구로 나가면 한강 산책로와 연결된다.
돌아오기 서울숲 6번 출입구로 나와 큰길을 따라 10분쯤 직진하면 지하철 2호선 뚝섬역이 나온다.

숙박 정모텔 (02)464-7381
       티아라 (02)2244-2150
식당 비사벌전주콩나물국밥(콩나물국밥)
                    (02)464-8704
       포안(쌀국수) (02)469-0277
화장실 뚝섬유원지역, 서울숲, 뚝섬역

여행Tip 바닥분수는 하루에 세 번 (12:00 14:00 16:00), 휴일은 네 번(11:00 13:00 15:00 17:00) 1시간씩 가동된다.

뚝섬 일대 35만 평 면적에 조성된 공원인 서울숲은 월드컵공원(100만 평), 올림픽공원(50만 평)에 이어 서울에서 세 번째로 큰 공원이다. 2005년에 조성된 비교적 젊은 공원이지만 서울을 대표하는 자연경관으로 자리 잡았다.

참나무, 서어나무, 벚나무 등이 자라는 숲이 울창하고, 5개의 테마로 나눈 구역마다 다양한 볼거리와 즐길 거리가 있다. 친환경적으로 꾸민 산책로 주변으로 뛰노는 고라니와 꽃사슴은 아이들에게 최고 인기다.

서울숲은 지하철 2호선 뚝섬역에서 걸어서 15분 거리에 있지만, 한강시민공원이 있는 7호선 뚝섬유원지역에서 내려 강변 산책로를 걷다가 접근하는 것이 좋다. 무료 상설전시관인 '자벌레'를 둘러본 후 강변 산책로를 걷다가 서울숲 선착장에 도착하면 보행가교가 나온다. 다리를 중간쯤 지날 때는 꽃사슴 방사장의 꽃사슴 무리를 관찰할 수 있고, 다리를 다 건너면 사슴 우리에서 직접 먹이를 주는 체험도 할 수 있다.

꽃사슴 방사장

서울숲은 넓고 깨끗한 길, 잘 조경된 나무들, 아늑한 쉼터를 잘 갖추고 있다. 아기자기한 볼거리도 많아 돌거북 두 마리가 소원을 들어준다는 소원의 폭포, 어린 꽃사슴·기니피그·토끼가 살고 있는 작은동물의 집, 실내건물에 여러 곤충·식물·앵무새를 전시한 곤충식물원 등을 관람할 수 있다.

곤충식물원에 있는 모란앵무새

'파크1'은 바닥분수, 조각공원, 뚝섬가족마당, 스케이트파크, 물놀이터 등이 밀집해 있는 서울숲의 메인파크다. 습지공원인 '파크5'로 가는 길은 단풍나무와 참나무로 이루어진 숲 속 산책로다. 지금까지가 볼거리 중심이었다면 이제부터는 제대로 숲의 기운을 만끽하며 걸을 수 있다. 친구나 연인과 손을 잡고 호젓하게 걸어가면 그만일 분위기다. 습지초화원에 설치된 데크를 따라 걸으면 6번 출입구로 이어지며 서울숲 구간이 끝난다.

숲속놀이터

조각공원

서울

어린이대공원

'놀이공원의 원조' 격인 어린이대공원에는 동물원, 수목원, 물놀이장 등 볼거리와 즐길 거리가 많다. 공원을 구석구석 둘러볼 수 있는 산책로도 잘 나 있는데 단풍나무, 벚나무, 메타세쿼이아 등 다양한 수종의 나무들을 보며 걸을 수 있다. 특히 후문 쪽의 은행나무 가로수 길은 서울의 가을 명소로 꼽힌다. 뚝섬역에서 지하철로 세 정거장 거리. 지하철 2, 7호선을 이용해 어린이대공원역에서 하차.
위치 서울 광진구 능동로 216
전화 (02)450-9311
입장시간 05:00~22:00 **입장료** 없음

1박 2일 추천 일정

1일차
- 09:00 뚝섬유원지역 →
- 09:10 서울숲 걷기 →
- 12:00 점심 식사 →
- 14:00 어린이대공원 관광 →
- 18:00 저녁 식사 →
- 19:00 숙소 도착

2일차
- 08:00 아침 식사 →
- 09:30 석촌호수 관광 →
- 12:00 점심 식사 →
- 13:00 롯데월드 관광 →
- 17:00 잠실역

문의: 서울숲(02-460-2905), 어린이대공원(02-450-9311), 롯데월드(02-411-2000)

전국 베스트 힐링로드

065 북악스카이웨이

'끝내주는' 전망에 구경거리도 많다

한성대입구역 → 북악스카이웨이 산책로 → 팔각정 → 상명대 정류장

출발 서울 성북구 삼선동1가 14 지하철 4호선 한성대입구역 **주차** 불가능

거 리	9.6km	난이도	무난해요
소요시간	2시간 30분
추천테마	숲, 사계절, 여럿이

1968년 북한 김신조 일당이 청와대 습격을 노린 '1·21사태' 이후 생겨난 길이 북악스카이웨이다. 미아리~정릉~북악산~자하문을 잇는 도로는 청와대를 방어하기 위한 용도였기에 철통 경비 속에 시민들은 접근할 수 없었다. 그러다가 2007년 서울성곽길 북악산 코스와 함께 일반인에게 전면 개방되어 새로운 트레킹 명소가 되었다.

구불구불한 나선형으로 이루어진 북악스카이웨이는 길이와 난이도가 짧고 쉬운 수준이라 부담 없이 걸을 수 있고, 북악팔각정에서 바라보는 서울의 야경이 좋아 자동차나 오토바이의 드라이브 코스로도 인기가 높다. 가드레일 옆 데크와 숲 속 오솔길이 번갈아 이어

북악팔각정에서 본 평창동과 북한산

서울

찾아가기 지하철 4호선 한성대입구역 6번 출구로 나와 동구여상과 성북구민회관을 지나면 북악스카이웨이 입구가 나온다.
돌아오기 상명대 정류장에서 1020, 1711, 7016번 버스가 지하철 3호선 경복궁역을 지난다.

숙박 삼청동한옥게스트하우스
　　　 010-3321-6080
　　　 오복게스트하우스 (02)725-1279
식당 자하손만두(만두국) (02)379-2648
　　　 팔선생(북경식탕수육) (02)395-8828
화장실 한성대입구역, 북악팔각정

여행 Tip
북악스카이웨이 산책로 끝 지점인 부암동에서 서울성곽길 북악산 코스나 인왕산 코스를 잇는 걷기 일정도 고려해볼 만하다.

지는 산책로, 햇살이 쏟아지는 차도는 명암 차가 극명해 숨바꼭질하듯 그늘에 숨었다가 햇살 밝은 곳으로 나가기를 반복하게 된다. 가로수의 밀도가 줄어들면 그 사이로 남산과 N서울타워도 보인다.

성락원길 방향 갈림길을 지나 숲길로 들어선다. 정면에 사유지가 있어 배드민턴장 옆을 거쳐 시계방향으로 한 바퀴 돌아서 가야 한다. 데크에서 흙으로, 가드레일은 철판에서 초목으로 바뀌었다가 또 그 반대가 되기를 반복하며 길이 이어진다. 북악팔각정에 도착하면 매점, 식당 등을 이용할 수 있고, 전망대에 오르면 평창동 일대와 그 뒤쪽 북한산이 시원스럽게 바라보인다. 맑은 날에는 북한산의 6개의 봉우리와 1개의 큰 바위가 만들어내는 멋진 풍경도 감상할 수 있다.

이후부터는 표지판을 놓치지 말고 숲길과 데크를 따라 내려오면 된다. 북악스카이웨이가 끝나면 볼거리, 먹을거리 많은 종로구 부암동이어서 새로운 재미가 있다. 드라마 〈커피프린스〉로 유명해진 카페 '산모퉁이'와 서울성곽 사소문의 하나인 창의문, 서울식 만두의 전형을 보여주는 풍광 좋은 만두집 '자하손만두'와 흥선대원군의 별장이었다는 한식당집 '석파랑'까지, 구경도 하고 입도 즐거운 길이다.

066 몽촌토성

센트럴파크 부럽지 않다

몽촌토성역 → 평화의 문 → 몽촌호수 → 몽촌토성 산책로 → 몽촌토성역

출발 서울 송파구 방이동 44 지하철 8호선 몽촌토성역
주차 올림픽공원 주차장(1시간 1천 원, 초과 20분당 500원)

거 리	6.6km	난이도	쉬워요
소요시간	2시간		
추천테마	숲, 봄·가을, 연인끼리		

몽촌토성 산책로

나뭇잎이 노랗게 물든 올림픽공원의 가을 풍경은 뉴욕 센트럴파크에 뒤지지 않을 만큼 아름답다. 86서울아시안게임과 88서울올림픽대회를 치르기 위해 지어진 시설로 대형 경기장이 들어서 있어 '올림픽'이라는 이름이 붙었지만 경기장 지역은 공원의 일부일 뿐이고, 몽촌토성을 중심으로 산책로와 호수, 숲, 잔디밭, 조각공원 등이 조성되어 도심 속 휴식처로 많은 사랑을 받고 있다.

고구려에 밀려 지금의 충청 지방으로 내려가기 전 백제의 수도는 '한성'이었는데, 이 시기를 '한성백제'라 부른다. 몽촌토성(사적 제297호)은 그 한성과 일대의 산성을 적으로부터 지키기 위해 축조한 것이다. 진흙을 쌓아 성벽을 만들고 북쪽에는 목책으로 외성을 세운 뒤 물길로 적의 공격을 방어하는 해자(못)를 둘러 3중 방어시설을 갖추었다. 일부 구간에만 흙을 쌓거나 다지는 작업을 했을 뿐 최대한 기존 구릉을 살려 형태가 자연스럽다.

평화의 문 광장을 지나면 올림픽에 참가한 나라들의 국기와 빨간 칸나로 조성된 올림픽공원 조형물광장에 이른다. 여기서 오른쪽 벚나무와 단풍나무 숲길을 따르면 잔잔하게 흐르는 몽촌호수(몽촌해자)다.

찾아가기 지하철 8호선 몽촌토성역 1번 출구로 나가면 올림픽공원 평화의 문이 바로 보인다.
돌아오기 올림픽공원 정문으로 나가 지하철 8호선 몽촌토성역 이용.

숙박 메이트 (02)424-9010
　　　세르빌호텔 (02)416-4161
　　　홀리데이 (02)417-1520
식당 산들해(한정식) (02)448-3457
　　　해신(대게, 랍스타) (02)421-5551
　　　코벤트가든(고르곤졸라 피자)
　　　　　　　　　　　 (02)3431-5565
화장실 올림픽공원 내 다수

몽촌호수

서울

600년 된 은행나무

고요한 호수를 바라보며 숲 속을 걷는 '호반의 길'과 여인의 허리선처럼 부드러운 굴곡의 몽촌토성 산책로를 걷는다. 백제인의 생활상을 알 수 있는 움집터 전시관, 사계절 테마 화원으로 꾸민 야생화학습장을 지나면 600년 된 아름드리 은행나무가 가지를 쭉쭉 뻗어 백제의 옛 장수처럼 토성을 지키고 서 있다.

무지개다리와 까치다리가 놓여 있는 성내천 물길을 돈다. 몽촌호수의 아들격인 88호수와 축구장, 잔디밭이 있는 88마당을 지나면 이 길을 더욱 예술적으로 승화시켜 주는 조각공원에 이른다. 이곳에서는 국내외 유명 작가들의 조각품을 감상할 수 있다.

몽촌토성 내의 잔디광장

석촌호수

롯데월드 옆에 위치한 인공호수로 동호와 서호로 나뉘어져 있다. 호수 둘레를 따라 걸을 수 있도록 산책로가 나 있고, 조명 시설이 잘 설치돼 있어 야간에도 산책하는 이들이 많다. 서울의 벚꽃 명소이기도 해서 봄에는 상춘객들의 발길이 끊이지 않는다. 몽촌토성역에서 걸어서 10분 거리.

위치 서울 송파구 잠실동 롯데월드 옆
입장료 없음

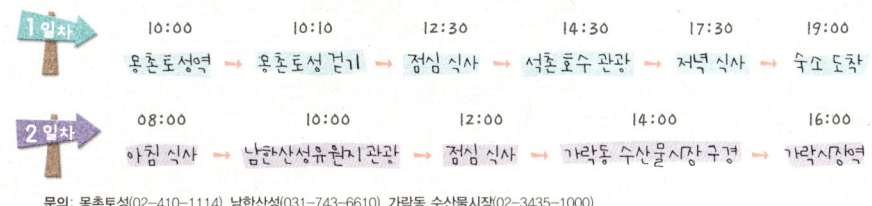

1박 2일 추천 일정

1일차
10:00 몽촌토성역 → 10:10 몽촌토성 걷기 → 12:30 점심 식사 → 14:30 석촌호수 관광 → 17:30 저녁 식사 → 19:00 숙소 도착

2일차
08:00 아침 식사 → 10:00 남한산성유원지 관광 → 12:00 점심 식사 → 14:00 가락동 수산물시장 구경 → 16:00 가락시장역

문의: 몽촌토성(02-410-1114), 남한산성(031-743-6610), 가락동 수산물시장(02-3435-1000)

서울

067 경복궁~창덕궁~창경궁~종묘

고도(古都)의 궁궐을 따라 걸으면

경복궁역 → 경복궁 → 창덕궁 → 창경궁 → 종묘 → 종로3가역

출발 서울 종로구 적선동 81-1 지하철 3호선 경복궁역
주차 경복궁 주차장(2시간 2천 원, 초과 15분당 500원)

거리	9.9km	난이도	쉬워요
소요시간	4시간		
추천테마	문화 유적, 봄·가을·겨울, 아이들과		

 찾아가기 지하철 3호선 경복궁역 5번 출구.
돌아오기 지하철 1, 3, 5호선이 지나는 종로3가역 이용.

숙박 북촌게스트하우스 (02)743-8530
  라온게스트하우스 010-2303-3394
  우리집게스트하우스 (02)744-0536
식당 삼청동수제비(수제비) (02)735-2965
  큰기와집(간장게장) (02)722-9024
  용수산(시림정식) (02)739-5599
화장실 경복궁, 창덕궁, 창경궁, 종묘
관람료
경복궁 : 성인 3천 원, 청소년·어린이 없음
창덕궁 : 성인 3천 원, 청소년·어린이 없음
창덕궁 후원 : 성인 5천 원, 청소년·어린이 2천500원
창경궁 : 성인 1천 원, 청소년·어린이 없음
종묘 : 성인 1천 원, 청소년·어린이 없음
4대궁과 종묘 통합관람권 : 성인 1만 원

조선의 정궁인 경복궁, 조선 궁의 원형이 잘 보존된 창덕궁과 그 후원인 비원, 일제강점기 때 창경원으로 격하된 서러운 역사를 지닌 창경궁, 역대 왕과 왕비들의 신위를 모신 종묘 등을 돌아보는 탐방로는 찬란한 우리 문화유산을 감상하는 길이고, 제도와 이념의 대립과 화합을 목격하는 현장이다. 지도자의 인품과 권력자의 욕망까지 들춰볼 수 있는 흥미진진한 시도이기도 하다.

600년 된 고도 서울에서 궁궐을 걷는 일은 게으르면 할 수 없다. 창덕궁 후원은 정해진 시간에 해설사의 안내에 따라서만 관람할 수 있고, 각 궁이나 박물관의 휴관일이 서로 다르며, 문화행사 프로그램도 수시로 조정되므로 사전에 정보를 파악하고 꼼꼼하게 일정을 짜야 한꺼

경복궁 흥례문

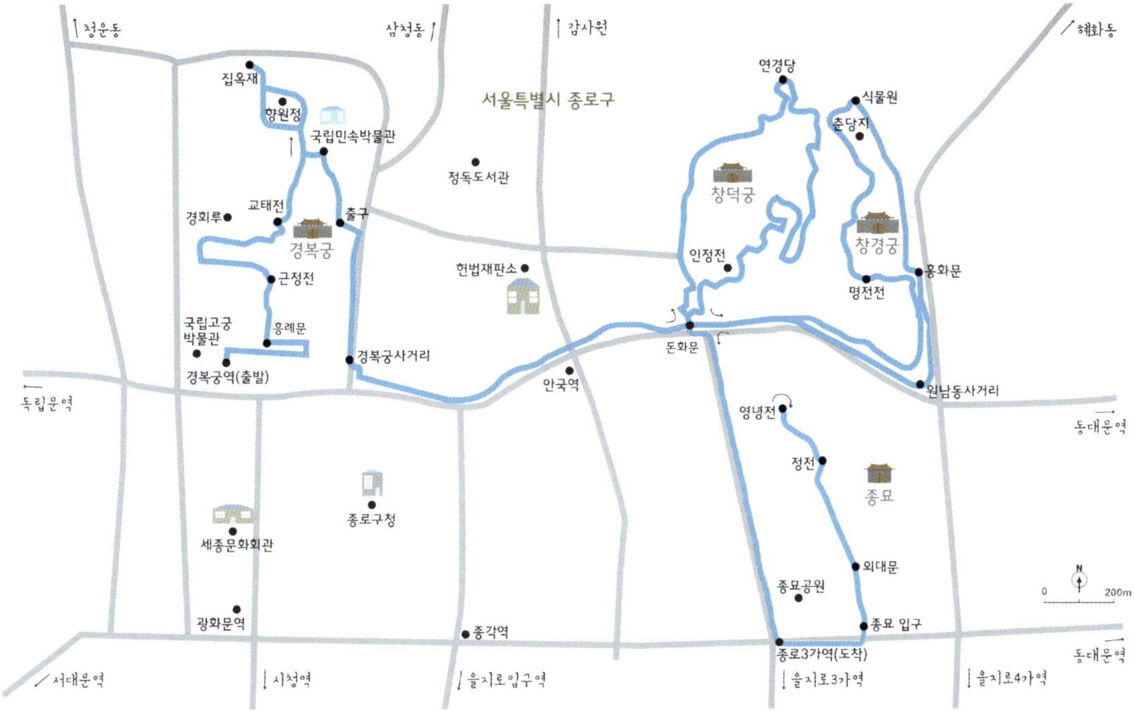

번에 돌아볼 수 있다. 어린이도 걸을 수 있는 쉬운 길이지만 역사를 되짚어보고 그 의미를 새기며 걷다 보면 의외로 많은 시간이 걸린다.

경복궁(사적 제117호)은 이성계가 수도를 개경에서 한양으로 옮기면서 처음 짓기 시작해 1395년에 완공한 건물이다. 임진왜란 당시 많은 전각들이 소실됐다가 고종 때인 1868년 흥선대원군의 재건 사업으로 200여 동 건물들이 되살아났지만, 일제강점기에 80%가 다시 허물어졌다. 1990~2010년 1차 복원사업을 통해 25%를 복원했고, 2011~2030년 75%까지 복원할 목표로 2차 사업을 진행 중이다. 연회장인 경회루는 단일 건물로는 우리나라 궁 중 규모가 가장 크고, 연못에 비친 웅장한 자태가 멋스럽다.

창덕궁(사적 제122호)은 1405년 태종 때 완공된 건물로 1412년 정문인 돈화문이 건립되면서 궁궐의 면모를 갖추었다. 임진왜란 때 대부분의 전각이 소실되었고, 다시 중건한 것마저 1623년 화재로 대부

여행 Tip 창덕궁 후원은 홈페이지(cdg.cha.go.kr)에서 예약을 해야 둘러볼 수 있다. 해설사가 동행하며, 오전 10시부터 오후 3시까지 1시간 간격으로 입장한다. 하루 100명만 관람할 수 있다.

경복궁 향원정

창경궁 춘당지

분 불탔지만 인정전은 잘 보존되어 1997년 유네스코 세계문화유산으로 등록되었다. '비원'으로 알려진 후원은 으뜸가는 조경의 한국 정원이다. 정조가 규장각 신하들과 함께 낚시를 즐겼다는 부용지와 부용정은 정원 건축의 최고봉으로 꼽힌다.

창덕궁과 담을 맞대고 있는 창경궁(사적 제123호)에는 조선 왕궁의 정전(왕이 나와 조회를 행하던 궁전) 중 가장 오래된 명정전이 자리 잡고 있다. 일제가 동물원과 식물원을 들이면서 창경원이라 격하해버렸으나 1983년부터 3년간 동물원과 놀이 시설을 철거하고 예전의 전각과 조경을 복원하여 궁의 면모를 되찾았다.

창경궁을 둘러본 후 종로3가역 방향의 큰길을 따라가면 종묘공원이 나온다. 공원을 지나 종묘(사적 제125호)의 외대문으로 들어서면 조선 역대 왕과 왕비의 신위 49위를 모신 정전(국보 제227호)과 영녕전(보물 제821호)을 볼 수 있다. 영녕전은 1421년 세종 때 정전의 공간이 부족해 추가한 전각으로, 조선 왕과 왕비의 신위 19위가 있다.

1박 2일 추천 일정

1일차
- 10:00 경복궁역 → 10:10 경복궁 걷기 → 11:30 점심 식사 → 13:00 창덕궁~창경궁~종묘 걷기 → 16:00 인사동 문화의 거리 관광 → 18:00 저녁 식사 → 19:00 숙소 도착

2일차
- 08:00 아침 식사 → 09:30 북촌한옥마을 관광 → 11:30 점심 식사 → 13:00 남대문시장 구경 → 15:00 회현역

문의: 경복궁(02-3700-3900), 창덕궁(02-762-8261), 창경궁(02-762-4868), 종묘(02-765-0195), 북촌한옥마을(02-3707-8388)

서울

068 망우리공원 사색의 길

울창한 숲 사이 편안한 산책로

망우리공원 입구 → 관리사무소 → 사색의 길 → 사각정 → 망우리공원 입구

출발 서울 중랑구 망우동 산57-1 망우리공원 주차 망우리공원 주차장(무료)

거 리	6.6km	난이도	쉬워요
소요시간	2시간		
추천테마	숲, 문화 유적, 사계절, 연인끼리		

서울

찾아가기 지하철 7호선 상봉역 5번 출구로 나와 중앙차로 정류장에서 3, 8, 30, 88, 1330, 2227번 버스를 타고 딸기원에서 내린다. 망우리고개로 걸어가 '사색의 길' 이정표 방향으로 10분쯤 오르면 망우리공원 관리사무소가 나온다.
돌아오기 딸기원 정류장에서 3, 8, 30, 88, 1330, 2227번 버스를 타면 지하철 7호선 상봉역을 지난다.

숙박 중랑캠핑숲 (02)435-7168
　　　하이눈모텔 (02)439-7070
식당 서옹메밀국수(물막국수) (031)565-7006
　　　털보고된이(생선구이) (02)493-9289
　　　홍이네분식(떡볶이) (02)439-5831
화장실 관리사무소, '쉼터' 화장실

공동묘지에 대한 께름칙하고 오싹한 기분은 체험에서 비롯된 게 아닌 경우가 많다. 어린 시절부터 무서운 이야기의 배경은 대개 공동묘지였고, 공포영화에서도 빠지지 않는 소재이다 보니 자연스럽게 괴기한 대상이 되었을 뿐이다. 인도나 이집트처럼 종교, 문화적으로 삶과 죽음의 경계가 뚜렷하지 않고 산 자와 죽은 자가 공생하는 환경으로 들어가면 묘지에 대한 공포와 두려움이 없어진다. 그런 배경이 아니더라도 프랑스의 3대 공동묘지인 몽파르나스, 페르라셰즈, 몽마르트는 해마다 수많은 관광객이 찾는 세계적 예술공원이 되었다.

이처럼 공동묘지는 어떻게 꾸미고 받아들이는가에 따라 시민들의 멋진 휴식처가 될 수 있다. 우리나라에도 그와 비슷한 곳이 있는데, 바로 망우리공원이다. 1933년에 조성된 망우리공원에는 1973년까지 3만여 기의 묘가 있었으나 1990년대부터 지속적으로 분묘 이전사업을 진행해 지금은 그 수가 현저히 줄었다. 경내에 '사색의 길'이라는 산책로를 내고 애국지사와 문학인의 묘소 앞에 연보비를 세우는 등 꾸준히 정비도 하여 지금은 여느 공원 부럽지 않게 잘 꾸며져 있다.

'사색의 길'은 어린이대공원의 '은행나무길', 청계천의 '수크령·물억새길'과 함께 서울의 3대 가을 명품길로 꼽히기도 했다. 서울 도심과 한강 일대, 북한산·수락산과 경기도 남양주 일원까지 조망되어 걷는 맛을 더한다. 활엽수와 침엽수가 어우러진 울창한 숲이 걷는 내내 이어지고, 경사가 완만하여 휠체어를 탄 장애인이나 지팡이를 짚은 노인들도 걸을 수 있다.

이곳에는 소파 방정환, 위창 오세창, 만해 한용운, 설산 장덕수, 죽산 조봉암 등 항일 애국지사들과 서양의학의 선구자 지석영, 시인 박인환, 소설가 계용묵과 김말봉, 화가 이중섭과 이인성, 작곡가 채동선, 대중가수 차중락, 야구인 이영민 등 우리 근현대사에서 빼놓을 수 없는 중요한 인물들이 잠들어 있다. 연보비에 적힌 글들을 읽으며 걷다보면 삶의 가치, 문화의 생명력에 마음이 숙연해진다.

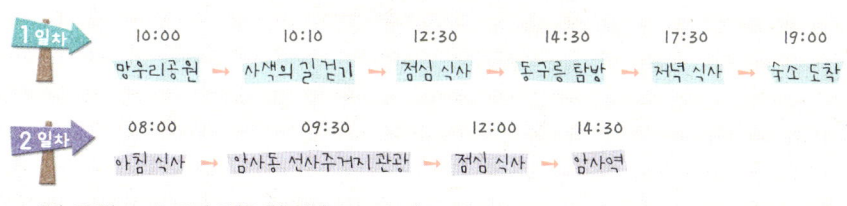

인천·경기도의 길들은 다채롭다.

선사 시대부터 근현대에 이르기까지 역사의 파노라마를 체험할 수 있다.

바다의 삶을 보여주는 갯벌과 염전 등 특별한 풍광도 기다린다.

강화나들길 2코스 호국돈대길

호국과 애국에 관한 단상

갑곶돈대 → 용진진 → 오두돈대 → 덕진진 → 초지진

출발 인천 강화군 강화읍 갑곶리 1044-2 갑곶돈대 주차 갑곶돈대 주차장(무료)

거 리	15.8km	난이도	무난해요
소요시간	5시간		
추천테마	바다, 문화 유적, 봄·가을, 여럿이		

강화도는 선사 시대 고인돌부터 조선 시대 요새까지 수많은 문화재가 있어 '지붕 없는 박물관'으로 불린다. 외세의 침략이 많았던 이유는 고려의 수도인 개성, 조선의 수도인 한양과 가까운 위치인 데다가 조수 간만의 차가 큰 서해안에서 큰 배가 드나들 만한 항구가 별로 없어 강화도가 근대의 창구 역할을 했기 때문이다. 외적들은 강화도에 머무르며 한강 하구를 통제하고 수도를 위협했다.

강화나들길 2코스 '호국돈대길'은 나라를 지키기 위해 싸웠던 강화 선인들의 흔적을 따라 걷는 길이다. 이름만 들어도 짐작이 되듯 이 길에는 '돈대(墩臺)'가 많다. 돈대는 바다로 쳐들어오는 외적을 감시하고

광성보

공격하기 위해 만든 초소다. 높다란 땅을 골라 바깥에는 성곽을 쌓고 안에는 대포 등을 설치해 놓았다. 염하를 따라 평탄한 둑길을 걷다가 바다와 접하고 있는 돈대에 오르면 시원한 풍광을 감상할 수 있다.

숱한 침략과 필사의 항전과 헤아릴 수 없이 많은 무명 용사들의 죽음, 그리고 임금의 피난. 무엇을 위한 싸움이었으며 누구를 위한 죽음이었는지, 호국과 애국의 가치는 무엇인지에 대한 단상이 끊이지 않는 이 길은 조금 차분한 마음으로 걸어도 좋겠다. 걷는 여행은 곧 자기 성찰의 시간과도 같으므로 이런 진중함이 더 어울릴 수 있을 것이다.

출발점인 갑곶돈대는 몽골과 전쟁을 치르던 고려가 도읍을 강화도로 옮긴 후 몽골군으로부터 강화 해협을 지키던 중요한 요새였다. 조선 시대 주변 3개 돈대를 관할하던 용진진은 대부분의 시설이 파괴되고 홍예문 두 곳만 남아 있다가 1999년 문루를 복원했다. 용당돈대는 복원 작업이 진행 중이다.

광성보는 강화도의 5진 7보 53돈대 가운데 규모가 가장 큰 천혜의 요새로 신미양요(1871년) 때 가장 치열한 전투가 벌어졌던 곳이다. 인근에는 무명 용사들의 묘지인 신미순의총과 손돌목을 지키는 손돌목돈대, 용두돈대, 광성돈대 등 유적지가 많아 관광객이 몰린다. 덕진진은 배와 대포를 갖추고 지역을 방어하던 수군의 진지였고, 2코스 종착이자 8코스 시작점인 초지진은 1656년에 만들어진 요새로 신미양요 때 미군이 이곳으로 상륙해 전투를 벌였다.

더러미포구

찾아가기 지하철 2호선 신촌역에서 강화여객자동차터미널로 가는 3000번 버스가 있다.
신촌역 정류장→강화여객자동차터미널
04:40~22:00(10분 간격)
돌아오기 강화여객자동차터미널에서 지하철 2호선 신촌역으로 가는 3000번 버스가 있다. 초지진에서 갑곶돈대로 돌아가려면 1번, 53번 버스를 탄다.
강화여객자동차터미널→신촌역
04:40~22:00(10분 간격)
초지진→갑곶돈대
06:30~20:10(60~70분 간격)

숙박 강화남산유스호스텔 (032)934-9098
　　　산화네 외갓집 (032)934-9098
식당 우리옥(한식 백반) (032)934-2427
　　　장원식당(밴댕이 회무침)
　　　　　　　　　　　　(032)933-2586
화장실 갑곶돈대, 광성보, 초지진

광성보의 누각인 안해루

인천·경기도

덕진진

옥토끼우주센터

천문, 우주를 주제로 꾸민 체험형 테마파크다. 우주체험관, 입체영상관, 야외 공원, 공룡의 숲, 사계절 썰매장 등으로 구성되어 있다. 갑곶돈대에서 차로 20분 거리.
위치 인천 강화군 불은면 두운리 1026 **전화** (032)937-6917 **입장료** 4~6세 · 고등학생 · 성인 1만3천 원, 6세~중학생 1만5천 원

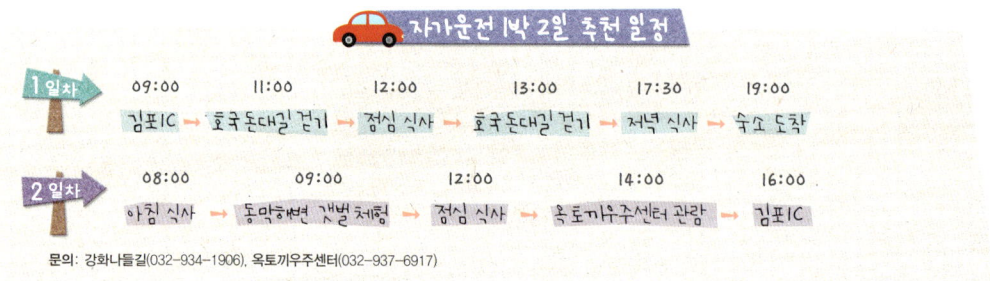

자가운전 1박 2일 추천 일정

1일차
09:00 김포IC → 11:00 호국돈대길 걷기 → 12:00 점심 식사 → 13:00 호국돈대길 걷기 → 17:30 저녁 식사 → 19:00 숙소 도착

2일차
08:00 아침 식사 → 09:00 동막해변 갯벌 체험 → 12:00 점심 식사 → 14:00 옥토끼우주센터 관람 → 16:00 김포IC

문의: 강화나들길(032-934-1906), 옥토끼우주센터(032-937-6917)

070 강화나들길 7코스 갯벌 보러 가는 길

푸른 바다와 회색 갯벌이 시야 가득

화도공용버스터미널 → 내리마을 → 북일곶돈대 → 마니산청소년수련원 → 화도공용버스터미널

출발 인천 강화군 화도면 상방리 805-4 화도공용버스터미널 **주차** 화도공용버스터미널 주차장(무료)

거 리	16.5km	난이도	무난해요
소요시간	5시간 30분		
추천테마	바다, 봄·가을·겨울, 여럿이		

장화리의 논밭에 날아든 철새

　갯벌은 생물에게 다양한 서식처와 풍부한 영양물질을 제공하는 생물자원의 보고다. 또한 육상에서 유입된 오염물질을 정화하고, 홍수와 태풍의 피해를 줄이며, 레크리에이션과 자연탐구, 학술연구의 장으로도 유용하게 활용된다.

　경기만 해안에는 1천㎢에 가까운 갯벌이 발달되어 어류 230종, 게류 193종, 새우류 74종, 조개류 58종 이상이 살고 있다. 그 중 강화갯벌은 한강, 임진강, 예성강으로부터 유입된 토사가 쌓이는 곳으로 규모가 국내 최대일 뿐 아니라 생태학적 가치도 높아 천연기념물 제 419호로 지정되었으며 세계 5대 갯벌로도 꼽힌다. "마누라 없이는 살아도 장화 없이는 못산다"는 말이 있을 정도로, 갯벌은 강화 사람들의 소중

썰물 때의 강화갯벌

인천·경기도

찾아가기 지하철 2호선 신촌역에서 화도공용버스터미널로 가는 3100번 버스가 있다.
신촌역 정류장→화도공용버스터미널
06:00~21:00(30분 간격)
돌아오기 화도공용버스터미널에서 지하철 2호선 신촌역으로 가는 3100번 버스가 있다.
화도공용버스터미널→신촌역
06:00~20:00(30분 간격)

숙박 에덴펜션 011-258-2833
　　 게스트하우스 무무 010-7180-9065
식당 편가네 된장(강된장 비빔밥)
　　　　　　　　　　　　(032)937-6479
　　 마니산산채(산채비빔밥)
　　　　　　　　　　　　(032)937-4293
화장실 화도공용버스터미널

한 삶의 터전이기도 하다.

강화나들길 7코스 '갯벌 보러 가는 길'은 썰물이 되면 끝이 보이지 않게 광활한 강화갯벌을 만나는 길이다. 마니산 자락의 호젓한 숲길도 걷고, 떼 지어 날아다니는 철새의 군무도 감상할 수 있다. 해질 무렵 수평선을 붉게 물들이는 노을도 놓칠 수 없는 볼거리다. 강화나들길은 전체적으로 그늘이 없는 편이지만 7코스는 숲과 해변이 적당히 섞여 쾌적하게 걸을 수 있다.

내리성당과 내리마을을 지나면 한동안 아늑한 숲길이다. 울창한 나무 사이로 들어오는 햇빛이 포근하다. 해안 방조제를 만나면 그때부터 갯벌이다. 왼쪽에는 마을과 논밭이, 오른쪽에는 망망대해 같은 갯벌이 펼쳐진다. 푸른 바다와 회색 갯벌이 시야를 가득 채운다. 벤치가 놓여 있는 일몰 조망지 주변은 갯벌생태학습장으로 활용되는 곳이다. 나무로 지어 멋스러운 갯벌센터에서는 갯벌생물전시관을 돌아보며 생태학습을 할 수 있다. 여차리마을에 도착하면 길은 펜션촌으로 뻗어 있다. 펜션들만 보이는 지루한 길이 이어지므로 출발점으로 돌아가지 않고 여차리마을에서 일정을 마무리하는 것도 좋다.

해안 방조제에서 본 강화갯벌

여행 Tip

강화나들길 여행자들을 위해 각 코스의 출발점에 위치한 관광 안내소와 매점 등에서 도보여권과 코스 지도를 무료로 나눠 준다. 이곳에서 코스 완주 스탬프도 찍을 수 있다.

문의: (032)934-1906

전등사

전등사는 강화도의 대표적인 고찰로 고구려 소수림왕 11년(381년)에 지은 것으로 알려져 있다. 경내에는 석가여래삼존불, 후불탱화, 애옹보전, 법화경 목판, 약사전 등 사찰의 깊은 역사만큼이나 많은 유물이 보관되어 있다. 화도공용버스터미널에서 1번 순환버스 이용, 20분 거리.

위치 인천 강화군 길상면 온수리 635 **전화** (032)937-0125 **입장료** 없음

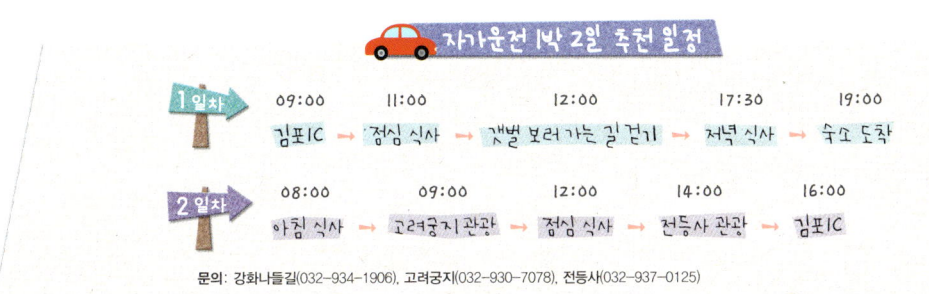

자가운전 1박 2일 추천 일정

1일차	09:00	11:00	12:00	17:30	19:00
	김포IC →	점심 식사 →	갯벌 보러 가는 길 걷기 →	저녁 식사 →	숙소 도착

2일차	08:00	09:00	12:00	14:00	16:00
	아침 식사 →	고려궁지 관광 →	점심 식사 →	전등사 관광 →	김포IC

문의: 강화나들길(032-934-1906), 고려궁지(032-930-7078), 전등사(032-937-0125)

071 아침고요수목원~수레넘어고개

아름다운 정원 너머 고요한 잣나무 숲

임초리 정류장 → 아침고요수목원 → 수레넘어고개 → 수동초교 정류장

출발 경기도 가평군 상면 임초리 411-2 임초리 정류장   **주차** 아침고요수목원 주차장(무료)

거 리	13.5km	난이도	조금 힘들어요
소요시간	4시간		
추천테마	숲, 사계절, 연인끼리		

아침고요수목원 튤립광장

'세계적으로 한국을 대표할 수 있는 아름다운 정원'을 목표로 아침고요수목원(The Garden of Morning calm)을 만든 한상경 대표는 인도의 시인 타고르가 조선을 '고요한 아침의 나라'라고 표현한 데 착안해 이런 이름을 붙였다. 계절마다 다른 꽃들이 피어나는 10만 평 공간에는 21개의 테마 정원이 조성되어 있고 5천여 종의 식물이 꽃을 피운다. 특히 빛 축제(오색별빛정원전)가 열리는 겨울밤이면 화려하고 신비로운 장관을 연출해 내·외국인의 발길이 끊이지 않는다.

아침고요수목원이 자리잡은 축령산(879m)은 빽빽하게 들어선 잣나무 때문에 '축령백림'으로 불린다. 잣나무의 피톤치드는 다른 나무보다 강해 면역력을 키우고 우울증을 치유하는 데 효과적이라고 전해진다. 2년에 한 번 열매가 열리는 기다림의 나무를 통해 휴식을 취하고 인내와 나눔의 미덕도 배운다. 그 한 자락인 '수레넘어고개'는 옛날 중국으로 가는 길목이어서 이곳을 지나는 수레가 끊이지 않았다고 한다. 지세가 험하고 도적이 많아 쉰 명이 모여야만 안전하게 넘을 수 있다 하여 '쉰고개' 또는 '쉰넘이고개'라고도 했다.

아침고요수목원을 구경하고 수레넘어고개로 올라 축령산 임도를 타고 남양주 쪽으로 가는 길은 가평군 상면 임초리에서 시작된다. 임초리(林草里)는 수푸니(숲풀이)의 한자식 이름으로, 숲과 풀이 무성하여 '임초'라 부르던 데서 유래했다. 마을에 들어서면서부터 시원하고 맑은 공기가 반긴다.

찾아가기 지하철 1호선 청량리역 4번 출구 앞 정류장에서 1330-44번 버스를 타면 임초리 정류장으로 간다.
청량리역→임초리
05:15~22:45(120분 간격)
돌아오기 수동초교 앞 정류장에서 330-1번 버스를 타면 지하철 1호선 청량리역으로 간다. 아침고요수목원으로 돌아가려면 330-1번 버스를 타고 중앙선 마석역으로 간 다음, 마석역에서 청평역으로 가는 전철로 갈아탄다. 청평역에서 청평터미널까지 걸어가(약 15분). 아침고요수목원으로 가는 31-7번 버스를 탄다.
수동초교→청량리역
05:40~21:50(20분 간격)
수동초교→마석역
05:40~21:50(20분 간격)
마석역→청평역
05:15~23:33(15~20분 간격)
청평터미널→아침고요수목원
09:10~19:40(30~120분 간격)

숙박 쁘띠프랑스 (031)584-8200
　　　 게스트하우스 하루 010-3818-1250
식당 가평 천마 설렁탕&갈비탕(천마 설렁탕)
　　　　　　　　　　　　　　　(031)582-0056
　　　 동이(막국수, 불족발)
　　　　　　　　　　　　　　　(031)582-3432
화장실 아침고요수목원
입장료 성인 8천 원, 청소년 5천 원, 어린이 4천 원(주말 기준)

수레넘어고개

정겨운 임초리 들녘을 걸어 수목원에 닿으면 안내도를 참고해 충분히 둘러본다. 수레넘어고개는 1km 정도 구간이 경사로 이루어져 상당히 힘들지만 고개만 넘으면 더 이상의 수고는 없다. 산새 소리와 바람 소리를 벗 삼아 가벼운 발걸음으로 천천히 걷는다. 울창한 원시림이 뿜어내는 청량한 기운 덕에, 길이 끝날 무렵에는 몸과 마음이 가뿐해져 있을 것이다.

+여행

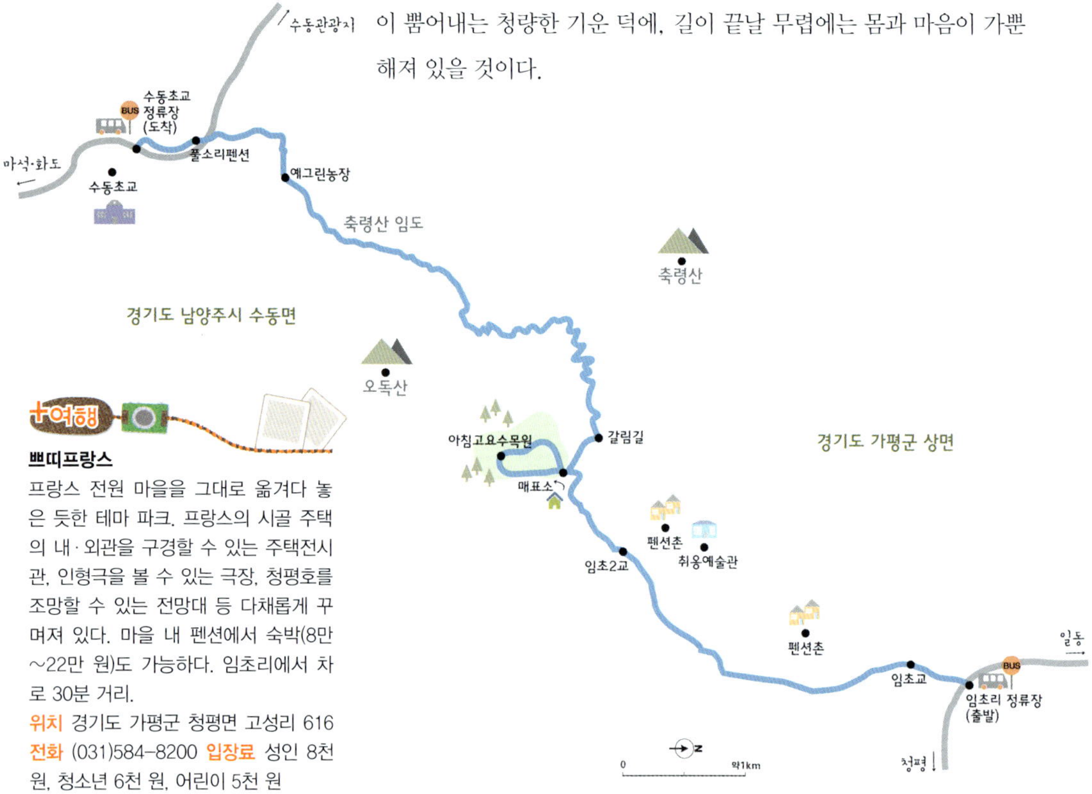

쁘띠프랑스

프랑스 전원 마을을 그대로 옮겨다 놓은 듯한 테마 파크. 프랑스의 시골 주택의 내·외관을 구경할 수 있는 주택전시관, 인형극을 볼 수 있는 극장, 청평호를 조망할 수 있는 전망대 등 다채롭게 꾸며져 있다. 마을 내 펜션에서 숙박(8만~22만 원)도 가능하다. 임초리에서 차로 30분 거리.

위치 경기도 가평군 청평면 고성리 616
전화 (031)584-8200 **입장료** 성인 8천 원, 청소년 6천 원, 어린이 5천 원

자가운전 1박 2일 추천 일정

1일차

09:00	10:00	11:30	13:00	18:00	20:00
금남IC →	아침고요수목원 걷기 →	점심 식사 →	수레넘어고개 걷기 →	저녁 식사 →	숙소 도착

2일차

09:00	10:30	13:00	15:00
아침 식사 →	쁘띠프랑스 관람 →	점심 식사 →	금남IC

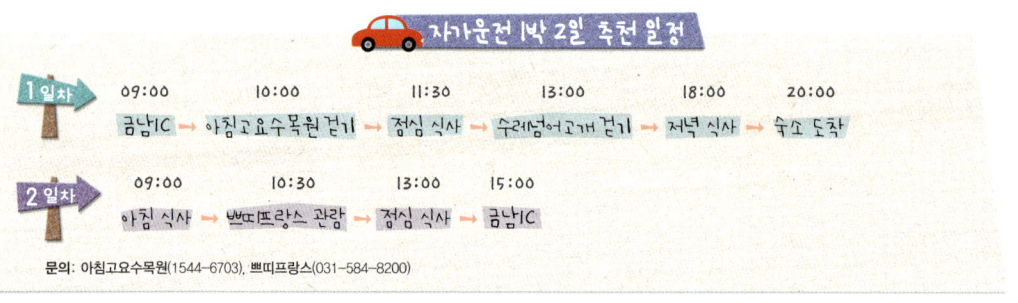

문의: **아침고요수목원**(1544-6703), **쁘띠프랑스**(031-584-8200)

072 고양누리길 서삼릉누리길

풍성한 볼거리를 구슬 꿰듯

원당역 → 배다리술박물관 → 원당허브랜드 → 서삼릉·원당종마공원 → 농협대학 → 삼송역

출발 경기도 고양시 덕양구 성사1동 410-7 원당역 주차 원당역 주차장(1일 3천 원)

거리	11.0km	난이도	쉬워요
소요시간	3시간		
추천테마	숲, 문화 유적, 사계절, 연인끼리		

고양누리길은 행주누리길, 서삼릉누리길, 송강누리길, 고양동누리길, 고봉누리길 등 5개 코스로 구성되어 있다. 기존의 산책로와 등산로를 주변 관광지와 연계해 도시 근교에서 산과 물, 역사와 문화를 탐방하며 재미와 감동을 느낄 수 있도록 조성한 걷기여행지다.

고양시의 대표적 문화재이자 유네스코 세계문화유산으로 등록된 서삼릉의 명칭을 딴 서삼릉누리길에서는 고양의 다양한 매력을 찾아볼 수 있다. 드넓은 초원 위에 말들이 뛰어노는 종마공원의 시원한 풍경과 왕가의 무덤이 모여 있는 서삼릉의 푸르른 소나무 숲, 100년이 다 되어가는 술도가의 박물관 등 이색 볼거리가 풍성하다. 평지와 낮은 언덕으로 마을과 마을이 연결되어 어린이나 노약자도 부담 없이 산책을 즐길 수 있다. 대중교통이 편리한 것도 장점이다.

원당역에서 출발하는 서삼릉누리길에서 제일 먼저 만나는 곳은 배다리술박물관이다. 1915년 창업한 후 5대째 전통주를 빚고 있는 '배다

찾아가기 지하철 3호선 원당역에서 내린다.
돌아오기 지하철 3호선 삼송역 이용.

숙박 청산모텔 (031)962-8279
　　　나보라파크모텔 (031)972-0012
식당 경남식당(아귀찜) (02)381-1821
　　　원주추어탕(추어탕) (031)968-7003
화장실 원당역, 배다리술박물관, 서삼릉, 삼송역
입장료 서삼릉: 성인 1천 원, 청소년·어린이 500원

여행Tip 고양시 문화관광 홈페이지(www.visitgoyang.net)에서 '별별투어'를 클릭하면 e북과 코스 소개, 자세한 지도 등 고양누리길에 관한 정보를 얻을 수 있다.

원당종마공원

서삼릉

인천 · 경기도

리 막걸리'의 박관원 관장이 세운 박물관으로, 전통술 제조에 쓰이는 다양한 기구와 모형, 자료 사진들을 전시해 놓았다. 갖가지 꽃과 허브 식물들이 가득한 원당허브랜드에서는 화장품, 방향제, 허브티, 케이크 등 다양한 허브 제품을 구경할 수 있다.

서삼릉(사적 제200호)에는 중종의 아들이자 조선왕조 12대 왕인 인종과 그의 비 인성왕후가 함께 잠든 효릉, 중종의 계비 장경왕후의 무덤인 희릉, 철종과 철인왕후가 묻힌 예릉, 의령원과 효창원, 소경원 등이 넓은 잔디밭에 자리하고 있다(효릉 등 일부 구간은 일반에 비공개). 조경과 건축의 예술적 가치가 뛰어나고 수백 년 동안 엄격하게 관리되어온 소나무 숲이 일품이다.

한국마사회가 운영하는 원당종마공원은 경주마와 우수한 종마의 육종, 보호를 위해 말들이 휴식과 안정을 취하는 곳이다. 일부 시설을 일반에 무료 개방하고 있는데, 이국적인 경치가 드라마나 CF 촬영지로 많이 이용될 만큼 멋지다. 하늘을 찌를 듯 늘어서 있는 은사시나무 사이를 걸어 나와 농협대학 쪽으로 방향을 잡으면 완만한 언덕과 낙엽송 가로수가 운치를 더하는 길이 반겨준다.

중남미문화원

중남미에서 30년 동안 외교관 생활을 했던 이복형 원장이 1994년에 세운 박물관. 마야, 아즈텍, 잉카와 같은 중남미의 대표적 문화를 관련 유물, 그림, 조각들로 접할 수 있다. 삼송역에서 차로 20분 거리.
위치 경기도 고양시 덕양구 고양동 302-1 **전화** (031)962-7171 **입장료** 성인 5천500원, 청소년 4천500원, 어린이 3천500원

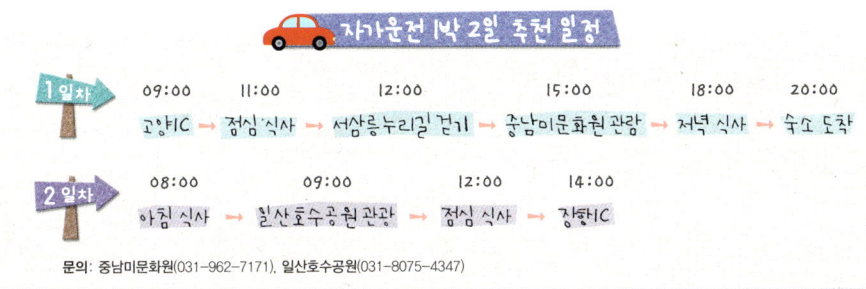

자가운전 1박 2일 추천 일정

1일차
09:00 고양IC → 11:00 점심 식사 → 12:00 서삼릉누리길 걷기 → 15:00 중남미문화원 관람 → 18:00 저녁 식사 → 20:00 숙소 도착

2일차
08:00 아침 식사 → 09:00 일산호수공원 관광 → 12:00 점심 식사 → 14:00 장항IC

문의: 중남미문화원(031-962-7171), 일산호수공원(031-8075-4347)

073 서울대공원 산림욕장

도심에도 한적한 숲이 있다

대공원역 → 북문 매표소 → 산림욕장 → 동물원 정문 → 대공원역

출발 경기도 과천시 과천동 727-1 대공원역 2번 출구 주차 대공원역 주차장(1일 4천 원)

거리	11km	난이도	무난해요
소요시간	3시간 30분		
추천테마	숲, 사계절, 연인끼리		

서울대공원은 경기도 과천에 있지만 서울시가 관리한다. 그 이유는 공원의 역사를 살펴보면 알 수 있다.

우리나라 최초의 동식물원은 창경원이다. 하지만 창경원은 조선 성종 때 창건된 왕후의 거처 창경궁을 일제가 수천 그루의 벚나무와 동

산림욕장의 소나무 숲

물원, 식물원이 들어선 일본식 정원으로 바꾸고 놀이동산으로 격하시켜 붙인 이름이다. 해방 이후에도 벚꽃과 동물원을 보러 오는 가족들의 나들이 장소로 인기를 모았던 창경원은 궁궐이 심하게 훼손되고, 더 이상 동물을 들일 공간도 없어진 1960년대 말이 되어서야 창경궁으로 복원을 시작한다.

찾아가기 지하철 4호선 대공원역 2번 출구로 나오면 바로 서울대공원이다.
돌아오기 지하철 4호선 대공원역을 이용한다.

숙박 그레이스호텔 (02)504-6700
식당 봉덕칼국수(샤브샤브 칼국수)
　　　　　　　　　　　　　　　(02)502-7952
　　　 플로라(파스타, 스테이크)
　　　　　　　　　　　　　　　(02)503-4564
화장실 대공원역, 북문 매표소, 동물원 정문
입장료 성인 3천 원, 청소년 2천 원, 어린이 1천 원

서울시는 창경궁 복원에 따라 옮기게 된 동물원의 부지로 과천시 막계2리를 선정한다. 그리고 박정희 대통령의 '평양동물원(268만㎡)보다 크게 지으라'는 명령에 따라 처음 예정보다 10배 이상 넓어진 서울대공원(290만여㎡)을 1984년 5월 문 열었다. 동물원을 먼저 개원하고, 1985년 5월 식물원을 개원했다.

서울대공원 산림욕장은 1994년 공원 외곽의 청계산(621m) 자락을 정비해 조성했다. 가벼운 오르막과 내리막이 연결되어 산책치고는 힘이 들지만, 곳곳에 약수터와 정자, 벤치 등의 쉼터를 마련해 쉬엄쉬엄 산림욕을 즐기며 걸을 수 있게 했다. 소나무 숲, 사귐의 숲, 밤나무 숲, 독서하는 숲 등 수종과 주변 분위기에 따라 구간별로 이름을 붙였다. 산림욕장은 동물원 입장료를 내고 들어가야 하지만 청계산 등산로와는 연결되지 않기 때문에 등산이나 트레킹을 목적으로 하는 사람보다는 동물원을 보러 오는 사람들이 더 많다. 따라서 숲이 크게 붐비지 않아 여유롭게 자연을 즐길 수 있다. '밤나무 숲'은 낙엽이 두꺼워 바닥이 푹신하고, '독서하는 숲'은 유명 시인들의 시가 걸려 있어 사색에 젖어들기 좋다. '자연과 함께 하는 숲'에는 나무와 식물의 이름표가 달렸다. '선녀못이 있는 숲'은 옛날 이 마을 아낙들이 낮에는 빨래, 밤에는 목욕을 했던 연못이라고 전해진다.

국립현대미술관

한국을 대표하는 미술관이다. 1969년 경복궁에서 개관했고 1973년 덕수궁으로 옮겼다가 1986년 과천에 새로 건물을 지어 이전했다. 국제 규모의 시설과 야외조각장을 갖추고 있으며, 다양한 기획전과 상설전시를 통해 국내를 대표하는 미술품들을 소개하고 있다. 관람은 무료다. 서울대공원 동물원 매표소 옆 위치.
위치 경기도 과천시 막계동 산58-4 **전화** (02)2188-6000 **입장료** 상설전시 무료, 기획전시 3천 원

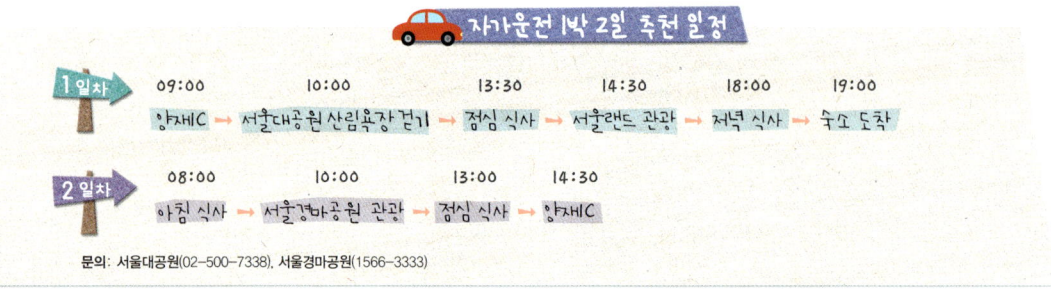

문의: 서울대공원(02-500-7338), 서울경마공원(1566-3333)

057 다산길 2코스 다산길

남한강 따라 정약용의 고향으로

도심역 → 덕소농장 → 팔당역 → 봉안터널 → 다산유적지

출발 경기도 남양주시 와부읍 도곡리 1024-38 도심역 주차 도심역 주차장(무료)

거 리	15.6km	난이도	조금 힘들어요
소요시간	4시간 30분		
추천테마	강, 문화 유적, 봄·가을, 여럿이		

다산기념관

북한강이 남한강과 만나 한강이 되는 곳. 총 면적의 70%가 산림으로 이루어진 곳. 산과 강의 조화가 아름다워 주말이면 자연과 낭만에 목마른 도시인들의 발길이 몰리는 곳. 유적지가 많아 산과 강 곳곳에 역사의 향기를 품은 곳. 바로 서울을 비롯한 수도권 사람들의 휴식처인 남양주다. 그곳에 마을과 마을을 잇는 옛길 13개 코스가 조성되어 남양주 전역의 산과 강과 유적지를 걸어 돌아볼 수 있으니, 그 길의 이름이 다산길이다.

조선 시대의 대표적인 실학자인 다산 정약용(1762~1836)은 이곳 남양주에서 태어나고 자랐으며, 유배를 마치고 돌아와 말년을 보냈다.

다산길 산책로와 한강

찾아가기 지하철 중앙선 도심역에서 내린다.
돌아오기 다산유적지 앞 정류장에서 56번 버스를 타면 중앙선 운길산역으로 간다. 걷기 시작한 도심역으로 돌아갈 때도 중앙선 이용.
다산유적지→운길산역
05:00~22:30(30분 간격)

숙박 마당깊은집 (031)592-6183
　　　아이린펜션 (031)595-6990
식당 시골밥상(한정식) (031)576-8355
　　　뽕생뽕사(꽃게짬뽕) (031)527-1797
화장실 도심역, 팔당역, 다산유적지

10여 년의 관직생활과 18년의 전남 강진 유배생활을 제외한 대부분의 삶을 보낸 고향이다. 따라서 다산길은 다산의 유년기와 청년기, 노년기를 돌아보며 실학 정신을 되새겨 보는 코스다. 다산의 생가와 묘가 있는 능내를 중심으로 펼쳐지는 1~3코스, 그 중에서도 이름까지 다산길인 2코스가 선생의 생애와 업적을 고스란히 만날 수 있는 길이다.

남한강을 바라보며 나지막한 등산로와 옛 철길을 따라 다산유적지로 뻗어 있는 다산길은 중앙선 도심역에서 시작된다. 연세대 덕소농장까지는 한적한 길이지만 동막마을로 가는 예봉산 등산로는 구불구불 좁고 길다. 마을이 끝나면 다산길에서 가장 인기가 높은 철길 코스가 나온다. 중앙선이 전철화되기 전까지 강변을 따라 달리던 철로는 한동안 방치되다가 2011년에 콘크리트로 포장된 자전거 도로로 변했다. 시멘트 위로 살짝 드러난 레일이 철도였던 옛 신분을 말해준다. 폐 철로를 따라가는 자전거 도로는 양평의 양근대교까지 길게 이어진다.

수십 년 동안 기차만 드나들던 봉안터널은 사람이 다닐 수 있도록 LED 조명을 설치했다. 일렬로 늘어선 조명등이 사람의 움직임에 따라 하나씩 켜지는 재미있는 시설이지만 조도가 높지 않아 조금 답답하다. 터널을 빠져 나오면 능내 연꽃마을이 나오고, 이곳부터 다산유적지까지는 연꽃과 함께 걷는다. 잔잔한 남한강도 변함없이 함께한다. 공원으로 단장된 다산유적지에는 생가 여유당과 묘, 기념관, 문화관, 실학박물관 등이 들어서 있고, 입구에는 수원성 축조에 사용된 거중기와 목민심서, 경세유표 등이 새겨진 동판이 전시되어 있다.

봉안터널

산책하기 좋은 길로 변신한 철로

여행

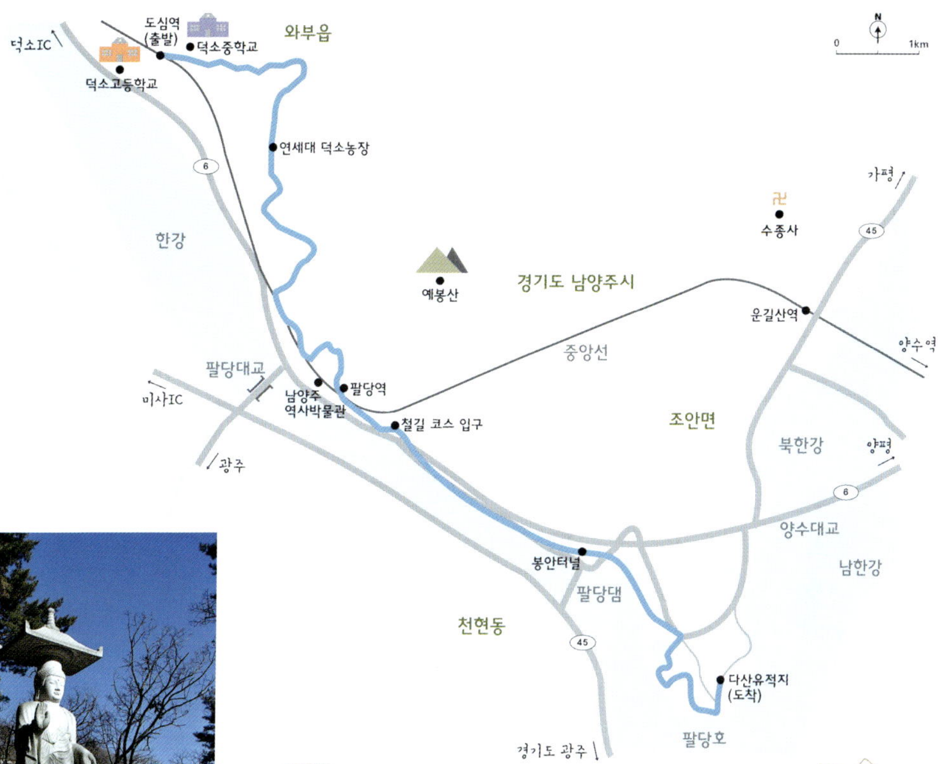

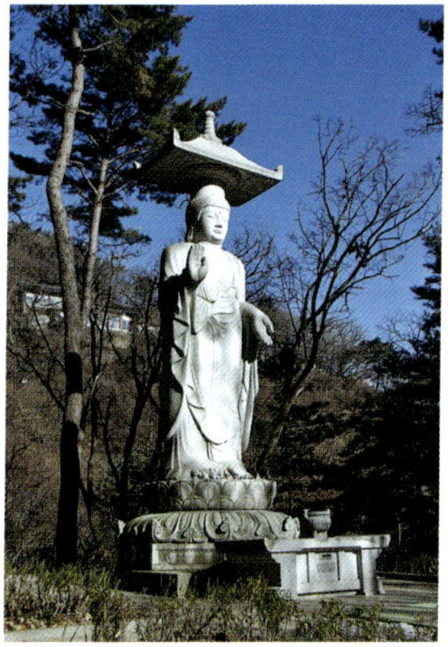

수종사

운길산 동쪽 중턱에 자리한 사찰. 조선의 임금 세조가 현재 수종사 부근을 지나다가 맑은 종소리를 내는 약수를 발견하고서 사찰을 세웠다는 전설이 있다. 지금도 경내에는 가뭄이 들어도 마르지 않는다는 약수가 있다. 사찰에서는 북한강이 남한강으로 합류해 한강이 되는 모습을 한눈에 볼 수 있다. 다산유적지에서 차로 20분 거리.

위치 경기도 남양주시 조안면 송촌리 1060 **전화** (031)576-8411 **입장료** 없음

자가운전 1박 2일 추천 일정

1일차

09:00 덕소IC → 09:30 다산길 걷기 → 14:00 점심 식사 → 16:00 수종사 관광 → 18:00 저녁 식사 → 19:30 숙소 도착

2일차

08:00 아침 식사 → 09:30 두물머리 관광 → 11:00 남양주종합촬영소 관광 → 13:00 점심 식사 → 14:30 화도IC

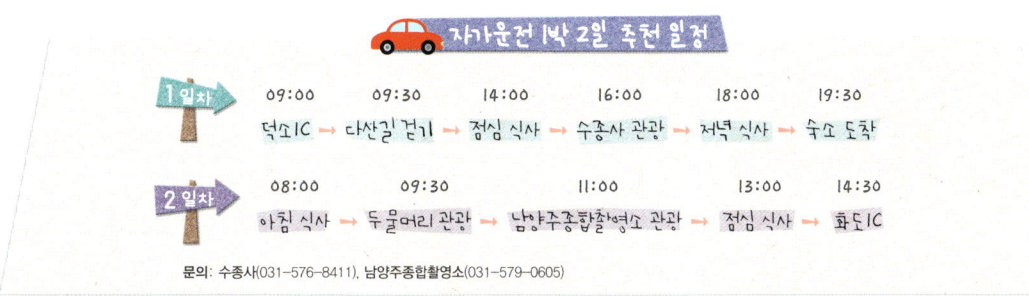

문의: 수종사(031-576-8411), 남양주종합촬영소(031-579-0605)

075 남한산성

영광과 굴욕의 역사를 보다

남한산성유원지 입구 → 지화문 → 우익문 → 전승문 → 좌익문 → 남한산성유원지 입구

출발 경기도 성남시 중원구 은행2동 남한산성유원지 입구　**주차** 남한산성유원지 부설주차장(1일 6천 원)

거리	10.7km	난이도	조금 힘들어요
소요시간	4시간		
추천테마	숲, 문화 유적, 사계절, 여럿이		

지화문

장경사신지옹성

　　북한산성과 함께 수도 서울을 남북으로 지키는 요새였던 남한산성(사적 제57호)은 신라 문무왕 때 쌓은 주장성 옛터를 활용하여 1624년(인조 2년)에 축성하였다. 하지만 1636년 청나라 태종 황태극이 압록강을 건너 조선을 침략한 병자호란 때 남한산성에 피신해 있던 인조는 47일 만에 성문을 열고 나와 삼전도(지금의 송파)에서 맥없이 항복했다. 비단과 보석으로 치장한 황태극 앞에 소복 차림으로 나아간 인조는 한 번 절할 때마다 세 번 바닥에 이마를 대는 '삼궤구고두(三跪九叩頭)'라는 치욕스런 예를 세 번이나 반복했다. 그래서 남한산성은 한 번도 적에게 함락당하지 않았다는 영광과 '삼전도의 굴욕'이라는 치욕

을 함께 지닌 역사의 현장으로 기록된다.

지금의 남한산성은 서울과 성남 시민들이 가장 많이 이용하는 경기도의 대표적인 도립공원으로, 단위면적당 방문객이 국내 최고 수준이다. 성곽 길 탐방로로 접근하기가 편하고 울창한 숲에 둘러싸인 구릉지의 위용이 당당하여 깊은 산에 든 맛을 느낄 수 있는 것이 인기 요인이다. 장수가 군사를 지휘하던 곳인 수어장대 등 수백 년 역사의 흔적을 들여다볼 수 있는 것도 매력적이다.

지화문(남문)은 남한산성 4대문 중 가장 크고 웅장한 성문이다. 유일하게 현판이 남았고, 문 앞엔 성곽 사면의 토양 유실을 막기 위해 심은 380년 된 느티나무가 서 있다. 수어장대는 1624년 남한산성 축조 때 지은 네 개 중 하나만 남았다. 우익문(서문)은 인조가 삼전도로 항복하러 갈 때 지났던 곳으로, 바깥 전망대에 서면 서울 남산을 중심으로 왼쪽으로 관악산과 청계산, 오른쪽으로는 아차산과 도봉산까지 두루 조망할 수 있는 탁 트인 경관이 멋지고, 일몰이 특히 환상적이다. 전승문(북문)은 전쟁에서 승리하자는 뜻을 담고 있지만 아이러니하게도 병자호란 당시 청나라 군에게 300명 병사가 전멸한 아픈 역사가 있다. 하남시와 광주시의 경계를 지나 계속 걸으면 좌익문(동문)과 만나게 된다.

찾아가기 지하철 8호선 남한산성입구역에 내려 1번 출구로 나온 뒤 큰길을 따라 15분 정도 걸으면 남한산성유원지 입구에 도착한다.
돌아오기 지하철 8호선 남한산성입구역 이용.

숙박 W모텔 (031)755-300
　　　아이리스모텔 (031)753-8287
식당 은성가든(닭백숙) (031)742-7788
　　　다정냉면(물냉면, 비빔냉면)
　　　　　　　　　　　(031)748-2237
화장실 남한산성유원지 입구

남한산성의 성곽

율동공원

분당저수지 주변 산책로를 따라 꽃동산, 조형물 광장 등 아름답게 꾸민 공원 풍경을 즐길 수 있다. 특히 저수지 서쪽에 있는 번지점프대는 율동공원의 명소다. 번지점프 체험에는 나이 제한이 있어 만 15~50세만 가능하다. 오전 10시부터 오후 5시까지 운영한다. 남한산성유원지에서 차로 30분 거리.
위치 경기도 성남시 분당구 율동 318 **전화** (031)702-8713
번지점프 이용료 2만5천 원

자가운전 1박 2일 추천 일정

1일차: 09:00 송파IC → 10:00 남한산성 걷기 → 14:00 점심 식사 → 15:00 토지주택박물관 관람 → 18:00 저녁 식사 → 19:00 숙소 도착

2일차: 08:00 아침 식사 → 09:00 율동공원관광 → 11:00 점심 식사 → 13:00 판교IC

문의: 남한산성(031-743-6610), 토지주택박물관(031-738-8294), 율동공원(031-702-8713)

076 수원 화성

조선 후기 토목건축의 백미

수원역 → 경기도청 → 화양루 → 화서문 → 장안문 → 팔달문 사거리

출발 경기도 수원시 팔달구 매산로1가 18 수원역 1번 출구   주차 화성행궁 주차장(1일 1만 원)

거 리	7.6km	난이도	쉬워요
소요시간	2시간 30분
추천테마	문화 유적, 사계절, 연인끼리

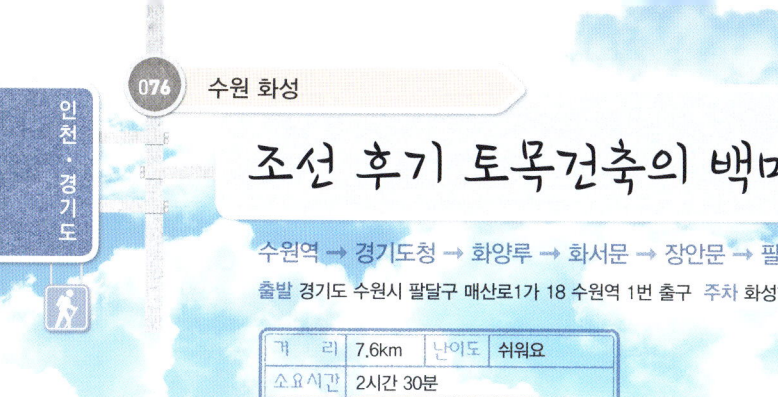

화성 봉돈

　사도세자의 아들인 정조는 아버지의 묘를 양주 배봉산에서 수원 화산의 현륭원으로 옮기고 수원읍을 팔달산 아래로 이전했다. 이장의 배경에는 왕권 강화를 위한 신도시 건설이 있었다. 야망을 실현할 장소로 서울 인근에 위치한 상업 도시인 수원을 선택한 것이다. 화성 건립의 대역사는 다산 정약용이 맡았고, 10년 예상한 공사를 2년 만에 끝냈다. 평시와 전시의 공간을 구분하는 전통적인 성곽과 달리 상업적 기능과 군사적 기능을 동시에 수행하는 형태로 지어진 화성에는 다산의 앞선 과학 기술과 빛나는 지혜가 고스란히 담겼다.

　유네스코 세계문화유산이며 문화체육관광부 선정 '2012 한국 관광의 별' 수상지인 수원 화성(사적 제3호)은 가볍게 다녀올 수 있는 친근한 산책로 겸 전망대이면서 개혁적인 군주

인천·경기도

찾아가기 지하철 1호선 수원역에서 내린다.
돌아오기 팔달문 사거리에서 수원역으로 가는 시내버스(13번 외 다수)를 탄다. 화성행궁 주차장으로 돌아가려면 팔달문 사거리에서 종로 사거리 방향으로 5분 정도 걸으면 된다.
팔달문 사거리→수원역
05:15~23:10(5분 간격)

숙박 호텔MS 달곁에별 (031)221-1100
　　　호텔야자 (031)246-2272
식당 용성통닭(통닭) (031)242-8226
　　　본수원갈비(소갈비구이)
　　　　　　　　　　　　(031)211-8434
화장실 수원역, 서장대 관광안내소, 동장대
입장료 성인 1천 원, 청소년 700원, 어린이 500원

와 실사구시 정신의 실학자가 만나 완성한 조선 후기 토목건축의 백미다. 팔달산의 지형지세를 따라 나뭇잎 모양으로 뻗은 성곽을 걸으며 200여 년 전 '왕의 행차'를 상상해 보는 것도 색다른 역사 기행의 즐거움이다.

화성의 남쪽 누각이라는 뜻의 화양루는 지세가 높아 적에게 점령당했을 때 성안 사정이 노출될 수 있는 남쪽 봉우리를 지키고자 본성에서 남쪽으로 성벽을 덧이어서 지은 것이다. 서장대 관광안내소 앞의 출입구를 지나면 톱니바퀴 물리듯 착착 맞아 들어가는 성곽의 돌들이 당시 축성 기술의 정교함을 보여준다. 바깥쪽에 성벽을 쌓되 안쪽은 지세를 이용해 흙을 돋우어 메우는 '외측내탁'의 축성술로 시간과 돈을 절약할 수 있었는데, 지금은 흙을 돋워 올린 내벽에 산책로를 조성해 수많은 관람객들이 편히 걸어 다닐 수 있다.

서장대는 팔달산 정상에 위치해 성 안이 한눈에 들여다보이고 남쪽과 북쪽 들판까지 두루 살필 수 있어 군사지휘본부 역할을 했다. 화서문으로 걸을 때는 높은 곳에서 내려가게 되어 반원형 옹성이 바깥쪽 문을 둘러싸고 있는 형태를 확인할 수 있다. 근대 한국건축예술의 대표작으로 꼽히는 방화수류정은 성 바깥쪽의 연못인 용연과 어우러져 뛰어난 건축미와 공간미를 자랑한다. 당시 공사비가 다른 각루의 10배 넘게 들어 공사 담당자가 정조에게 문책을 당했다는 일화가 있을 만큼 많은 공이 들어간 건축물이다.

화성 서장대

성곽을 따라 이어진 산책로

수원박물관

수원역사박물관과 한국서예박물관, 사운 이종학 사료관을 합친 종합박물관이다. 수원역사박물관에서는 수원의 역사와 관련한 유물을 전시하고, 한국서예박물관에서는 6천여 점에 이르는 서예관련 유물을 전시하고 있다. 사운 이종학 사료관에는 금강산, 독도 관련한 자료와 일제강점기 때의 자료들을 전시하고 있다. 팔달문에서 경기대 방향 시내버스(수시 운행) 이용, 20분 거리.

위치 경기도 수원시 영통구 이의동 1088-10 **전화** (031)228-4150 **입장료** 성인 2천 원, 청소년 1천 원, 어린이 무료

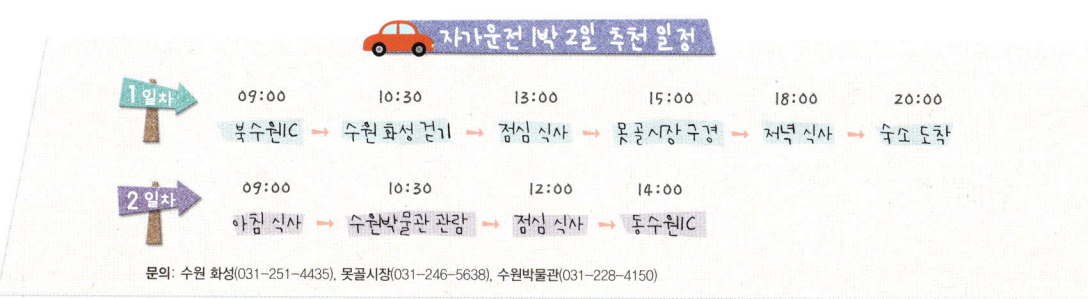

자가운전 1박 2일 추천 일정

1일차
09:00 북수원IC → 10:30 수원 화성 걷기 → 13:00 점심 식사 → 15:00 못골시장 구경 → 18:00 저녁 식사 → 20:00 숙소 도착

2일차
09:00 아침 식사 → 10:30 수원박물관 관람 → 12:00 점심 식사 → 14:00 동수원IC

문의: 수원 화성(031-251-4435), 못골시장(031-246-5638), 수원박물관(031-228-4150)

폐염전, 생태공원으로 진화 중

시흥시청 → 시흥갯골생태공원 → 아까시길 입구 → 방산대교 → 부흥교 → 시흥시청

출발 경기도 시흥시 장현동 300 시흥시청 **주차** 시흥시청 주차장(무료)

거리	15.7km	난이도	조금 힘들어요
소요시간	5시간		
추천테마	강, 바다, 봄·가을, 여럿이		

'늠내'는 '뻗어나가는 땅'이란 뜻으로, 고구려 시대 지명인 잉벌노(仍伐奴)에서 유래했다. 경기도 시흥의 걷기여행길인 늠내길은 산과 바다, 생태공원, 시흥시 향토문화유적 등을 만날 수 있는 4개 코스로 구성되었다. 염전에서 소금을 만들던 염부 등 잉벌노 사람들의 삶과 문화를 체험할 수 있는 특별한 여정이다.

밀물 때면 바닷물이 육지 안까지 갯고랑을 따라 밀려들어오는 내만갯골을 끼고 펼쳐진 소금밭과 갈대밭을 따라 소래포구로 가던 방죽길인 2코스 '갯골길'은 세월이 만들어낸 시간의 길이다. 1990년대 후반 도시화에 밀려 사라진 염전은 소금 창고와 물탱크만 남아 붉

갯골생태공원의 솟대

게 녹슬어 가다가 갯벌의 생태적 가치에 주목한 시흥시에 의해 갯골 생태공원으로 부활하기 시작했다. 쇠락한 소금 창고와 세월의 흔적이 녹아 있는 폐염전, 폐염전이 진화해 탄생한 생태공원까지 어우러져 만들어내는 독특한 풍광은 체험과 재미, 추억을 함께 선사한다.

시흥시청을 출발, 실개천인 장현천을 따라 걷다가 쌀연구회부터는 들녘으로 들어간다. 드넓은 논과 그 가운데로 시흥의 상징인 연꽃을 피워내는 연못을 감상하며 걸으면 갯골생태공원에 이른다. 산책길과 염전 체험장, 소금 창고, 생태탐방로 등이 조성된 공원에는 맹꽁이와 금개구리가 서식하고 있다. 해수를 담아 두던 염수지와 햇살 아래 반짝이는 타일바닥 등이 옛 염전 모습 그대로다.

제방 입구 둑길에서부터가 이 코스의 하이라이트다. 둑길 왼편으로 옛 염전 터가, 오른편으로는 갈대로 둘러싸인 갯골의 좁은 물줄기가 끝없이 이어진다. 맨발로 걸어도 좋을 흙길이다. 갈대밭에는 망둥어나 숭어를 노리는 낚시꾼들이 웅크리고 있다. 아까시길 입구에서 좌회전해 오래된 염전 터를 감상하며 걷는다. 방산대교를 건너 돌아가는 길에서는 포동펌프장을 지나 나타나는 갈대숲이 큰 군락을 이루고 있어 걷는 재미가 특별하다. 갈대숲에 둥지를 튼 새들이 수시로 날아오르고, 금개구리가 탐방로를 태연히 지난다.

찾아가기 지하철 4호선 안산역 앞 정류장에서 시흥시청 삼거리로 가는 1번 버스가 있다. 시흥시청 삼거리에서 시흥시청까지는 걸어서 5분 거리.
안산역→시흥시청 삼거리
05:00~22:30(25분 간격)
돌아오기 시흥시청에서 시흥시청 삼거리까지 걸어간 다음, 지하철 4호선 안산역으로 가는 1번 버스를 탄다.
시흥시청 삼거리→안산역
05:00~22:30(25분 간격)

숙박 전망좋은민박 010-8205-5676
보텔001 (031)319-9591
식당 산너머남촌(한정식) (031)413-3933
떡볶이랑 걸레만두랑(걸레만두)
(031)804-8519
화장실 시흥시청, 갯골생태공원

수생식물 습지

갯골생태공원에 핀 노랑코스모스

+여행

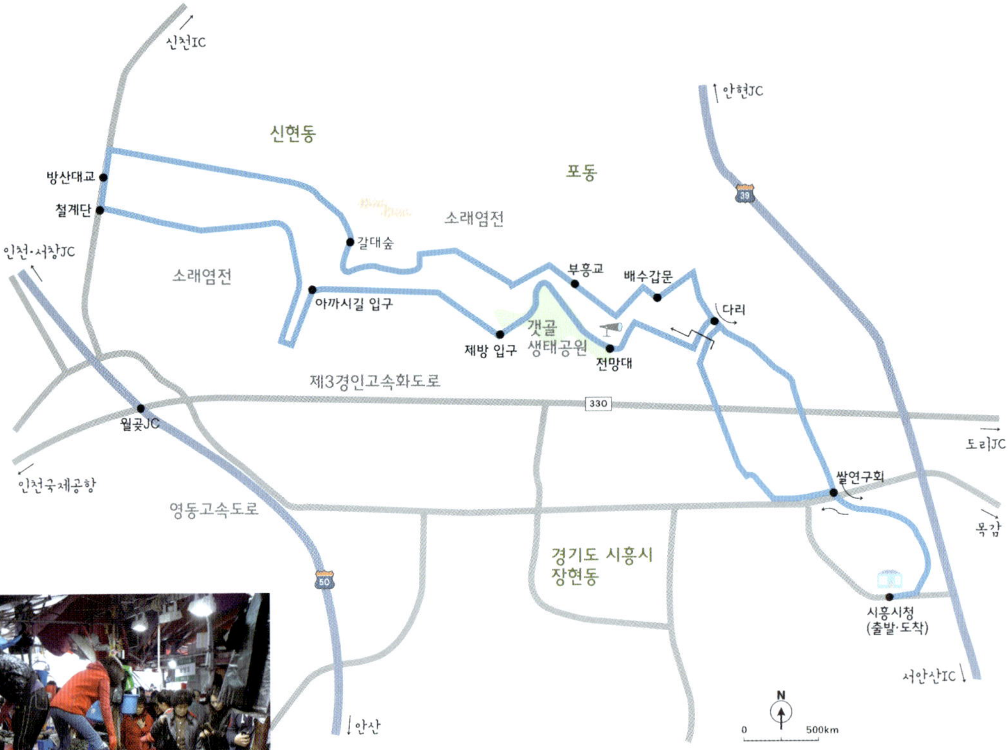

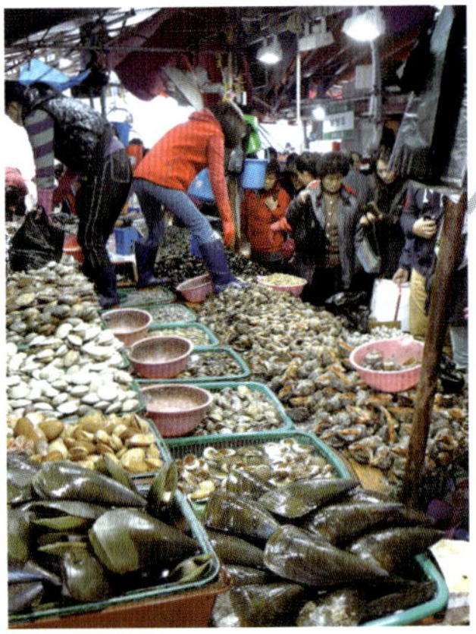

소래포구

수도권에서 싱싱한 해산물을 구입하고 먹으면서 바다 정취까지 접할 수 있는 몇 안 되는 포구다. 서해 갯벌과 댕구산 전망대의 낙조, 만화 속에서 툭 튀어나올 거 같은 협궤열차가 전시된 소래전시관 등 둘러볼 곳도 많다. 시흥시청에서 32번 버스 이용.

위치 인천 남동구 논현동 111-200 **전화** 070-7011-2140 **입장료** 없음

자가운전 1박 2일 추천 일정

1일차

09:00	10:00	12:00	13:00	17:00	19:00
연성IC →	갯골길 걷기 →	점심 식사 →	갯골길 걷기 →	저녁 식사 →	숙소 도착

2일차

08:00	09:00	12:00	13:00
아침 식사 →	소래포구 구경 →	점심 식사 →	월곶IC

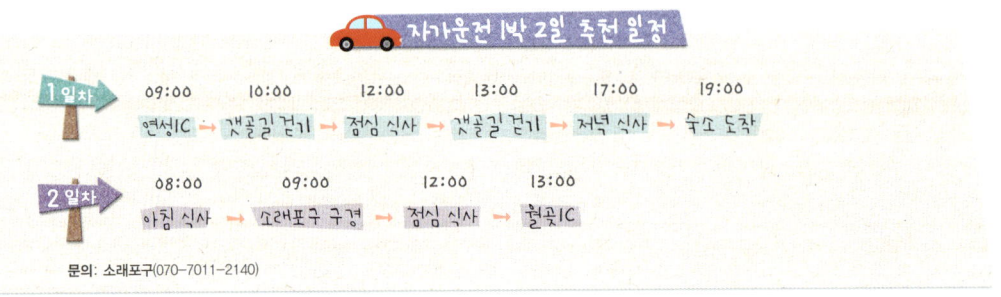

문의: **소래포구**(070-7011-2140)

078 봉미산 산음 임도

사계절 언제나 고요하고 멋진 산길

산음1리 ➡ 산음펜션 ➡ 산음 임도 ➡ 산음2리 입구 ➡ 산음1리

출발 경기도 양평군 단월면 산음1리 562-5 산음1리 정류장　**주차** 산음1리 마을회관 앞 공터(무료)

거리	19.0km	난이도	조금 힘들어요
소요시간	5시간		
추천테마	숲, 사계절, 여럿이		

　　용문산 북쪽 능선과 이어진 봉미산(856m)은 경기도의 오지에 속한다. 세상과 멀리 떨어져 있다고 하여 속리산(俗離山)이라 부르기도 하고, 산꼭대기에 연못이 있어 '늪산'이라 부르기도 한다. 봉미산 산행을 시작하는 마을인 산음리는 봉미산과 폭산, 천사봉, 싸리재 등의 산그늘에 가려 있다고 해서 '산 그림자[山陰]'라는 시적인 이름을 갖게 되었다.

　　산음 임도는 산음자연휴양림을 가운데 두고 봉미산 자락을 한 바퀴 휘감아 걷는 길이다. 가도 가도 끝없을 것 같이 산허리를 도는 길이지만 막상 걸어보면 지루하지가 않다. 생명이 꿈틀대는 신록의 봄, 소낙비 흩뿌리는 여름, 단풍 짙어가는 청명한 가을, 순백의 눈으로 덮이는 겨울이 저마다의 아름다움으로 여행객을 맞이한다. 구름 속을 걷듯 산길을 거닐면 달콤한 자연의 향기에 오감이 짜릿하다.

산음1리의 다랑논

찾아가기 지하철 중앙선 용문역에서 걸어서 5분 거리에 있는 용문시외버스터미널로 가면 산음리·석산리 방향의 2-3, 2-5, 2-11번 버스가 있다. 산음상회에서 하차 후 도로를 따라 조금만 걸으면 산음1리 어귀다.
용문시외버스터미널→산음상회
08:30 11:50 17:50
돌아오기 산음상회에서 양평군 용문시외버스터미널로 가는 버스를 이용한다.
산음상회→용문시외버스터미널
08:30 11:50 17:50

숙박 산음자연휴양림 (031)774-8133
　　　산음펜션 011-9719-6790
식당 숑스바베큐(참숯등갈비)
　　　　　　　　　(031)774-9180
　　　남시촌참닭(숯불닭갈비)
　　　　　　　　　(031)774-1707
화장실 산음1리마을회관

조용한 산음1리의 마을 어귀. 푸르게 펼쳐진 논과 마을을 지나며 느껴지는 시선은 축사에서 물끄러미 쳐다보는 누렁소의 눈빛이 전부다. 마을의 모습은 계곡에 파묻힌 형상이다. 하천을 따라서 이어지는 길의 끝에는 웅장하게 솟은 산이 병풍처럼 마을을 두르고 있다.

임도는 망설임 없이 시원스레 쭉쭉 발걸음을 내딛으면 된다. 대부분의 임도는 갈림길이 거의 없고, 어쩌다 나온다 해도 크고 확실한 길만 따라가면 되므로 길 잃을 염려가 없다. 중간에 산음자연휴양림으로 가는 갈림길이 여러 번 나오니까 시간 여유가 있다면 들러보는 것도 좋다. 완만한 내리막 곡선부터 흙길과 포장도로가 반복되다가 임도가 끝나면 계단식 논들이 층층이 이어진 산음2리를 지나 처음 출발했던 산음1리가 나온다.

산음 임도

들꽃 핀 숲길

+여행

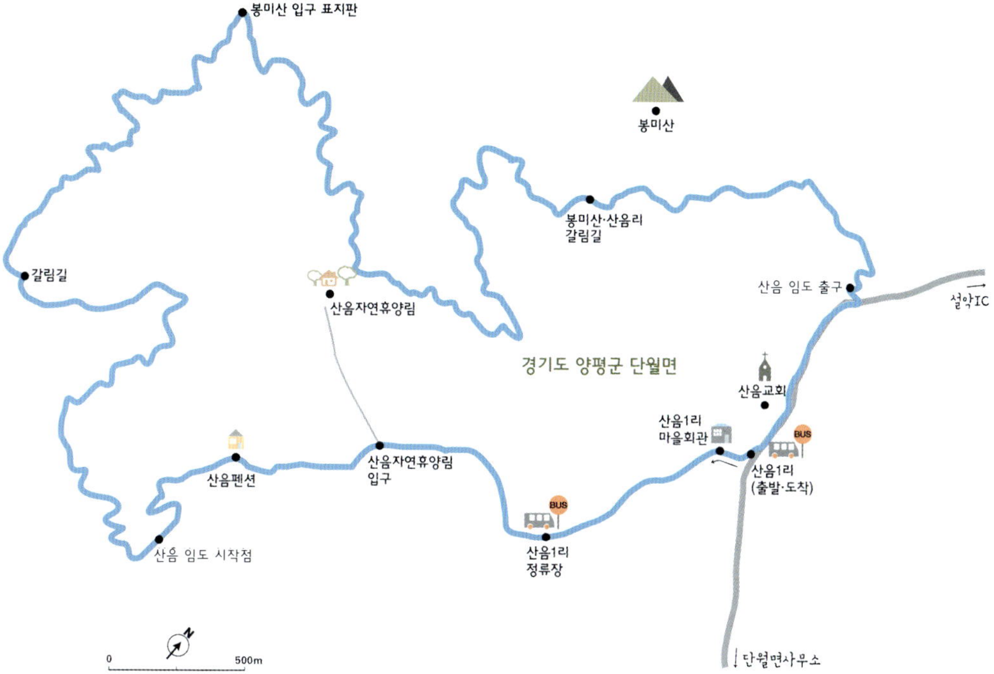

양평 들꽃수목원

남한강가에 자리해 있어 강변의 정취가 가득한 수목원이다. 허브정원, 야생화전시원, 자연생태박물관, 열대온실 등에서 국내외의 화려한 꽃들과 1급수에 산다는 어류, 다양한 곤충 표본을 구경할 수 있다. 남한강 가까이 산책로가 이어져 있다. 산음1리에서 차로 30분 거리.

위치 경기도 양평군 양평읍 오빈리 210-37 **전화** (031)772-1800 **입장료** 성인 7천 원, 청소년 5천 원, 4천 원

자가운전 1박 2일 추천 일정

1일차

09:00 설악IC → 10:00 산음 임도 걷기 → 12:00 점심 식사 → 13:00 산음 임도 걷기 → 18:00 저녁 식사 → 19:00 숙소 도착

2일차

08:00 아침 식사 → 09:30 양평 들꽃수목원 관광 → 12:00 점심 식사 → 14:00 양평IC

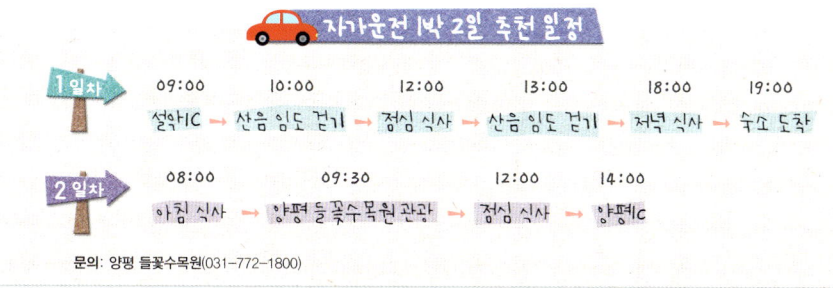

문의: 양평 들꽃수목원(031-772-1800)

079 양수리

두 물줄기가 하나 되는 길목

양수리 정류장 → 양수리환경생태공원 → 세미원 → 두물머리 → 양수리 정류장

출발 경기도 양평군 양서면 양수리 1071 양수리 정류장 **주차** 양서문화체육공원 주차장(무료)

거 리	7.1km	난이도	쉬워요
소요시간	2시간 30분		
추천테마	강, 사계절, 연인끼리		

양수리(兩水里)는 마을의 행정지명이고, 두물머리는 양수리에 있는 나루터 이름이다. 둘 다 '북한강과 남한강의 두 물줄기가 합쳐지는 곳'이라는 뜻을 지녔다.

두물머리는 팔당댐이 놓이기 이전까지 강원도 산골에서 물길을 따라 온 뗏목과 사람들이 하루를 쉬고 서울로 들어가던 포구로, 떼꾼들

의 떼돈이 흥청거리던 곳이다. 이후 500년 된 느티나무와 새벽 물안개의 몽환적인 아름다움 때문에 영화와 CF의 배경으로 이용되면서 유명해졌고, 가족들의 드라이브나 연인들의 데이트 장소로 인기를 끌었다.

양수리 걷기여행에 양수리환경생태공원과 세미원을 함께 넣으면 더욱 풍성한 볼거리를 즐길 수 있다. 아주 쉬운 산책로이므로 아이들과 걷기도 좋다.

양수리환경생태공원은 지난 2000년 아파트 건설 예정지였던 땅을 지역주민과 기업, 정부가 뜻을 모아 '환경보전'이라는 공익실현을 위해 공원으로 조성, 2004년 완공했다. 기념 광장과 야생화 광장·잔디 광장 등 5개 공간으로 나뉘어 있고, 광장 사이에는 연못·자갈수로 등을 구경하며 걸을 수 있는 황토 산책로가 조성되어 있다.

세미원은 연(蓮)을 주제로 조성한 '물과 꽃의 정원'이다. 연꽃박물관과 수련온실, 석창원을 중심으로 장독대분수와 징검다리, 물레방아, 정자 등의 시설물과 함께 '페리의 연못', '검은잉어연못', '모네의 정원' 등을 감상할 수 있다. 마음을 깨끗이 씻어내자는 의미인 빨래판으로 만든 길도 있다.

찾아가기 지하철 중앙선 양수역에서 양수리 정류장까지 걸어서 이동(20분 소요)하거나 수시 운행하는 버스 이용.
돌아오기 중앙선 양수역 이용.

숙박 아바타펜션 070-7124-9000
　　　보헤미안펜션 (031)772-9258
식당 옥천냉면(냉면) (031)772-9693
　　　몽실식당(도래창구이) (031)771-9296
화장실 양서문화체육공원, 세미원, 두물머리 산책로
입장료 세미원: 성인 4천 원, 청소년·어린이 2천 원

양수리환경생태공원

세미원 장독대분수

용문사

신라 시대에 창건한 것으로 알려지는 고찰. 용문산 동쪽 자락에 위치했으며 천년이 넘은 은행나무로 유명하다. 은행나무는 수령만큼 크기도 커서 높이 62m, 둘레 14m에 이른다. 조선 세종 때에 당상관 벼슬을 받기도 했으며 천연기념물 제30호다. 양수리에서 차로 30분 거리.

위치 경기도 양평군 용문면 신점리 625 **전화** (031)773-3797
입장료 성인 2천 원, 청소년 1천400원, 어린이 1천 원

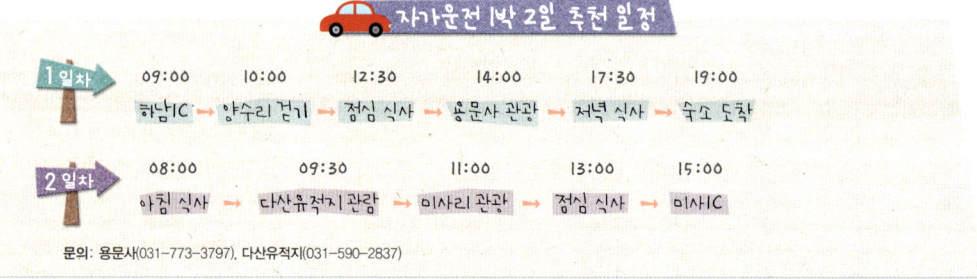

자가운전 1박 2일 추천 일정

1일차
- 09:00 하남IC
- 10:00 양수리 걷기
- 12:30 점심 식사
- 14:00 용문사 관광
- 17:30 저녁 식사
- 19:00 숙소 도착

2일차
- 08:00 아침 식사
- 09:30 다산유적지 관람
- 11:00 미사리 관광
- 13:00 점심 식사
- 15:00 미사IC

문의: 용문사(031-773-3797), 다산유적지(031-590-2837)

080 소풍길 3코스 불로장생길

삶도 걷기도 '소풍'처럼

녹양역 → 영화사 → 화창군묘 → 금곡마을 숲길 → 현충탑

출발 경기도 의정부시 녹양동 14-11 녹양역 2번 출구   주차 녹양역 환승주차장(1일 7천 원)

거 리	9.6km	난이도	무난해요
소요시간	4시간		
추천테마	숲, 문화 유적, 사계절, 여럿이		

천보산 소나무 숲

찾아가기 지하철 1호선 녹양역에서 내린다.
돌아오기 현충탑에서 걸어서 15분 거리에 있는 축석고개 입구 정류장까지 간다. 의정부로 가는 시내버스(33, 38, 88, 138번)를 타고 의정부역에서 내린다. 걷기 시작한 녹양역으로 돌아가려면 소요산 방향 지하철을 이용.
축석고개 입구→의정부역
04:40~23:40(6분 간격. 138번 기준)

숙박 라구나모텔 070-8146-7000
  엘리호텔 (031)877-8087
식당 원조오뎅식당(부대찌개)
  (031)842-0423
  보영식당(부대찌개) (031)845-0579
화장실 녹양역, 영화사, 인성군묘

1967년에 일어난 동백림사건은 독재정권이 천진무구한 문학 천재들의 육신을 어떻게 파괴시켰는지를 보여주는 대한민국의 슬픈 역사다. 생전에 유고시집을 낸 기인으로 기록된 천상병 시인은 전기고문 후유증으로 정신병원에 다니는 등 고생하다 1993년 63년간의 인생을 마감했다. 하지만 시인은 마지막까지 불의에 굴복하지 않고 '진실이 고통을 이기는 강자'(천상병 시 '그 날은 새' 인용)임을 입증했다.

중랑천 쇠오리

소풍길은 천상병 시인의 시 '귀천'의 시어를 따온 걷기길이다. 의정부는 시인이 노년의 마지막 10년을 살고 아내와 함께 잠들어 있는 곳이다. 대구간 6개 코스와 소구간 3개 코스로 조성 중인 소풍길은 기존의 등산로와 샛길을 활용해 자연 훼손을 최소화하고, 이용객들의 안전을 위해 난간과 계단, 안내판, 이정표, 쉼터, 산림욕장 등을 설치했다. 일상에서 벗어나 어릴 적 소풍 가는 기분으로 즐겁게 걸을 수 있다. 소풍길은 어쩌면 역설적으로 삶이 힘들고 고단한 것임을, 그래서 자연이 주는 작은 위안도 큰 힘이 된다는 것을 알려주는 길이다.

3코스인 '불로장생길'은 천보산(337m)을 주무대로 숲길과 약수터, 격동의 역사를 느낄 수 있는 여러 개의 무덤을 지나 현충탑에 이르는 대구간 중 하나다. 소나무 빼곡한 길이 편안하게 이어지고, 조선 효종의 양녀로 청나라에 공녀로 보내졌던 의순공주(?~1662)의 족두리가 안치된 묘, 해원군의 아들로 태어나 47세에 생을 마감한 화창군(1640~1686)의 묘, 광해군 때 인목대비의 폐위를 주장하다 유배를 당한 인성군(1588~1628)의 묘 등을 둘러볼 수 있다.

여행 Tip 의정부시를 에워싼 산자락을 이은 소풍길 대구간은 약 50km의 6개 코스로, 부용천과 중랑천 등 주로 물길을 걷는 소풍길 소구간은 약 21km의 3개 코스로 조성될 예정이다.

인성군의 묘

╋여행 송암스페이스센터(송암천문대)

장흥유원지 내에 위치한 사설 천문대. 한일철강 엄춘보 회장이 사재를 들여 계명산 형제봉 자락에 조성했다. 케이블카를 타고 올라간 천문대에는 직경 600mm 리치-크레티앙 천체 망원경이 있어 말 그대로 '별이 빛나는 밤'을 구경할 수 있다. 센터에서는 숙박용 객실과 레스토랑도 운영한다. 녹양역에서 차로 30분 거리.

위치 경기도 양주시 장흥면 석현리 410 **전화** (031)894-6000
천문대 이용료 성인 2만2천 원, 청소년 2만 원, 어린이 1만8천 원

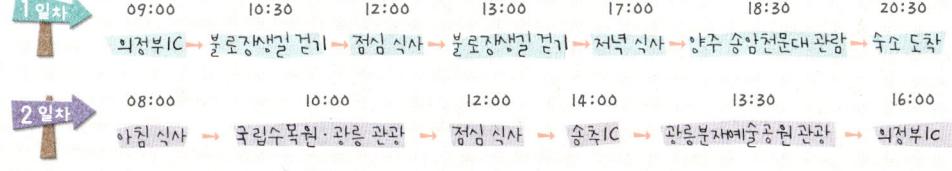

자가운전 1박 2일 추천 일정

1일차
- 09:00 의정부IC →
- 10:30 불로장생길 걷기 →
- 12:00 점심 식사 →
- 13:00 불로장생길 걷기 →
- 17:00 저녁 식사 →
- 18:30 양주 송암천문대 관람 →
- 20:30 숙소 도착

2일차
- 08:00 아침 식사 →
- 10:00 국립수목원·광릉 관광 →
- 12:00 점심 식사 →
- 14:00 송추IC →
- 13:30 광릉분재예술공원 관광 →
- 16:00 의정부IC

문의: 송암천문대(031-894-6000), 국립수목원(031-540-2000), 광릉분재예술공원(031-542-5755)

081 설봉공원~설봉산

가볍게 조깅하기 좋은 산책로

이천종합터미널 → 설봉호수 → 설봉산 정상 → 부학루 → 설봉호수 → 이천종합터미널

출발 경기도 이천시 중리동 219-1 이천종합터미널 주차 설봉공원 주차장(무료)

거리	9.9km	난이도	무난해요
소요시간	3시간		
추천테마	숲, 호수, 사계절, 연인끼리		

설봉산 자락에 조성된 설봉공원은 이천의 얼굴이다. 해마다 200만 명 이상의 관광객이 방문하는 도자기축제와 이천쌀문화축제가 설봉산 일대에서 열리고, 이천구경(利川九景)으로 꼽히는 제2경 설봉호와 제3경 설봉산 삼형제 바위, 제4경 설봉산성이 공원 안에 있으니 이천의 자연과 문화의 중심지라 할 수 있다. 다양한 코스의 등산로와 잘 정

설봉산 산책로

설봉공원에서 설봉산으로 가는 길

비된 산책 코스, 드넓은 호수와 레포츠공원 등이 사철 다른 매력으로 품을 열어 방문객을 맞이한다.

면적 10만㎡에 둘레가 1.05km에 달하는 설봉호수는 산책로를 따라 가벼운 조깅을 즐기기 좋다. 파란 호수에서 80m의 고사분수가 시원한 물줄기를 쏘아 올리면 아름다운 무지개 너머로 보이는 설봉산이 한 폭의 그림 같다. 새하얀 설경이 특히 아름다워 눈 쌓인 날에는 방문객이 줄을 잇는다. 호수 주변에는 세계 유명 작가들의 작품이 전시된 설봉국제조각공원이 있다.

설봉공원을 둘러본 후 설봉산으로 향한다. 공원 내에는 설봉산으로 오르는 길이 곳곳에 있지만, 카페 옆 나무계단이 설봉산의 정취를 길게 맛볼 수 있는 길로 들어서는 입구다. 갈림길마다 이정표가 세워져 길 찾기에 불편이 없고, 길이 완만하게 이어져 해발 394m의 고도도 힘들게 느껴지지 않는다. 호암약수터 주변에는 정자와 벤치, 운동기구 등이 마련되어 쉬어가기 좋다.

찾아가기 동서울종합터미널과 서울고속버스터미널에서 이천종합터미널로 가는 고속버스가 있다.
동서울종합터미널→이천종합터미널
06:10~23:00(20분 간격)
서울고속버스터미널→이천종합터미널
06:30~22:00(30~40분 간격)
돌아오기 이천종합터미널에서 동서울종합터미널과 서울고속버스터미널로 가는 고속버스를 이용한다. 승용차를 가져온 경우에는 설봉공원에서 바로 이동한다.
이천종합터미널→동서울종합터미널
05:10~22:00(15~20분 간격)
이천종합터미널→서울고속버스터미널
06:30~22:30(20~30분 간격)

숙박 이즈호텔 (031)637-8612
　　　호텔미란다 (031)639-5118
식당 제일갈비(돼지갈비) (031)635-4306
　　　도락(한정식) (031)638-3020
화장실 이천종합터미널, 설봉공원

설봉호수

> 인천·경기도

봉화대 주변은 봄이면 철쭉과 진달래가 군락을 이룬 꽃길이 된다. 숲은 더욱 울창해지고 길은 더욱 좁아지면서 깊은 산에 든 듯 싶다가 정상으로 올라가는 길과 만난다. 표지석이 세워진 설봉산 정상(394m)은 나무에 가려 조망이 좋지 않은 편이지만, 보드라운 흙에서 울창하게 자란 나무의 녹음이 큰 위안을 준다.

내려오는 길에는 설봉산이 학처럼 날개를 펴고 이천을 내려보는 형상이라 하여 '부학루'라는 이름이 붙은 정자를 만난다. 정자에 오르면 설봉공원 일대가 한눈에 들어와 정상에서 아쉬웠던 조망을 대신해 준다. 토야 흙놀이공원과 연리목을 구경한 다음 전망대에서 차 한 잔의 여유를 즐기고 이천시립박물관을 관람한다.

세종대왕릉

조선 최고의 성군으로 일컬어지는 세종과 북벌을 추진했던 효종의 능이 있는 곳이다. 처음에는 서울 서초구 내곡동에 세종대왕의 능이 있었지만 세조 때 지금의 자리로 이전했다. 세종대왕릉과 효종대왕릉은 운치 있는 산책로(봄~가을 개방)를 따라 오갈 수 있다. 설봉공원에서 차로 40분 거리.
위치 경기도 여주군 능서면 산83-1 **전화** (031)885-3123
입장료 성인·청소년·어린이 500원

| 1일차 | 09:00 서이천IC | → | 10:00 설봉공원 걷기 | → | 13:00 점심 식사 | → | 15:00 사기막골도예촌 관광 | → | 17:30 저녁 식사 | → | 19:00 숙소 도착 |
| 2일차 | 08:00 아침 식사 | → | 10:00 여주 세종대왕릉 관람 | → | 12:00 점심 식사 | → | 13:30 신륵사 국민관광지 관광 | → | 16:00 서여주IC | | |

문의: **설봉공원**(031-644-2645), **세종대왕릉**(031-885-3123), **신륵사**(031-885-2505)

082 평화누리길 파주 4코스

분단이 빚은 낯선 풍경

화석정 ➡ 파평면사무소 ➡ 황포나루 식당 ➡ 자장면 마을 ➡ 황포돛배 선착장

출발 경기도 파주시 파평면 율곡리 산100-1 화석정 주차 화석정 주차장(무료)

거 리	18.3km	난이도	조금 힘들어요
소요시간	5시간 30분		
추천테마	강, 봄·가을, 여럿이		

파주 4코스를 걷기 전 들러볼 만한 임진각 평화누리 공원

　김포시 임진강 하구부터 강원도 고성을 잇는 DMZ(demilitarized zone, 비무장지대)는 6.25전쟁 이후 60여 년 동안 사람의 발길이 통제된 생태계의 보고다. 멸종위기 동식물과 희귀 동식물을 포함한 2천700여 종의 야생 동식물이 서식하고 있다. 세계 유일의 분단지역이기에 세계 최고의 자연을 간직할 수 있었던 이곳에는 평화누리길, 자전거길, 녹색·역사탐방로 등이 조성되어 비경과 이색 볼거리를 제공한다.

　안보 관광과 트레킹을 접목시킨 평화누리길을 걷는 것은 경기도의 4개 시·군에 걸친 대장정이다. 민간인통제선 부근을 걷기 때문에 군부대를 자주 만나고, 오래 전 개발이 멈춘 지역들은 시간이 정지된 듯 과거를 거니는 느낌을 준다. 평화통일을 염원하며 소박한 시골 풍경에 젖어드는 특별한 여정이다.

인천·경기도

찾아가기 서울 지하철 광화문역 6번 출구 우리은행 앞 정류장에서 문산시외버스터미널로 가는 9710번 광역버스를 이용한다. 문산시외버스터미널에서 5-1번 버스를 타면 화석정으로 간다.

광화문역→문산시외버스터미널
05:00~24:00(25분 간격)
문산시외버스터미널→화석정
05:45~22:15(40~60분 간격)

돌아오기 황포돛배 선착장에서 가장 가까운 식현리 정류장은 걸어서 15분 거리에 있다. 선착장에서 장남교 남단에 있는 두지리 사거리를 지나 적서초등학교 방향으로 걸어가면 된다. 92번 버스를 타면 문산시외버스터미널로 간다. 화석정으로 돌아가려면 문산시외버스터널에서 5-1번 버스로 갈아탄다.

식현리→문산시외버스터미널
05:00~22:40(10~15분 간격)
문산시외버스터미널→광화문역
05:00~24:00(25분 간격)
문산시외버스터미널→화석정
05:45~22:15(40~60분 간격)

숙박 연정황토펜션(031)959-5722
게스트하우스 지지향 (031)955-0090
식당 출판단지 느티나무집(오리불고기)
(031)942-7780
오백년누룽지백숙(토종닭누룽지백숙)
(031)949-5638
화장실 파평면사무소, 황포돛배 선착장

파주 4코스는 조용한 전원 마을을 따라 황포돛배까지 사색하며 거닐 수 있는 길로, 율곡 이이 선생이 즐겨 찾던 화석정에서 시작한다. 율곡이 임진강 줄기를 내려다보며 경치를 즐기고 학문을 닦았다는 화석정은 임진왜란과 6.25전쟁을 거치며 소실, 1960년대에 파주 유림들이 성금을 모아 새로 지었다.

길 왼편으로 원형 철조망을 머리에 인 철책이 강변을 따라 길게 뻗어 있다. 철책 사이사이에는 주변을 감시하는 초소가 높다랗게 자리했다. 풍경은 평화로운데 발걸음은 조심스럽다. 두포삼거리까지는 인도가 제대로 갖추어지지 않아 질주하는 자동차들과 함께 국도를 걸어야 한다. 하지만 이어 나지막한 능선의 산길, 무성한 갈대밭 가운데서 실개천이 반짝이는 놀노천은 걷는 맛이 있다. 놀노천은 파주시 법원읍에 자리한 직천저수지가 파주 평야를 달려 임진강으로 스며드는 좁은 물줄기다.

녹색 포장이 깔린 '적벽 산책로'도 일품이다. 신생대 화산활동으로 만들어진 주상절리가 붉거나 자줏빛으로 보인다고 해서 옛 사람들은 '적벽'이라 불렀는데, 그 위에 만들어진 산책로를 걸으며 잔잔한 물결을 바라보면 평화롭기 그지없다. 종착지에서는 황포돛배를 타고 임진강 적벽을 감상할 수 있다.

083 산정호수

그 유명한 호수의 물안개

산정호수 하동주차장 → 허브와 야생화마을 → 산림욕장 → 산정호수 하동주차장

출발 경기도 포천시 영북면 산정리 453-6 산정호수 하동 주차장   주차 산정호수 하동주차장(1일 2천 원)

거리	3.7km	난이도	쉬워요
소요시간	1시간 30분		
추천테마	숲, 호수, 사계절, 연인끼리		

'산속의 우물'이란 뜻의 산정호수는 1925년 농업용수 확보용으로 만들었다가 명성산과 망무봉이 어우러진 수려한 경관 덕에 많은 관광객이 찾아들어 1970년대 후반 국민관광지로 지정되었다. 수심 23.5m, 둘레 3km에 만수 때 면적이 7만8천 평에 이르는 이 방대한 인공 호수는 새벽 물안개와 한낮 뱃놀이, 저녁노을 등 3색 낭만을 자랑한다.

명성산과 산정호수는 숲과 물을 함께 즐길 수 있는 환상적인 파트너로 가을에는 명성산 억새축제, 겨울에는 산정호수 썰매축제가 열려 연계 관광지로 사람을 불러 모은다. 산정호수의 산책 코스는 짧고 쉬워 누구나 가볍게 걸을 수 있다. 멋스러운 호수 정취에 곁들여 조각공원과 수상레저 시설, 특산물 판매장 같은 볼거리와 즐길 거리도 많다. 호숫가를 따라 산림욕장도 조성돼 있다.

찾아가기 동서울종합터미널에서 운천시외버스터미널로 가는 3001번 버스가 있다. 운천시외버스터미널에 도착하면 길을 건너 138-6번 버스로 갈아탄다. 산정호수 하동주차장에서 하차.
동서울종합터미널→운천시외버스터미널
05:50~21:00(40분 간격)
운천시외버스터미널→산정호수 하동주차장
05:10~22:10(30분 간격)

돌아오기 산정호수 하동주차장에서 138-6번 버스를 타고 운천시외버스터미널로 간 다음, 동서울종합터미널로 가는 시외 3001번 버스를 탄다.
산정호수 하동주차장→운천시외버스터미널
05:10~22:10(30분 간격)
운천시외버스터미널→동서울종합터미널
06:10~23:40(30~60분 간격)

숙박 메트로모텔 (031)531-2072
녹천모텔 (031)532-2737
식당 욕쟁이 할머니집(우거지정식)
(031)542-3667
동이손만두(만두전골) (031)541-6870
화장실 산정호수 하동주차장, 상동주차장

한탄강

화산 폭발로 형성된 협곡이 장관을 보여준다. 래프팅과 낚시, 번지점프 등 다양한 레저를 즐길 수 있고, 한탄강 줄기를 따라 데크 산책로가 이어져 있다. 주변에 승일교, 고석정 국민관광지, 직탕폭포, 안보 관광, 등 볼거리와 즐길 거리가 많다. 산정호수에서 고석정 국민관광지까지 차로 50분 거리.

위치 강원도 철원군 동송읍 장흥리 588-2 고석정 국민관광지 **전화** (033)452-7755 **입장료** 없음

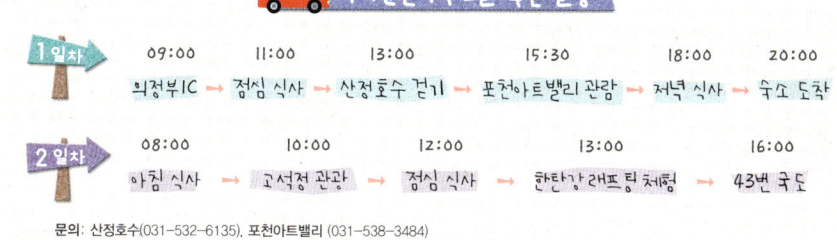

자가운전 1박 2일 추천 일정

1일차
09:00 의정부IC → 11:00 점심 식사 → 13:00 산정호수 걷기 → 15:30 포천아트밸리 관람 → 18:00 저녁 식사 → 20:00 숙소 도착

2일차
08:00 아침 식사 → 10:00 고석정 관광 → 12:00 점심 식사 → 13:00 한탄강 래프팅 체험 → 16:00 43번 국도

문의: 산정호수(031-532-6135), 포천아트밸리(031-538-3484)

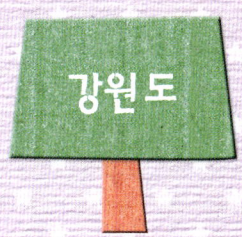

바닷가와 산촌 사람들이 오가던 강원도 옛길을 걷다보면

흘리는 땀의 양만큼 온몸에 에너지가 솟는다.

깊은 숲에는 늠름한 금강소나무가 울창하고

생명력 넘치는 항구와 바다에는 금빛 태양이 넘실거린다.

084 경포호~사천항

어디가 호수이고 어디가 바다일까

경포대 주차장 → 경포호 → 경포해변 → 순긋해변 → 사천항

출발 강원도 강릉시 안현동 89-62 경포대 주차장 주차 경포대 주차장(무료)

거 리	12.9km	난이도	무난해요
소요시간	4시간		
추천테마	호수, 바다, 사계절, 여럿이		

'강릉' 하면 당연히 경포대다. 구식이라 말하는 사람도 있을지 모르나 도심에서 달그림자와 함께 호수에 비친 정자를 감상하고, 호수를 돌아 바다로 나아갈 수 있는 멋진 곳이 경포대 말고 어디 또 있을까. '잔잔한 호수는 비단을 곱게 다려 펼쳐 놓은 것 같다'(관동별곡)는 송강 정철의 가사나 숙종과 정조의 어제시(御製詩), 많은 시인묵객들의 찬사가 허풍이 아님을 깊은 감동으로 확인할 수 있다.

경포대는 석호인 경포호를 중심으로 호숫가에 세워진 경포대 등의 누각과 정자, 호수 동쪽의 경포해변과 바닷가 해송 숲을 아우르는 지명이다. 달빛 교교한 밤에 경포대에서 술잔을 기울이면 하늘과 호수,

여행 Tip 경포호에는 사진 찍기 좋은 곳이 많다. 경포호 둘레를 따라 봄이면 벚꽃과 유채꽃이 화사하게 핀다. 경포호 나루터 주변도 사진 촬영 포인트다.

경포해변

경포호

경포대

바다, 술잔, 그리고 님의 눈동자에 하나씩 모두 다섯 개의 달이 떠오른다고 전해질 만큼 운치가 일품이다. 신라 화랑들이 노닐던 곳에 세워진 경포대는 아름드리 소나무 수십 그루에 둘러싸여 있고, 오르면 경포호가 한눈에 들어온다. 호수 건너 펼쳐지는 경포해변은 백사장과 해송 숲을 품고 잔잔하게 바다를 풀어놓는다.

천천히 걸으며 이 모든 풍경들을 감상한다. 봄이면 호수 둘레를 장식한 벚나무가 화사한 꽃망울을 터트리고, 가을이면 황금빛 갈대들이 너울거리며 춤을 춘다. 마음 내키면 경포대 뒤쪽의 숲길을 다녀와도 좋다. 〈홍길동전〉을 지은 교산 허균과 그의 누나이며 조선 시대 최고의 여류시인이라 평가되는 허난설헌의 생가 터 및 기념관도 들러본다. 금강송이 쭉쭉 뻗은 숲 산책로에서 만나는 'ㅁ'자형 한옥은 강원도 문화재자료인 '이광로 가옥'으로, 허난설헌이 태어난 곳으로 알려져 있다. 맞은편에는 한옥으로 지어진 기념관이 있어 남매의 문학 작품들을 관람할 수 있다.

경포호 산책이 끝나면 사천항까지 해안로를 걷는다. 자전거 도로를 포함한 꽤 넓은 인도가 해안도로와 함께 이어지고, 바로 옆은 아니지만 오른쪽으로 보이는 동해가 좋은 길벗이 되어준다.

찾아가기 강릉고속버스터미널에서 경포대로 가는 202번 버스가 수시로 있다.
서울고속버스터미널→강릉고속버스터미널
06:00~23:30(15~70분 간격)
동서울종합터미널→강릉고속버스터미널
06:31~23:05(30~60분 간격)
강릉고속버스터미널→경포대
06:20~22:00(수시 운행)

돌아오기 사천항에서 312번, 313번 버스를 타면 경포대를 거쳐 강릉역으로 돌아간다.
사천항→강릉역
06:00~20:10(16~120분 간격)
강릉고속버스터미널→서울고속버스터미널
05:30~23:30(20~70분 간격)
강릉고속버스터미널→동서울종합버스터미널
05:35~22:00(40~60분 간격)

숙박 수모텔 (033)644-1239
　　　캐슬모텔 (033)644-5859
식당 교동반점(짬뽕면) (033)646-3833
　　　옛날초당순두부(순두부전골)
　　　　　　　　　　(033)645-0557
화장실 경포호, 사천해변 부근 해안도로

강원도

오죽헌
신사임당과 율곡 이이의 생가다. 오죽(烏竹)이라는 이름처럼 뜰에는 검은 대나무가 숲을 이뤘다. 현존하는 민가 주택 중 가장 오래된 것으로 알려져 있다.
위치 강원도 강릉시 죽헌동 201 **전화** (033)640-4457 **입장료** 성인 3천 원, 청소년 2천 원, 어린이 1천 원

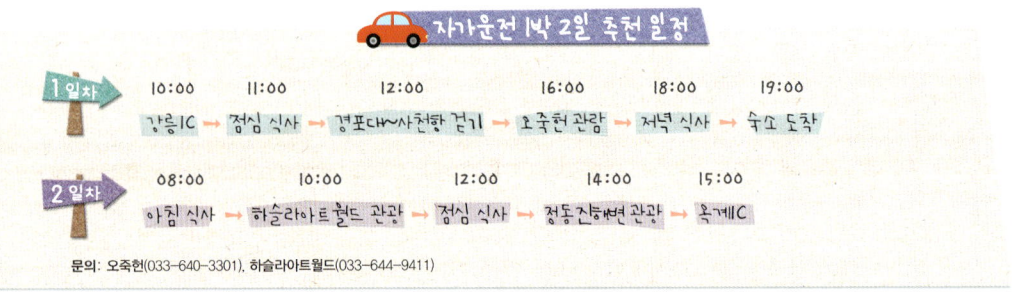

자가운전 1박 2일 추천 일정

1일차
10:00 강릉IC → 11:00 점심 식사 → 12:00 경포대~사천항 걷기 → 16:00 오죽헌 관람 → 18:00 저녁 식사 → 19:00 숙소 도착

2일차
08:00 아침 식사 → 10:00 하슬라아트월드 관광 → 12:00 점심 식사 → 14:00 정동진해변 관광 → 15:00 옥계IC

문의: 오죽헌(033-640-3301), 하슬라아트월드(033-644-9411)

085 거진해맞이봉 산림욕장

하늘과 바다와 바위섬의 합주

등대체육공원 입구 → 거진해맞이봉 산림욕장 → 화진포 갈림길 → 해안도로 → 등대체육공원 입구

출발 강원도 고성군 거진읍 거진리 30 등대체육공원 입구 **주차** 거진항 주차장(무료)

거 리	4.8km	난이도	쉬워요
소요시간	1시간 30분		
추천테마	숲, 바다, 사계절, 연인끼리		

동해안 최북단 고성의 거진항 일대에서는 해마다 명태축제가 열린다. 1970~80년대 최고의 명태 산지였던 명성 덕에 강원도 우수 축제로 선정되어 지금도 많은 관광객을 불러 모은다. 하지만 축제에 등장하는 명태들은 전부 러시아 등지의 외국산이다. 우리 바다에서는 더 이상 명태가 잡히지 않기 때문이다.

굳이 '말리는' 일만 국산인 명태를 내세워야만 하나 싶다. 거진은 명태가 아니어도 충분히 아름다운 항구이기 때문이다. 최북단 접경지역에 위치한 거진항은 군사보호구역으로 개발이 제한되어 훼손되지 않은 자연을 자랑한다. 고깃배에서 막 쏟아진 생선과 그물을

여행 Tip 항구를 따라 걷다 보면 회는 물론 해산물을 끓이고 찌고 삶고 볶는 등 다양하게 조리해 내놓는 식당가를 지난다. 이곳에서 동해 특산물인 곰치, 오징어, 도치, 꽃게, 대하 등 싱싱한 해산물을 맛볼 수 있다.

거진해맞이봉 아래의 해안도로

강원도

찾아가기 거진종합버스터미널에서 바닷가 쪽으로 15분 정도 걸으면 거진해맞이봉 산림욕장이다.
동서울종합터미널→거진종합버스터미널
06:35~21:00(30~70분 간격)
돌아오기
거진종합버스터미널→동서울종합버스터미널
07:05~18:45(30~70분 간격)

숙박 조나단모텔 (033)682-5252
　　　선인장모텔 (033)682-2527
식당 동명막국수(막국수) (033)682-5033
　　　화진포박포수가든(막국수)
　　　　　　　　　　　(033)682-4856
화장실 거진해맞이봉 산림욕장, 해안도로

손질하는 어부, 항구와 바다를 금빛으로 물들이는 일몰, 화진포로 이어지는 환상의 해안 드라이브, 진정한 손맛을 느낄 수 있는 바다낚시 등 볼거리와 즐길 거리가 넘친다. 여름에는 가자미, 겨울에는 도루묵이 많이 잡혀 물회나 구이, 찌개 등의 별미도 맛볼 수 있다.

여기에 거진해맞이봉 산림욕장 산책을 곁들이면 완벽한 거진 여행이 완성된다. 동해안의 언덕에 조성해 놓은 이 산책로는 콘크리트와 흙, 대리석과 나무를 번갈아 밟으며 하늘과 바다와 바위섬의 조화를 감상하는 멋진 길이다. 아이들도 힘들지 않게 걸을 수 있는 쉬운 코스에 이정표도 잘 되어 있다. 재미있는 조각상들과 쉼터, 정자, 공원, 등대 등이 아기자기하게 조성되어 있다.

명태축제비가 세워져 있는 전망대와 등대체육공원을 돌아본 뒤 산책로로 오르면 거진해맞이봉 산림욕장이라고 쓰인 비석과 이층 정자가 있는 장소에 도착한다. 중간에 해안도로나 거진항으로 빠지는 길이 여러 번 나오지만 무시하고 숲길이 끝날 때까지 계속 직진하면 거진읍내와 해안도로로 갈라지는 삼거리에 이른다. 오른쪽의 붉은색 인도를 따라 해안 쪽으로 접어들면 여름 피서철을 제외하곤 차량 통행이 드물어 고요한 차도가 나온다. 간이주차장을 지나면 내리막길이 끝나고 해안도로다. 1시간 정도 느긋하게 바다를 벗하며 걸으면 출발 장소인 등대체육공원 입구가 나온다.

산림욕장에서 본 백두대간

화진포의 성

화진포 앞 언덕에 자리해 주변 풍경을 잘 감상할 수 있는 서양식 건물. 6.25전쟁 이전 김일성 일가가 휴가를 즐기던 곳이라고 하여 '김일성의 별장'으로도 불린다. 거진해맞이봉 산림욕장에서 차로 10분 거리.
위치 강원도 고성군 거진읍 화포리 606 **전화** (033)680-3677
입장료 성인 2천 원, 청소년·어린이 1천500원

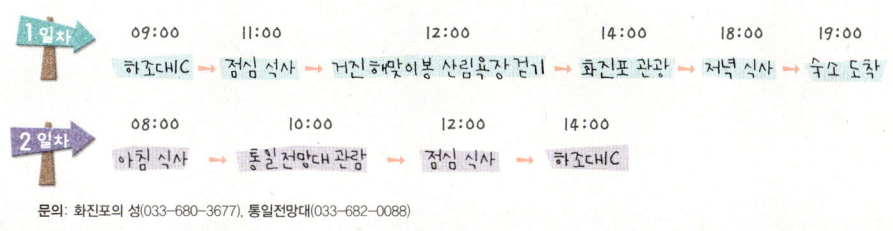

자가운전 1박 2일 추천 일정

1일차 09:00 해조대IC → 11:00 점심 식사 → 12:00 거진해맞이봉 산림욕장 걷기 → 14:00 화진포 관광 → 18:00 저녁 식사 → 19:00 숙소 도착

2일차 08:00 아침 식사 → 10:00 통일전망대 관람 → 12:00 점심 식사 → 14:00 해조대IC

문의: 화진포의 성(033-680-3677), 통일전망대(033-682-0088)

086 무릉계곡

여기가 바로 무릉도원인가요

무릉계곡 주차장 → 금란정 → 삼화사 → 학소대 → 용추폭포 → 무릉계곡 주차장

출발 강원도 동해시 삼화동 859 무릉계곡 주차장 **주차** 무릉계곡 주차장(무료)

거리	6.2km	난이도	쉬워요
소요시간	2시간		
추천테마	숲, 계곡, 문화 유적, 사계절, 아이들과		

학소대

'복숭아꽃 피는 아름다운 곳'이라는 의미의 무릉도원(武陵桃源)은 이 세상에 없는 별천지를 이르는 말로, 경치 좋은 곳을 표현하는 최고의 찬사와도 같다. 무릉계곡은 백두대간 두타산과 청옥산에서 흘러내린 물줄기, 기암괴석과 폭포, 울창한 숲이 어우러져 이름에 걸맞은 절경을 보인다. 폭포와 단풍이 어우러지는 풍경을 최고로 꼽기에 가을이면 단풍놀이 인파가 몰려들고, 영화와 드라마의 촬영지로도 인기가 높다. 드라마 〈바람의 화원〉과 〈황진이〉, 영화 〈달마가 동쪽으로 간 까닭은〉, 〈해가 서쪽에서 뜬다면〉 등이 이곳에서 촬영되었다.

삼화사 가는 길의 계곡

무릉도원으로 들어서는 발길을 처음 맞이하는 것은 무릉반석이다. 수백 명이 앉아 탁족을 즐길 수 있는 1천500평 넓이의 이 암반은 고려시대 대학자인 이승휴가 머물며 〈제왕운기〉를 집필한 곳으로 유명하다. 조선 4대 명필에 속하는 양사언, 김시습 등 수많은 문인들이 남긴 글도 빼곡하게 새겨져 있다.

일주문을 지나면 고색창연한 천년 고찰 삼화사가 나온다. 신라 선덕여왕 때 자장율사가 건립한 이곳에는 삼층석탑(보물 제1277호)과 철조노사나불좌상(보물 제1292호)이 보존되어 있다. 삼화사부터는 아름드리 소나무와 굴참나무가 우거진 숲길이다. 계곡물이 붉은 돌을 쌓아 놓은 형상의 암반으로 흐르는 학소대, 장군바위와 병풍바위, 달밤에 선녀가 목욕했다는 선녀탕에 이르기까지 길은 완만하게 이어진다.

선녀탕 위로는 무릉계곡 최고의 비경인 쌍폭포가 자리잡고 있다. 두 개의 폭포가 하나의 소에서 만나는 모습이 장관이다. 오른쪽 폭포는 거침없는 남성미가 돋보이고, 왼쪽 폭포는 계단처럼 생긴 바위를 타고 조심조심 내려오는 모양새가 한없이 여성스럽다. 쌍폭포에서 조금 더 올라가면 용추폭포다. 3단 폭포수가 바위를 파고들어 흘러내리는 모습이 용이 승천하는 장면 같다고 이 같은 이름이 붙었는데, 철제 계단을 타고 바위 위로 올라가면 그 위용을 볼 수 있다.

찾아가기 동해종합버스터미널에서 무릉계곡으로 가는 버스(30분 간격)가 있다.
서울고속버스터미널→동해종합버스터미널
06:30~23:30(30~60분 간격)
동서울종합터미널→동해종합버스터미널
07:10~20:05(30~70분 간격)
동해종합버스터미널→무릉계곡
06:22~21:05(30분 간격)
돌아오기
무릉계곡→동해종합버스터미널
06:22~21:05(30분 간격)
동해종합버스터미널→서울고속버스터미널
06:30~23:00(50분 간격)
동해종합버스터미널→동서울종합터미널
06:25~20:05(20~80분 간격)

숙박 등대오름길펜션 (033)535-1717
코스모스호텔 (033)535-6516
식당 보리밭(산채비빔밥) (033)534-7051
빛나는고기마을(고기뷔페)
(033)532-5147
화장실 무릉계곡 입구
입장료 성인 2천 원, 청소년 1천500원, 어린이 700원

무릉반석

용추폭포

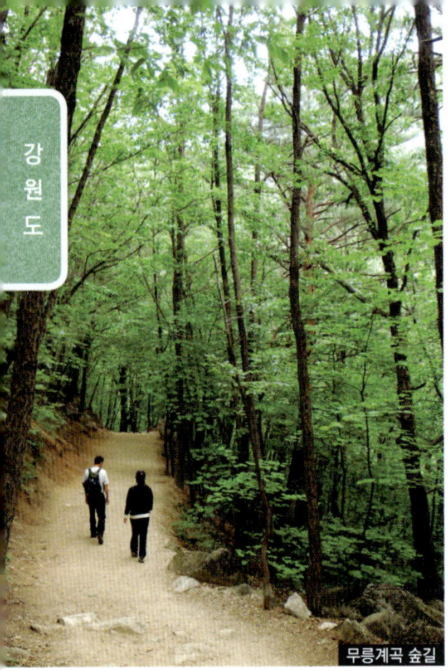

강원도

무릉계곡 숲길

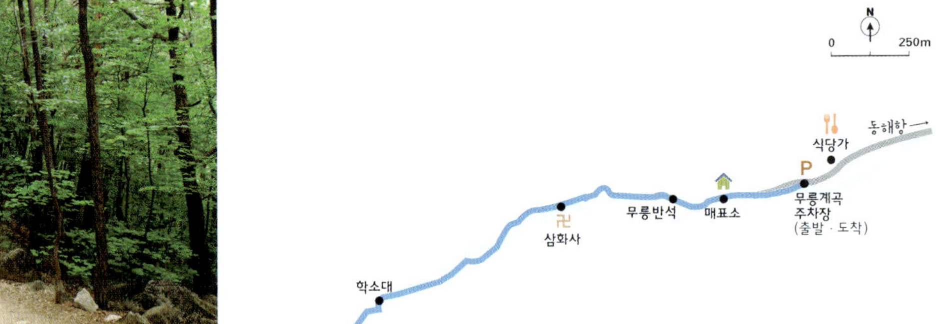

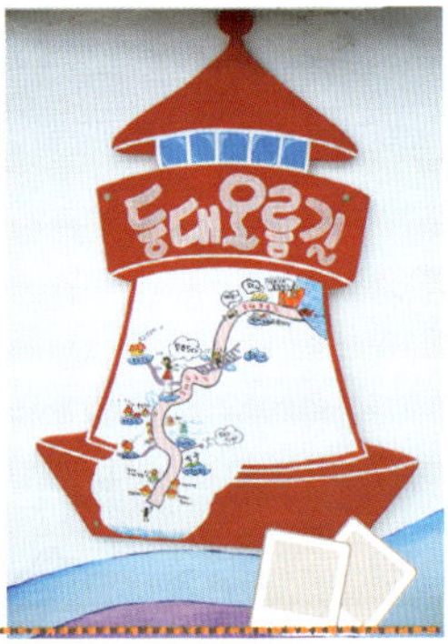

강원도 동해시 삼화동

묵호항 등대오름길
묵호항 뒤 등대가 있는 언덕을 오르는 짧은 산책로. 언덕을 오르는 동안 해안가 낡은 집에 그려놓은 벽화들을 볼 수 있고, 언덕 위 등대에서 바라보는 항구 풍경이 장관이다. 무릉계곡에서 차로 40분 거리.
위치 강원도 동해시 묵호진동 **전화** (033)531-5891 **입장료** 없음

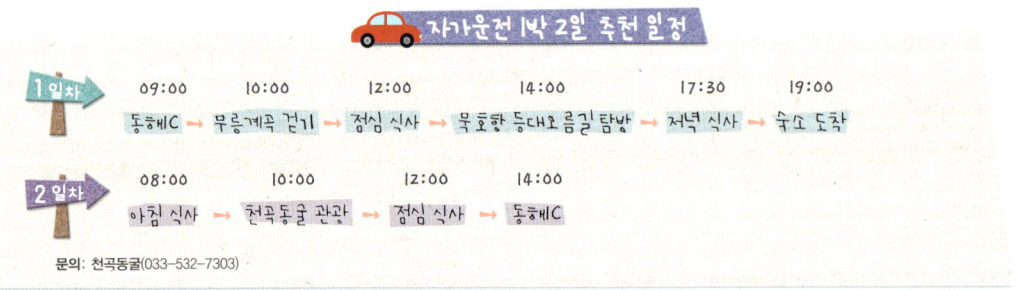

문의 : 천곡동굴(033-532-7303)

087 덕풍계곡

전국 제일의 계곡 트레킹 코스

덕풍산장 → 제1용소 → 제2용소 → 덕풍산장

출발 강원도 삼척시 가곡면 풍곡리 8 덕풍산장 **주차** 덕풍산장 주차장(무료)

거 리	6.0km	난이도	조금 힘들어요
소요시간	4시간		
추천테마	숲, 계곡, 봄·여름·가을, 여럿이		

제2용소 가는 길의 협곡

찾아가기 삼척 호산시외버스터미널에서 풍곡으로 가는 버스(1일 7회)를 타고 덕풍계곡 입구에서 내린다. 덕풍계곡 입구에서 덕풍산장까지 1시간 정도 걷는다.
동서울종합터미널→호산시외버스터미널
07:10~20:05(55~70분 간격)
호산시외버스터미널→덕풍계곡 입구
06:20 08:30 11:10 13:30 15:20 17:30 19:10
돌아오기
덕풍계곡 입구→호산시외버스터미널
06:50 09:00 11:40 14:00 15:50 18:00 19:40
호산시외버스터미널→동서울종합터미널
06:55~18:00(60~75분 간격)

숙박 덕풍산장 (033)572-7378
       아름골펜션 010-3359-9797
식당 감나무식당(감나무 한정식)
                            (033)575-5733
       먹보왕만두(고기만두, 김치만두)
                            (033)574-2199
화장실 덕풍계곡 입구, 덕풍산장

강원도 삼척과 경북 울진의 경계에 솟은 응봉산(999m)에서 시작되는 덕풍계곡은 전국 제일의 트레킹 코스 및 산천어 플라이 낚시터로 꼽힌다. 빙하가 빚어낸 폭 60~70m의 협곡으로, 지리산의 칠선계곡, 설악산의 백담계곡 등과 아름다움을 견줄 만한 계곡이다.

트레킹의 출발은 덕풍마을이다. 산으로 둘러싸인 분지 형태의 마을은 40~50년 전에는 석탄 광산과 목재를 베는 산판이 있어 300가구 이

강원도

제2용소와 폭포

위험한 구간에 설치한 탐방 데크

여행 Tip 계곡 트레킹을 하기 전에 기상 체크는 필수다. 걷는 중에 비가 오거나 올 가능성이 있다면 서둘러 계곡을 빠져 나와야 한다.

상이 북적거리며 살았다고 하는데 지금은 10여 가구만 남아 있다. 마을 끝 덕풍산장을 지나면 산간 오지의 자투리땅에 일군 밭이 나오고, 계곡 쪽으로는 오디가 검붉게 익어간다. 밭이 끝나면 한 사람이 지나갈 만한 좁은 오솔길로 들어서고, 수풀 우거진 오솔길이 끝나면 계곡이 모습을 드러낸다. 하얀 바위와 절벽, 맑은 물에 쏟아지는 햇살이 눈부시다.

덕풍계곡의 위험한 구간에는 탐방 데크가 설치되어 있다. 2002~2003년 태풍 루사와 매미로 다리가 떠내려가고 마을이 고립되자 보기에도 튼튼한 철다리로 바꾸었다. 두 개의 탐방 데크를 지나면 3m 높이의 폭포수가 굉음과 함께 내리꽂히는 제1용소와 만난다. 먹물이 풀린 듯 깊이를 가늠할 수 없는 검푸른 용소는 위에서 떨어지는 폭포 소리조차 고요하게 빨아들이는 것 같다.

제2용소로 가는 길은 상당히 험하지만, 탐방 데크를 지나고 계곡을 건너는 동안 풍경이 예사롭지 않다. 세 번째 탐방 데크를 따라 모퉁이를 돌면 주변을 둘러싸듯 수직으로 서 있는 병풍협곡이 웅장하게 펼쳐지고, 거기서 200m쯤 더 들어가면 제2용소가 나온다. 제1용소보다 크기는 조금 작지만 자태는 더욱 아름답다. 5m 높이에서 떨어지는 폭포 아래로 깊고 넓은 용소가 퍼져 있다.

트레킹은 이쯤에서 마치고 덕풍마을로 되돌아간다. 3개의 용소 중 가장 아름답다는 제3용소는 험한 길을 1시간쯤 더 걸어가야 한다. 덕풍산장에서 제3용소를 왕복하려면 최소 8시간 이상이 필요하니 충분한 장비와 음식을 챙기고 시간 계획을 잘 세워 도전해야 비경을 즐길 수 있을 것이다.

+여행

삼척해양레일바이크

레일바이크를 타고 삼척 해안을 달려볼 수 있다. 궁촌해변에서 출발해 황영조 기념관과 초곡 터널을 거쳐 용화해변으로 가는 5.4km의 코스다. 덕풍계곡에서 차로 1시간 거리.
위치 강원도 삼척시 근덕면 궁촌리 146-10
전화 (033)576-0656
이용료 2인승 2만 원, 4인승 3만 원

문의: 삼척해양레일바이크(033-576-0656), 해신당공원(033-572-4429)

왕실이 관리하던 최고의 숲

활기리 농산물 집하장 → 정이품송 혼례소나무 → 준경묘 → 활기리 농산물 집하장

출발 강원도 삼척시 미로면 활기리 69-9 농산물 집하장 **주차** 농산물 집하장 주차장(무료)

거리	3.7km	난이도	무난해요
소요시간	1시간 30분		
추천테마	숲, 문화 유적, 사계절, 여럿이		

　준경묘는 조선 태조 이성계의 5대조인 이양무 장군의 묘다. 인근에는 태조의 고조부인 목조(이안사)가 살던 집터도 있고, 준경묘에서 4m쯤 떨어진 곳에는 이양무의 부인 이씨가 묻힌 영경묘도 있다. 전주이씨 사람들이 왜 머나먼 삼척의 산골에 묻혀 있을까. 이양무의 아들인 이안사가 자신이 좋아하던 기생에게 수청을 들게 한 별감과 크게 싸웠고, 이안사 일가를 해치려는 별감을 피해 외가가 있던 강원도로 숨었기 때문이라고 한다.

금강송 숲길

하지만 주인공은 준경묘가 아니다. 준경묘 일대에 조성된 금강소나무 숲과 그곳으로 걸어가는 길이 주인공이다. 전국 최대의 금강송 군락지인 울진 소광리보다 숲 상태가 좋다는 평가도 받는 곳이다. 숲이 이처럼 잘 보존된 이유는 조선 시대에는 백성들이 근접할 수 없는 왕실 소유의 임야였고, 근래에는 전주이씨의 문중림으로 관리되어 도벌과 남벌을 피할 수 있었기 때문이다.

준경묘 가는 길은 제법 가파른 언덕이 골뱅이처럼 뱅뱅 돌아가며 나 있어 걷기가 만만치 않다. 차오르는 숨을 정상에서 한 번 가다듬고 나면 비로소 눈에 보이는 우람한 금강송. 길은 점점 편해지고 숲은 점점 울창해진다. 고개를 아플 만큼 뒤로 젖혀도 나무의 끝이 보이지 않는다. 묘역으로 가까이 다가가자 지난 2001년 충북 보은군의 천연기념물 정이품송과 혼례를 올린 미인송이 환영 인사라도 하듯 넉넉한 품을 열어 보인다. 높이 30m 가량의 100살 된 미인송은 산림청 임업연구원이 전국 방방곡곡을 찾아다닌 끝에 찾아낸 가장 형질이 뛰어난 금강송으로, 잔가지 하나 없이 곧게 자란 모양이 어여쁜 신부 그대로다.

준경묘 주변을 빙 둘러싼 숲에는 둥치 굵은 금강송이 빽빽하게 들어차 있다. 나무마다 어느 한 곳 뒤틀린 데 없이 미끈한 모양새다. 이곳의 금강송은 조선 말기 경복궁을 중수할 때, 2001년 경복궁을 복원할 때, 2008년 어이없는 방화로 훼손된 숭례문을 복원할 때 쓰였다.

찾아가기 삼척고속버스터미널 앞 시내버스 정류장에서 활기리로 가는 31-1번 버스가 1일 3회 운행한다.
서울고속버스터미널→삼척고속버스터미널
06:30~02:00(40~50분 간격, 심야 22:30, 23:30)
동서울종합터미널→삼척고속버스터미널
07:09~20:05(28~65분 간격)
삼척고속버스터미널→활기리 농산물 집하장
06:50 13:20 17:50
돌아오기
활기리 농산물 집하장→삼척고속버스터미널
06:20 12:40 17:30
삼척고속버스터미널→서울고속버스터미널
06:05~20:45(40~50분 간격, 심야 22:35, 23:35)
삼척고속버스터미널→동서울종합터미널
06:00~19:40(60~90분 간격)

숙박 파라다이스모텔 (033)576-0411
　　　크라운모텔 (033)573-8831
식당 바다횟집(곰칫국) (033)574-3543
　　　덕산바다횟집(물회) (033)572-8208
화장실 준경묘

준경묘 앞 창포밭

활기리 전원 풍경

강원도

강원도 삼척시 미로면 활기리

해신당공원

남근숭배사상이 전해 내려오는 바닷가 마을에 조성한 공원. 내부 곳곳에는 해학적인 조각상이 즐비하고, 어촌의 생활과 풍습을 소개하는 어촌민속전시관이 있다. 준경묘에서 차로 1시간 거리.

위치 강원도 삼척시 원덕읍 갈남2리 301
전화 (033)572-4429 **입장료** 성인 3천 원, 청소년 2천 원, 어린이 1천500원

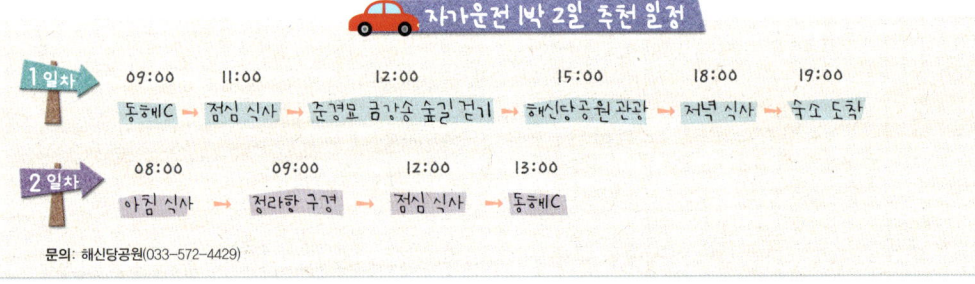

문의: 해신당공원(033-572-4429)

강원도

089 구룡령 옛길

구비마다 사연을 품었다

구룡령 산림전시홍보관 → 솔반쟁이 → 묘반쟁이 → 갈천산촌체험학교

출발 강원도 양양군 서면 갈천리 산1-33 구룡령 산림전시홍보관
주차 구룡령 산림전시홍보관 주차장(무료)

거 리	4.3km	난이도	무난해요
소요시간	1시간 30분		
추천테마	숲, 계곡, 여름·겨울, 여럿이		

구룡령 고갯마루의 풍경

옛길들의 공통점은 지름길이면서 험하다는 것이다. 지름길이기에 험해도 다니던 길이, 험하기 때문에 새길에 밀려 잊혀지는 운명에 처했다. 구룡령 역시 그런 옛길 중 하나였다. 홍천군 내면 명개리와 양양군 서면 갈천리를 이어주는 구룡령은 백두대간에 가로막힌 관서지방과 관동지방을 연결하는 고리 역할을 했고, 양양과 고성 사람들이 한양 갈 때 주로 이용했다고 전해진다. 구불구불 승천하는 용처럼 아흔아홉 구비를 넘어간다 하여 구룡령이라는 이름이 붙었다는데, 고개마다 바닷가 사람들과 산촌 사람들이 오가며 '한국판 차마고도'를 이루던 사연을 품고 있다.

여행 Tip
구룡령 산림전시홍보관에서 출발할 경우 백두대간 일부 구간을 거쳐 가야 하는데 산불조심기간(3월1일~5월15일, 11월1일~12월15일)에는 출입이 제한된다. 이 기간에는 갈천산촌체험학교에서 출발해야 한다. 이 경우 정상 사거리까지 꾸준히 오르막을 올라야 하며 백두대간은 출입할 수 없으므로 가던 길로 다시 돌아와야 한다.

찾아가기 양양시외종합터미널에서 홍천행 버스(1일 1회)를 타면 구룡령 산림전시홍보관으로 갈 수 있다.

서울고속버스터미널→양양시외종합터미널
06:30~20:30(50~70분 간격, 심야 22:30, 23:30)

동서울종합터미널→양양시외종합터미널
06:30~18:40(20~50분 간격)

양양시외종합터미널→구룡령 산림전시홍보관
08:10

돌아오기
시작점이나 양양읍내로 돌아갈 때는 콜택시 이용.

양양시외종합터미널→서울고속버스터미널
06:05~20:35(50~70분 간격, 심야 22:05, 23:05)

양양시외종합터미널→동서울종합버스터미널
06:50~21:15(55~80분 간격)

양양콜택시 (032)672-2300

숙박 위트호텔 낙산 (033)670-1100
　　　낙산펜션 (033)673-6700
식당 송이버섯마을(송이버섯전골)
　　　　　　　　　　　　(033)672-3145
화장실 갈천리복지회관

일제 때 자원수탈의 목적으로 만든 신작로인 56번 국도가 생긴 뒤 잊힌 그 길이 갈천리 주민들의 노력으로 복원되기 시작, 2007년 명승 제29호로 지정되면서 양양군이 관리하게 되었다. 옛길의 원형을 잘 간직하면서 명산에 뒤지지 않을 만큼 풍광이 빼어나고, 찾는 이가 많지 않아 호젓한 사색을 즐기기에도 좋은 이 길은 빨간 단풍과 갈색 참나무, 노란 다릅나무 잎이 어우러지는 가을에 그 매력이 더욱 빛난다.

구룡령 산림전시홍보관에서 출발해 완만한 내리막길로 고개를 내려가며 걸으면 옛길뿐만 아니라 백두대간도 일부 체험할 수 있다. 거리가 짧아 누구나 무난히 걸을 수 있고, 백두대간 능선도 오르내림이 심하지 않다. 옛길로 접어드는 정상 사거리는 옛 사람들이 고개를 넘다 한숨 돌리던 '쉼터'이기도 하다. 오른쪽의 양양 방향으로 들어서면 백두대간과는 분위기가 크게 다르다. 다양한 수종의 나무들이 오밀조밀하게 모여 이룬 숲이 아늑하고, 길은 이름처럼 용이 굽이치듯 구불구불하다.

구룡령 옛길에서는 3개의 '반쟁이'를 만나게 된다. 반쟁이는 두 지점의 '중간'이라는 뜻으로, 그 장소의 특징이나 전설을 품고 있다. 커다란 석회암이 계단처럼 박힌 '횟돌반쟁이', 품질 좋은 금강송이 많이 자라던 '솔반쟁이', 비석 없는 무덤을 뜻하는 '묘반쟁이'에 얽힌 사연들을 알아보는 것도 옛길을 걷는 재미 중 하나다.

백두대간 능선

수령 290년 된 금강송

+여행

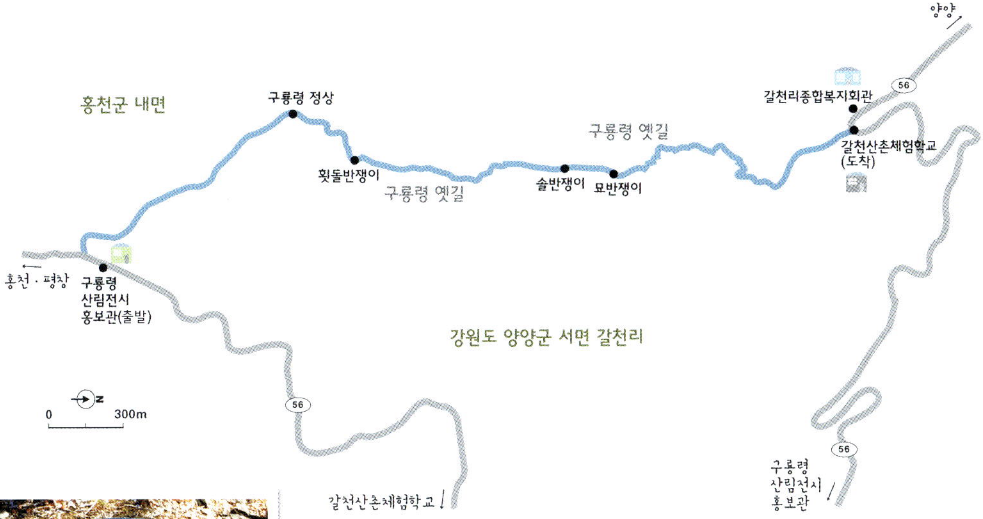

낙산사

신라의 승려 의상대사가 관세음보살의 진신사리를 모셔 창건했다는 사찰. 동해가 한눈에 보이는 언덕에 위치해 풍광이 훌륭하다. 원통보전, 보타전 등 유서 깊은 불교문화재가 많다. 구룡령 산림전시홍보관에서 차로 50분 거리.

위치 강원도 양양군 강현면 전진리 55 **전화** (033)672-2447 **입장료** 성인 3천 원, 청소년 1천500원, 어린이 1천 원

자가운전 1박 2일 추천 일정

1일차
09:00 동홍천IC → 11:00 점심 식사 → 12:00 구룡령 옛길 걷기 → 16:00 낙산사 관광 → 18:00 저녁 식사 → 19:00 숙소 도착

2일차
08:00 아침 식사 → 09:00 하조대 관광 → 11:00 점심 식사 → 13:00 하조대IC

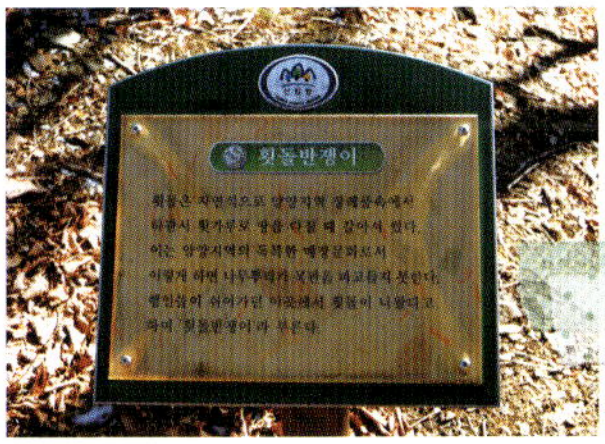

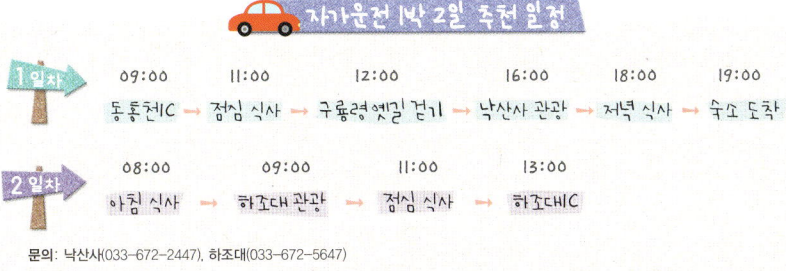

문의: **낙산사**(033-672-2447), **하조대**(033-672-5647)

090 동강 어라연

흘러가는 강물에 걸음을 맞추듯

거운분교 → 잣봉 정상 → 어라연 → 강변길 → 거운분교

출발 강원도 영월군 영월읍 거운리 529-8 거운분교 **주차** 거운분교 앞 공터 주차(무료)

거리	9.2km	난이도	조금 힘들어요
소요시간	3시간 30분		
추천테마	숲, 강, 봄, 여럿이		

잣봉에서 본 어라연

　20세기가 끝나갈 즈음, 대한민국을 뜨겁게 달군 이슈는 동강이었다. 1993년 대홍수로 영월 일대에 큰 피해를 입은 뒤 정부는 1996년부터 2002년까지로 사업 기간을 정하고 영월댐(동강댐) 건설계획을 본격화했다. 이 내용이 공개된 뒤 지역주민과 환경단체에서 시작된 반대운동은 전 국민의 저지운동으로 확산되었고, 결국 2000년 6월 5일 환경의 날에 건설계획은 백지화되었다.

　그런데 아이러니하게도 그 사건으로 동강이 얼마나 아름다운지, 어라연이 얼마나 소중한지 알려지면서 동강은 전국에서 관광객이 몰려드는 명소가 되었고, 사람들에 의한 환경오염으로 생태계 파괴가 심각해지자 환경부는 2002년 6월 동강 일대를 생태계보존지역으로 지정해 취사와 야영을 금지했다. 10년이 흐른 뒤 정부가 동강댐 재추진 문제를 일반에게 공개하지 않은 채 진행하다가 환경단체와 지자체에 노출되어 민감한 대립을 보이기도 했다. 이제 동강은 우리 모두가 함께 지키고 보존해야 할 공동의 가치가 되었다.

어라연 트레킹은 동강의 가치를 재확인하는 여정으로 삼아도 좋을 것이다. 우선 멀리 잣봉에서 동강과 어라연의 비경을 감상한 뒤 어라연 곁으로 내려가 강변을 따라 걸어보면 명승 제14호 어라연과 동강의 다양한 매력에 푹 빠져들게 된다.

잣봉은 해발 537m의 야트막한 산이다. 키 10m가 넘는 전나무가 숲을 이뤄 싱그러운 공기를 뿜어내고 봄에는 진달래가 만개한다. 다만 급경사 오르막이 있어 걷기가 조금 힘들다. 전망대가 있는 능선까지는 땀 흘릴 각오를 하는 것이 좋다.

만지고개 이후로는 내내 깎아지른 듯한 절벽 아래로 동강을 내려다보면서 걸을 수 있다. 어라연 일원은 다양한 하천 지형을 관찰할 수 있는 천혜의 보고로, 교과서에 나오는 '감입곡류하천(산지를 휘감아 도는 하천)'의 모습도 직접 볼 수 있다. 상선암 등 강물 가운데 만들어진 섬, 연이어 나타나는 소와 여울, 급류 등은 그대로 자연학습장이다.

어라연부터는 흘러가는 강물에 걸음만 맞추면 된다. 동강 협곡이 빚은 절경 중에서도 첫손 꼽히는 어라연은 '고기가 비단결 같이 떠오르는 연못'이라는 이름처럼 풍광이 수려하다. 푸른 물 위에 살포시 떠 있는 바위섬과 단애, 그 위에서 푸른 생명력을 뿜내는 노송의 자태를 보면 감탄사가 절로 나온다.

찾아가기 영월시외버스터미널에서 어라연계곡 입구인 거운분교로 가는 버스(1일 5회)가 있다.
동서울종합터미널→영월시외버스터미널
07:00~22:00(30분 간격)
센트럴시티터미널→영월시외버스터미널
10:00 13:30 19:00 20:30
영월시외버스터미널→거운분교
06:20 08:50 12:50 15:10 18:30
돌아오기
거운분교→영월시외버스터미널
07:00 09:30 13:30 15:50 19:10
영월시외버스터미널→동서울종합터미널
06:45~19:40(35~50분 간격)
영월시외버스터미널→센트럴시티터미널
07:00 10:00 15:30 17:00

숙박 동강이스턴하우스 (033)375-0005
청령포모텔 (033)372-1004
식당 장릉보리밥(보리밥) (033)374-3986
동강다슬기(다슬기 해장국)
(033)374-2821
화장실 잣봉 입구

어라연을 지나 동강의 절경을 따라간다

여행Tip 힘들게 잣봉 오르는 것을 피하고 싶다면 강변길과 나뉘는 삼거리에서 오른쪽 방향의 오르내림이 없는 강가를 걸으면 된다. 이렇게 걸어도 왕복거리는 9km로 비슷하다.

강원도

강원도 영월군 영월읍 거운리

청령포

어린 단종이 숙부인 세조에게 왕권을 빼앗기고 유배를 하던 곳이다. 삼면이 서강으로 둘러져 있고 서쪽이 절벽이어서 천연의 감옥이었다. 울창한 송림 속에 단종이 기거했다는 건물이 있다. 거운분교에서 차로 40분 거리.
위치 강원도 영월군 남면 광천리 산67-1 **전화** (033)370-2620
입장료 성인 2천 원, 청소년·어린이 1천200원

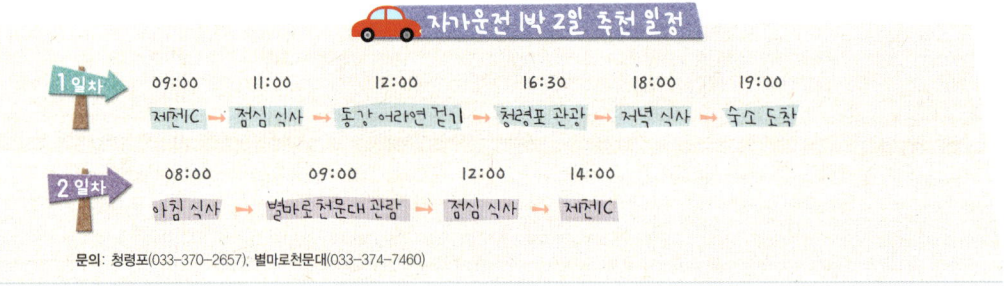

자가운전 1박 2일 추천 일정

1일차 09:00 제천IC → 11:00 점심 식사 → 12:00 동강 어라연 걷기 → 16:30 청령포 관광 → 18:00 저녁 식사 → 19:00 숙소 도착

2일차 08:00 아침 식사 → 09:00 별마로천문대 관람 → 12:00 점심 식사 → 14:00 제천IC

문의: 청령포(033-370-2657), 별마로천문대(033-374-7460)

091 치악산 구룡사~세렴폭포

치악산의 순한 속내를 들여다보다

치악산국립공원 제2주차장 ➔ 구룡야영장 ➔ 구룡사 ➔ 세렴폭포 ➔ 치악산국립공원 제2주차장

출발 강원도 원주시 소초면 학곡리 890 치악산국립공원 제2주차장
주차 치악산국립공원 제2주차장(성수기 5천 원, 비수기 4천 원)

거리	9.2km	난이도	무난해요
소요시간	3시간		
추천테마	숲, 계곡, 문화 유적, 사계절, 여럿이		

아무리 강한 사람이라도 가슴 한 구석에 여린 감성을 품고 있듯, '치가 떨리고 악에 받칠 만큼 힘들다'는 치악산에도 수려하고 부드러운 길이 숨어 있다. 바로 구룡사 입구부터 세렴폭포까지의 구간이다. 완만한 경사로 이어져 누구나 부담없이 걸을 수 있는 산책로인 데다가 아름드리 금강소나무들이 투명한 계곡 물과 어우러져 그윽한 숲의 정취를 느낄 수 있다.

구룡소

치악산 황장목

구룡사 일주문

세렴폭포

찾아가기 원주역에서 구룡사로 가는 41번 시내버스가 있다. 원주고속·시외버스터미널에서 원주역까지는 51번, 52번 시내버스를 타고 간다.

서울고속버스터미널→원주고속버스터미널
06:00~22:40(10~15분 간격)

동서울종합터미널→원주시외버스터미널
06:10~22:25(15~30분 간격)

원주역→구룡사
06:00~21:50(30분 간격)

돌아오기

구룡사→원주역
06:00~21:50(30분 간격)

원주고속버스터미널→서울고속버스터미널
06:00~22:30(15분 간격)

원주시외버스터미널→동서울종합터미널
06:10~22:30(20~30분 간격)

숙박 물소리펜션 (033)731-4882
치악산과사람들 (033)732-5055
식당 호수정(곰탕, 횡성한우) (033)732-5293
된장과막장(스페셜 정식 메뉴)
(033)732-7955
화장실 치악산국립공원 제2주차장, 구룡사, 대곡야영장
입장료 구룡사: 성인 2천500원, 청소년 800원, 어린이 500원

구룡사 매표소를 지나면 산길이 시작되고, 붉은 소나무가 빼곡한 숲길의 초입에는 '황장금표(黃腸禁標)'라는 표석이 서 있다. 조선 초기에 만들어진, 황장목을 베지 말라는 경고문이다. 황장목은 줄기가 곧고 재질이 단단한 금강소나무를 말하는 것으로, 치악산은 예부터 '황장봉산'이라 불릴 만큼 금강소나무가 많았다. 이곳의 금강소나무는 한강 수로를 이용해 한양으로 보내져 궁궐 등 특별한 건축물의 자재로 쓰였다. 그래서 일반인들이 함부로 베지 못하게 한 것이다.

도열한 금강소나무 사이에는 다양한 활엽수들이 함께 섞여 숲의 노래를 부른다. 그 가운데로 깊은 심호흡을 하며 힘차게 걸어가면 구룡사 일주문과 스님들의 사리나 유골을 넣은 8개의 부도탑을 지나 구룡사에 이른다. 신라 문무왕 때 의상대사가 연못에 살던 아홉 마리의 용을 쫓고 그 자리에 사찰을 세웠다고 하여 구룡사(九龍寺)라 불렀으나 조선 중기에 들어 사찰이 쇠락하자 거북바위의 기운을 받기 위해 구룡사(龜龍寺)로 개칭했다고 한다.

구룡사 뒤에는 구룡계곡에서 가장 눈길을 끄는 장소인 구룡소가 있다. 의상대사가 쫓아버린 아홉 마리 용 중 한 마리가 눈이 멀어 바다로 가지 못하고 머물렀다는 장소다. 폭포는 작지만 그 앞의 소는 짙푸른 물빛으로 신비로움을 자아낸다. 구룡소를 지나면 다시 소나무들이 하늘을 찌르고, 완만하던 길이 서서히 가파른 경사로 바뀌면서 물소리도 함께 커지다가 4m쯤 되는 절벽으로부터 4단 물줄기가 힘차게 쏟아지는 세렴폭포에 이른다.

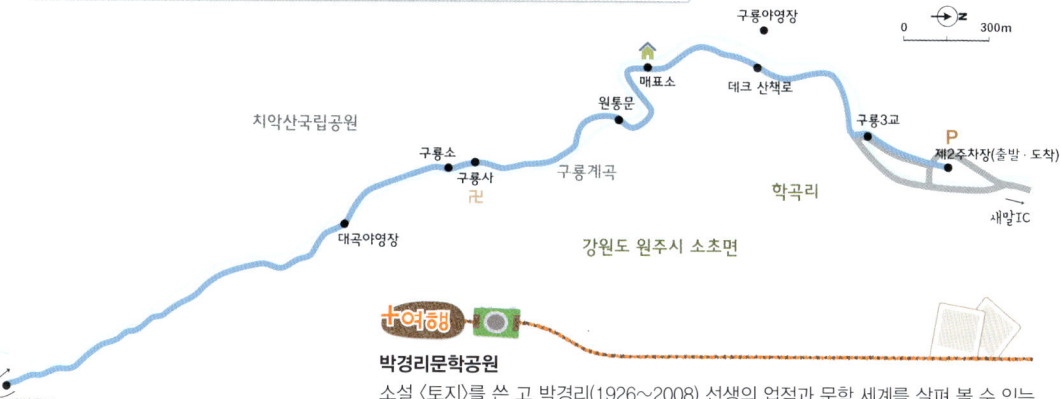

박경리문학공원

소설 〈토지〉를 쓴 고 박경리(1926~2008) 선생의 업적과 문학 세계를 살펴 볼 수 있는 곳이다. 선생은 생전에 원주에 머물며 오랫동안 집필 활동을 했는데, 이곳에는 그가 손수 가꾸던 정원, 집필실 등이 그대로 보존되어 있다. 공원 내 '박경리 문학의 집'은 작가의 사진과 유품, 작품 등을 전시중이다. 구룡사에서 차로 30분 거리.

위치 강원도 원주시 토지길 1 **전화** (033)762-6843 **입장료** 없음

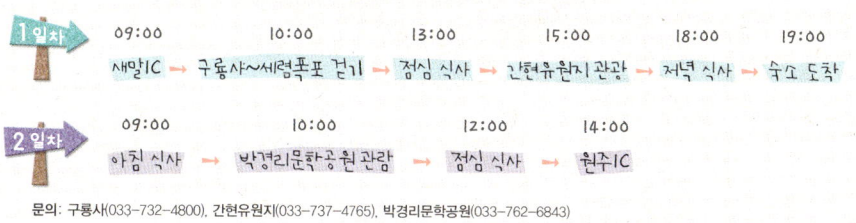

강원도

092 곰배령

그 길 끝에는 천상의 화원

점봉산 생태관리센터 → 강선계곡 → 강선마을 → 곰배령 → 점봉산 생태관리센터

출발 강원도 인제군 기린면 진동리 217-1 점봉산 생태관리센터
주차 점봉산 생태관리센터 주차장(1일 3천 원)

거리	10.0km	난이도	무난해요
소요시간	3시간		
추천테마	숲, 계곡, 사계절, 연인끼리		

야생화 천지인 여름의 곰배령

곰배령은 치명적일 만큼 아름답다. 첫 만남에서는 바닥나고 있던 삶의 의욕과 의지를 채워주고, 일상으로 돌아온 뒤에는 무시로 마음을 뒤흔들어 꽃밭을 뛰노는 환각과 서걱거리는 바람의 환청을 보고 듣게 한다. 넥타이와 하이힐을 던져버리고 달려갈 수 없는 도시인에게는 위험하기 짝이 없는 유혹과도 같다.

'곰이 배를 보이고 누운 것처럼 생겼다'고 해서 이런 이름이 붙은 곰배령(1천100m). 동자꽃, 둥근이질풀, 애기앉은부채 등 수백 종의 야생화가 봄부터 가을까지 피고, 겨울이 오면 꽃이 진 자리에 유난히 많은 눈이 쏟아져 새하얀 눈꽃을 피운다. 사계절 내내 꽃이 만발

하는 천상의 화원이다. 곰배령은 산림유전자원보호구역으로 지정되어 1987년부터 일반인의 출입을 제한하다 22년 만인 2009년 7월 개방되었지만 지금도 마음대로 들어갈 수 없다. 사전에 '생태안내 프로그램'을 신청한 사람에게만 제한적으로 탐방이 허용된다.

점봉산 생태관리센터에서 강선마을까지는 편하게 걸을 수 있는 숲길이고, 이후부터 본격적인 산행이 시작된다. 하지만 초반에만 조금 가파를 뿐 전체적으로 완만하고, 대부분 구간이 계곡을 옆에 끼고 있어 청량한 기분으로 걸을 수 있다. 위로는 꽃이 눈처럼 희다는 '산돌배나무', 질긴 껍질로 밧줄이나 옷을 만들었다는 '느릅나무' 등이 짙은 그늘을 만들고, 아래에는 들꽃과 들풀이 군락을 이룬다. 그 사이로 한 사람이 지나갈 만한 좁은 길이 나 있어 탐방객들은 나란히 줄을 지어 걸어야 한다.

꽃과 나무를 관찰하며 타박타박 걷다보면 하늘이 열리는 정상이다. 눈에 걸리는 것 하나 없이 탁 트인 대평원에는 화려한 물감을 뿌려 놓은 듯 엄지손톱만 한 야생화가 빼곡히 피어 있다. 데크를 따라 걸으며 야생화를 관찰하다 보면 코를 자극하는 싱그러운 향기에 마음이 치유되고, 기분은 꽃빛으로 물들어간다.

찾아가기 인제시외버스터미널에서 현리까지 가는 버스(1일 9회)를 타고, 현리에서 설피밭으로 가는 버스(1일 2회)로 갈아타면 곰배령 입구로 갈 수 있다.
동서울종합터미널→인제시외버스터미널
06:30~19:50(30~60분 간격)
인제시외버스터미널→현리
08:10 09:30 12:40 14:00 15:30 16:40 17:30 18:30 19:40
현리→설피밭
06:20 17:30
돌아오기
설피밭→현리
07:00 18:00
현리→인제시외버스터미널
06:40 08:10 11:10 12:40 15:20 16:30 17:30 18:50
인제시외버스터미널→동서울종합터미널
06:55~19:25(30~60분 간격)

숙박 세쌍둥이네 풀꽃세상 010-9159-2531
　　　하늘내린모텔 (033)461-1963
식당 명가칼국수(바지락칼국수)
　　　　　　　　　　　　(033)461-3861
　　　필례식당(산채비빔밥) (033)463-4665
화장실 점봉산 생태관리센터

강선계곡

곰배령 장승

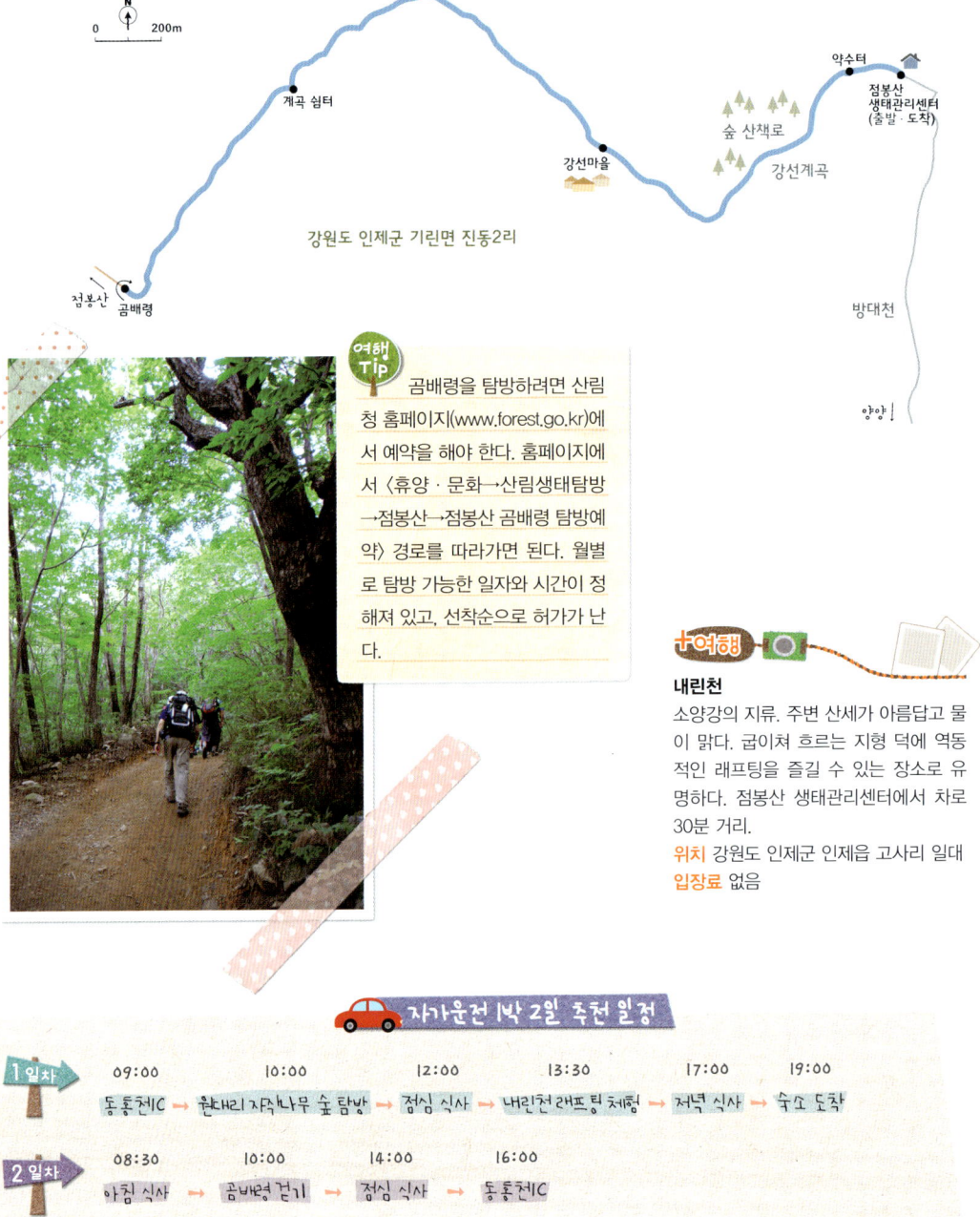

여행 Tip
곰배령을 탐방하려면 산림청 홈페이지(www.forest.go.kr)에서 예약을 해야 한다. 홈페이지에서 〈휴양·문화→산림생태탐방→점봉산→점봉산 곰배령 탐방예약〉 경로를 따라가면 된다. 월별로 탐방 가능한 일자와 시간이 정해져 있고, 선착순으로 허가가 난다.

+여행

내린천
소양강의 지류. 주변 산세가 아름답고 물이 맑다. 굽이쳐 흐르는 지형 덕에 역동적인 래프팅을 즐길 수 있는 장소로 유명하다. 점봉산 생태관리센터에서 차로 30분 거리.
위치 강원도 인제군 인제읍 고사리 일대
입장료 없음

자가운전 1박 2일 추천 일정

1일차
09:00 동홍천IC → 10:00 원대리 자작나무 숲 탐방 → 12:00 점심 식사 → 13:30 내린천 래프팅 체험 → 17:00 저녁 식사 → 19:00 숙소 도착

2일차
08:30 아침 식사 → 10:00 곰배령 걷기 → 14:00 점심 식사 → 16:00 동홍천IC

문의: 에스레포츠(내린천 래프팅, 033-463-7811)

093 설악산 백담사~영시암

수려한 자연에 마음을 씻고

백담사 → 수렴동계곡 → 영시암 → 백담사

출발 강원도 인제군 북면 용대리 690 백담사 주차 백담사 입구 주차장(1일 4천 원)

거 리	9.2km	난이도	쉬워요
소요시간	3시간		
추천테마	숲, 계곡, 문화 유적, 사계절, 연인끼리		

 백담사는 유명하고 화려하고 번잡스러워 선뜻 찾기 부담스러운 장소가 된 지 오래지만, 내설악을 대표하는 수려한 자연, 만해의 불심과 시상이 서린 역사는 예전 그대로다.
 수심교(修心橋)를 건너며 마음을 씻고 백담사로 들어선다. 설악산 대청봉에서 시작된 물길을 따라 100번째 웅덩이를 지난 자리에 지었다는 백담사는 신라 진덕여왕 원년에 창건된 이후 수차례의 큰 화재를 거치며 이름도 여러 번 바뀌었다. 1775년 현 위치에 법당

수렴동계곡

강원도

찾아가기 동서울종합터미널에서 백담사입구터미널로 가는 시외버스가 1일 18회 운행한다. 백담사입구터미널에서 백담사까지 셔틀버스(편도 2천 원)를 이용할 수 있다.

동서울종합터미널→백담사입구터미널
6:28~21:00(30~55분 간격)

돌아오기
백담사입구터미널→동서울종합터미널
07:05~19:30(30~80분 간격)

숙박 백담알프스펜션 (033)463-7808
　　　맑은내펜션 (033)462-6640
식당 전주밥상(산채비빔밥, 황태구이)
　　　　　　　　　　(033)463-8686
　　　다올가든(설렁탕) (033)462-0004
화장실 백담사입구터미널, 백담사

여행 Tip
템플스테이는 사찰에 묵으며 불교문화를 체험하는 것이다. 백담사의 템플스테이(033-462-5565)에는 기본적인 사찰식 의식주 체험 외에도 소원 양초 만들기, 기와에 만다라 그리기, 비누 만들기 등의 수양 프로그램이 들어 있다.

등의 건물을 중건하였고, 1783년 백담사라는 이름을 갖게 되었다. 사상가이자 시인이고 독립운동가인 만해 한용운(1879~1944) 선생은 이곳에서 〈님의 침묵〉과 〈불교유신론〉, 〈십현담주해〉 등을 집필했다.

돌탑들이 발 디딜 틈 없이 서 있는 백담계곡을 지나 탐방로로 들어선다. 전나무가 도열하여 여행자를 맞이하고, 오른쪽으로는 수렴동계곡이 있다. 봄이면 연초록 새잎이 대청봉으로 올라가는 길, 가을이면 붉은 단풍이 대청봉에서 내려오는 길이다. 계곡을 타고 흘러내리는 맑은 물줄기를 거슬러 이어지는 길은 평평한 흙바닥이어서 걷기 쉽고 편하다. 숲을 뛰어다니는 다람쥐들이 평화롭고, 계곡으로 내려가 보면 상당히 수심이 깊지만 바닥이 훤히 들여다보이게 물이 맑다.

신비로운 분위기에 젖어 걷다 보면 웅장한 산줄기를 배경으로 작은 기와집 하나가 수묵화처럼 등장한다. 조선 숙종 때 문신 김창흡이 은거하던 영시암으로, 내설악의 빼어난 아름다움이 세상에 알려진 계기도 김창흡의 학문과 덕을 기리는 선비들이 이곳을 드나들면서부터라고 한다. 영시암에서는 화덕에 6개의 솥을 걸고 매일 국수를 준비, 산을 오르내리는 사람들에게 장국에 만 국수를 대접한다. 영시암에서 1시간 반 정도 더 오르면 영화 〈오세암〉(2002년 개봉)의 무대인 오세암이 있으니 들러보는 것도 좋겠다. 가는 길은 상당히 험한 편이다.

인제 황태마을

겨울에 인제를 여행하다 보면 심심찮게 황태덕장을 볼 수 있다. 대규모 덕장을 갖추고 있는 인제군 북면 용대리 황태마을에는 음식점과 숙박 시설도 많다. 매년 5월 말에 '용대리 황태축제'가 열린다. 백담사에서 차로 20분 거리.

위치 강원도 인제군 북면 용대리 27 **전화** (033)462-3700 **입장료** 없음

문의: 백담사(033-462-6969), 인제 황태마을(033-462-3700), 낙산사(033-672-2447)

강원도

094 하늘길

운탄길과 화절령의 매력적인 변신

강원랜드 폭포주차장 → 도롱이연못 → 화절령 → 하이원호텔

출발 강원도 정선군 사북읍 사북리 422-2 강원랜드 폭포주차장　**주차** 강원랜드 폭포주차장(무료)

거 리	10.9km	난이도	조금 힘들어요
소요시간	4시간		
추천테마	숲, 봄·여름·가을, 여럿이		

도롱이연못 가는 길

운탄로

여행 Tip
강원랜드 폭포주차장 쪽 산책로에 마련된 운암정은 원래 드라마 〈식객〉에 사용했던 세트였으나 2009년 7월 10일에 음식점으로 문을 열었다.
위치: 강원도 정선군 사북읍 사북리 424(강원랜드 옆)
문의: (033)590-7631

　　석탄을 운반하던 운탄길, 봄날 산나물 뜯으러 나온 여인들이 지천으로 널린 진달래를 꺾던 화절령이 하늘길이라는 이름으로 새롭게 선보였다. 하이원리조트가 복원한 하늘길은 강원랜드에서 시작해 리조트 단지를 에워싸듯 휘돌아 하이원호텔까지 이어지고, 중간에 다양한 꽃 이름의 샛길이 조성되어 있다. 해발 1천m의 백운산 중턱을 에두르고 있어 하늘이 맞닿을 듯 가깝게 느껴지고, 봄부터 가을까지 수많은 들꽃들이 피고지기를 반복해 그냥 하늘길이 아닌 '꽃피는 하늘길'을 연출한다.

　　화절령 삼거리까지는 언덕진 포장길이 계속되어 조금 지루하지만, 언덕길 아래로 보이는 전경이 좋아 그리 팍팍하지는 않다. 산죽 숲으로 들어가면 1970년대 탄광의 지하 갱도가 무너져 내리고 거기에 다시 물이 차오르면서 생겨난 직경 80m 정도의 도롱이연못이 나온다.

　　도롱이연못의 동생뻘 되는 아롱이연못에 들렀다가 '백운산 정상' 방향으로 코스를 이어간다. 박새꽃길에 다다르면 갱도에서 나오는 지하수를 정화하기 위한 시설이 임도 아래로 보인다. 발에 닿는 거뭇한 길이 운탄로였음을 알게 한다. 그리고 펼쳐지는 담채화 같은 풍경. 산줄기가 겹치고 겹쳐 영월 방향으로 아득하게 멀어진다.

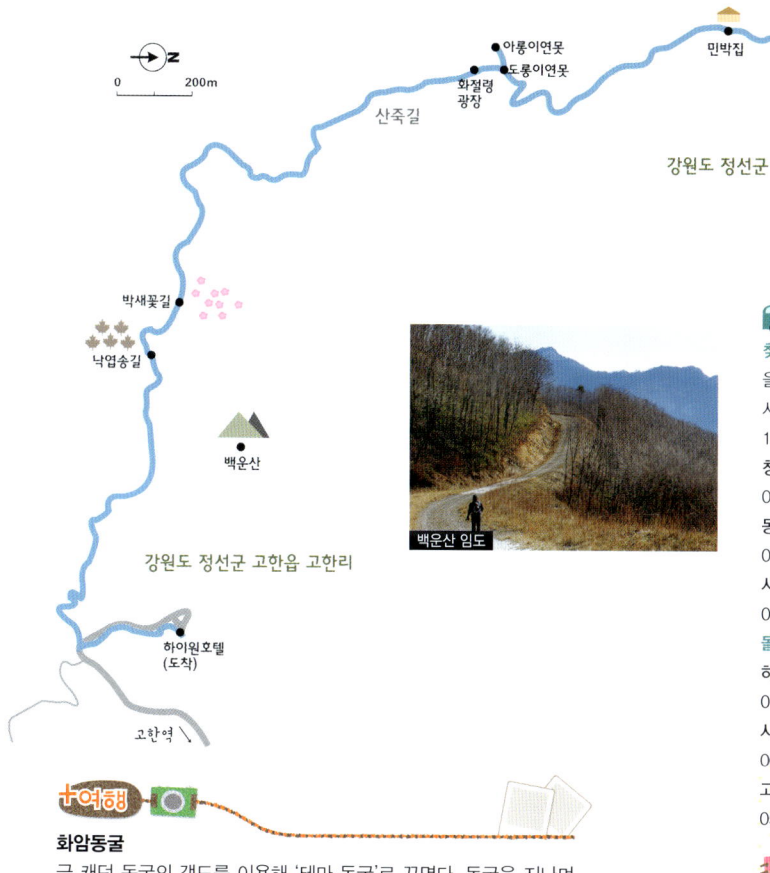

화암동굴
금 캐던 동굴의 갱도를 이용해 '테마 동굴'로 꾸몄다. 동굴을 지나며 석순, 종유석 등을 관람할 수 있고, 금 채취 과정을 재현해 놓아 흥미롭게 둘러볼 수 있다. 강원랜드에서 차로 40분 거리.
위치 강원도 정선군 화암면 화암리 248 **전화** (033)562-7062
입장료 성인 5천 원, 청소년 3천500원, 어린이 2천 원

찾아가기 사북역에서 강원랜드와 하이원호텔을 오가는 셔틀버스(무료)를 탈 수 있다. 고한사북공용버스터미널에서 사북역까지 걸어서 10분 거리.
청량리역→사북역
07:10 09:10 12:10 14:13 16:13 23:15
동서울종합터미널→고한사북공용버스터미널
06:00~23:00(25~60분 간격)
사북역→강원랜드
08:20~23:20(40~80분 간격)

돌아오기
하이원호텔→사북역
07:20~00:40(20~60분 간격)
사북역→청량리역
06:57 09:16 10:12 12:28 07:02 18:47
고한사북공용버스터미널→동서울종합터미널
05:00~23:30(25~60분 간격)

숙박 스타호텔 (033)592-2500
　　　하이밸리호텔 (033)592-9006
식당 강원랜드리조트운암정(한정식)
　　　　　　　　　　(033)590-7631
　　　석탄회관(한우구이) (033)592-8233

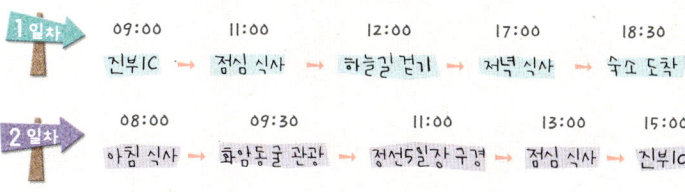

자가운전 1박 2일 추천 일정

1일차 | 09:00 진부IC → 11:00 점심 식사 → 12:00 하늘길 걷기 → 17:00 저녁 식사 → 18:30 숙소 도착

2일차 | 08:00 아침 식사 → 09:30 화암동굴 관광 → 11:00 정선5일장 구경 → 13:00 점심 식사 → 15:00 진부IC

문의: 화암동굴(033-562-7062), 정선아리랑시장(정선5일장, 033-563-6200)

강원도

095 쇠둘레 평화누리길 1코스 한여울길

단절의 땅에 평화를 심는 발걸음

승일공원 → 고석정 → 한탄강 전망대 → 태봉대교 → 직탕폭포 → 승일공원

출발 강원도 철원군 갈말읍 내대리 산61-1 **주차** 승일공원 주차장(무료)

거 리	11.6km	난이도	쉬워요
소요시간	3시간		
추천테마	강, 문화 유적, 사계절, 연인끼리		

철의삼각전시관

찾아가기 신철원시외버스터미널이나 동송시외버스터미널에서 승일공원으로 가는 군내버스가 있다.

동서울종합터미널→신철원시외버스터미널
06:00~21:40(20~40분 간격)
센트럴시티터미널→신철원시외버스터미널
07:00~19:40(50~120분 간격)
동서울종합터미널→동송시외버스터미널
06:30~21:00(40~50분 간격)
센트럴시티터미널→동송시외버스터미널
07:00~19:40(50~120분 간격)
신철원시외버스터미널·동송시외버스터미널
→승일공원
08:10~21:10(50~120분 간격)

돌아오기
신철원시외버스터미널→동서울종합터미널
05:40~21:30(20~40분 간격)
신철원시외버스터미널→센트럴시티터미널
07:35~19:55(50~120분 간격)
동송시외버스터미널→동서울종합터미널
05:40~21:00(30~40분 간격)
동송시외버스터미널→센트럴시티터미널
07:20~19:40(50~120분 간격)

숙박 하늘마루펜션 (033)455-8368
  박스도로시모텔 (033)452-4116
식당 폭포가든(메기매운탕) (033)455-3546
  진국설렁탕 (033)455-3174
화장실 승일공원, 고석정, 직탕폭포

한탄강에서 본 철원 평야와 금학산

철원에서 걷기 좋은 길을 엮어 만든 곳이 '쇠둘레 평화누리길'이다. 천혜의 자연경관을 자랑하는 한탄강과 철원 평야의 황금 들녘을 가족, 연인과 함께 거닐 수 있도록 3개의 코스로 꾸며 놓았다. 1코스 한여울길에서는 한반도 유일의 현무암지대를 지나는 한탄강 유역의 자연경관을 제대로 볼 수 있다. 남과 북의 합작품이어서 이승만과 김일성에서 이름을 따온 승일교를 건너면 계곡과 기암이 절경을 이룬 고석정이다. 고석정은 일대의 협곡과 기암, 정자 등을 아울러 부르는 이름으로, 계곡 아래에는 조선 시대 의적 임꺽정이 은거했다는 고석바위가 있다.

고석정에서 나와 데크 산책로를 따라 걷다보면 한탕강 주변에 수십m의 검은 돌기둥을 빼곡하게 심어놓은 것 같은 거대한 주상절리가 펼쳐진다. 태봉대교를 지나면 '한국판 나이아가라'로 불리는 직탕폭포가 기다린다. 생각보다 규모는 작지만 폭포 양쪽의 주상절리가 볼 만하다.

고석정

여행Tip

비무장지대와 인접한 철원에서는 땅굴과 노동당사 등을 둘러볼 수 있다. 고석정 내 철의삼각전시관(033-450-5558)에서 신청하면 된다. 평일은 개인 차량으로, 토·일요일은 셔틀버스로 견학이 가능하다.

개인 차량 관광요금은 성인 2천 원, 청소년 1천500원, 어린이 1천 원. 셔틀버스 관광요금은 성인 8천 원, 청소년 7천 원, 어린이 6천 원이다.

+ 여행

노동당사

광복 후 철원이 북한 관할 지역이었을 때 조선노동당이 지은 건물. 반공인사를 잡아 고문과 학살이 자행되었다. 6.25전쟁 중 내부는 모두 파괴되었고 현재는 외부 형태만 남아 있다. 승일공원에서 차로 20분 거리.
위치 강원도 철원군 철원읍 관전리 3-2
입장료 없음

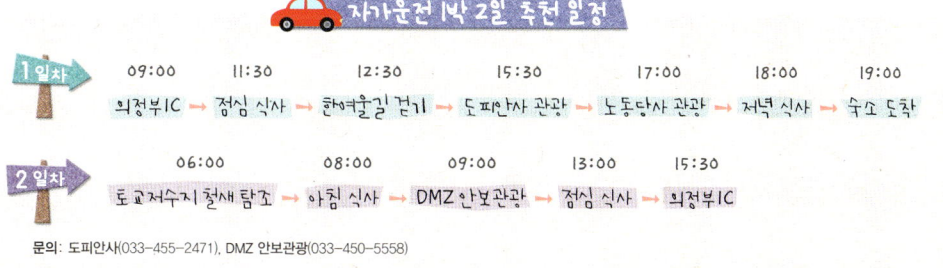

자가운전 1박 2일 추천 일정

1일차
09:00 의정부IC → 11:30 점심 식사 → 12:30 한여울길 걷기 → 15:30 도피안사 관광 → 17:00 노동당사 관광 → 18:00 저녁 식사 → 19:00 숙소 도착

2일차
06:00 토교저수지 철새 탐조 → 08:00 아침 식사 → 09:00 DMZ 안보관광 → 13:00 점심 식사 → 15:30 의정부IC

문의: 도피안사(033-455-2471), DMZ 안보관광(033-450-5558)

096 봄내길 1코스 실레이야기길

요절한 천재, 김유정의 문학 속으로

김유정역 ➡ 김유정문학촌 ➡ 산신각 ➡ 금병의숙 터 ➡ 김유정역

출발 강원도 춘천시 신동면 증리 938-11 경춘선 김유정역 **주차** 김유정역 주차장(무료)

거 리	5.2km	난이도	쉬워요
소요시간	2시간		
추천테마	숲, 문화 유적, 봄·가을, 연인끼리		

 찾아가기 상봉역에서 춘천역까지 운행하는 경춘선을 타고 김유정역에서 내리거나, 춘천시외버스터미널로 가는 고속버스를 이용한다. 춘천시외버스터미널에서 1번, 67번 시내버스를 타면 김유정역으로 간다.

동서울종합터미널→춘천시외버스터미널
06:00~24:00(5~30분 간격)

센트럴시티터미널→춘천시외버스터미널
06:50~21:00(40~50분 간격)

춘천시외버스터미널→김유정역
05:50~21:40(40~60분 간격)

돌아오기
김유정역→춘천시외버스터미널
05:50~21:40(40~60분 간격)

춘천시외버스터미널→동서울종합터미널
05:40~23:30(10~30분 간격)

춘천시외버스터미널→센트럴시티터미널
06:50~21:00(40~50분 간격)

숙박 여우그늘 (033)262-9986
　　　강촌프로포즈펜션 (033)262-6696
식당 유정마을(닭갈비) (033)262-0361
　　　실내마을큰집(삼계탕) (033)262-2130
화장실 김유정역, 김유정문학촌

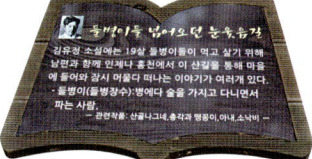

춘천(春川)을 우리말로 읽어보면 '봄내'가 된다. 그래서 춘천의 아름다운 길 5곳은 '봄내길'이라는 이름을 갖게 되었다. 1코스 실레이야기길은 요절한 천재 작가 김유정의 길이다. 김유정역에서 시작, 김유정의 고향인 실레마을의 김유정문학촌에서 작가의 문학세계를 알아본 뒤 소설의 무대가 되는 금병산을 거닐며 문학의 향기에 듬뿍 취하는 코스다.

가난과 실연과 폐결핵에 시달리며 고달픈 삶을 살다가 서른도 안 된 젊은 나이에 세상을 떠난 김유정(1908~1937)은 풍자와 아이러니를 동원해 일제의 검열을 피하며 한국 단편문학의 결정체를 일구어냈다. 실레이야기길은 김유정의 소설 속 배경이 되었던 곳을 산책로로 정비한 것이어서 현실과 소설의 공간에 별 차이가 없다. 장소마다 소설의 내용이 적힌 안내판을 설치해 놓아 읽어가며 걷는 재미가 있고, 평범한 길도 의미 있게 느껴진다. '두포전'의 금병산 아기장수전설길, '산골나그네', '소낙비', '총각과 맹꽁이'에 나온 들병이들 넘어오던 눈웃음길, '동백꽃'의 산국농장 금병도원길 등 16개의 이야기 속으로 들어가 주인공이 되어보는 경험이 특별하고 멋지다.

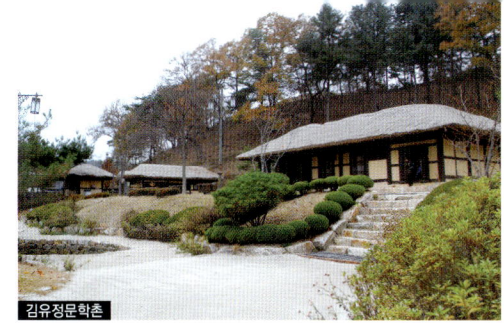

김유정문학촌

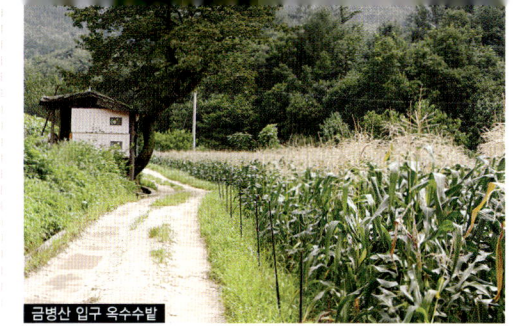

금병산 입구 옥수수밭

+여행

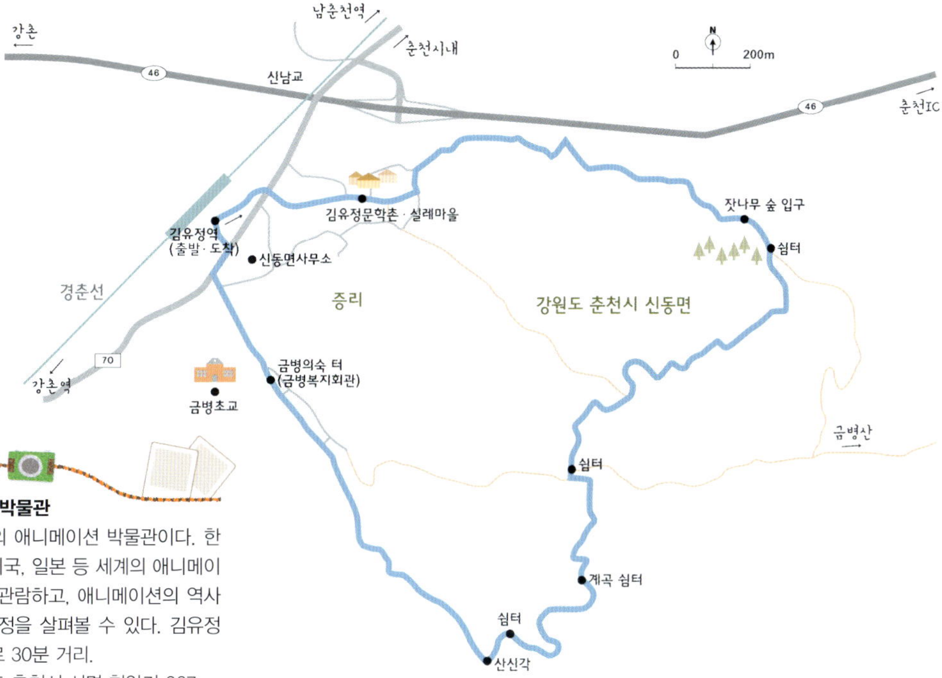

애니메이션박물관

국내 유일의 애니메이션 박물관이다. 한국, 북한, 미국, 일본 등 세계의 애니메이션 작품을 관람하고, 애니메이션의 역사와 제작 과정을 살펴볼 수 있다. 김유정역에서 차로 30분 거리.

위치 강원도 춘천시 서면 현암리 367
전화 (033)245-6470 **입장료** 성인 5천 원, 청소년 · 어린이 4천 원

자가운전 1박 2일 추천 일정

1일차
09:00 남춘천IC → 09:30 실레이야기길 걷기 → 12:00 점심 식사 → 14:00 중도 관광지 관광 → 18:00 저녁 식사 → 20:00 숙소 도착

2일차
08:00 아침 식사 → 09:00 강원도립화목원 관광 → 11:00 애니메이션박물관 관람 → 13:00 점심 식사 → 14:30 춘천IC

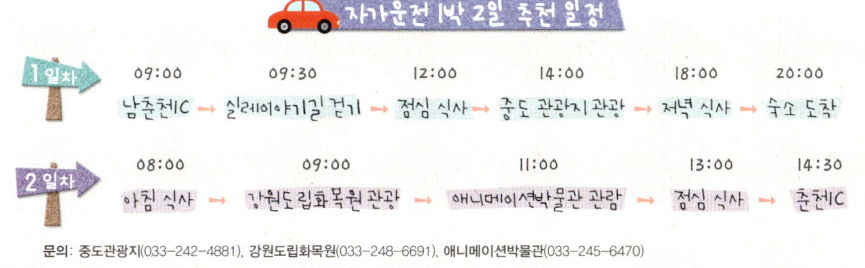

문의: **중도관광지**(033-242-4881), **강원도립화목원**(033-248-6691), **애니메이션박물관**(033-245-6470)

097 검룡소~대덕산

국내 최대 야생화 군락지 가는 길

검룡소 주차장 → 검룡소 → 분주령 → 대덕산 정상 → 검룡소 주차장

출발 강원도 태백시 창죽동 146-5 검룡소　주차 검룡소 주차장(무료)

거 리	8.5km	난이도	조금 힘들어요
소요시간	3시간 30분		
추천테마	숲, 봄·여름·가을, 여럿이		

대덕산 정상

　　1965년 만들어진 뮤지컬 영화 〈사운드 오브 뮤직〉이 2012년에도 재개봉되어 인기를 모았다. 무려 47년이 지난 영화가 10년에 한 번 꼴로 재개봉할 때마다 변함없는 사랑을 받는 데는 알프스의 아름다운 자연도 한몫했다. 오스트리아 잘츠부르크 동쪽의 잘츠캄머굿은 알프스의 빙하가 녹아 형성된 76개의 옥빛 호수와 해발 2천m 급의 산들로 이루어진 동화 같은 마을. 마을 곳곳에서 영화의 도레미송이 경쾌하고 영롱하게 울려 나올 것만 같다.
　　우리나라에도 그렇게 멋진 산악지대가 있으니, 대덕산이 바로 그곳이다. 국내 최대의 야생화 군락지인 대덕산은 희귀 조류와 양서류의 집단 서식지이기도 해서 일대가 생태계 보존지역으로 지정되었다. 하이라이트라 할 수 있는 산 정상은 〈사운드 오브 뮤직〉의 한

장면 같이 드넓은 초지가 펼쳐지고, 곳곳에 형형색색의 야생화가 자태를 뽐내며 피어난다. 또 사방이 확 트여 덕항산, 매봉산, 금대봉, 은대봉, 함백산 등 백두대간의 윤곽이 한눈에 잡힌다.

이 멋진 산으로 가는 길은 여럿이 있지만, 한강 발원지인 검룡소에서 올라가면 더욱 인상적인 걷기여행이 된다. 역사와 전설이 숨 쉬는 명승에서 자연의 신비를 체험하고, 침엽수림과 야생화가 어우러진 고산지대의 정취를 만끽할 수 있기 때문이다. 지름 5m 정도의 작은 웅덩이인 검룡소에서는 하루 2천 톤의 물이 솟아나는데, 초록 이끼 사이에서 힘차게 솟는 이 물은 514km의 긴 여행을 한 뒤 서해 품으로 안긴다. 지금까지 한 번도 마른 적이 없다고 전해지며, 4계절 내내 수온 9도를 유지한다.

검룡소와 대덕산으로 나뉘는 갈림길에는 침엽수림 산책로가 조성되어 있다. 터널처럼 짙은 숲에서 뿜어져 나오는 공기가 상쾌하다. 여기까지는 구두 신은 여행자도 다녀갈 수 있는 쉬운 길. 이후로는 경사가 조금씩 나오기 시작해 제법 힘든 길이 이어진다. 첫 번째 야생화 군락지인 분주령에 도착하면 울창했던 숲 대신 너른 들판이 나타난다. 오른쪽 정상 코스로 들어서면 야생화 군락지가 연이어 등장한다. 들판도 넓어지고 하늘도 커지다가 이윽고 대덕산 정상이 모습을 드러낸다.

찾아가기 태백시외버스터미널에서 13번 버스를 타면 검룡소 입구까지 간다.
동서울종합터미널→태백시외버스터미널
06:00~23:00(30~60분 간격)
태백시외버스터미널→검룡소
06:10 19:00
돌아오기
검룡소→태백시외버스터미널
06:10 19:00
태백시외버스터미널→동서울종합터미널
07:05~18:45(30~70분 간격)

숙박 리베라모텔 (033)552-5691
　　 이지스모텔 (033)553-9980
식당 태백서학한우촌(한우구이)
　　　　　　　　　　　(033)553-0003
　　 오투정(한우구이) (033)553-5403
화장실 검룡소 주차장

> **여행Tip**
> 검룡소에서 대덕산을 오르려면 태백시청 홈페이지(tour.taebaek.go.kr)에서 예약을 해야 한다. 하루 300명만 탐방할 수 있고, 5월 중순~10월 말까지 운영한다. 검룡소 구간(주차장~검룡소)은 예약 없이 탐방할 수 있다.

검룡소 가는 길

검룡소

강원도

바람의 언덕
바람의 언덕은 매봉산의 정상 일대로 풍력발전기 수십 기와 고랭지 배추밭이 어울려 장관을 이룬다. 날씨 좋은 날 방문해 사진을 찍으면 잊지 못할 추억을 남겨 줄 장소다. 검룡소 주차장에서 차로 20분 거리.
위치 강원도 태백시 창죽동 9-69
입장료 없음

자가운전 1박 2일 추천 일정

1일차
10:00 동해IC → 11:00 점심 식사 → 12:00 검룡소~대덕산 걷기 → 15:30 바람의 언덕 탐방 → 17:30 저녁 식사 → 18:30 숙소 도착

2일차
08:00 아침 식사 → 09:30 삼척해양레일바이크 체험 → 11:30 점심 식사 → 13:00 동굴탐험관 관광 → 15:30 동해IC

문의: 삼척해양레일바이크(033-576-0656), 동굴탐험관(033-574-6228)

098 바우길 1구간 선자령 풍차길

초원을 달리는 바람과 마주치다

대관령마을휴게소 → 풍해조림지 → 선자령 정상 → 새봉 전망대 → 대관령마을휴게소

출발 강원도 평창군 대관령면 횡계리 14-111 대관령마을휴게소 **주차** 대관령마을휴게소 주차장(무료)

거리	11.6km	난이도	쉬워요
소요시간	5시간		
추천테마	숲, 사계절, 연인끼리		

바우는 바위의 강원도 사투리다. 바우(Bau)는 바빌로니아 신화에 나오는, 손으로 한 번 어루만지는 것만으로도 죽을병을 낫게 하는 건강의 여신 이름이다. 그래서 '바우길'이라는 이름에는 자연적이며 인간친화적인 길에서 여행자의 몸과 마음이 건강해지기를 바라는 뜻이 담겨 있다.

18개의 구간 중 1구간인 '선자령 풍차길'은 드넓은 초원이 펼쳐지고 수십 기의 거대한 풍력발전기가 돌아가는 백두대간의 등이다. 하얀 풍차 어우러진 이국적인 풍경과 해발 1천m가 넘는 고산지대를 넘나든다는 사실이 믿기지 않을 정도로 걷기 편한 길 때문에 오래 전부터 트레킹 명소로 사랑받아 왔다. 백두대간 등줄기에서 영동과 영서지방을 한눈에 바라보는 풍광이 압권이고, 적설량이 풍부한 지역이라 눈꽃이 만발할 때 특히 멋지다.

포장도로를 벗어나면 하늘을 가릴 만큼 나무가 울창하고 길을 덮을 만큼 풀이 무성한 숲이다. 조금 걷다보면 규모는 작지만 맑은 물이 흐

선자령

강원도

찾아가기 횡계시외버스공용정류장에서 택시를 타고 대관령마을휴게소로 간다.
동서울종합터미널→횡계시외버스공용정류장
06:32~20:05(30~55분 간격)
횡계콜택시 (033)335-5595

돌아오기
횡계시외버스공용정류장→동서울종합터미널
06:50~20:20(35분 간격)

숙박 퀸스가든 (033)335-8595
     하얀나무펜션 (033)335-3552
식당 황태덕장(황태구이정식)
                        (033)335-5942
     대관령메밀뜰(막국수) (033)335-5121
화장실 대관령마을휴게소

여행Tip 바우길은 제주올레와 지리산 둘레길처럼 강원도의 걷기 좋은 길을 이어 만든 트레킹 코스로 총 17개의 길이 있다. 바우길 홈페이지에서 교통편과 식당, 숙박시설 등 코스별로 필요한 정보를 얻을 수 있다.
문의: (033)645-0990
홈페이지: www.baugil.org

러 선녀가 아들을 데리고 내려와 목욕한 곳이라는 선자(仙子)계곡이 나온다. 울타리 너머 양떼목장이 보이는 곳에서 하늘이 잠깐 트였다가 길은 다시 짙은 숲으로 든다. 태풍 루사와 매미로 훼손된 숲을 인공적으로 복원한 풍해조림지를 지나면 비탈을 빼곡하게 덮은 산죽 무리 너머로 계곡에서 들려오는 물소리가 청량하다. 이렇게 아기자기한 풍경들을 감상하며 산책하듯 걸어가면 대관령삼양목장 둘레로 난 임도와 만난다.

여기서부터는 바람의 길이다. 사방에서 불어오는 바람이 웅성거리며 말을 걸고, 광활하게 펼쳐진 초지 위에서는 풍력발전기가 바람의 손을 잡고 춤을 춘다. 선자령 정상에 오르면 산의 파노라마를 감상할 수 있다. 남쪽 발왕산, 서쪽 계방산, 서북쪽 오대산, 북쪽 황병산이 병풍처럼 둘러쳐진 가운데 강릉 시내와 동해바다, 대관령삼양목장, 양떼목장까지 시원하게 눈에 잡힌다.

내려오는 길은 양탄자 같은 목장길 초원에 분필로 슥 그은 것처럼 길이 이어진다. 끊임없이 부는 바람은 풀밭을 이리저리 흔들고, 반원형 데크가 마련된 새봉 전망대에서 절정을 이룬다. 포장 임도는 헬기장으로 길이 막힌 곳에서 끝나고, 바람의 초원은 만발한 야생화로 마무리된다.

대관령 양떼목장

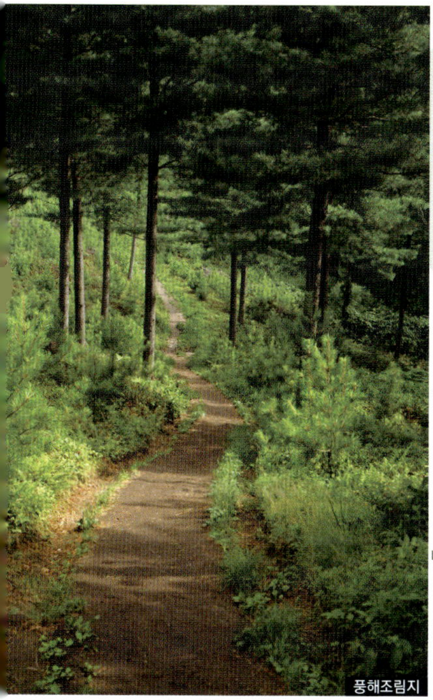

풍해조림지

+여행

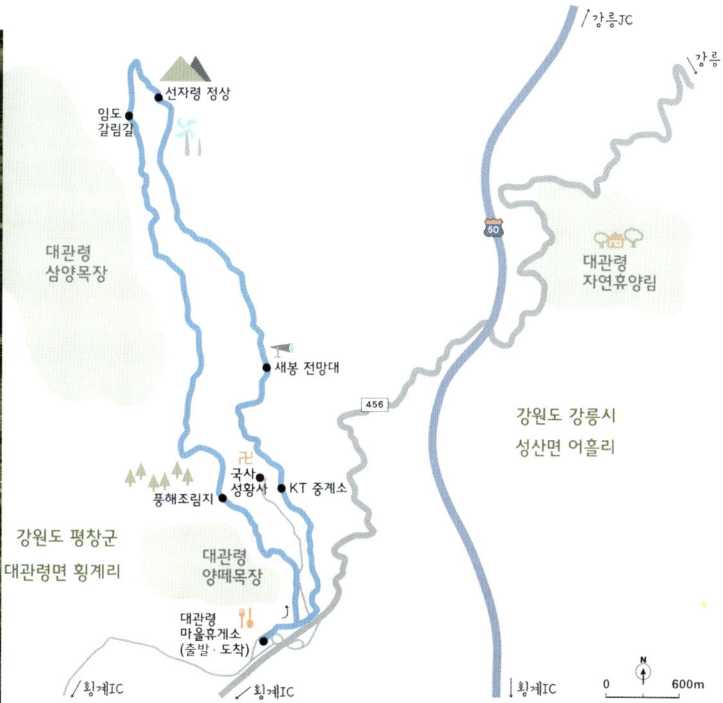

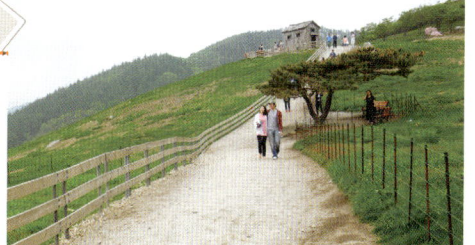

대관령 양떼목장

대관령 고원에 방목하는 양떼를 볼 수 있는 곳. 목가적인 풍경 덕에 각종 CF, 영화, 드라마의 촬영지로 사용되었다. 건초를 구입해 양에게 먹이를 주는 체험도 해볼 수 있다. 대관령마을휴게소에서 걸어서 10분 거리.

위치 강원도 평창군 대관령면 횡계리 14-104 전화 (033)335-1966
입장료(먹이주기 체험료) 성인 3천500원, 청소년 · 어린이 3천 원

자가운전 1박 2일 추천 일정

1일차
09:00 횡계IC → 09:30 대관령양떼목장 관광 → 11:00 점심 식사 → 12:00 선자령 풍차길 걷기 → 18:30 저녁 식사 → 20:00 숙소 도착

2일차
08:00 아침 식사 → 10:00 강릉 경포호 관광 → 12:00 점심 식사 → 13:00 오죽헌 관광 → 14:00 강릉IC

문의: 바우길(033-645-0990), 대관령 양떼목장(033-335-1966), 오죽헌(033-640-3301)

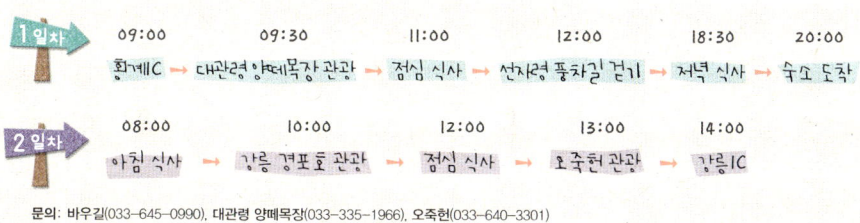

099 바우길 2구간 대관령 옛길

옛 사람들의 꿈이 오가던 길

대관령마을휴게소 ➡ 국사성황사 ➡ 대관령주막 ➡ 어흘리 마을회관 ➡ 바우길 게스트하우스

출발 강원도 평창군 대관령면 횡계리 14-111 대관령마을휴게소 주차 대관령마을휴게소 주차장(무료)

거 리	14.0km	난이도	조금 힘들어요
소요시간	6시간		
추천테마	숲, 문화 유적, 봄·가을, 여럿이		

바우길 2구간은 금강소나무 숲이 특히 많다. 두 팔을 활짝 펼쳐서 안아도 품에 들어오지 않을 만큼 실한 아름드리 금강소나무 14만 주가 울울창창하게 자라 싱그러운 피톤치드를 뿜어내는 덕분에 길고 힘든 코스지만 기분 좋게 걸어갈 수 있다. 출발 지점은 1구간과 같지만, 풍해조림지를 지나 국사성황당 쪽으로 발길을 돌리면 신사임당이 어린 율곡의 손을 잡고 서울로 돌아가면서 친정어머니를 그리던 대관령 옛길로 들어서게 된다. 송강 정철이 '관동별곡'을 쓴 길, 단원 김홍도가 '대관령도'를 그린 길, 수많은 시인묵객의 감성을 울린 길이다.

풍해조림지부터 국사성황사까지는 녹색 물감을 부은 듯한 숲이 펼쳐진다. 들꽃이 조각처럼 박혀 있고 날카롭던 대관령의 바람도 쉬어가듯 순해진다. 국사성황사는 강릉 단오제의 주신인 범일국사를 모신 사당이다. 길의 절반이라는 뜻의 반정(半程)부터 어흘리까지는 금강송이 절정을 이루고, 그 숲길 가운데서 예전 주막 터의 외형을 복원한 대관령주막도 만난다. 어흘리에서 종착지인 게스트하우스로 향하는 길은 평범하고 소박한 시골길. 걷기여행의 행복은 그런 소박함에서 비롯됨을 새삼 깨닫게 해준다.

대관령주막

 찾아가기 횡계시외버스공용정류장에서 택시를 이용해 대관령마을휴게소로 가야 한다.
동서울종합터미널→횡계시외버스공용정류장
06:32~20:05(30~55분 간격)
횡계콜택시 (033)335-6263

돌아오기 보광평 정류장에서 강릉 시내로 가는 502번 버스(1일 9회)를 타고 홍제동주민센터에서 하차. 강릉시청 방향으로 10분 정도 걸으면 강릉고속버스터미널이다. 시작점으로 되돌아오려면 보광평 정류장에서 502번 버스를 타고 강릉의료원에서 내린 후 강릉시외버스터미널까지 택시로 이동한 뒤 횡계시외버스공용정류장까지 수시로 운행하는 버스를 탄다. 횡계시외버스공용정류장에서 대관령휴게소까지는 택시로 이동.
보광평→홍제동주민센터 06:45 07:55 10:05 12:05 14:05 16:05 08:05 20:05 21:55
강릉고속버스터미널→서울고속버스터미널
05:30~23:30(20~70분 간격)
강릉고속버스터미널→동서울종합버스터미널
05:35~22:00(40~60분 간격)
횡계콜택시 (033)335-5595

숙박 바우길 게스트하우스 (033)645-0990
파인힐모텔 (033)641-2849
식당 임영관(한정식) (033)642-0955
화장실 대관령마을휴게소, 우주선화장실, 바우길 게스트하우스

하슬라아트월드

동해를 바라보는 언덕에 조성한 미술관 겸 공원이다. 하슬라는 강릉의 옛 지명이다. 소나무와 야생화 우거진 공원을 걸으며 예술가들의 작품을 구경할 수 있다. 대관령마을휴게소에서 차로 1시간 거리.
위치 강원도 강릉시 강동면 정동진리 산33-1 **전화** (033)644-9411 **입장료** 공원 6천원, 미술관 7천 원, 공원·미술관 1만 원

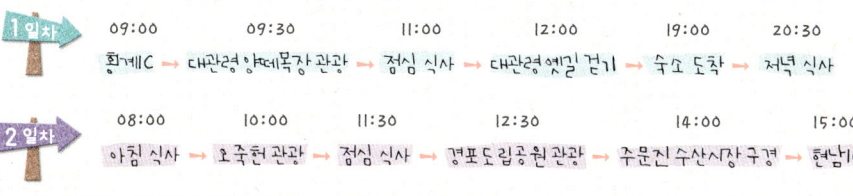

몸과 마음을 힐링하는 숲

월정사 ➡ 전나무 숲길 ➡ 옛길 ➡ 오대산장 ➡ 상원사

출발 강원도 평창군 진부면 동산리 63 월정사 주차장 주차 월정사 주차장(5천 원)

거리	11.8km	난이도	쉬워요
소요시간	4시간		
추천테마	숲, 계곡, 문화 유적, 사계절, 연인끼리		

오대산국립공원은 산행이 수월하고 문화 유적이 많은 오대산지구(월정사지구)와 금강산에 견줄 만한 비경을 간직한 소금강지구로 나뉜다. 오대산지구의 관문과도 같은 월정사는 여행을 즐겨하지 않는 사람이나 오대산 등반에 관심이 없는 사람이라도 한 번쯤 다녀갔을 명소다. 여름의 신록은 더위를 피하기에 좋고, 가을 단풍은 우리나라를 대표할 만큼 아

섶다리

전나무 숲

름다우며, 몸과 마음이 치유될 만큼 잘 가꾸어진 숲을 갖고 있기 때문이다.

전나무 숲길에서 걷기 시작한다. 고려 말 처음 심은 전나무가 번식해 숲을 이루었으니, 숲길의 역사가 천년을 넘었다. 일주문까지 900m 거리에 들어선 전나무는 1천700여 그루. 평균 나이는 100년 정도이며, 가장 오래된 나무는 2006년 풍해로 쓰러진 고목(450년 추정)이다. 높이 40m까지 곧게 뻗은 전나무 가지 사이로 파란 하늘이 스며들고, 하이힐을 신고 걸어도 될 만큼 편한 길에는 연인과 가족들의 웃음 소리가 가득하다. 숲길이 끝나면 월정사다. 문수신앙의 성지로 신라 선덕여왕 12년에 자장율사가 창건한 사찰은 6.25전쟁으로 큰 피해를 입었으나 팔각구층석탑(국보 제48호)과 석조보살좌상(보물 제139호) 등이 잘 보존되어 있다.

상원사까지는 숲 사이로 들려오는 계곡의 맑은 물소리를 음악 삼아 걸으면 된다. 오대산에서 흘러내리는 이 계곡은 오대천을 지나 조양강이 되고, 정선에서 동강이 되었다가 영월에서는 남한강이 된다. 피부병을 치료하기 위해 월정사에 들렀다가 상원사를 찾아가던 세조가 이곳에서 몸을 씻던 중 문수동자를 만나 병을 고쳤다고 전해질 만큼 물이 좋다.

찾아가기 평창 진부공용버스정류장에서 월정사로 가는 군내버스가 있다.
동서울종합터미널→진부공용버스정류장
06:32~20:05(10~35분 간격)
진부공용버스정류장→월정사
06:30~19:40(12회 운행)
돌아오기
상원사→월정사·진부공용버스정류장
09:20 10:20 12:40 14:00 16:20
진부공용버스정류장→동서울종합터미널
07:10~20:40(35분 간격)

숙박 하늘마루펜션 (033)455-8368
　　　　박스도로시모텔 (033)452-4116
식당 오대산식당(산채정식) (033)332-6888
　　　　부일식당(산채정식) (033)336-7232
화장실 월정사, 오대산장, 상원사
입장료 성인 3천 원, 청소년 1천500원, 어린이 500원계곡을 벗어나 전나무가 빽빽한 길을 걸어 상원교를 지나면 키가 20m는 될 것 같은 전나무 한 그루가 우뚝 서 있는 상원사에 도착한다. 신라의 태자들 및 조선 세조와 관련된 여러 전설이 전해지는 곳으로, 724년 건립되어 조선 시대에는 세조 원찰로 번성했다. 현존하는 동종 중 가장 오래된 통일 신라 시대의 범종(국보 36호)이 보존되어 있다.

방아다리약수터

계방산 남쪽 자락에 있는 약수. 물빛이 푸르고 탄산이 들어 있어 톡 쏘는 맛을 낸다. 방아다리라는 이름은 움푹 파인 약수터 모양이 디딜방아를 닮았다고 해서 유래되었다. 월정사에서 차로 30분 거리.
위치 강원도 평창군 진부면 척천리 474-1 입장료 없음

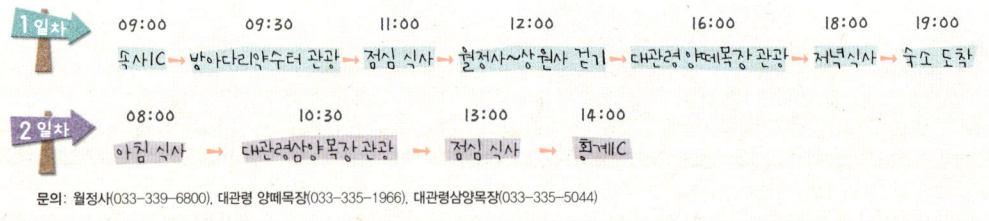

문의: 월정사(033-339-6800), 대관령 양떼목장(033-335-1966), 대관령삼양목장(033-335-5044)

맑은 물에 발 담그는 계곡 트레킹

군넘이 입구 → 군유동마을 → 괘석리 3층석탑 → 자은리 정류장

출발 강원도 홍천군 두촌면 광암리 694-4 군넘이 입구   주차 군넘이 입구 주변의 노견(무료)

거리	13.2km	난이도	조금 힘들어요
소요시간	6시간		
추천테마	숲, 계곡, 봄·여름·가을, 여럿이		

홍천은 수도권과 멀지 않으면서 자연이 아름답고 공기가 맑아 전원주택 희망지로 인기가 높다. 그 홍천을 대표하는 홍천9경 중 하나인 용소계곡은 등반객을 통해 입소문이 나면서 인기를 끌게 된 트레킹 코스다. 사람의 손길이 닿지 않아 원시 그대로의 절경을 간직하고 있다.

우거진 숲, 계곡의 소와 너래바위가 어우러진 용소계곡은 봄에는 철쭉, 가을에는 단풍

단풍 명소인 용소계곡

찾아가기 홍천터미널에서 군넘이 입구를 경유하는 버스가 있다.
동서울종합터미널→홍천터미널
06:15~22:20(10~20분 간격)
홍천터미널→군넘이 입구
06:00 06:30 17:10 18:15
돌아오기 두촌면 소재지에서 걷기 시작한 군넘이 입구로 돌아가는 버스가 하루 한 번(18:15) 있다. 콜택시를 불러 차를 세워둔 장소로 돌아가는 것이 편리하다.
자은리→홍천터미널
07:25~20:25(30~50분 간격)
홍천터미널→동서울종합터미널
06:00~22:00(10~25분 간격)
홍천 콜택시 (033)434-5641

숙박 용소계곡펜션 (033)435-3110
　　　모텔ck (033)433-1122
식당 가리산막국수(막국수) (033)435-2704
　　　시골청국장(청국장) (033)435-9118
화장실 용소계곡 내

과 갈대, 겨울에는 눈꽃이 아름다운 풍경을 연출하지만 트레킹에 가장 좋은 계절은 여름이다. 깊고 아득한 오지의 마을과 마을 사이, 구불구불한 골짜기의 남쪽 사면을 따라 나 있는 숲길을 걷다가, 마음이 팍팍하다 싶으면 그대로 계곡 속으로 들어가면 된다. 시원한 청류에 정강이를 적시며 걸어가는 맛은 폭포수 아래서 목욕하는 선녀의 기분이 이렇지 않을까 싶을 만큼 상쾌하다.

홍천터미널에서 시골 버스를 타고 괘석리 군넘이 입구에서 내린다. '군넘이' 푯말을 따라 언덕 아래로 이어지는 아스팔트길을 내려가면 갈수기에도 물이 마르지 않는 계곡이 시원스레 열린다. 군유동이라는 마을을 지나 '너래소' 쪽으로 방향을 잡으면 용소계곡을 오른쪽에 두고 외길이나 다름없는 길을 걷게 된다. 사락거리는 발소리와 산새의 지저귐도 우렁찬 계곡 물소리에 묻혀버리고 만다. 바위의 경사가 완만하고 모나지 않아 위험하지 않고, 계곡을 이정표 삼으면 길을 헤맬 염려도 없다.

예전에 금광이 있었다는 '금산이터' 인근에는 거대한 너럭바위의 중앙을 파고 흐르는 와폭이 있고, 그 아래 펼쳐진 소는 수영장처럼 잔잔하다. 와폭을 지나 10분 정도 더 들어가면 소나무와 당단풍나무 가지 너머로 용소계곡의 얼굴마담인 너래소가 자태를 드러낸다. 이후로는 푸릇한 돌이끼를 가득 품은 돌이 듬성듬성 박힌 길. 다소 거칠지만 평지이기 때문에 발 디딜 곳만 신경 쓰면 위험하지 않다.

용소계곡 너럭바위

군유동마을 풍경

수타사

신라 시대에 창건한 것으로 알려지는 고찰이다. 사찰 앞을 흐르는 수타계곡은 물이 맑고 시원해 여름철 피서지로 유명하다. 오대산 월정사의 말사이다. 군넘이 입구에서 차로 50분 거리.
위치 강원도 홍천군 동면 덕치리 9 **전화** (033)436-6611 **입장료** 성인 3천 원, 청소년 2천 원, 어린이 1천500원

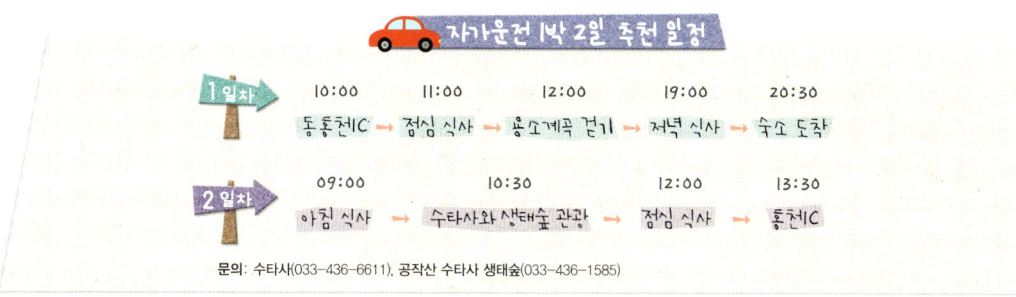

자가운전 1박 2일 추천 일정

1일차 10:00 동홍천IC → 11:00 점심 식사 → 12:00 용소계곡 걷기 → 19:00 저녁 식사 → 20:30 숙소 도착

2일차 09:00 아침 식사 → 10:30 수타사와 생태숲 관광 → 12:00 점심 식사 → 13:30 홍천IC

문의: 수타사(033-436-6611), 공작산 수타사 생태숲(033-436-1585)

대전·충청도

멋과 낭만이 가득한 길을 걷는다.

대전과 충청도에는 소박하고 겸허하지만

역사성과 풍광을 함께 지닌 길들이 많다.

치장하지 않은 흙길을 걷는 참맛도 느낄 수 있다.

102 계족산 황톳길

서늘하고 부드러운 황토의 감촉

장동산림욕장 입구 → 원점 삼거리 → 절고개 삼거리 → 장동산림욕장 입구

출발 대전 대덕구 장동 59 장동산림욕장   주차 장동산림욕장 주차장(무료)

거 리	15.9km	난이도	무난해요
소요시간	5시간 30분		
추천테마	숲, 봄·여름·가을, 여럿이		

몸의 힘은 빼고 발바닥 중심에서 1도 정도 앞에 힘을 주어 체중이 용천에 실리게 하여 열 발가락으로 땅을 움켜쥔다는 느낌으로 걷는다. 두뇌를 건강하게 해주는 '장생보법' 요령이다. 맨발로 걸으면 효과가 더욱 커진다. 발바닥의 강한 자극이 뇌로 전달되어 에너지의 흐름이 원활해진다는 것이다. 하지만 한 번이라도 맨발 걷기를 시도해본 사

맨발로 걸을 수 있는 황톳길

독일가문비나무 숲

황톳길 이정표

람이라면 쉽지 않은 일임을 잘 안다. 맨발이 땅에 닿는 순간 따끔거리는 통증부터 느껴진다. 고운 흙만 골라 밟아도 기겁을 하고 만다.

맨발 걷기의 두려움을 떨쳐버리고 동경을 실현할 수 있게 해주는 길이 계족산(鷄足山, 429m)에 있다. 산줄기가 닭발 모양으로 퍼져 나가 이런 특이한 이름이 붙었다는 계족산은 '대전8경'의 하나로 꼽히는 명소다.

계족산 황톳길은 산허리를 감도는 임도에 황토를 깔아 맨발로 걸을 수 있도록 하고, 곳곳에 세족장을 설치해 흙 묻은 발을 씻을 수 있게 했다. 신발을 벗고 황토를 밟아보면 서늘하면서도 부드러운 감촉이 전해진다. 가파른 구간 없이 완만한 등마루여서 처음 맨발 걷기에 도전하는 사람도 부담스럽지 않고, 고르지 않은 노면을 만나도 기분 좋을 정도의 자극을 느낄 뿐이다.

황토 한 스푼에는 약 2억 마리의 미생물이 살고 있어 그 미생물에 포함된 효소들이 몸의 순환 작용을 돕는다고 한다. 또 황토에서 나오는 원적외선이 세포를 활성화시켜 혈액 순환 및 신진대사를 돕는다고 하니 비싸게 만든 귀한 황톳길을 열심히 걸어 좋은 기운을 듬뿍 받아가는 것이 좋겠다.

장동산림욕장 입구에서부터 넓고 편편한 오르막길에 적갈색 황토가 깔려 있고, 나무와 길섶의 수풀 등 자연물을 활용해 설치한 작품들은 긴 오르막길을 걸을 때 지루함을 덜어준다. 임도로 들어서면 황톳길 너비가 절반 정도로 줄어 숲 속 느낌을 더한다.

찾아가기 동서울종합터미널, 서울고속버스터미널에서 대전복합터미널로 가는 고속버스가 있다. 대전복합터미널 앞 정류장에서 2, 701번 버스를 타고 와동현대아파트에서 내린 다음 74번 버스로 갈아타면 장동산림욕장까지 간다.

동서울종합터미널→대전복합터미널
06:00~22:30(20~30분 간격)
서울고속버스터미널→대전복합터미널
06:00~00:10(10~20분 간격)
대전복합터미널→와동현대아파트
05:45~22:30(10~15분 간격)
와동현대아파트→장동산림욕장
06:00~22:30(40분 간격)
돌아오기
장동산림욕장→와동현대아파트
06:00~22:30(40분 간격)
와동현대아파트→대전복합터미널
05:50~22:30(10~15분 간격)
대전복합터미널→동서울종합터미널
06:20~22:00(20~30분 간격)
대전복합터미널→서울고속버스터미널
06:00~00:00(15~20분 간격)

숙박 쉬엄쉬엄 게스트하우스
070-4158-3360
와동파크 (042)621-3510
식당 계족산산골보리밥(산골보리밥)
(042)625-2758
띠울석갈비(소석갈비) (042)627-4242

대전·충청도

계족산성

계족산(420m) 정상 일대에 있는 산성으로 6세기 중반 신라 시대에 축조된 것으로 추정하고 있다. 산성의 높이는 7~10m이고, 성 안에 큰 우물터가 있다. 사적 제 355호.
위치 대전 대덕구 장동 산85 계족산 정상 일대 **입장료** 없음

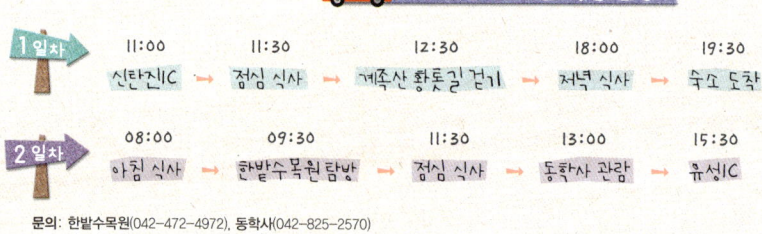

문의: 한밭수목원(042-472-4972), 동학사(042-825-2570)

대전·충청도

103 대청호반길 1코스 금강 로하스 해피로드

금강은 지금도 변신 중

대청문화전시관 → 호반가든 → 대청교 → 대청댐 → 대청문화전시관

출발 대전 대덕구 미호동 57 대청문화전시관　주차 대청문화전시관 주차장(무료)

거 리	6.5km	난이도	쉬워요
소요시간	2시간		
추천테마	숲, 봄·가을, 연인끼리		

　1980년 12월 준공된 대청댐에 의해 생겨난 대청호는 충북 청원과 옥천, 보은 지역의 지도를 크게 바꾼 인공 호수다. 식수를 공급하고 수해를 막는 순기능, 생태계 교란과 낙후한 경제라는 역기능에 대한 논란이 지속되는 현장이기도 하다. 그렇지만 대청호를 둘러싼 호반도로는 '낭만의 아우토반'이라는 애칭을 얻었고, 대전 대덕구와 동구에 걸쳐 조성된 '대청호반길'은 대전을 대표하는 명품 걷기 길로 사랑받고 있다.

　대청호반길은 도보 길 6개와 자전거 길 3개 등 9개 코스로 구성되었고, 대부분 평지여서 누구나 부담 없이 걸을 수 있다. 1코스인 금강 로하스 해피로드는 금강과 대청댐을 조망할 수 있는 수변산책로다. 길

대청호 산책로

대전·충청도

찾아가기 동서울종합터미널, 서울고속버스터미널에서 대전복합터미널로 가는 고속버스가 있다. 대전복합터미널 앞 정류장에서 2번 버스를 타고 남경마을에서 내린 다음 72번 버스로 갈아타면 대청문화전시관까지 간다.

동서울종합터미널→대전복합터미널
06:00~22:30(20~30분 간격)

서울고속버스터미널→대전복합터미널
06:00~00:10(10~20분 간격)

대전복합터미널→남경마을
05:45~22:30(10~15분 간격)

남경마을→대청문화전시관
06:00~22:30(40분 간격)

돌아오기
대청문화전시관→남경마을
06:00~22:30(40분 간격)

남경마을→대전복합터미널
05:50~22:30(10~15분 간격)

대전복합터미널→동서울종합터미널
06:20~22:00(20~30분 간격)

대전복합터미널→서울고속버스터미널
06:00~00:00(15~20분 간격)

숙박 꿈의궁전 (042)931-0103
　거기모텔 (042)933-5455
식당 감나무집(송어회) (042)931-1114
　호반(스테이크, 피자) (042)931-0815
화장실 대청문화전시관, 대청댐휴게소, 대청댐 물문화관

여행 Tip 시간 여유가 있다면 대청교에서 정면으로 보이는 구룡산(370m)에 올라 보자. 정상에 서면 청남대와 대청호 일대가 한눈에 들어온다. 현암사~구룡산 정상~장승공원을 거쳐 대청교로 되돌아오는 길은 1시간 정도 걸린다.

은 나무 데크와 포장길로 이루어졌다. 운동보다는 나들이 삼아 거니는 산책에 잘 어울린다.

대청문화전시관 뒤편으로 강변을 따라 뻗은 산책로를 걷는다. 인공적인 데크가 부자연스럽게 느껴지기도 하지만 금강과 가까이 걸을 수 있어 좋다. 강기슭에는 물속에 뿌리를 박은 수양버들이 서정적인 풍경을 보여준다.

호반가든 앞에서 원점으로 되돌아 온 뒤 대청댐에 오르면 오른쪽에 대청호, 왼쪽에 금강이 수십m의 수위 차를 두고 마주보고 있다. 걸음을 내딛을 때마다 육중하게 밀어붙이는 대청호의 수압이 느껴지는 듯하다. 일반인의 출입을 막은 바리케이드 앞에서 뒤돌아 댐 입구의 호수변 산책로로 들어서면 대청호를 좀 더 가까이 볼 수 있다. 수면 아래 잠긴 역사는 '대청호 물문화관'에 낡은 흑백사진과 미니어처로 전시되어 있다.

ⓒ 이윤미

물에 잠긴 대청호 버드나무들

데크 산책로

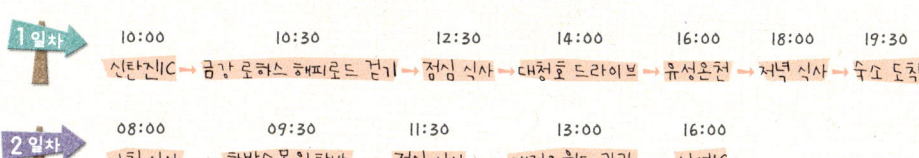

자가운전 1박 2일 추천 일정

1일차 10:00 10:30 12:30 14:00 16:00 18:00 19:30
신탄진IC → 금강 로하스 해피로드 걷기 → 점심 식사 → 대청호 드라이브 → 유성온천 → 저녁 식사 → 숙소 도착

2일차 08:00 09:30 11:30 13:00 16:00
아침 식사 → 한밭수목원 탐방 → 점심 식사 → 대전오월드 관광 → 산업IC

문의: 호텔인터시티(유성온천 내, 042-600-6000), 한밭수목원(042-472-4972), 대전오월드(042-580-4820)

104 장태산자연휴양림

나무 교향악단의 초대

다목적구장 주차장 → 스카이타워 → 전망대 → 다목적구장 주차장

출발 대전 서구 장안동 67 장태산자연휴양림 다목적구장 **주차** 다목적구장 주차장(무료)

거리	3.7km	난이도	무난해요
소요시간	2시간		
추천테마	숲, 봄·여름·가을, 아이들과		

메타세쿼이아 숲

생태연못

스카이타워

자연휴양림의 개발과 변신은 어디까지가 적합할까. 가치를 '자연'에 두는지 '휴양림'에 두는지에 따라, 또는 그곳을 찾는 사람들의 취향에 따라 서로 다른 의견이 나올 것이다. 장태산자연휴양림은 자연보다는 인공이 많이 들어간, 다른 휴양림과는 차별화된 시설을 지니고 있는 곳이어서 그에 대한 감상도 제각각이다. 울창한 메타세쿼이아 숲, 질서 정연하게 심어진 유실수 숲, 이국적인 산책로와 산림욕장 등이 잘 훈련된 나무 교향악단의 연주회장 같다.

장태산자연휴양림은 메타세쿼이아 숲 24만 평을 기반으로 산림문화휴양관과 수련장, 생태연못, 등산로, 곤충체험장, 전망대 등 다양한 시설을 갖추고 있다. 숲 속 어드벤처 시설인 스카이웨이와 스카이타워는 이곳의 명물이다. 키가 큰 메타세쿼이아 숲을 공중에서도 체험할 수 있도록 한 것이다. 숲의 흙을 밟는 산책이 좋은지 공중의 데크를 지나는 어드벤처가 좋은지는 개인적인 선택의 문제지만, 독특한 체험인 것은 분명하다.

스카이웨이는 스카이타워로 이어진다. 달팽이관처럼 빙글빙글 돌

찾아가기 동서울종합터미널과 서울고속버스터미널에서 대전복합터미널로 갈 수 있다. 대전복합터미널에서 201번 버스를 타고 신원상가에서 내린 뒤 22번 버스로 갈아타면 장태산자연휴양림까지 간다.
동서울종합터미널→대전복합터미널
06:00~22:30(20~30분 간격)
서울고속버스터미널→대전복합터미널
06:00~00:10(10~20분 간격)
대전복합터미널→신원상가
05:45~22:30(8~10분 간격)
신원상가→장태산자연휴양림
06:30~22:20(70분 간격)
돌아오기
장태산자연휴양림→신원상가
06:30~22:20(70분 간격)
신원상가→대전복합터미널
05:45~22:30(8~10분 간격)
대전복합터미널→동서울종합터미널
06:20~22:00(20~30분 간격)
대전복합터미널→서울고속버스터미널
06:00~00:00(15~20분 간격)

숙박 장태산자연휴양림 (042)270-7883
　　　루체 (042)585-4300
식당 명랑식당(육개장) (042)623-5031
　　　농부가든(보리밥) (042)584-2254
화장실 장태산자연휴양림 입구

시가 있는 구멍가게

스카이타워로 이어진 산책로

아 정상에 서면 메타세쿼이아 숲 상층부 사이에 놓인 산책로가 발 아래로 보이고, 멀리 장태산 봉우리가 눈높이에 우뚝 서 있다.

메타세쿼이아 숲으로 들어서면 맑은 햇살이 숲으로 스며들어 일정한 간격으로 심어진 나무의 기둥 사이로 일정한 모양의 그림자를 드리운다. 그림자는 통나무로 지어진 매점인 '시가 있는 구멍가게'까지 정교하게 그려진 그림 같다. 대리석 보도를 따라 전망대로 올라가면 장태루라는 정자와 전망 데크가 있어 장안저수지와 그 주변 풍광을 감상하며 쉴 수 있다.

+여행

한밭수목원

갑천을 가운데 두고 엑스포과학공원과 마주보고 있는 도심 속 녹지 공간이다. 야생화원, 무궁화원, 관목원, 목련원, 약용식물원, 유실수원 등 33개의 정원이 있다. 홈페이지를 통해 예약(10명 이상)하면 해설가가 동행하며 수목원 이야기를 들려준다. 동원과 열대식물원은 매주 월요일, 서원은 매주 화요일이 휴관일이다. 장태산자연휴양림에서 차로 30분 거리.

위치 대전 서구 만년동 396 **전화** (042)472-4972 **입장시간** 4~9월 06:00~21:00, 10~3월 08:00~19:00 **입장료** 없음 **주차** 가능. 무료

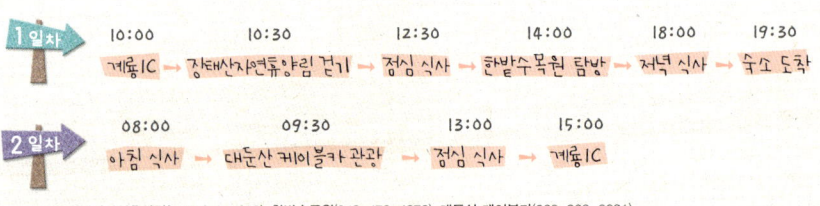

문의: 장태산자연휴양림(042-270-7883), 한밭수목원(042-472-4972), 대둔산 케이블카(063-263-6621)

105 산막이옛길

사라진 마을 위를 거닐다

산막이옛길 주차장 → 호박터널 → 연리지 → 산막이 선착장 → 산막이옛길 주차장

출발 충북 괴산군 칠성면 사은리 546-1 산막이옛길 주차장
주차 산막이옛길 주차장(1일 2천 원)

거 리	5.4km	난이도	쉬워요
소요시간	2시간 30분		
추천테마	숲, 호수, 사계절, 아이들과		

1957년 괴산댐이 들어서면서 아름다운 '연화구곡'과 일대 마을이 모두 호수에 잠겼다. 사람들은 높은 곳으로 이사해 벼랑을 따라 새로 길을 냈지만, 마을을 떠나는 사람이 늘면서 새로 낸 길마저 인적이 끊기고 수풀이 무성하게 자랐다.

호박터널

산막이옛길 산책로

앉은뱅이 약수터

여행Tip 산막이옛길 초입의 차돌바위 선착장에서 배를 타고 종착점인 산막이 선착장까지 갔다가 걸어서 되돌아오거나, 종착점까지 걸어갔다가 배를 타고 돌아올 수도 있다.

이 벼랑길을 산책로로 다듬은 것이 산막이옛길이다. 2009년 단장해 길을 열었는데 2012년에만 130만 명이 다녀갈 정도로 인기를 모으고 있다. 농림수산식품부로부터 '대한민국 농어촌마을 대상' 대통령상을 받기도 했다. 산막이옛길의 히트에 고무된 괴산군은 산막이옛길과 갈은구곡~화양구곡~선유구곡~쌍곡구곡을 연결하는 '충청도 양반길'을 조성 중이다.

산막이옛길의 인기 요인 중 하나는 바로 촌스러움이다. 옛 시골길이라는 정겨운 촌스러움에 복원 및 단장의 '티'를 솔직하게 낸 것이 가식에 신물 난 도시인들의 마음을 한방에 여는 매력으로 작용했다.

안전을 위해 벼랑에는 난간을 세우고 길에 나무 데크를 깔았다. 초입에는 대문 구실을 하는 호박터널을 만들고 고인돌쉼터, 연리지, 소나무동산, 출렁다리, 정사목, 노루샘, 앉은뱅이 약수터, 옷 벗은 미녀 참나무, 진달래동산, 호수전망대, 물레방아 등 30여 개의 볼거리와 쉼터를 설치했다. 유람선과 황포돛배도 운항한다. 정취는 옛 시골 그대로이나 자연 그대로의 상태는 거의 없는 셈이다. 하지만 야생화조차도 마을 주민들이 땀 흘려 심어놓은 것들이니, 그 '티'를 자연스럽지 못하다고 탓할 수가 없다.

괴산호를 오가는 유람선

지도

칠성면사무소
쌍곡계곡
호박터널
산막이옛길 주차장 (출발·도착)
사은리
괴산댐
차돌바위 선착장
연리지·고인돌
출렁다리
노루샘
여우비 바위굴
괴산호
앉은뱅이 약수터
충청북도 괴산군 칠성면
호수전망대
고공전망대
다래동굴터널
산막이 선착장
달천(괴강)
덕평리
갈론마을

찾아가기

찾아가기 동서울종합터미널에서 괴산시외버스터미널로 갈 수 있다. 괴산시외버스터미널에서 수전리 방면 버스를 타고 종점인 괴산댐 수력발전소에서 내려 큰길을 따라 15분쯤 걸어가면 산막이옛길이 나온다.

동서울종합터미널→괴산시외버스터미널
06:50~20:10(30~60분 간격)

괴산시외버스터미널→수전리
06:30, 07:50, 11:10, 12:30, 14:00, 15:10, 17:10, 17:50

돌아오기

수전리→괴산시외버스터미널
07:20, 08:10, 11:35, 12:50, 14:20, 15:30, 17:30, 18:05

괴산시외버스터미널→동서울종합터미널
06:25~19:55(30~60분 간격)

숙박 산막이산장 (043)832-5553
에코황토마을 010-3451-5840
식당 감주차장식당(올갱이해장국)
(043)832-2673
우리매운탕(잡어매운탕)
(043)834-0005
화장실 차돌바위 선착장 입구, 산막이 선착장

+여행

쌍곡계곡
화양계곡과 함께 괴산을 대표하는 휴양지다. 10km가 넘는 계곡 줄기를 따라 기암과 노송이 장관을 이룬다. 물이 맑고 얕아 아이들이 놀기에 좋으며 오토캠핑장도 갖추고 있다. 산막이옛길 주차장에서 차로 15분 거리.
위치 충북 괴산군 칠성면 쌍곡리 147-3 **전화** (043)832-5550 **입장료** 없음

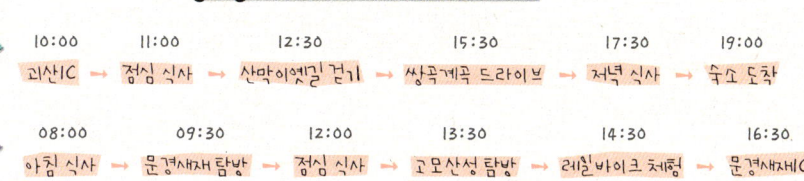

자가운전 1박 2일 추천 일정

1일차
10:00	11:00	12:30	15:30	17:30	19:00
괴산IC	점심 식사	산막이옛길 걷기	쌍곡계곡 드라이브	저녁 식사	숙소 도착

2일차
08:00	09:30	12:00	13:30	14:30	16:30
아침 식사	문경새재 탐방	점심 식사	고모산성 탐방	레일바이크 체험	문경새재IC

문의: 산막이옛길(043-832-3527), 문경새재(054-571-0709), 레일바이크(054-553-8300)

화양동계곡

강직한 선비 닮아 정갈하여라

청소년수련원 정류장 → 자연생태관찰로 → 화양서원 → 학소대 → 파천 → 자연학습원 정류장

출발 충북 괴산군 청천면 화양리 277 청소년수련원 입구
주차 화양동계곡 주차장(1일 5천 원)

거리	6.3km	난이도	쉬워요
소요시간	2시간 30분		
추천테마	숲, 계곡, 사계절, 여럿이		

우암 송시열(1607~1689)은 조선 후기의 대표적인 유학자다. 주자학의 대가이며 한 시대를 호령한 실력가였다. 효종과 현종의 스승이었고, 북벌 정책을 지휘하며 붓으로 세상을 움직인 노론의 영수였다. 재야에 은거하면서도 막대한 정치적 영향력을 행사했다. 역사상 가장 방대한 문집인 〈송자대전(宋子大全)〉을 쓰고 전국 23개 서원에 제향되었으며 그의 이념을 계승한 제자들이 조선을 움직였다.

제2곡 운영담

[지도: 충청북도 괴산군 청천면 화양동계곡 — 괴산, 청천, 탐방지원센터, 경천벽, 청소년수련원 정류장(출발), 팔각정휴게소, 자연생태관찰로, 읍궁암, 암서재, 화양서원, 금사담, 첨성대, 와룡암, 학소대, 파천, 도명산, 송면·선유동계곡, 탐방지원센터, 자연학습원 정류장(도착)]

정계 복귀와 은퇴와 은거, 유배와 석방 등을 거듭하며 영욕이 교차하는 생애를 살다 간 그가 산수를 즐기고 수양과 강학을 하며 은거의 시간을 보낸 곳이 괴산의 화양동계곡이다. 이곳 풍경에 반해 주자의 '무이구곡'을 본떠 '화양구곡'이라 이름 붙인 우암은 경천벽, 운영담, 읍궁암, 금사담, 첨성대, 청운대, 와룡대, 학소대, 파천으로 이루어진 구곡 중에서도 경치가 가장 빼어난 금사담 반석가의 암서재에서 많은 시간을 보냈다.

계곡에는 맑은 물이 흐르고 기묘한 형상의 바위와 뒤틀린 소나무가 경이로운 풍경을 보여준다. 우암이 반한 그 풍경을 감상하며 길을 걷다 보면 9개의 명소가 차례로 모습을 드러낸다. 자연은 강직한 선비의 모습을 닮아 바르고 정갈하며, 선비는 풍요로운 자연의 모습을 닮아 대범하고 당당했었음을 짐작케 하는 비경들이다.

제1곡인 경천벽은 가파르게 솟은 모습이 하늘을 떠받치고 있는 것처럼 보이는 커다란 바위 절벽이다. 구름의 그림자가 비친다는 제2곡 운영담을 지나면 화양서원 옆 계곡에 구멍이 송송 뚫린 특이한 바위들이 펼쳐져 있다. 우암이 북벌의 꿈을 이루지 못하고 죽은 효종을 그리워하며 새벽마다 엎드려 통곡했다는 제3곡 읍궁암이다. 물 아래 모

 찾아가기 청주시외버스터미널에서 송면·화북 방면 시외버스를 타고 청소년수련원 정류장에 내린다.
동서울종합터미널→청주시외버스터미널
06:50~21:00(20~30분 간격)
서울남부터미널→청주시외버스터미널
06:20~24:00(수시 운행)
청주시외버스터미널→청소년수련원
07:20~19:00(60~120분 간격)
돌아오기 자연학습원 정류장에서 청주 방면 시외버스를 이용한다. 중간에 시작점인 청소년수련원을 경유해서 지난다.
자연학습원→청주시외버스터미널
06:50~19:20(60~120분 간격)
청주시외버스터미널→동서울종합터미널
06:00~21:00(20~30분 간격)
청주시외버스터미널→서울남부터미널
05:25~22:40(수시 운행)

숙박 달맞이펜션 010-5491-2923
쉼표이야기 (043)832-9955
식당 신토불이(올갱이파전) (043)832-5376
화양손두부마을(두부전골)
(043)832-0134
화장실 코스 내 다수

제4곡 금사담

래가 금가루 같다는 제4곡 금사담, 바위가 층층이 쌓인 제5곡 첨성대, 제6곡 능운대와 제7곡 와룡암을 연이어 지나면 청학이 살았다는 제8곡 학소대가 속살을 드러낸 채 우뚝 서 있다. 잔잔한 계곡과 바위틈에 듬성듬성 솟은 노송들이 아름답다. 마지막은 제9곡 파천이다. 흰 바위들이 계곡 여기저기에 놓여 있고, 거친 물살이 그 사이를 휘젓고 다닌다. 용이 꿈틀거리며 움직이는 듯 거침없이 쏟아내는 물살에 가슴속 응어리마저 씻겨 내려가는 것 같다.

여행 Tip

첨성대나 학소대에서 도명산(643m) 등산을 할 수 있다. 학소대에서 도명산 정상까지 1시간 30분쯤 걸린다. 길은 평탄한 편이고, 정상 부근에서 큰 바위에 새겨진 마애불을 볼 수 있다.

+여행

선유동계곡

선유동계곡은 화양동계곡처럼 절경 9곳을 품고 있다. 탐방로로 들어서면 제1곡인 선유동문을 시작으로 경천벽~학소암~연단로~와룡폭~난가대~기국암~구암~은선대를 차례대로 둘러볼 수 있다. 왕복 1시간 정도 걸린다. 청소년수련원에서 차로 15분 거리.
위치 충북 괴산군 청천면 삼송리 768 **입장료** 없음

자가운전 1박 2일 추천 일정

1일차 10:00 증평IC → 10:30 초정약수 관광 → 11:30 점심 식사 → 12:30 화양동계곡 걷기 → 15:30 선유동계곡·용추폭포 탐방 → 18:00 저녁 식사 → 19:30 숙소 도착

2일차 08:00 아침 식사 → 09:30 문경석탄박물관 관람 → 11:30 점심 식사 → 13:00 고모산성 탐방 → 14:00 레일바이크 체험 → 16:00 문경새재IC

문의: 화양동계곡(043-832-4347), 문경석탄박물관(054-550-6424), 레일바이크(054-553-8300)

대전·충청도

107 속리산 법주사~세심정

속세와 이별하고 싶은 산

속리산터미널 → 오리숲 → 법주사 → 세심정 → 속리산터미널

출발 충북 보은군 속리산면 사내리 292 속리산터미널 주차 속리산터미널 맞은편 주차장(1일 5천 원)

거 리	9.6km	난이도	쉬워요
소요시간	시간		
추천테마	숲, 계곡, 문화 유적, 사계절, 여럿이		

마애여래의상

법주사 경내

찾아가기 동서울종합터미널, 센트럴시티터미널, 서울남부터미널에서 속리산터미널로 가는 시외버스가 있다.
동서울종합터미널→속리산터미널
07:30~18:30(40~60분 간격)
센트럴시티터미널→속리산터미널
06:30 10:30 14:30 17:30
서울남부터미널→속리산터미널
13:00 14:00 16:20 19:00

돌아오기
속리산터미널→동서울종합터미널
06:50~18:30(40~60분 간격)
속리산터미널→센트럴시티터미널
06:30 11:40 13:30 15:30
속리산터미널→서울남부터미널
06:25 07:20 17:10

숙박 항아리펜션민박 010-4496-5311
속리산말티재자연휴양림
(043)543-6282
식당 약초식당(약초산채정식)
(043)543-0433
맑은물식당(능이버섯해장국)
(043)544-4276
화장실 속리산터미널, 법주사매표소, 법주사, 세심정휴게소
입장료 법주사: 성인 4천 원, 청소년 2천 원, 어린이 1천 원

맨발로 걸을 수 있는 황톳길

좋아하지 않거나 생활에 여유가 없거나 또 다른 어떤 이유로 여행을 거의 다니지 않은 사람이라도 속리산은 대부분 다녀온 경험이 있다. 한때 가장 인기 있는 신혼여행지와 수학여행지였고, 수도권이나 남쪽 지방 어느 쪽에서든 큰 부담 없이 떠날 수 있는 곳이었다. 옛 시절이나 지금이나 속리산의 역사와 전통, 절경과 명소는 변함이 없다. 하지만 자연 이외의 것들은 많이 화려해지고 번잡해졌다.

1970년 6번째 국립공원으로 지정된 속리산은 천왕봉(1천58m)을 중심으로 9개의 봉우리가 활처럼 휘어 뻗은 바위산이다. 기암절벽 사이로 화양동, 선유동, 쌍곡 3개의 계곡이 어우러진 경관이 빼어나 예로부터 '제2금강', '소금강'으로 불렸다. 희귀 동식물의 보고이며, 한국 3대 불전인 법주사에는 보물 제195호인 대웅보전을 비롯해 많은 문화재들이 있다.

속리(俗離), 즉 속세와 이별했다는 고고한 이름을 갖고 있으나 예나 지금이나 속리와는 거리가 멀다. 이성계가 혁명을 꿈꾸며 백일기도를 올리고, 이방원이 왕권을 얻기 위해 형제들을 도륙하고 참회를 한 곳. 80kg의 금을 사용한 33m 높이의 금동미륵대불이 번쩍이고, 정이품송마저 세조가 지나갈 때 가지를 들어 올렸다는 곳이다. 목욕소, 세심정(洗心亭) 등 곳곳에 '속세를 씻으라'는 뜻의 이름이 자주 등장하는 것도 어찌 보면 역설적이다.

맨발로 걷는 300m의 황톳길을 지나 제2속리교를 건너면 법주사 매표소가 나온다. 여기서 법주사까지 가는 길은 오리(5리)숲. 참나무, 생강나무, 소나무가 한데 어울려 어두컴컴한 터널을 이루고 푹신한 흙길은 촉감이 좋다. 해설을 곁들인 안내판이 곳곳에 설치되어 탐방객의 이해를 돕고, 희귀 수종인 망개나무도 볼 수 있다. 신라 진흥왕 14년(553년)에 의신조사가 창건한, '속세를 떠나 부처의 법이 머무는 곳'이라 하여 이름 지어진 법주사에는 팔상전과 석연지, 쌍사자석 등 국보와 보물, 문화재, 천연기념물이 보존되어 있다. 세심정으로 가는 길은 호젓한 사색의 길이다.

여행 Tip

법주사는 청소년과 성인을 대상으로 다양한 템플스테이 프로그램을 운영하고 있다. 1박2일 템플스테이 비용은 성인 1인 당 5만~7만 원이다.

문의: (043)543-3615

동학농민혁명기념공원

1894년 농민 봉기로 시작된 동학운동은 보은 지역에서도 크게 일어났다. 이곳은 당시 보은 북실전투에서 희생된 동학농민혁명군을 기리기 위해 조성한 공원이다. 커다란 기념탑을 비롯해 궁궁장, 꽃정원, 쉼터 등을 갖추었고, 최근에는 탐방객들이 편하게 둘러볼 수 있도록 데크 산책로를 정비했다. 속리산터미널에서 차로 15분 거리.

위치 충북 보은군 보은읍 성족리 산16 **입장료** 없음

자가운전 1박 2일 추천 일정

1일차
10:00 속리산IC → 10:30 선병국 가옥 관광 → 12:00 점심 식사 → 13:30 법주사~세심정 걷기 → 16:00 동학농민혁명기념공원 관광 → 17:30 저녁 식사 → 19:30 숙소 도착

2일차
08:00 아침 식사 → 10:30 문의문화재단지 관광 → 11:30 점심 식사 → 13:00 청남대 관광 → 16:00 문의IC

문의: 선병국 가옥(043-543-7177), 법주사(043-543-3615), 문의문화재단지(043-251-3288), 청남대(043-220-6412)

숲도 걷고 산림 문화 체험도 하고

관리사무소 → 산야초전시원 → 고라니관찰원 → 전망대 쉼터 → 특용수원 → 관리사무소

출발 충북 청원군 미원면 미원리 20 미동산수목원 **주차** 미동산수목원 주차장(무료)

거 리	6.6km	난이도	쉬워요
소요시간	2시간 30분		
추천테마	숲, 봄·여름·가을, 아이들과		

미동산수목원은 유전자보존원, 미선나무원 등 수목 전문원과 목재문화체험장, 산림과학박물관, 산림환경생태원, 산야초전시원 등을 갖추고 있는 산림 문화의 명소다. 아름다운 숲을 걷고 자연의 소중함도 배울 수 있어 어린이를 동반한 가족 걷기 여행지로 알맞다.

생태습지

미동산수목원 산책로

우리나라에서 자라는 희귀 특산종이나 멸종 위기 식물, 기후변화에 취약한 나무들을 보호하기 위해 조성한 유전자보전림으로 들어서면 나무의 종류만큼 온갖 색상으로 물든 단풍들, 낙엽 곱게 쌓인 길에 여유로움이 배어 있다.

수목원도 빠짐없이 둘러본다. 산야초전시원은 산과 들에서 자라는 꽃과 나무를 한 데 모아 놓은 곳이다. 주로 식용이 가능한 식물들을 전시하고, 아이들이 체험 프로그램을 통해 만들었던 나무 공예품도 전시해 놓았다. 바이오식물원, 나비생태원, 미로원 등 테마식물원을 차례로 보고 나면 현장 학습장으로 활용되는 목재문화체험장이 나온다. 나무를 이용해 직접 가구를 만들어 볼 수 있는 곳이다.

미동산수목원에서 가장 아름다운 산책로인 '메타세쿼이아 길'은 제법 길고 운치 있다. 생태관을 지나 갈대, 억새, 꽃창포가 군락을 이루고 있는 생태습지에 닿을 때까지 잔잔한 여운을 남기며 이어진다. 단풍나무와 참나무, 소나무가 빼곡히 자란 임도로 들어서면 그늘 짙은 숲이 펼쳐져 자연 그대로의 기운을 만끽하며 걸을 수 있다.

찾아가기 동서울종합터미널, 서울남부터미널에서 미원면으로 가는 시외버스가 있다. 미원정류소에서 미동산수목원까지는 걸어서 20분 걸린다.

동서울종합터미널→미원정류소
07:10~18:30(40~60분 간격)
서울남부터미널→미원정류소
06:20 07:20 08:00 09:00 11:20 12:30 13:00 13:30 14:00 15:20 16:20 18:20 20:00
돌아오기
미원정류소→동서울종합터미널
07:45 08:55 12:40 13:30 14:35 14:50 15:35 15:50 17:00 17:15 18:40 19:15
미원정류소→서울남부터미널
07:15 08:15 08:35 09:45 13:15 15:00 16:45 18:00 18:50 20:00

숙박 옥화대스토리 010-4441-4605
로마의휴일 (043)224-5101
양지모텔 (043)298-8666
식당 왕서방(삼선짬뽕) (043)284-2888
숲사랑(청국장) (043)283-5579
화장실 관리사무소, 산야초전시원, 목재문화체험장, 생태관

메타세쿼이아 길

산야초전시원의 식물들

여행 Tip
미동산수목원을 감싸고 있는 미동산 임도는 산악자전거를 타고 둘러볼 수도 있다. 수목원과 인접한 미원천과 연계하여 코스를 짜면 더 즐거운 자전거 여행이 될 것이다.

충청북도 청원군 미원면

자가운전 1박 2일 추천 일정

1일차
10:00 증평IC → 11:30 초정약수터 관광 → 12:00 점심 식사 → 13:00 미동산수목원 걷기 → 16:00 옥화9경 관광 → 18:30 저녁 식사 → 19:30 숙소 도착

2일차
08:00 아침 식사 → 10:00 상당산성 탐방 → 12:00 점심 식사 → 13:30 청주랜드 관광 → 15:30 서청주IC

문의: 미동산수목원(043-220-6101), 청주랜드(043-200-4705)

109 상당산성

가볍게 걸으며 역사를 배운다

상당산성 입구 → 남문 → 서문 → 상당산 정상 → 동문 → 보화정 → 상당산성 입구

출발 충북 청주시 상당구 산성동 172 상당산성   주차 상당산성 입구 주차장(무료)

거리	3.6km	난이도	쉬워요
소요시간	1시간 30분		
추천테마	숲, 호수, 사계절, 아이들과		

옛 시절의 성은 적의 침입을 방어하는 기본적이고 효율적인 수단이었다. 우리나라는 국토의 70%가 산지인 까닭에 일부 도성과 읍성을 제외하면 전부 산성이었다. 군사 요지이면서 행정 기능까지 수행했던 산성은 이 나라의 역사를 지켜온 울타리이자 과학 기술의 집약체라 할 수 있다.

충청북도에는 유네스코 세계문화유산 등재를 추진 중인 7개의 산성이 있는데, 문화재로서 가치가 클 뿐만 아니라 생태 보존이 잘 되어 있

서문(미호문)

동문(진동문)

대전·충청도

찾아가기 청주시외·고속버스터미널에서 시내버스를 타고 충북도청에서 내린다. 도청 앞 정류장에서 862번 버스가 상당산성까지 바로 간다.

동서울종합터미널→청주시외버스터미널
06:50~21:00(20분 간격)

서울남부터미널→청주시외버스터미널
06:20~24:00(20~30분 간격)

서울고속버스터미널→청주고속버스터미널
05:40~24:00(10~20분 간격)

청주시외·고속버스터미널→충북도청
105, 211번 등(수시 운행)

충북도청→상당산성
862번 06:55~21:07(55~65분 간격)

돌아오기
상당산성→충북도청
862번 07:31~21:41(55~65분 간격)

충북도청→청주시외·고속버스터미널
105, 112, 211번 등(수시 운행)

청주시외버스터미널→동서울종합터미널
06:00~21:55(20분 간격)

청주시외버스터미널→서울남부터미널
05:25~22:40(20~30분 간격)

청주시외버스터미널→서울고속버스터미널
05:40~23:30(10~20분 간격)

숙박 상당산성자연휴양림 (043)216-0052
         호텔 힐 (043)257-7451
식당 상당집(비지장) (043)252-3291
         경북식당(오리한방백숙)
                    (043)223-4522
화장실 상당산성 입구

성곽 옆 소나무 숲길

서문(미호문)

고 경관도 좋다. 그 중 하나인 상당산성(사적 제212호)은 백제 때 토성으로 쌓았다가 조선 숙종 42년에 대대적인 개축을 거쳐 현재와 같은 석성이 되었다. 상당산(492m)이 그리 높지 않고 성곽 길이 해발 360m에서 시작하기 때문에 힘든 구간이 거의 없다.

호숫가 산책로를 지나 돌계단을 오르면 남문(공남문)에 닿고, 이후 성곽 길은 상당산 줄기를 따라 흰 띠를 그리며 부드럽게 이어진다. 성곽 길과 바로 옆으로 난 숲길이 서로 연결되기 때문에 조망이 좋은 성벽 위를 시원한 바람을 맞으며 걷다가 햇볕이 강하면 소나무가 울창하게 자란 성벽 옆 숲길로 옮겨 걷는다.

남암문부터 서문까지는 상당산성에서 가장 아름다운 구간이다. 3~5m 높이로 쌓인 성곽을 지날 때는 구름다리를 건너는 기분이고, 푸른 하늘 아래 쉼 없이 펼쳐진 들판의 전경도 한눈에 들어온다. 나무에 가려 조망이 좋지 않은 야트막한 상당산 정상을 지난 후 동쪽의 수문장인 동문(진동문)까지 굽이치는 성곽 길을 걷는다. 쌓이고 쌓인 역사의 흔적들을 살피다 보면 일상의 잡념은 잠시 잊게 된다. 완만한 내리막을 따라 남문으로 가는 길에는 장수가 군사를 지휘하던 장대인 보화정에서 잠시 숨을 고를 수 있다.

상당산성 저수지

> **여행 Tip** 상당산성 정류장 주변으로 청국장, 순두부찌개 등 토속 음식과 백반을 내놓는 식당이 밀집해 있다.

남문~서문 성곽 길

자가운전 1박 2일 추천 일정

1일차 10:00 서청주IC → 11:00 상당산성 걷기 → 12:30 점심 식사 → 14:00 청주랜드 관광 → 16:30 국립청주박물관 관람 → 18:30 저녁 식사 → 19:30 숙소 도착

2일차 08:00 아침 식사 → 10:00 청남대 관광 → 12:30 점심 식사 → 14:30 문의IC

문의: 청주랜드(043-200-4705), 국립청주박물관(043-229-6500), 청남대(043-220-6412)

청남대 대통령길

그들을 떠올리게 하는 6개의 테마

청남대 입구 → 대통령역사문화관 → 노태우 대통령길 → 전두환 대통령길 → 김대중 대통령길 → 대통령역사문화관 → 청남대 입구

출발 충북 청원군 문의면 신대리 산26-1 청남대　**주차** 청남대 주차장(1일 2천 원)

거 리	6.8km	난이도	무난해요
소요시간	3시간		
추천테마	숲, 호수, 문화 유적, 사계절, 여럿이		

김영삼 대통령길

　과거의 대청호는 조금 특별했다. 특히 충북 청원군 문의면 일대의 대청호가 그랬다. 대통령 별장인 청남대가 들어서 있던 탓에, 일반인들은 출입을 할 수 없었다. 청남대가 일반에 개방된 것은 지난 2003년. 이후 관광객이 몰려들기 시작해 한 해 수십만 명이 찾는 명소가 됐다. 대청호 풍경이 아름답기도 하지만, 대통령들의 휴가지는 어떤 곳일지 궁금하기도 했을 것이다.

　청남대 구석구석을 둘러볼 수 있는 대통령길은 역대 대통령의 이름을 붙인 6개의 걷기 코스다. 대통령역사문화관에서 조금 더 들어가면 맨 첫 번째로 '노태우 대통령길'이 나오는데, 대청호 전경이 시원하게 펼쳐지는 데크 산책로다. 대통령이 방문한다면 며칠 전부터 밑

전망대에서 본 대청호 낙조

밥을 뿌려 대청호 물고기들을 불러 모으는 '낚시병', 대통령이 청둥오리에게 모이를 줄 수 있도록 미리 오리를 유인하는 '나각병'이 있었다는 그곳이다.

습지생태원인 양어장을 지나 '김영삼 대통령길'로 들어서면 은행나무와 메타세쿼이아가 가을 운치를 더한다. 대통령광장에는 역대 대통령들의 동상이 시대 순으로 세워져 있다. 잔디밭에도 골프채를 휘두르고, 조깅을 하고, 책을 읽고, 자전거를 타는 대통령들의 모습을 동상으로 꾸며 놓았다.

청남대는 오랜 기간 일반인의 접근이 금지된 덕분에 생태계가 잘 보존되어 있다. 숲에는 고라니와 너구리가 서식하고 희귀 식물도 자란다. 그 깊은 숲 속을 걷는 '김대중 대통령길'은 가장 길고 힘들지만 정상의 조망이 장관이다. 초가정에서 출발해 원시림 같은 숲을 지나 가파른 '645 행복의 계단'을 올라 정상에 서면 물과 산이 어우러진 대청호의 전경이 시원스럽게 펼쳐진다.

찾아가기 청주시외버스터미널 앞 정류장에서 311, 313번 시내버스가 문의면 소재지로 간다. 문의파출소 앞 청남대 매표소에서 입장권을 구입한 후 청남대로 가는 302번 좌석버스를 이용한다.

동서울종합터미널→청주시외버스터미널
06:50~21:00(20분 간격)
서울남부터미널→청주시외버스터미널
06:20~24:00(20~30분 간격)
서울고속버스터미널→청주고속버스터미널
05:40~24:00(10~15분 간격)
청주시외·고속버스터미널→청남대 매표소
311, 313번(20~30분 간격)
청남대 매표소→청남대
302번(40분 간격)
돌아오기
청남대→문의면 청남대 매표소
302번(40분 간격)
청남대 매표소→청주시외·고속버스터미널
311, 313번(20~30분 간격)
청주시외버스터미널→동서울종합터미널
06:00~21:55(20분 간격)
청주시외버스터미널→서울남부터미널
05:25~22:40(20~30분 간격)
청주시외버스터미널→서울고속버스터미널
05:40~23:30(10~15분 간격)

숙박 청남대펜션 (043)286-5589
　　　작은용굴민박 010-7145-3322
식당 부부농장(고추장삼겹살)
　　　　　　　　　　　(043)298-0841
　　　아리랑(우렁쌈밥정식) (043)287-3016
화장실 대통령역사문화관, 양어장, 청남대 본관, 그늘집
입장료 성인 5천 원, 청소년 4천 원, 어린이 3천 원

대통령역사문화관 전시관

대전·충청도

노태우 대통령길

대통령 동상이 서 있는 호반 산책로

여행 Tip
승용차로 청남대에 갈 때는 홈페이지(chnam.cb21.net)에서 예약해야 한다. 예약자에 한해 오전 250대, 오후 250대만 차량 출입이 가능하다.
문의: (043)220-6412

+여행

문의문화재단지
청원군에서 발견된 고인돌, 백제 시대부터 근대에 이르기까지 다양한 형식으로 만들어진 기와, 불상과 도자기 등 역사·문화적 가치가 높은 유물들을 전시하고 있다. 청남대에서 차로 30분 거리.
위치 충북 청원군 문의면 문산리 6-1 **전화** (043)251-3288
입장시간 07:00~20:00 (10~4월은 09:00~18:00, 매주 월요일 휴무)
입장료 성인 1천 원, 청소년 800원, 어린이 500원

자가운전 1박 2일 추천 일정

1일차
10:00	10:30	12:00	14:00	17:30	19:00
문의IC →	문의문화재단지 관광 →	점심 식사 →	청남대 대통령길 걷기 →	저녁 식사 →	숙소 도착

2일차
08:00	10:00	12:30	14:30
아침 식사 →	대청호 드라이브 →	점심 식사 →	문의IC

문의: 문의문화재단지(043-251-3288), 청남대(043-220-6412)

111 월악산 하늘재

현세와 내세의 거리는 얼마일까

미륵리사지 주차장 → 미륵리사지 → 하늘재 → 미륵리사지 주차장

출발 충북 충주시 수안보면 미륵리 203 미륵리사지 **주차** 미륵리사지 주차장(무료)

거리	5.5km	난이도	쉬워요
소요시간	2시간		
추천테마	숲, 문화 유적, 사계절, 여럿이		

하늘재 산장

하늘재 가는 길의 숲

찾아가기 동서울종합터미널에서 미륵리로 직행하는 고속버스가 있다. 센트럴시티터미널에서는 충주공용버스터미널까지 간 다음, 월악산으로 가는 222번, 246번 시내버스(1일 11회)를 이용한다.

동서울종합터미널→미륵리
06:40 08:40 10:40 12:40 14:40 16:40 17:40 18:40

센트럴시티터미널→충주공용버스터미널
06:00~23:00(30분 간격)

충주공용버스터미널→미륵리
07:15 08:00 08:10 09:30 11:00 12:50 13:40 14:55 16:20 17:05 19:10

돌아오기

미륵리→충주공용버스터미널
08:37 09:05 09:32 10:57 12:05 14:12 15:05 16:12 17:45 18:22 20:30

충주공용버스터미널→센트럴시티터미널
06:05~23:05(30분 간격)

숙박 수안보파크호텔 (043)846-2331
조령산자연휴양림 (043)833-7994
식당 월악송어양식장횟집(송어회) (043)842-9332
대장군(꿩불고기) (043)846-1757
화장실 미륵리사지 주차장

월악산국립공원 안에 있는 하늘재는 충주시 미륵리와 문경시 관음리를 이어주는 우리나라에서 가장 오래된 고갯길이다. 156년 신라 제8대 아달라왕이 중원 지역으로 진출하기 위해 개척한 길로 당시에는 계립령이라 불렸다. 신라가 한강으로 진출하는 교두보가 되어주고 백제와 고구려의 남진도 막아준 하늘재는 현세(관음)와 내세(미륵)의 갈림길이라는 철학적인 의미도 담도 있다.

하지만 1414년 조선 태조 때 문경새재가 생기면서 하늘재의 영광은 끝났다. 반상의 구분이 엄했던 조선에서 문경새재는 양반의 길, 하늘재는 서민의 길로 나뉘어 백성들의 애환 가득한 발자국만 남게 된다. 그런데 현세와 내세, 양반과 상민의 대비처럼 오늘날에는 흙길과 아스팔트 도로가 정상의 경계를 나누고 있어 흥미롭다. 미륵리에서 정상까지는 옛 흙길, 정상부터 관음리 쪽으로는 아스팔트 도로다.

미륵리사지에서 하늘재로 오르는 길은 폭이 넓고 경사도 거의 없어 쉽게 다녀올 수 있다. 고려 초기 석굴사원 터인 미륵리사지에는 석불입상, 오층석탑, 삼층석탑, 석등 등 석굴 사원의 흔적이 남아 있다. 특이하게 절터가 북쪽을 향한 이유는 고려의 '고구려 영토 회복 의지'로 추정되고 있다.

산길로 들어서면 전나무와 굴참나무 우거진 숲길이 이어진다. 작은 구름다리를 건너면 한 사람이 지나다닐 수 있을 만한 오솔길이다.

미륵리사지

계곡 물소리 은은하고 아까시나무 울창한 숲에 꽃향기가 가득하다.

숲이 끝나면 문경으로 넘어가는 경계선. 하늘재 기념비가 서 있는 둔덕으로 올라서면 비로소 왜 이 고개의 이름이 하늘재인지 실감하게 된다. 주변에 산봉우리를 두른 분지 같은 형태에 머리 바로 위가 하늘이다. 하늘로 뻥 뚫린 것 같은 고개는 역사의 온갖 풍상을 하늘로 날려 버린 듯 고요하다.

밤나무 과수원 옆길

미륵리석불입상

문의: 청풍문화재단지(043-641-6734), 충주호 유람선(043-851-7400), 수안보온천랜드(수안보온천 내, 043-855-8400)

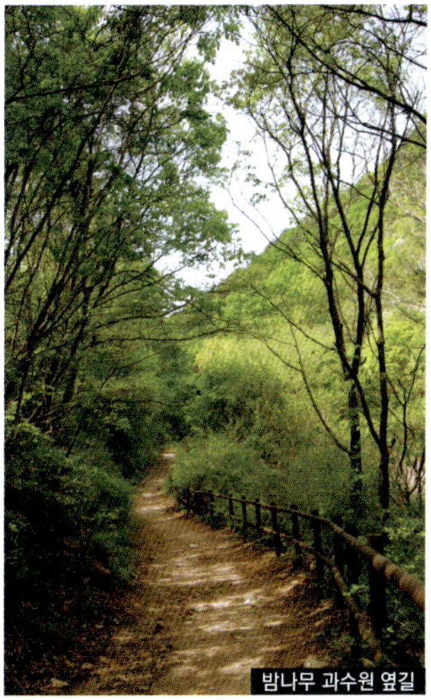

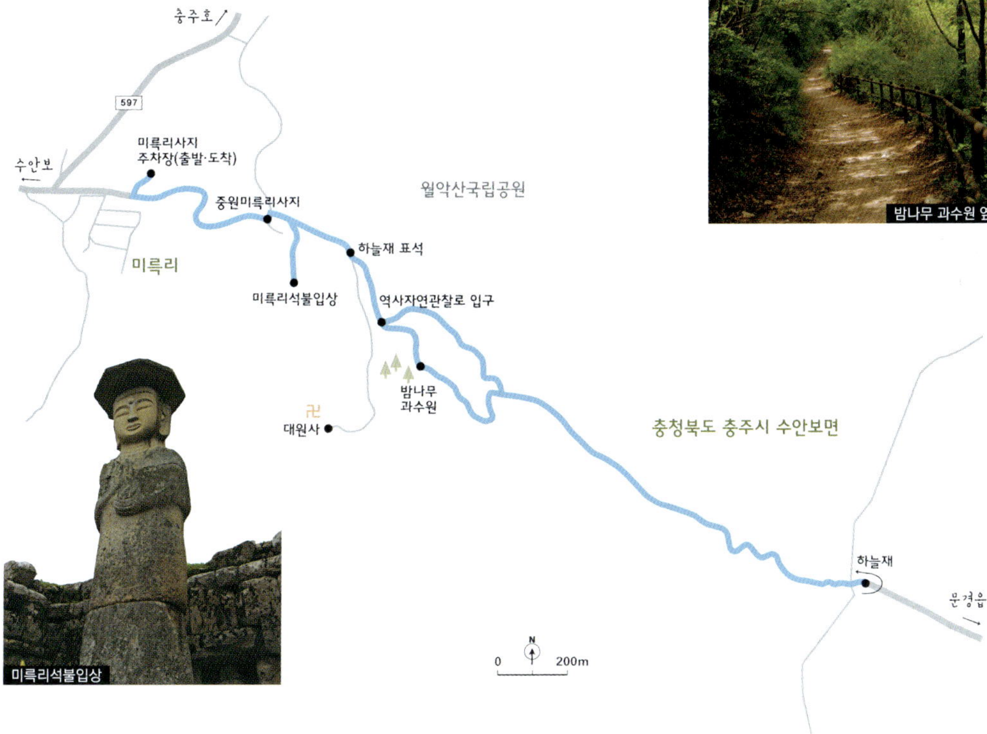

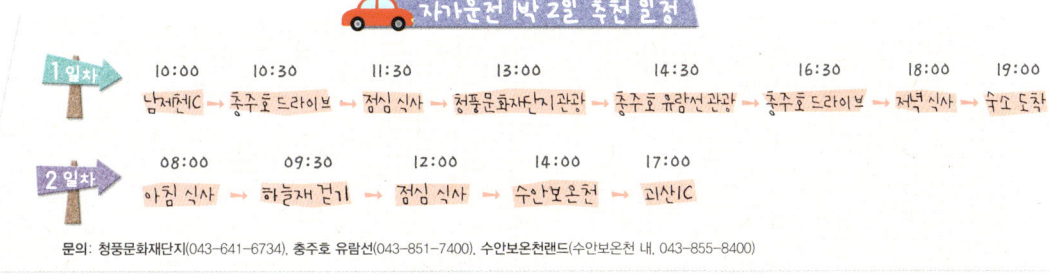

대전·충청도

112 마곡사 솔바람길

청년 김구의 고뇌를 보다

마곡사 주차장 → 마곡사 → 활인봉 → 나발봉 → 마곡사 주차장
출발 충남 공주시 사곡면 운암리 567 마곡사 주차 마곡사 주차장(무료)

거 리	9.0km	난이도	조금 힘들어요
소요시간	4시간		
추천테마	숲, 계곡, 문화 유적, 봄·가을, 여럿이		

'솔바람길'은 천안 태조산, 부여 성흥산성, 홍성 거북이마을 등 충청남도의 16개 시군에 걸쳐 조성 중인 걷기여행 코스다. 그중에 '마곡사 솔바람길'은 백범 김구(1876~1949) 선생이 은둔했던 마곡사와 그 주변길, 태화산 능선의 암자들과 송림을 지난다. 길은 일정 구간이 겹치는 3개의 코스로 이뤄져 있는데, 3코스 송림숲길 위주로 크

마곡사의 가을 풍경

게 한 바퀴 도는 여정을 추천한다.

　마곡사 솔바람길의 또 다른 이름은 '백범 명상길'이다. 23세의 청년 김구가 명성황후 시해에 가담한 일본인 장교를 죽인 죄로 붙잡혔다가 탈옥해 마곡사에서 '원종'이라는 법명으로 잠시 승려 생활을 했기 때문에 붙여진 이름이다. 식민지 조국을 걱정하며 이 길을 걸었던 청년은 결국 이듬해 봄 마곡사를 나가 고난의 독립운동가가 된다.

　맨발로 걸어도 좋을 만큼 부드러운 흙길과 고찰, 울창한 송림, 당당한 산세가 어우러진 멋진 길이지만 빽빽한 소나무 숲과 굴곡진 언덕은 백범의 인생을 닮아 보이기도 한다. 속세와 인연을 끊고자 삭발까지 했지만 위기에 처한 나라를 외면할 수 없었던 올곧은 청년의 고뇌와 상념을 함께 느껴볼 수 있는 길이다.

　마곡사를 등지고 태화산을 오르기 시작하면 만만치 않은 오르막길이 1시간 가량 계속된다. 적송에서 뿜어져 나오는 솔향기를 들이마시고, 새소리와 물소리에 귀를 기울이며 에너지를 얻어 오르면 활인봉 1코스와 백련암 3코스로 나뉘는 삼거리에서 비로소 능선이 나타나 한숨을 돌린다. 조금 더 올라가면 단층 정자가 있는 태화산 정상인 활인봉(423m)이다. 어지럽게 자란 나뭇가지가 시야를 가려 전망이 좋지

찾아가기 서울고속버스터미널, 동서울종합터미널, 서울남부터미널에서 공주종합버스터미널로 갈 수 있다. 공주종합버스터미널에서 7번 시내버스가 마곡사까지 간다.
서울고속버스터미널→공주종합버스터미널
06:05~23:05(30~35분 간격)
동서울종합터미널→공주종합버스터미널
07:10~18:50(60분 간격)
서울남부터미널→공주종합버스터미널
06:30~20:30(10~30분 간격)
공주종합버스터미널→마곡사
07:00~20:30(60분 간격)
돌아오기
마곡사→공주종합버스터미널
07:00~20:30(60분 간격)
공주종합버스터미널→서울고속버스터미널
06:00~20:40(30~35분 간격)
공주종합버스터미널→동서울종합터미널
08:05~19:20(60분 간격)
공주종합버스터미널→서울남부터미널
06:20~20:45(10~30분 간격)

숙박 마곡사 템플스테이 (041)841-6221
　　　땅우에태양 (041)841-5900
식당 바람처럼 구름처럼(산채정식)
　　　　　　　　　　　(041) 540-2110
　　　촌집(장어구이) (041)841-4930
화장실 마곡사 주차장, 마곡사 내
입장료 성인·청소년 2천 원, 어린이 1천500원

마곡사 솔바람길
---- 1코스 백범길
---- 2코스 산책길
---- 3코스 송림숲길

명부전

않다. 태화산의 또 다른 주봉인 나발봉(416m)도 힘든 오르막길 끝의 좁은 공터와 단층 정자, 나뭇가지에 가린 전망까지 활인봉과 거의 비슷한 모습이다.

두 개의 봉우리를 넘어간 길은 완만한 내리막으로 바뀐다. 김구가 승려가 되기 위해 머리를 깎았다는 삭발 터와 마곡사 성보박물관이 차례로 모습을 보인다. 마곡천을 따라 걷던 길 끝에서 극락교를 건너면 마곡사 경내다.

마곡사 오층석탑

+여행

무령왕릉
백제 제25대 왕인 무령왕과 왕비가 합장된 능이다. 능에서 출토된 청동거울, 돌로 만든 짐승, 왕과 왕비의 금제관장식, 금제귀걸이 등 17점의 유물은 국보로 지정되었다. 실제 무령왕릉은 보존을 위해 폐쇄해 놓은 상태이며, 무령왕릉을 그대로 재현해 동일한 크기로 만든 송산리 고분군 모형관을 관람할 수 있다. 마곡사에서 차로 50분 거리.
위치 충남 공주시 웅진동 57 **전화** (041)856-3151 **관람시간** 09:00~18:00
관람료 성인 1천500원, 청소년 1천 원, 어린이 700원

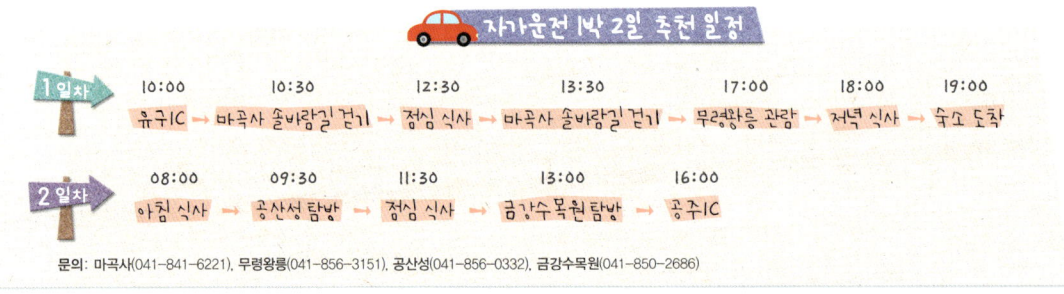

문의: 마곡사(041-841-6221), 무령왕릉(041-856-3151), 공산성(041-856-0332), 금강수목원(041-850-2686)

113 부소산성

백제 사비 시대 도성과 낙화암

부소산성 주차장 → 낙화암 → 고란산 → 태자골 숲길 → 삼충사 → 부소산성 주차장

출발 충북 부여군 부여읍 관북리 산1-1 부소산성 주차 부소산성 주차장(무료)

거리	6.0km	난이도	무난해요
소요시간	2시간 30분		
추천테마	숲, 강, 문화 유적, 사계절, 아이들과		

백제는 건국부터 멸망까지 한성(기원전 18년~475년), 웅진(475~538년), 사비(538~660년) 시대를 거치며 700년 역사를 이어왔다. 한성(지금의 서울)을 도읍 삼은 500여 년이 가장 부강했던 시절이고, 웅진(지금의 공주)은 짧은 기간 동안 중국의 선진 문물을 적극 받아들인 시기다. 사비(지금의 부여) 시대에는 불교가 성행했고, 세련되고 우아한 문화 예술을 꽃피웠다.

부소산성(사적 제5호)은 부여 서쪽을 반달 모양으로 휘감아 흐르는 백마강 남쪽의 부소산을 감싸고 쌓은 사비 시대의 도성이다. 평시에

찾아가기 서울남부터미널과 동서울종합터미널에서 부여시외버스터미널로 가는 시외버스가 있다. 부여시외버스터미널에서 부소산성 입구까지는 걸어서 15분 거리다.

서울남부터미널→부여시외버스터미널
06:30~19:20(10~40분 간격)

동서울종합터미널→부여시외버스터미널
07:10~17:30(60~120분 간격)

돌아오기

부여시외버스터미널→서울남부터미널
07:00~19:20(20~40분 간격)

부여시외버스터미널→동서울종합터미널
07:00~17:25(60~120분 간격)

숙박 삼정부여유스호스텔 (041)835-3101
       굿뜨레펜션 010-5452-2240
식당 백제향(백련향 정식) (041)837-0110
       백제의집(소부리 연정식)
                          (041)834-1212
화장실 부소산성 주차장, 정문, 고란사
입장료 성인 2천 원, 청소년 1천100원, 어린이 1천 원

낙화암의 노송과 백화정

대전·충청도

태자골 숲길

는 왕과 귀족들의 비원으로 쓰이다가 유사시에는 청산성, 청마산성과 함께 나라를 지킨 요새였다. 현재는 토성 일부와 당시 건물 터가 남아 있는데, 성을 한 바퀴 도는 길에서 낙화암과 조룡대, 삼충사 등 백제의 흔적들을 만날 수 있다.

부소산문을 통과하면 '부여 관북리 유적(사적 제428호)'이 있고, 언덕을 올라 부여 전경을 한눈에 감상할 수 있는 반월루, 부소산성에서 가장 높은 곳에 자리 잡아 절벽 아래 백마강을 굽어볼 수 있는 사자루 등을 들러보고 나면 낙화암이 기다린다.

당나라 군사가 부소산성을 함락했을 때 백제의 삼천 궁녀가 강으로 몸을 던졌다는 낙화암 절벽에는 그녀들의 원혼을 달래는 백화정이 있다. 강가에 위치한 고란사에서 한 번 마실 때마다 3년씩 젊어진다는 약수(고란정)를 마시고 사찰 옆 선착장에서 구드래 선착장을 오가는 유람선을 타면, 절벽에서 볼 수 없는 낙화암의 전체 모습을 감상할 수 있다. 선착장 옆 강가에 솟은 작은 바위인 조룡대에는 당나라 장수 소정방이 백마의 머리를 낚싯대에 걸어 백제를 지키던 청룡을 낚아 올렸다는 전설이 전해진다.

조룡대에서 길을 되돌려 백제 왕자들의 산책로로 알려진 태자골 숲길을 걸어 나오면 삼천 궁녀의 넋을 기리기 위해 세운 궁녀사, 약수터 태자천, 군량미 등의 물품을 보관하던 군창지 등을 거쳐 삼충사에 이른다. 망해가는 백제를 향해 충언을 한 죄로 옥에 갇혔던 계백, 성충, 흥수의 위패를 모신 사당이다.

태자천

부영 관북리 유적

여행 Tip
부소산성 인근에 백제의 문화와 역사를 살펴볼 수 있는 국립부여박물관과 궁남지가 있다. 부여군의 젖줄이자 철새 도래지인 금강에도 강변을 따라 가볍게 산책하기 좋은 공원이 있다.

궁남지
서동요의 주인공 백제 무왕이 중국 전설에 등장하는 낙원을 모방해 만들었다고 전해진다. 우리 역사 최초의 인공 연못으로, 현재의 궁남지는 1960년대에 복원되었다. 연못 주변으로 백련과 홍련을 심은 크고 작은 늪지 수십 개가 있다. 부소산성에서 걸어서 15분 거리.

위치 충남 부여군 부여읍 동남리 117 **전화** (041)830-2512 **입장료** 없음

자가운전 1박 2일 추천 일정

 1일차 10:00 부여IC → 10:30 부소산성 걷기 → 13:00 점심 식사 → 14:30 구드래조각공원 관람 → 16:30 궁남지 관광 → 18:00 저녁 식사 → 19:00 숙소 도착

 2일차 08:00 아침 식사 → 09:30 능산리고분군 관광 → 12:00 점심 식사 → 13:30 백제문화단지 관광 → 16:00 부여IC

문의: 부소산성(041-830-2527), 백제문화단지(041-837-3479)

114 용현자연휴양림 내포문화숲길 시범구간

숲길 걸어 백제 불교문화 속으로

용현자연휴양림 주차장 → 통통고개 → 백암사지 → 사방댐 → 용현자연휴양림 주차장

출발 충남 서산시 운산면 용현리 산2-37 용현자연휴양림 **주차** 용현자연휴양림 주차장(1일 3천 원)

거 리	6.6km	난이도	무난해요
소요시간	2시간 30분		
추천테마	숲, 문화 유적, 사계절, 여럿이		

내포문화숲길은 서산시와 당진시, 예산군, 홍성군이 중부지방산림청과 불교 조계종 수덕사와 협력해 조성 중인 탐방로다. 백제 부흥군길, 원효대사 깨달음길, 천주교 순례길, 내포 역사인물길 등 4개의 테마로 개통할 예정이다. '내포(內浦)'는 충남 서북부 가야산 주변을 통칭하는 지명이다.

백암사지 지나 휴양림으로 가는 임도

찾아가기 서울 센트럴시티터미널과 서울남부터미널, 동서울종합터미널에서 서산공용버스터미널로 갈 수 있다. 서산공용버스터미널에서 원평리로 가는 버스를 타고 보원사지에서 내려 15분 정도 걸어가면 휴양림이다.
센트럴시티터미널→서산공용버스터미널
06:00~21:50(20~30분 간격)
서울남부터미널→서산공용버스터미널
06:30~20:00(20~30분 간격)
동서울종합터미널→서산공용버스터미널
07:20 10:25 14:30 18:10
서산공용버스터미널→보원사지
09:15 11:30 13:50 16:00 19:00
돌아오기
보원사지→서산공용버스터미널
10:30 12:40 15:20 17:10
서산공용버스터미널→센트럴시티터미널
06:00~21:50(20~30분 간격)
서산공용버스터미널→서울남부터미널
06:40~20:50(20~50분 간격)
서산공용버스터미널→동서울종합터미널
06:30 11:10 14:20 18:50

용현자연휴양림은 가야산 줄기에 포근히 안긴 채 맑고 깨끗한 용현계곡을 품고 있어 산림 휴양의 최적지로 손꼽힌다. 휴양림 안에는 내포문화숲길 시범구간이 있다. '원효대사 깨달음 길'에 속하는 이 구간은 가야산에 산재한 수많은 절터를 숲길로 이어주는 첫 사업으로, 가야사와 백암사지를 포함한다. 거리가 짧아 별로 힘들지 않고, 용현계곡의 물소리와 새소리를 들으며 백제의 문화 유적을 관찰하는 특별한 추억을 만들 수 있다.

숙박 용현자연휴양림 (041)664-1978
　　　도담별펜션 010-6301-0731
식당 광릉불고기(돼지숯불구이백반)
　　　　　　　　　(041)663-6659
　　　용현집(어죽) (041)663-4090
화장실 용현자연휴양림 주차장

산허리를 뱅뱅 돌아 고갯마루로 향하는 임도를 걷다가 뒤를 돌아보

대전·충청도

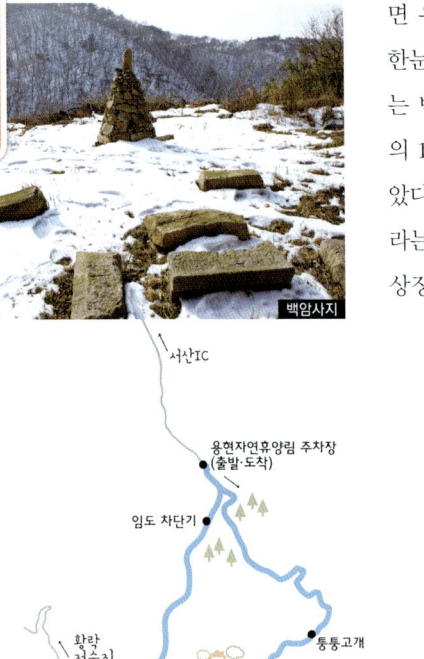
백암사지

면 우람한 산줄기가 수묵화처럼 조용하게 뻗어 있다. 가야산 일대가 한눈에 보이는 퉁퉁고개에 이르면 융성했던 고려 불교를 짐작할 수 있는 백암사지로 숲길이 이어진다. 백암사는 백제 시대의 고찰 보원사의 100번째 암자로 알려졌는데, 지금은 사찰도 암자도 흔적으로만 남았다. 물푸레나무, 비목나무, 팽나무, 소태나무, 고로쇠나무 등이 자라는 계곡 길에서는 잎과 꽃이 따로 피고 져서 '이룰 수 없는 사랑'을 상징하는 상사화 군락지도 만난다.

+여행

해미읍성
조선 시대 읍성 중 전라도의 고창읍성, 낙안읍성과 더불어 가장 보존 상태가 좋다. 왜구를 방어할 목적으로 조선 태종 때 쌓기 시작해 세종 때 성벽을 완성했다고 한다. 해마다 열리는 해미읍성 축제 때는 다양한 공연 체험 프로그램이 준비된다. 용현자연휴양림에서 차로 30분 거리.
위치 충남 서산시 해미면 읍내리 16 **전화** (041)660-2540 **입장시간** 05:00~21:00(동절기는 06:00~19:00, 연중무휴) **입장료** 1천 원

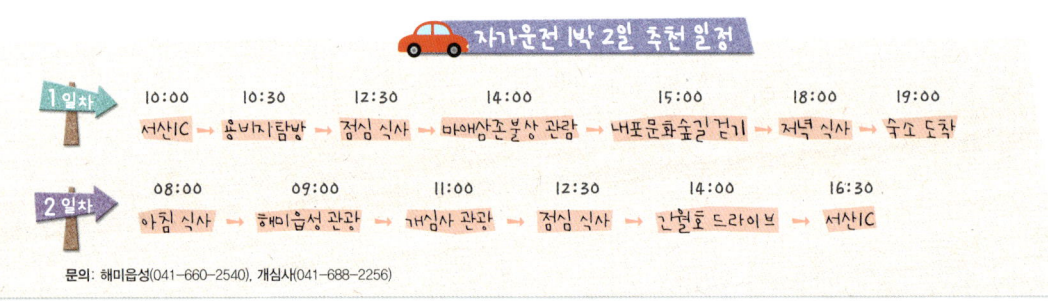

문의: 해미읍성(041-660-2540), 개심사(041-688-2256)

115 설광봉도 봉수산 임도

유유자적 봉황이나 찾아볼까

봉수산 주차장 → 봉곡사 → 약수암 → 각흘고개 → 봉수산 주차장

출발 충남 아산시 송악면 유곡리 452-1 봉곡사 입구　주차 봉수산 주차장(무료)

거리	17.6km	난이도	조금 힘들어요
소요시간	5시간 30분		
추천테마	숲, 문화 유적, 가을·겨울, 여럿이		

　　설광봉도(雪廣鳳道). 언뜻 눈 내리는 광야에 봉황이 날아가는 장면이 연상된다. 고사성어인지 중국 영화인지 동양화인지는 모르겠지만 신비롭고 경이로운 무언가를 뜻하는 말 같다. 절반은 맞았다. 눈도 내리고 광야를 나는 새도 보인다. 새로운 세상은 늘 신비롭고 경이롭다.

봉곡사 금강송 숲

대전·충청도

찾아가기 서울에서 신창행 지하철 1호선을 타면 온양온천역으로 갈 수 있다. 동서울종합터미널과 서울남부터미널에서 온양시외버스터미널로 갈 수 있다. 온양시외버스터미널·온양온천역에서 140번 버스가 봉곡사로 간다.

청량리역→온양온천역
06:52~21:48(30분 간격)

동서울종합터미널→온양시외버스터미널
06:00~22:00(30분~1시간 간격)

서울남부터미널→온양시외버스터미널
07:20~17:40(40분~1시간 간격)

온양온천역→봉곡사 09:00 12:20 18:20

돌아오기 봉곡사에서 하루 3번 온양온천역·온양시외버스터미널로 가는 140번 시내버스가 있다. 각흘고개에서는 온양과 공주 유구터미널을 오가는 시내버스가 1시간 간격으로 있다.

봉곡사→온양온천역 09:55 13:15 19:15

각흘고개→온양온천역
07:00~19:10(1시간 간격. 유구터미널 출발 기준)

온양온천역→청량리역
05:23~22:34(30분 간격)

온양시외버스터미널→동서울종합터미널
06:00~21:20(30~45분 간격)

온양시외버스터미널→서울남부터미널
07:05~18:25(30분~1시간 30분 간격)

숙박 온양온천 1644-2468
  풍덕고택 (041)541-0023
식당 옛날손칼국수(손칼국수)
  (041)546-0111
  청산가든(흑돼지 삼겹살)
  (041)541-4367
화장실 없음

그러나 절반은 틀렸다. 이것은 충청남도 아산, 천안, 공주, 예산 지역에 있는 네 개의 산을 연결해 만든 걷기여행 코스의 이름이다. 설화산, 광덕산, 봉수산, 도고산의 앞 글자를 따서 설광봉도가 되었다. 연결된 길의 모양이 브이(V) 형태라 '브이루트'라고도 부른다.

해발 400~700m의 야트막한 산들이지만 설광봉도는 정상을 지나는 등산로가 아니다. 체력에 자신이 없는 사람도 트레킹 정도의 난이도로 산 중턱의 임도를 걸으며 산세의 정취를 느낄 수 있다. 일행이 많으면 온천과 등산을 접목해 다양한 코스를 짜보는 것도 좋다.

봉수산(535m)은 높이에 비해 품이 넓은 산이다. 봉수산 임도는 봉곡사 앞 소나무 숲에서 시작해 아산과 공주의 경계인 각흘고개까지 가는 길이다. 임도에 오르는 초반이 조금 가파를 뿐 편하고 단조로운 길이 산허리를 돌며 계속 이어져 머리와 마음을 비우고 걷기에 집중할 수 있다. 길 위로는 하얀 구름이 느릿느릿 흐르고, 길 아래로는 웅장한 산줄기가 우뚝 멈춰서 있다.

주차장에서 바로 봉곡사로 가는 소나무 숲길이 이어진다. 정자 쉼터에서 잠시 숨을 고르고 소나무 숲을 벗어나면 널찍하고 평평하게 닦인 임도가 산허리 모양대로 휘어지면서 걸음을 이끈다. 구름을 벗 삼아 한참을 걸어가면 소나무 숲에서 봤던 것과 똑같은 모양의 두 번째 정자 쉼터가 보인다. 각흘고개까지 이렇게 똑같은 정자 7개가 차례차례 등장한다.

아산시와 공주시의 경계인 각흘고개는 주변의 지형이 누워 있는 소를 닮았는데, 고갯마루가 소의 뿔에 해당해서 각흘(角屹)이라는 이름이 붙었다고 한다. 봉수산 구간은 여기서 끝난다. 국도를 건너 오른쪽으로 가면 설광봉도 광덕산 구간을 잇는 임도다.

외암민속마을
예성 이씨의 집성촌으로 가옥 상당수가 문화재로 지정되어 있다. 각각의 집들은 주인의 관직명이나 출신지에 따라 참판댁, 건재고택, 교수댁, 송화군수댁 등으로 불린다. 건재고택의 정원은 마을 뒤 설화산 계곡에서 물을 끌어와 연못을 만들고, 그 주변에 향나무와 단풍나무를 심어 풍취를 더했다. 봉곡사에서 차로 15분 거리.
위치 충남 아산시 송악면 외암리 169-1 **전화** (041)540-2110
관람시간 09:00~ 18:00 **관람료** 성인 2천 원, 청소년·어린이 1천 원

116 솔향기길 1코스

은은한 솔향 따라오는 바다

만대항 → 당봉 → 여섬 전망대 → 큰어리골해변 → 꾸지나무골해수욕장 → 내리

출발 충남 태안군 이원면 내리 41-10 만대항 **주차** 만대항 주차장(무료)

거리	9.6km	난이도	조금 힘들어요
소요시간	4시간		
추천테마	숲, 바다, 봄·여름·가을, 여럿이		

솔향기길은 2007년 기름 유출 사고가 났을 때 자원봉사자들이 오갈 수 있게 냈던 산길을 걷기 편하게 단장한 것이다. 태안반도의 해안을 따라 4개의 코스로 조성되었고, 푸른 바다와 은은한 솔향기를 만끽할 수 있다.

가로림만을 살포시 감싸 안은 자세로 천혜의 아름다움을 보여주는 이원반도의 부드러운 해안 절경. 갈대밭이 하얗게 물들고 서해 너머로 붉은 노을이 지면 가던 발걸음 멈추고 그대로 풍경이 되어버리고 싶은 자연의 길이다. 철 따라 싱싱하게 쏟아지는 다양한 수산물을 저

렴한 값으로 맛볼 수 있는 즐거움도 기다린다.

　1코스는 태안반도의 북쪽 끄트머리에 위치한 만대항에서 시작한다. 초입부터 하늘로 쭉쭉 뻗은 소나무들이 빼곡하고, 폭신한 카펫처럼 두텁게 쌓인 솔잎들이 걸음을 가볍게 해준다. 멀리서 불어온 바닷바람이 촘촘히 선 소나무 사이로 파고들면 솔향기가 폐부 깊은 곳까지 스며든다. 길을 정비했다고는 하지만 위험 구간에 굵은 동아줄로 울타리를 친 것을 빼면 인공적인 시설물은 별로 없다. 그 흔한 나무 계단이나 데크도 없다.

　산수골약수터와 삼형제바위를 지나 갯바위를 치는 웅장한 파도 소리를 들으며 당봉 전망대로 올라서면 빼곡한 소나무 숲에 가려 잘 보이지 않던 해안 풍경이 한눈에 잡힌다. 비탈진 오솔길을 내려가면 해변이라 부르기에 민망할 정도로 작은 근육골해변이 나오고, 야트막한 언덕으로 올라서면 주변을 갯바위로 두른 '여섬'이 가까이 보인다. 이 원방조제가 설치되면서 작은 섬들 대부분이 물속으로 가라앉을 때 유일하게 살아남은 여섬은 최고의 갯바위 낚시터로 꼽힌다. 중막골해변에서 갯바위와 백사장의 고즈넉한 풍경, 해식동굴 용난굴을 감상하고 별쌍금약수터를 지나 큰길로 들어서면 태안의 바다 전경이 시원하게 펼쳐진다. 꾸지나무골해수욕장까지, 노을 지는 아름다운 바다 풍경이 내내 따라온다.

찾아가기 동서울종합터미널, 센트럴시티터미널, 서울남부터미널에서 태안으로 가는 버스가 있다. 태안시외버스터미널에서 이원면 방면 버스를 타고 만대항에서 내린다.

동서울종합터미널→태안시외버스터미널
07:20 10:25 14:30 18:10
센트럴시티터미널→태안시외버스터미널
07:10~20:10(70~110분 간격)
서울남부터미널→태안시외버스터미널
06:40~20:00(40~50분 간격)
태안시외버스터미널→만대항
06:30 07:50 09:50 11:40 14:10 16:30 18:50

돌아오기 꾸지나무골해수욕장에서 내리 정류장까지 간 후 태안시외버스터미널로 가는 군내버스를 이용한다.

내리→태안시외버스터미널
07:10 08:45 11:20 12:55 15:20 17:40 19:30
태안시외버스터미널→동서울종합터미널
06:00 10:40 13:50 18:20
태안시외버스터미널→센트럴시티터미널
06:30~19:30(70~110분 간격)
태안시외버스터미널→서울남부터미널
06:50~21:15(25~40분 간격)

숙박 자드락 010-9271-6604
　　　새섬리조트 1588-4325
식당 이원식당(박속밀국낙지탕)
　　　(041)672-8024
화장실 만대항, 당봉, 별쌍금약수터, 꾸지나무골해수욕장

> **여행 Tip**
> 시작점인 만대항을 제외하면 종착점인 꾸지나무골해수욕장에 닿을 때까지 식당과 매점이 없다. 일몰을 감상하기 좋은 중막골해변에는 깨끗한 펜션들이 많이 들어서 있다.

큰어리골해변

삼형제바위가 있는 해변

대전·충청도

장안여 앞바다

중막골해변

자가운전 1박 2일 추천 일정

1일차
- 10:00 서산IC →
- 11:00 점심 식사 →
- 12:30 솔향기길 걷기 →
- 17:30 저녁 식사 →
- 19:00 숙소 도착

2일차
- 08:00 아침 식사 →
- 10:00 신두리해안사구 관광 →
- 12:00 점심 식사 →
- 13:30 천리포수목원 관광 →
- 16:00 서산IC

문의: 천리포수목원(041-672-9982)

117 태안 해변길 4코스 솔모랫길

볼거리 많고 걷기 편한 해안길

몽산포해변 → 자연놀이 체험장 → 별주부센터 → 곰섬 → 드르니항

출발 충남 태안군 남면 신장리 산113-1 몽산포해변 주차 몽산포해변 주차장(1일 4천 원)

거 리	12.7km	난이도	무난해요
소요시간	4시간 30분		
추천테마	숲, 바다, 가을·겨울, 연인끼리		

태안 '솔향기길'이 북쪽 해안가를 따라 주민들이 손수 만든, 투박한 매력의 길이라면 '해변길'은 태안해안국립공원사무소가 서해안을 따라 조성한 세련된 해안길이다. 굽이치는 리아스식 해안을 따라 곰솔 방품림, 염전, 사구, 해넘이 등 태안의 대표 풍광들을 감상할 수 있는 6개 코스가 있다. 탐방객을 위한 관광 안내소와 장애인을 위한 데크 로드를 설치해 놓은 것도 이 길의 특징이다.

가장 먼저 개통된 4코스 솔모랫길은 태안7경에 해당하는 몽산포 해변에서부터 태안 앞바다를 곁에 두고 짙푸른 소나무 숲, 깨끗한 모래밭을 지나 안면도 코앞의 드르니항까지다. 바닷바람이 전해주는 솔향

드르니항 가는 길의 갯벌

대전·충청도

찾아가기 서울남부터미널, 센트럴시티터미널, 동서울종합터미널에서 태안시외버스터미널로 갈 수 있다. 몽산포해변으로 가려면 태안시외버스터미널에서 군내버스를 타고 남면파출소에서 내려 5분 정도 걸으면 된다.

서울남부터미널→태안시외버스터미널
06:40~20:00(40분 간격)

센트럴시티터미널→태안시외버스터미널
07:10~20:10(70~110분 간격)

동서울종합터미널→태안시외버스터미널
07:20 10:25 14:30 18:10

태안시외버스터미널→남면 정류장
06:15~20:00(10분 간격)

돌아오기
드르니항→태안시외버스터미널
07:00 10:50 13:25 17:10

태안시외버스터미널→서울남부터미널
06:50~20:20(25분~50분 간격)

태안시외버스터미널→센트럴시티터미널
06:30~19:30(55분 간격)

태안시외버스터미널→동서울종합터미널
06:00 10:40 13:50 18:20

숙박 곰섬오토캠핑장 010-3438-0909
드르니온리조트 (041)674-5535
식당 선창횟집(살치회) (041)674-6270
드르니회센타(전복죽개탕)
(041)675-5583
화장실 몽산포해변, 달산포, 청포대, 드르니항

기를 맡으며 보드라운 모래의 감촉을 느껴볼 수 있다. 길목마다 이정표가 있어 길을 잃을 걱정 없고, 마음에 드는 백사장이나 송림이 나타나면 아무런 방해 없이 앉아 쉬면 된다.

몽산포해변 주차장에서 출발해 소나무 울창한 몽산포야영장을 통과하면 태안의 바다가 모습을 드러낸다. 넓게 뻗어나간 해변에는 모래가 쓸려나가는 것을 막기 위해 설치한 모래 포집기가 보인다. 해안 사구습지와 둠벙, 전망대, 자연놀이 체험장을 지나면 청포대해수욕장이다.

해안 길이만 7km에 달하는 청포대는 해변 경사가 완만해 여름휴가지로 인기가 높고, 별주부전의 무대인 별주부 마을이 있어 토끼 간을 구하러 용왕님의 심부름을 나온 자라 이야기를 다시 들어볼 수 있다. 자라바위 밑에는 밀물과 썰물을 이용해 고기를 잡는 독살이 옛 모습 그대로 놓여 있다. 마을회관이자 독살문화관, 카페·레스토랑 블루마레가 들어선 9층 전망대 별주부센터도 있다.

길이 끝나갈 무렵이면 솔숲 뒤에서 간간히 파도 소리로 존재를 확인시켜 주던 바다가 드넓은 개펄과 수평선을 펼쳐 보인다. 둑길까지 짠맛이 전해지는 염전 코스. 종점인 드르니항은 맞은편 안면도에서 배를 타고 사람들이 계속 들어온다는 뜻으로 '들온이'라 했다가 발음 따라 변한 이름이다. 연륙교 때문에 발전이 느린 비운의 지역이기도 하다.

독살

청포대해변

충청남도 태안군 남면

모래포집기가 있는 몽산포해변

송림 노선

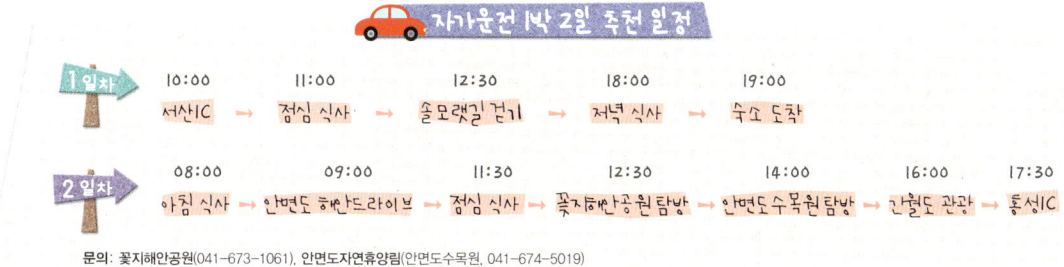

문의: 꽃지해안공원(041-673-1061), 안면도자연휴양림(안면도수목원, 041-674-5019)

광주 · 전라도

전라도의 자연은 전라도 음식처럼 풍요롭고 감미롭다.

화려하지도 모나지도 않으면서 품이 넉넉하고

한결같은 모습으로 누구에게나 따뜻하다.

즐겁게 걷다 보면 감동으로 다가오는 길들이 있다.

무돌길 광주 북구 구간

무등산 자락마다 정겨운 마을

각화마을 → 들산재 → 지랫재 → 원효계곡 → 남면초등학교

출발 광주 북구 각화동 146-2 각화마을 **주차** 각화마을 일대 갓길(무료)

거 리	11.5km	난이도	무난해요
소요시간	4~5시간		
추천테마	숲, 계곡, 사계절, 여럿이		

호랑이가 살았다는 무등산(1천187m)은 남도 사람들에게 어머니 같은 산이다. 뒤에서 도시를 감싸 안고 있는 형국으로 어느 방향에서나 쉽게 접근할 수 있고, 화려하지도 모나지도 않으면서 품이 넉넉한 것이 우리네 어머니 모습을 닮았다. 굴곡진 불평등의 역사와 아픔을 감내해 '모두가 평등하다[無等]'는 이름의 가치를 지켜낸 진산이기도 하다.

각화저수지 산책로

무등산의 옛 이름인 무돌뫼에서 명칭을 따온 무돌길은 마을과 재를 넘어 무등산 자락을 한 바퀴 돌아보는 옛길이다. 광주 북구와 전남 담양, 전남 화순, 광주 동구 순으로 15개 구간이 이어지고 전체 길이는 51.8km다. 해발 200~400m 높이에 형성된 길은 과거 민초들의 삶이 서린 길이었지만 때로는 구국의 길, 문학의 길이 되기도 했다. 전통문화 유적과 선조들의 삶, 때 묻지 않은 자연 경관을 감상하는 코스로, '이야기가 있는 문화생태탐방로'로 지정되었다.

1~4구간이 포함된 광주 북구 길은 대도시 끝에서 출발해 전남 담양의 시골 초등학교에서 끝난다. 이름 예쁜 마을들을 기점 삼아 산자락을 넘고 들판을 지난다. 긴 세월만큼 수많은 이야기가 길과 풍경에 녹아 있다. 세심하게 확인하지 않으면 길을 잃을 수도 있는 구간이 몇 있으므로 주의하고, 초반인 1구간의 오르막 산길에서 일찍 지치지 않도록 체력 안배를 잘 해야 한다.

찾아가기 금호터미널에서 각화사거리로 가는 금호 36번 시내버스를 탄다.
센트럴시티터미널→금호터미널
05:30~01:00(20분 간격)
금호터미널→각화사거리 정류장
05:40~22:35(10분 간격)
돌아오기 남면사무소 건너편 정류장에서 광주 시내를 오가는 충효 187번 버스가 있다. 금호터미널로 가려면 충효 187번 버스를 타고 서방시장 정류장에서 내려 길 건너편 정류장에서 문흥 39번, 송암 47번, 일곡 38번 버스를 타면 된다. 걷기 시작점인 각화마을로 돌아가려면 충효 187번 버스를 타고 가다 동광주 정류장에서 하차해 각화중학교 방향으로 10분 정도 걸으면 된다.
남면사무소→서방시장·동광주
06:20~22:30(60분 간격)
서방시장→금호터미널
05:40~22:20(15분 간격)
금호터미널→센트럴시티터미널
04:00~01:30(수시 운행)

숙박 오페라하우스 (062)267-9093
하여가 (061)381-9429
식당 용두식육식당(육회비빔밥)
(062)573-0033
우렁각시(우렁된장) (062)251-3297
화장실 평촌경로당, 반석마을회관, 남면사무소

광주·전라도

첫 번째 오르막이 끝나는 사거리에 체육 시설을 갖춘 쉼터가 나오면 '청풍마을' 방향으로 방향을 잡고 들산재를 넘어 신촌마을과 등촌마을을 연달아 지난다. 정겨운 마을이 등 뒤로 서서히 멀어지면 고개를 넘어 다음 마을, 다시 정이 들면 다음 마을 식으로 마을들과 만나고 헤어지기를 반복한다. 한적하고 깨끗한 숲길을 따라 지릿재를 넘으면 농지 주변으로 식당과 민박집이 들어선 배재마을, 짧은 숲길을 지나면 금곡마을의 시원스런 들판, 들판 너머 아득하게 첩첩이 겹쳐진 무등산 자락과 원효계곡 물소리를 벗 삼아 걸으면 평촌마을, 사람 하나 지나지 않는 시골길을 한참 지나면 광주를 벗어나 전남 담양의 반석마을에 다다른다.

무돌길 화살표

자가운전 1박 2일 추천 일정

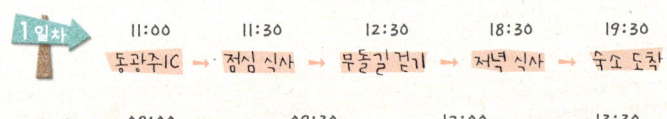

1일차 11:00 동광주IC → 11:30 점심 식사 → 12:30 무돌길 걷기 → 18:30 저녁 식사 → 19:30 숙소 도착

2일차 08:00 아침 식사 → 09:30 금호패밀리랜드 관광 → 12:00 점심 식사 → 13:30 담양 관방제림 탐방 → 15:30 담양IC

문의: 금호패밀리랜드(062-607-8000)

미당의 시가 태어난 그곳

고인돌 질마재 따라 100리길 3코스 질마재길

강나루풍천장어식당 → 꽃무릇 쉼터 → 질마재 → 미당시문학관 → 강나루풍천장어식당

출발 전북 고창군 부안면 용산리 536-1 강나루풍천장어식당   주차 강나루풍천장어식당 주차장(무료)

거 리	11.8km	난이도	무난해요
소요시간	4~5시간		
추천테마	숲, 강, 봄·가을·겨울, 여럿이		

전북 고창에는 경기도 동두천의 소요산(587m)과 이름이 같은 아담한 소요산(444m)이 있다. 고창의 젖줄 인천강을 사이에 두고 선운산과 나란히 마주보고 있어 형제봉, 걸출한 문장가들이 많이 배출되었다는 의미로 문필봉이라 불리기도 하는 산이다. 이 소요산 자락을 넘나드는 야트막한 고개의 이름이 질마재다. 원래는 소나 말의 안장을 뜻하는 '길마'재였으나 미당 서정주 시인의 시집 〈질마재 신화〉가 널리 알려지자 질마재로 부르게 된다. '질마'는 '길마'의 사투리다.

질마재로 가는 임도

이름에서부터 알 수 있듯이 질마재길은 미당의 시향(詩香)을 따라 가는 길이다. 이곳이 시인의 고향이고, 시인의 시집에는 고향 질마재 이야기가 담겨 있다. 줄곧 외지에서 성장했지만 미당의 시 세계에는 말안장 같은 고개, 질마재가 뿌리 깊게 자리 잡고 있었다. 마을 사람들이 해산물과 소금 봇짐을 지고 정읍이나 장성 장터로 가기 위해 이용하던 길이 옛 시인에게 시상을 제공한 서정적인 걷기여행지로 다시 태어난 것이다.

질마재길은 4개의 코스로 구성된 '고인돌 질마재 따라 100리길'의 3코스에 해당한다. 고창을 상징하는 4개의 주제인 '세계에서 가장 큰 고인돌 유적지', '복분자와 풍천장어', '미당의 고향 질마재', '곰소만의 소금밭'을 연결하는 길은 총 45km로 100리(약 40km)보다 조금 길다.

시작점인 연기마을을 지나면 커다란 인공저수지 연기제를 만나고, 비포장 임도가 시작된다. 멀리 보이는 소요산 봉우리, 뻥 뚫린 하늘, 온전하게 불어오는 바람까지 걷기에 최상의 조건인 임도는 질마재 입구까지 길게 이어진다. 질마재 가는 숲길은 아직 자리 잡지 못한 새길의 모습이 역력하고, 질마재에는 옛날 소금장수들이 쉬어갔다는 소금샘이 보인다. 숲을 빠져나오면 저수지 선운제와 저 멀리 안개에 가린 바다가 어렴풋이 보이고, 진마마을로 들어서게 된다. 마을에는 2001년 8월 복원한 미당 생가와 폐교를 개조해 만든 미당시문학관이 있다.

문학관을 돌아본 뒤에는 반드시 생가 쪽으로 되돌아와야 한다. 무심코 문학관 정문으로 나가면 질마재길 이정표가 없어 길을 잃는다.

 찾아가기 고창공용버스터미널에서 연기교 정류장으로 가는 군내버스가 40~60분 간격으로 운행한다.
센트럴시티터미널→고창공용버스터미널
07:00~19:00(수시 운행)
고창공용버스터미널→연기교
06:20~19:55(40~60분 간격)
돌아오기
연기교→고창공용버스터미널
07:00~20:20(30~60분 간격)
고창공용버스터미널→센트럴시티터미널
07:00~19:00(수시 운행)

숙박 선운산관광호텔 (063)561-3377
모니카펜션 010-8899-5737
식당 강나루풍천장어식당(장어구이)
(063)561-5592
전주회관(참게장) (063)563-1203
화장실 강나루풍천장어식당, 미당시문학관

미당 생가의 조형물

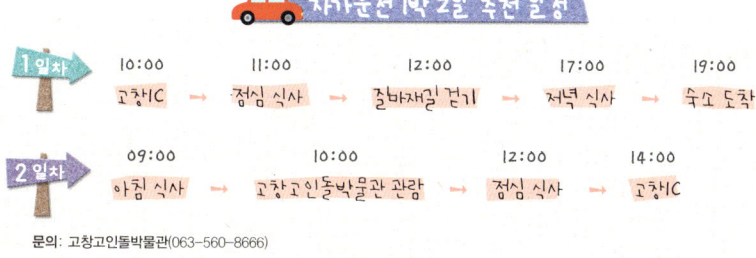

고인돌유적지 · 고창고인돌박물관

탐방 열차를 타고 아시아 최대의 고인돌유적지를 돌아볼 수 있다. 고인돌유적지는 6개 탐방 코스로 나뉘어져 있다. 고창고인돌박물관에서는 청동기 시대의 생활상을 살펴볼 수 있다. 연기교에서 차로 20분 거리.
위치 전북 고창군 고창읍 도산리 676 **전화** (063)560-8666
입장료 박물관: 성인 3천 원, 청소년 2천 원, 어린이 1천 원

자가운전 1박 2일 추천 일정

1일차
10:00 고창IC → 11:00 점심 식사 → 12:00 질마재길 걷기 → 17:00 저녁 식사 → 19:00 숙소 도착

2일차
09:00 아침 식사 → 10:00 고창고인돌박물관 관람 → 12:00 점심 식사 → 14:00 고창IC

문의: 고창고인돌박물관(063-560-8666)

120 구불길 6코스 달밝음길

금강을 배웅하고 공원에 오르다

진포시비공원 → 째보선창 → 구 군산세관 → 월명호수 → 은파관광안내소

출발 전북 군산시 내흥동 864-15 진포시비공원   주차 진포시비공원 주차장(무료)

거 리	13.5km	난이도	조금 힘들어요
소요시간	4시간~4시간 30분		
추천테마	숲, 바다, 봄·가을·겨울, 연인끼리		

이리저리 구부러지고 수풀이 우거진 길에서 여유, 자유, 풍요를 느끼며 걷는다는 의미의 구불길은 2개의 지선을 포함해 총 10개 코스로 구성되어 있다. 군산 시내와 외곽을 돌며 항구도시 군산의 자연과 사람, 역사와 문화를 만난다. 그중 6코스인 달밝음길은 서해로 흘러드는

째보선창

금강을 배웅하며 군산만에서 월명공원과 월명호수를 지나 은파유원지로 가는 여정이다. 강과 호수를 낀 수변 산책로 사이사이로 구도심의 낡은 풍경과 숲이 징검다리처럼 놓여 있다. 일제 때 지어진 작고 낡은 건물들은 영화 세트장처럼 낯설고도 정겨운 풍경을 보여준다.

진포시비공원에서 출발하는 길은 공원 앞에 펼쳐진 드넓은 금강 덕분에 시작부터 상쾌하다. 전북 장수군 장수읍 신무산에서 발원해 400여km를 흘러온 금강은 이곳 구암동 강변에서 서해와 섞인다. 금강을 낀 산책로는 20여 분 이어지다가 큰길 다리 앞에서 끝난다. 이마트 뒷길로 서부발전 앞 사거리를 지나 경암사거리에서 우회전해 걸어가면 바다가 보이는 길 끝에 째보선창이 있다. 지금은 아담한 포구지만 일제강점기 때 군산 앞바다에서 잡힌 수산물이 떠들썩하게 거래되었던 곳이다.

진포해양테마공원을 지나 백년광장 앞 내항사거리에서 새만금방조제, 국가산업단지 방향으로 우회전하면 길은 구도심으로 접어든다. 옛 건물들이 즐비한 곳, 구 장기(長崎-나가사키)18은행과 군산근대역사박물관, 구 군산세관이 차례로 나와 걸음을 늦추고 들러보게 한다. 세관에서 해망굴로 이어지는 길에도 건물들이 평범하지 않다. 채만식의 〈탁류〉에 그려진 풍경처럼 일제강점기의 그림자가 옅게 남아 있다.

해망굴을 나오면 월명공원으로 오른다. 군산 시가지와 금강 하구둑, 서해와 외항, 강 건너 충남 땅의 장항제련소가 한눈에 들어온다. 월명공원을 내려오면 월명호수공원 수변 산책로에 닿고, 호수가 끝날 무렵 숲 속 탐방로가 기다린다. 생태계 보호를 위해 땅 위에 다리처럼 만들어 놓은 데크가 독특하다. 숲길을 내려오다 고개를 들면 두어 블록 거리에 종착점인 은파유원지가 보인다.

구 군산세관

진포해양테마공원

찾아가기 군산역에서 10분 정도 걸으면 진포시비공원이 있다.
용산역→군산역 05:35~20:35(수시 운행)
돌아오기 은파유원지 정류장에서 13번, 16~19번 시내버스를 타면 군산역으로 간다. 진포시비공원은 군산역에서 걸어서 10분 거리다.
은파유원지→군산역 06:05~21:55(15~30분 간격)
군산역→용산역 05:52~20:47(수시 운행)

숙박 테마모텔 (063)468-6067
　　　알바트로스모텔 (063)443-3111
식당 한일옥(뭇국) (063)446-5491
　　　압강옥(냉면, 어복쟁반) (063)452-2777
화장실 이마트, 월평공원, 월명호수공원

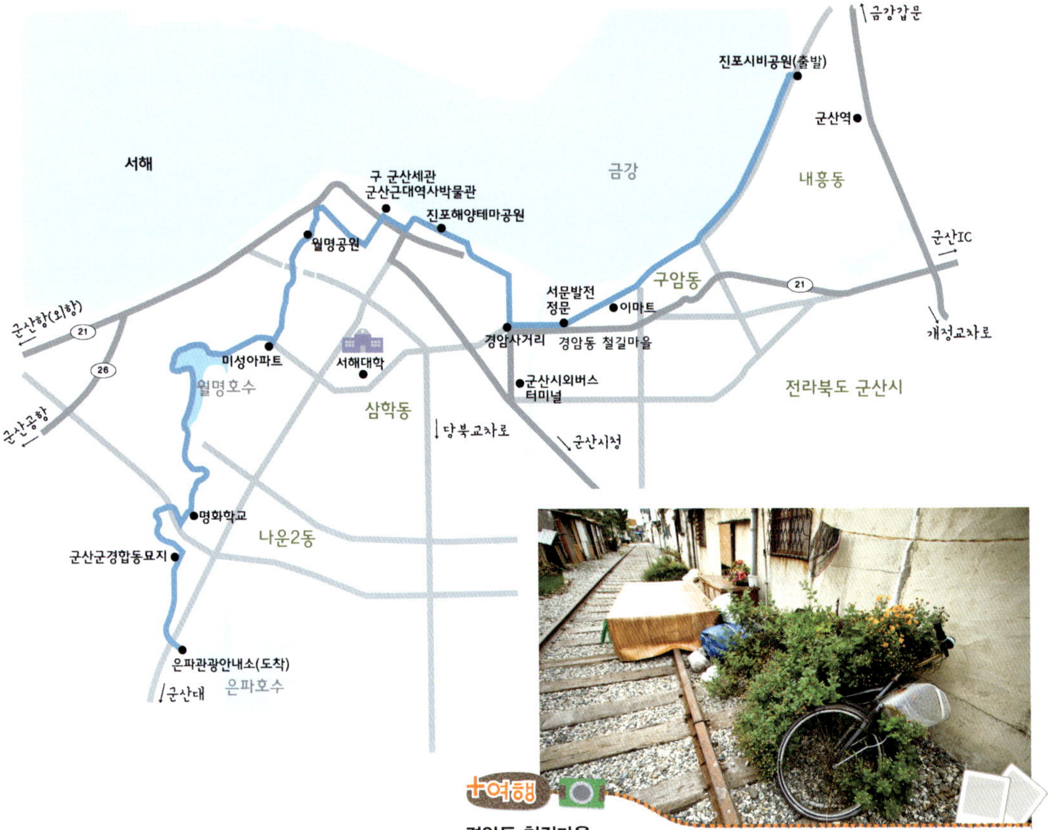

광주·전라도

경암동 철길마을

사진작가들의 출사지로 유명하다. 일제강점기 때 군산역과 제지공장을 잇기 위해 만든 철길 주변으로 70년대부터 민가가 들어서면서 생겨났다. 2008년부터 열차 운행이 중단되었다.

위치 전북 군산시 경암동 636 **입장료** 없음

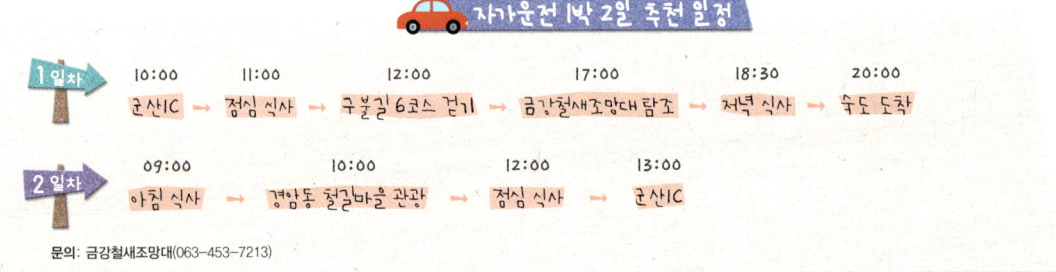

자가운전 1박 2일 추천 일정

1일차
10:00 군산IC → 11:00 점심 식사 → 12:00 구불길 6코스 걷기 → 17:00 금강철새조망대 탐조 → 18:30 저녁 식사 → 20:00 숙소 도착

2일차
09:00 아침 식사 → 10:00 경암동 철길마을 관광 → 12:00 점심 식사 → 13:00 군산IC

문의: 금강철새조망대(063-453-7213)

광주·전라도

121 금구명품길 2코스

날개 펼친 봉황을 닮은 산줄기

금구면사무소 → 선암저수지 → 싸리재문화마을 → 당월저수지 → 금구면사무소

출발 전북 김제시 금구면 금구리 177-16 금구면사무소 **주차** 금구향교 앞 주차장(무료)

거 리	9.5km	난이도	쉬워요
소요시간	3시간 30분		
추천테마	숲, 강, 봄·가을, 연인끼리		

싸리재 임도

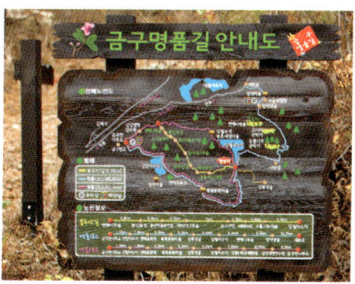

광주·전라도 329

김제에는 4대 종단의 문화유산을 엮어 만든 '아름다운 순례길', 모악산 주변을 한 바퀴 도는 '모악산 마실길', 자연과 농촌체험을 테마로 조성된 '금구 명품길', 새만금사업 현장을 볼 수 있는 '새만금 바람길' 등 걷기여행 코스가 많다. 원하는 코스를 고를 수 있고, 서로 만나고 헤어지는 길들을 조합해 나만의 코스를 새로 만들어볼 수도 있어 매력적이다.

드넓은 김제 평야 동쪽에 자리한 금구면 일대를 산책하듯 둘러보는 금구명품길은 3개의 코스로 구성되어 있다. 1코스와 2코스는 금구면사무소에서 당월저수지까지 같이 가다가 1코스는 양석마을로 가고, 2코스는 금구면사무소로 돌아오도록 갈라진다. 3코스에 해당하는 봉두산길은 2코스 종점 부근에서 숲을 가로질러 당월저수지로 이어진다.

조용한 시골 마을과 저수지, 나지막한 뒷산을 돌아오는 담담한 산책길인 2코스는 라이더들에게 자전거 길로도 인기 있다. 산과 들, 물로 둘러싸인 축령문화마을(축령문화마을)과 전통문화를 체험해볼 수 있는 당월마을이 이색적이고, 두 마을을 잇는 싸리재 임도는 호젓한

여행 Tip

당월마을은 2008년 농림수산식품부 '녹색농촌체험마을'로 선정되어 방문객을 대상으로 녹색농촌체험 프로그램을 운영 중이다. 고구마 캐기와 떡메 치기, 솟대 만들기, 황토 염색, 장 담그기 등 다양한 체험 행사에 참가해볼 수 있다.
문의: (063)544-8255, 홈페이지: www.ssmvil.com.

찾아가기 김제역에서 금구면사무소로 가는 1번 시내버스가 수시로 있다.
용산역→김제역 06:05~23:10(수시 운행)
김제역→금구면사무소
06:45~21:20(수시 운행)
돌아오기
금구면사무소→김제역
06:57~21:50(수시 운행)
김제역→용산역 05:15~22:14(수시 운행)

숙박 CF모텔 (063)545-2288
　　　모텔샵 (063)544-2001
식당 지평선 한우 명품관(갈비탕)
　　　　　　　　 (063)548-9595
　　　장터집(순댓국밥) (063)543-5292
화장실 금구면사무소, 싸리재 문화마을

분위기가 일품이다.

　선암저수지를 오른편에 끼고 걷다 보면 전원주택단지인 싸리재문화마을이 나타난다. 날개를 펼친 봉황처럼 줄기를 뻗은 봉두산의 품에 안겨 자연이 아름답고 환경이 깨끗하며 전주시가 가까워 살기 좋은 마을이다. 마을을 지나 완만한 오르막을 걷다 포장로가 끝날 즈음 마주치는 삼거리부터 걷기 좋은 임도가 펼쳐진다. 1991년 구성산의 숲을 효율적으로 관리하고 각종 임산물을 실어 나르기 위해 닦은 길이다.

　내리막길을 내려가면 냉굴삼거리와 만난다. 오른쪽 길은 1년 내내 서늘한 바람이 나와 피서지로 인기 있는 냉굴로 이어지고, 왼쪽 길은 당월저수지로 향한다. 선암저수지보다 호젓하고 여유로워 잠시 쉬어 가기 좋다. 내리막길 끝에는 1천200여 년 전 백제 시대에 형성된 당월마을이 있다.

싸리재문화마을의 쉼터

+여행

벽골제

국내 최대의 고대 저수지. 벽골제 주변에는 조정래의 소설 〈아리랑〉의 관련 자료가 전시된 아리랑 문학관, 전북 출신의 나상목 화백의 그림이 전시된 벽천 미술관 등이 있다. 금구면사무소에서 차로 30분 거리.
위치 전북 김제시 부량면 신용리 119-1 **전화** (063)540-4986
입장료 없음

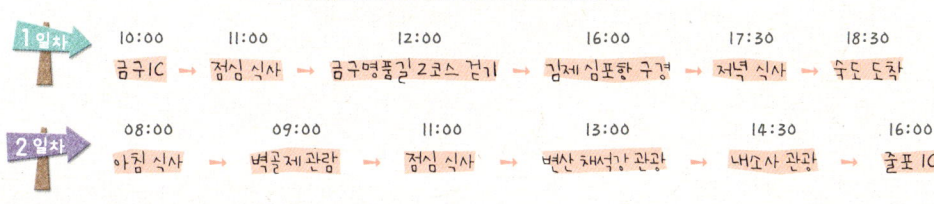

모악산 마실길 2코스

생명의 땅으로 마실 가다

모악산도립공원 주차장 → 백운동마을 → 싸리재 → 금평저수지 → 모악산도립공원 주차장

출발 전북 김제시 금산면 금산리 112 모악산도립공원 주차장 **주차** 모악산도립공원 주차장(주말 3천 원, 평일 무료)

거리	13.2km	난이도	조금 힘들어요
소요시간	5시간 30분		
추천테마	숲, 강, 사계절, 여럿이		

우리나라 최대의 곡창 지대로 꼽히는 김제와 익산의 평원을 적시는 크고 작은 물줄기들은 대부분 모악산(母岳山, 793m)에서 흘러 내려온다. '어머니 산'이라는 이름 그대로 모악산은 주변 평지를 내려다보며 수십 갈래 물줄기를 내보내는 생명력의 원천이다. 전북 지역 어느 곳에서나 접근이 쉬워 많은 관광객이 찾아오는 모악산을 가운데 두고 그 주변을 한 바퀴 도는 길이 모악산 마실길이다.

한옥마을 지나서 나오는 동곡교

마실길은 전주와 김제, 완주에 걸쳐 3개의 구간으로 구성되어 있고, 그 중 가장 길이(25km)가 긴 김제 구간은 2코스로 다시 나뉜다. 1코스는 전주와의 경계지인 유각재에서 출발해 완주와의 경계지인 배재에서 끝나고, 2코스는 금산사에서 출발해 금평저수지를 돌아 금산사로 돌아오는 순환 코스다. 2코스는 하루에 걷기 적당한 길이로, 백운동마을과 귀신사, 금평저수지 등 산길로 이어진 명소들이 지칠 만하면 나타나 발걸음에 힘을 보탠다.

금산사 매표소에서 길을 나서면 일단 금산사를 들러본다. 백제 법왕 1년(599년)에 창건되고 통일 신라 때 진표율사가 6년에 걸쳐 중창한 이 고찰은 후백제의 견훤이 유폐되었던 곳이고, 임진왜란 때는 승병들의 훈련 장소였다. 벚꽃이 아름다운 곳으로도 유명하다. 건물의 수는 많지 않아도 규모가 커 웅장하고, 대가람미륵전(국보 제62호) 등 귀한 유물이 많다.

찾아가기 김제역에서 금산사로 가는 5번, 5-1번 시내버스가 30~60분 간격으로 있다.
용산역→김제역 06:05~23:10(수시 운행)
김제역→금산사 06:27~21:20(30~60분 간격)
돌아오기
금산사→김제역 06:40~21:50(30~60분 간격)
김제역→용산역 05:15~22:14(수시 운행)

숙박 모악산유스호스텔 (063)548-4401
　　　제일장여관 (063)548-3326
식당 김제 금산국수(물국수) (063)545-1138
　　　느티나무(비빔밥) (063)548-4036
화장실 금산사 주차장, 귀신사, 금평저수지

백운동마을로 넘어가는 산길은 모악산 서쪽 자락을 따라 능선을 넘는 계곡 길로, 사방이 막혀 이렇다 할 풍광은 없지만 여름에는 짙은 그늘이 드리워져 걷기에 좋다. 흰 구름에 싸여있다는 의미의 이름이 붙은 작은 산촌, 백운동마을은 높은 산자락에 달랑 몇 가구만 남아 외로워 보인다. 676년 의상대사가 창건한 것으로 알려지는 귀신사는 고풍스러운 원목의 질감이 그대로 드러나 있어 멋스럽다. 싸리재에서 금평저수지로 가는 길은 시원하게 뻗쳐오르는 오르막과 구불구불한 모퉁이를 열 번 넘게 돌아야 하는 내리막을 지난다. 증산교 관련 종교 시설인 한옥들을 여럿 지나면 아치다리가 있는 금평저수지다. 저수지 가장자리를 따라 물속에 기둥을 세워 만든 산책로는 2011년에 조성된 관광 명소다.

여행 Tip
귀신사는 영화 〈보리울의 여름〉과 작가 양귀자의 자전적 소설 〈숨은 꽃〉의 배경으로 등장해 이름을 알렸다. 양귀자는 귀신사를 '영원을 떠돌던 지친 신(神)이 돌아오는 자리'라고 소설에서 설명했다. 양귀자의 설명처럼 배낭을 내려놓고 돌계단에 걸터앉아 잠시 쉬었다 가기 좋다.

금산사 경내

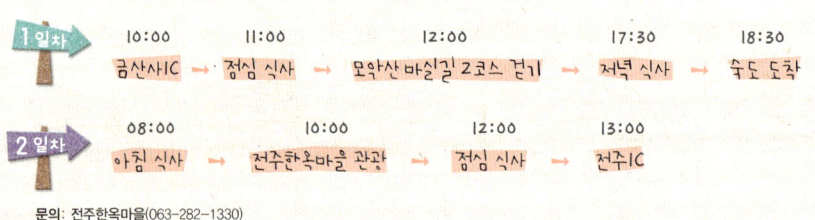

문의: 전주한옥마을(063-282-1330)

123 바래봉

정상에서 팔랑치까지 철쭉의 바다

바래봉 주차장 → 바래봉 → 팔랑치 → 1122고지 → 바래봉 주차장

출발 전북 남원시 운봉읍 용산리 423-10 바래봉 주차장 **주차** 바래봉 주차장(무료)

거리	14.8km	난이도	힘들어요
소요시간	5시간 30분~6시간		
추천테마	숲, 봄·가을, 여럿이		

먹을 것이 부족하던 시절, 먹을 수 있는 진달래는 '참꽃'이라 부르고, 먹을 수 없는 철쭉은 '개꽃'이라 불렀다. 경상도에서는 진달래가 피고 연이어 피는 꽃이라는 뜻으로 철쭉을 '연달래'로 부르기도 했다. 대접받은 진달래에 비하면 천대받았지만, 철쭉은 진달래가 따라올 수 없을 만큼 화려하고 강렬하게 피는 꽃이다.

바래봉 철쭉

광주 · 전라도

찾아가기 남원공용버스터미널에서 운봉우체국으로 가는 버스가 20분 간격으로 있다. 운봉우체국에서 바래봉 주차장까지는 도보 30분.
동서울종합터미널→남원공용버스터미널
09:00 10:00 15:20
남원공용버스터미널→운봉우체국
06:02~20:52(20분 간격)
돌아오기
운봉우체국→남원공용버스터미널
06:53~21:45(20분 간격)
남원공용버스터미널→동서울종합터미널
10:00 15:30 18:00

숙박 J프리방스 (063)625-1555
그린피아모텔 (063)636-7200
식당 명승정(한우꽃등심) (063)631-4453
갑을식당(가마솥 곰탕) (063)634-0342
화장실 바래봉 주차장
입장료 없음

지리산에는 철쭉 군락지가 많은데, 특히 바래봉 철쭉을 최고로 친다. 산의 모습이 바리때(승려의 밥그릇)를 엎어놓은 것처럼 생겼다고 해서 이름 붙은 바래봉(1천167m)은 초지 곳곳에 철쭉이 무리지어 피어나고, 정상에서 팔랑치까지의 1.5km 구간은 최고의 철쭉 절경을 자랑한다. 사람의 허리나 키 높이로 자라는 바래봉 철쭉은 4월 하순부터 5월 하순까지 순차적으로 피어 상당히 오랜 기간 꽃 천지를 즐길 수 있다.

바래봉 걷기 코스는 출발점이 500m를 넘는 고지에 있고, 오르는 길은 우마차가 다닐 수 있을 정도로 넓게 잘 닦여 있으므로 지리산이라고 겁먹지 않아도 된다. 출발 지점인 바래봉 주차장에서부터 바로 철쭉을 감상하며 즐거운 마음으로 걸을 수 있다.

바래봉 입구 삼거리로 오르는 길은 팍팍한 급경사가 두어 군데 있으나 쉬엄쉬엄 걸으면 크게 어렵지 않다. 삼거리에서 바래봉 정상에 다녀오기도 어렵지 않지만, 체력이 안 된다면 오른쪽의 팔랑치로 가면 된다. 팔랑치 철쭉밭에 서면 자신도 모르게 입이 벌어지고 감탄사가 절로 나온다. 그야말로 철쭉의 바다다. 분홍 바다에 빠져 보는 행복은 길을 걸어온 여행자가 누리는 특권이다. 팔랑치를 지나고도 듬성듬성 철쭉 군락이 이어진다. 1122고지라 불리는 봉우리에 올라 철쭉 능선을 바라보는 것도 즐겁다.

여행 Tip
철쭉 개화기에는 상춘객이 북새통을 이루므로 사람에 치이지 않으려면 이른 아침에 길을 나서야 한다. 바래봉 철쭉제는 4월 하순에서 5월 하순까지 약 한 달간 열린다.

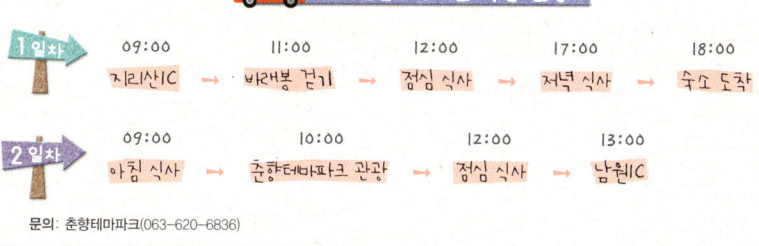

자가운전 1박 2일 추천 일정

1일차
- 09:00 지리산IC → 11:00 바래봉 걷기 → 12:00 점심 식사 → 17:00 저녁 식사 → 18:00 숙소 도착

2일차
- 09:00 아침 식사 → 10:00 춘향테마파크 관광 → 12:00 점심 식사 → 13:00 남원IC

문의: 춘향테마파크(063-620-6836)

124 전주한옥마을~영화의 거리

마음과 감성을 흔드는 도시의 거리

전주한옥마을 주차장 → 경기전 → 오목대 → 전주객사 → 전주천 → 전주한옥마을 주차장

출발 전북 전주시 완산구 남노송동 99-2 전주한옥마을 주차장 **주차** 전주한옥마을 주차장(1일 4천 원)

거 리	7.8km	난이도	쉬워요
소요시간	3시간		
추천테마	강, 문화 유적, 사계절, 연인끼리		

2013년이면 14회가 되는 전주국제영화제는 주류 영화와는 다른 도전적이고 독창적인 영화를 발굴, 소개하면서 전 세계 대안·독립영화의 중심으로 자리 잡았다. 디지털 중심의 차별화된 프로그램으로 성장을 거듭해 이제는 정체성 강한 영화 축제로 인기가 높다.

전통과 현대, 미래가 공존하는 전주만의 독특한 이미지는 영화제의 개성을 살리는 데 큰 역할을 한다. 가장 한국적인 도시에서 각국 예술가들의 퍼포먼스를 보고 한국의 전통문화를 체험하는 특별한 추억을 안겨주기 때문이다.

전주한옥마을

전주국제영화제를 보러 가는 사람들이 들러볼 만한 전주 시내권의 명소들을 꿰는 길이 한옥마을~영화의 거리 코스다. 한옥마을의 경기전과 오목대를 지나 영화의 거리와 차이나타운을 거쳐 원점으로 돌아오는 이 여정에서는 조선왕조 500년 역사의 시작부터 국제영화제의 현장까지 타임머신을 타고 과거와 현재를 오가듯 생생히 둘러볼 수 있다.

출발 지점인 한옥마을은 가장 세련된 감각으로 한옥의 전통을 보여준다. 아름다운 정원을 거느린 한옥들이 들어선 마을은 보도블록과 연못으로 단장되어 있고, 한옥은 갤러리와 전시관, 게스트하우스, 한정식집, 카페 등으로 운영된다. 경기전은 조선 3대 임금인 태종이 태조의 초상화를 모시고 제사를 지내기 위해 지은 건물로, 후에 전주 이씨의 시조 이한공의 위패를 모신 조경묘를 더했다. 오목대는 1380년

찾아가기 전주역에서 동부시장으로 가는 119번, 522번 시내버스가 10~25분 간격으로 있다. 전주한옥마을은 동부시장 정류장에서 도보 3분
용산역→전주역 05:40~22:45(수시 운행)
전주역→동부시장
06:00~22:40(10~25분 간격)
돌아오기
동부시장→전주역
06:00~24:20(수시 운행)
전주역→용산역 00:46~20:53(수시 운행)

숙박 전주게스트하우스 (063)286-8886
　　　정담 (063)283-6416
식당 그때그집(콩나물국밥) (063)231-6387
　　　에루화한옥점(돼지떡갈비)
　　　　　　　　　　　(063)232-8203
화장실 경기전, 오목대

광주·전라도

전동성당

(우왕 6년) 남원에서 왜구를 무찌르고 송도(개성)로 돌아가던 이성계가 고향인 전주에 들러 승전을 축하하는 잔치를 치른 곳이다.

1914년 로마네스크 양식으로 지은 전동성당(사적 제 288호)은 호남 최초의 서양식 건축물로, 이국적인 외관 덕분에 〈약속〉,〈마이 파더〉 등의 영화에 등장했다. 보물 제308호인 풍남문은 옛 전주읍성의 남문으로, 임진왜란과 일제강점기를 거치며 크게 손상되었으나 1978년부터 3년에 걸쳐 복원했다. 보물 제583호인 전주객사 인근에 전주국제영화제가 열리는 영화의 거리가 있고, 차이나타운은 이곳에 모여 살던 중국인들 대부분이 인천 등지로 떠나 이름만 남은 마을이 되었다.

전주천

여행 Tip 전주천은 어른 키만큼 자라는 갈대밭으로 유명한데, 황금빛 갈대밭을 보려면 늦가을에 전주를 찾아야 한다. 한옥마을에서 영화의 거리까지 걷는 동안 전주천의 서천교~매곡교 구간에서 갈대 무성한 강변 풍경을 볼 수 있다.

+여행

국립전주박물관
3만여 점에 이르는 전북 지방의 민속자료를 보유하고 그중 1천200여 점을 상설 전시하고 있다. 지상 2층 건물에 전시실, 세미나실, 카페테리아를 갖췄다. 전주한옥마을에서 차로 30분 거리.
위치 전북 전주시 완산구 효자동2가 900 **전화** (063)223-5651 **입장료** 없음

자가운전 1박 2일 추천 일정

1일차 10:00 전주IC → 11:00 점심 식사 → 12:00 전주한옥마을 걷기 → 15:00 전주남부시장 구경 → 18:00 저녁 식사 → 19:30 숙소 도착

2일차 09:00 아침 식사 → 10:00 전주자연생태박물관 관람 → 12:00 점심 식사 → 13:00 덕진공원 관광 → 15:00 동전주IC

문의: 전주한옥마을(063-282-1330), 전주자연생태박물관(063-281-2831), 덕진공원(063-239-2607)

전국 베스트 힐링로드

광주·전라도

125 천년고도옛길 1코스 건지산 옛길

생태와 문화가 하모니를 이루다

덕진공원 → 혼불문학공원 → 오송제 → 건지산 정상 → 덕진공원

출발 전북 전주시 덕진구 덕진동 1316-12 덕진공원 **주차** 덕진공원 주차장(무료)

거리	9.8km	난이도	무난해요
소요시간	4시간		
추천테마	숲, 문화 유적, 사계절, 여럿이		

전주는 한옥과 대사습의 고도(古都)에서 최명희의 〈혼불〉이 탄생한 문학의 도시로, 다시 국제영화제가 열리는 문화의 도시로 이미지가 확장되어 왔다. 조선왕조의 위엄이 서린 역사적인 공간이며 과거와 현재의 문화가 조화를 이룬 생명력 넘치는 땅이다.

전주의 역사와 문화를 탐방할 수 있도록 걷기 좋은 산책로를 한데 엮어 만든 '천년고도 옛길'은 모두 12개의 코스로 이루어져 있다. 그 1코스인 '건지산 옛길'은 덕진공원부터 혼불문학공원, 오송제와 건지산

오송제

광주·전라도

혼불문학공원의 숲

편백나무 숲길

찾아가기 전주시외버스터미널에서 전주대학교 방향으로 10분 정도 걸어가면 덕진공원이다.
센트럴시티터미널→전주시외버스터미널
05:30~21:40(수시 운행)
돌아오기
전주시외버스터미널→센트럴시티터미널
05:00~21:40(수시 운행)

숙박 J스위트허브 (063)221-5870
돌담집 (063)282-9366
식당 고궁(비빔밥) (063)251-3211
예향(한정식) (063)272-5737
화장실 덕진공원, 건지산 정상, 조경단

정상을 들러 내려오는 코스다. 건지산 정상은 고도가 99m밖에 되지 않아 걷기 편한 숲길에 가깝다. 도심 속에 있으면서도 태초의 밀림같이 숲이 우거져 모자를 쓰지 않고 바람을 맞아도 얼굴 탈 걱정이 없다.

덕진공원 정문인 연지문을 들어서면 넓이 9만9천㎡에 이르는 덕진호가 펼쳐지고, 그 위로 현수교인 연화교가 놓여 있다. 여름이면 다리 주변의 연밭이 연분홍빛 꽃망울을 터뜨리며 연꽃축제의 시작을 알린다. 찰랑거리는 다리를 건너 덕진공원 후문에서 전북대학교 앞을 지나 플라타너스 가로수 길을 따라 10분쯤 걸으면 혼불문학공원이다. 〈혼불〉의 작가 최명희(1947~1998)를 기려, 전주시와 작가의 모교인 전북대가 작가 묘소 주위에 조성해 놓았다.

묘소를 지나면 숲이 더 울창해진다. 도시림과 조경수를 집중 연구하는 전북대의 학술림으로, 단풍나무, 서어나무, 참나무 등이 잘 가꾸어져 있어 도시공원의 역할을 겸한다. 숲을 빠져나가면 건지산에 폭 잠긴 생태습지, 오송제다. 오송제 끄트머리의 오두막 쉼터에서 편백나무 숲길을 거쳐 한국소리문화의전당으로 간다. 매년 가을, 장르의 경계를 넘는 세계의 음악이 모이는 세계소리축제의 현장이다. 여기서 다시 잘 다져진 편백나무 숲길을 오르면 전망 좋은 쉼터를 여럿 지나 건지산 정상에 닿는다. 내려가는 경로는 옛길 말고도 갈림길이 여럿 있다. 그중 '조경단' 방향을 따라가야 건지산에서도 아름드리 편백나무가 가장 빼곡한 산책로를 걸을 수 있다.

조경단

전주전동성당

서울 명동성당, 대구 계산성당과 함께 우리나라의 3대 성당 건축물로 꼽힌다. 한일합방 전인 1908년 프랑스인 신부가 설계 감독해서 1914년에 완공했다. 덕진공원에서 차로 20분 거리.
위치 전북 전주시 완산구 전동 200-1 **전화** (063)284-3222 **입장료** 없음

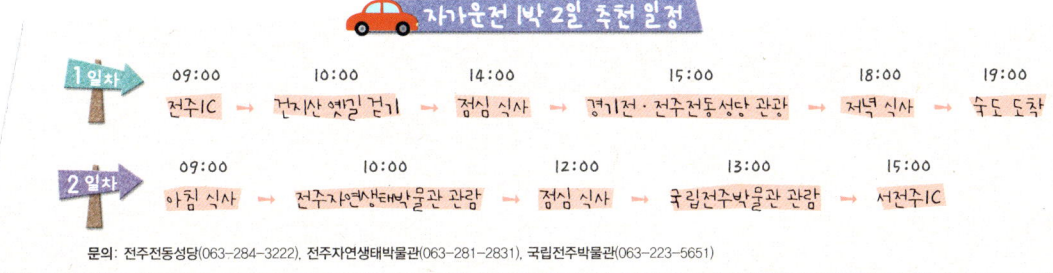

자가운전 1박 2일 추천 일정

1일차
09:00 전주IC → 10:00 건지산 옛길 걷기 → 14:00 점심 식사 → 15:00 경기전·전주전동성당 관광 → 18:00 저녁 식사 → 19:00 숙소 도착

2일차
09:00 아침 식사 → 10:00 전주자연생태박물관 관람 → 12:00 점심 식사 → 13:00 국립전주박물관 관람 → 15:00 서전주IC

문의: 전주전동성당(063-284-3222), 전주자연생태박물관(063-281-2831), 국립전주박물관(063-223-5651)

126 백제가요 정읍사 오솔길 1, 3코스

사랑이 어떻게 변하니

월봉 등산로 입구 → 사랑의 서약 쉼터 → 내장저수지 → 정동교 사거리 → 월봉 등산로 입구
출발 전북 정읍시 신월동 산32-8 월봉 등산로 입구 **주차** 월봉 등산로 주차장(무료)

거리	13.7km	난이도	조금 힘들어요
소요시간	5시간		
추천테마	숲, 강, 봄·가을·겨울, 여럿이		

사랑의 서약 쉼터

찾아가기 정읍공용버스터미널에서 정읍고교로 가는 272번 시내버스가 하루 4번 다닌다. 정읍고교에서 월봉 등산로 입구까지 걸어서 10분.
센트럴시티터미널→정읍공용버스터미널
06:30~23:00(수시 운행)
정읍공용버스터미널→정읍고교
07:40 12:20 15:15 18:15
돌아오기
정읍고교→정읍공용버스터미널
07:40 12:20 15:15 18:15
정읍공용버스터미널→센트럴시티터미널
06:30~23:00(수시 운행)

숙박 경기민박 (063)538-5055
　해피데이민박 (063)538-6832
식당 초원의아침(허브삼겹살)
　　　　　　　　(063)538-0303
　30년 전통 종가집(산채한정식)
　　　　　　　　(063)538-8078
화장실 문화공원, 정읍사공원

정읍사 오솔길은 백제가요 '정읍사'를 주제로 삼은 길이다. 정읍사는 행상 나간 남편에 대한 아내의 애끓는 정한을 표현한 노래다. 걷기 코스가 수없이 많이 조성되고 있지만 이렇게 사랑을 내걸고 만들어진 길은 유일할 듯하다.

정읍사 오솔길은 1코스 이야기길, 2코스 내장호수길, 3코스 정읍천변 자전거길 3개로 구성되어 있다. 1코스의 경우 여러 구간으로 나뉜다. 만남의 길, 고뇌의 길, 실천의 길 등의 이름을 붙인 뒤 고뇌의 길에는 '서로의 불만 말하기', 실천의 길에는 '안아주고 뽀뽀하기' 등 첫 만남부터 사랑의 완성까지를 하나의 스토리로 구성했다. 3개 코스는 내장산 문화광장에서 삼각 꼭짓점처럼 만나므로 취향에 맞게 이어 걸으면 된다.

1코스는 월봉 등산로 입구에서 출발한다. 산길이 제법 가팔라서 시작부터 숨이 가쁘고, 길을 오르락내리락 하는 동안 7개의 짧은 구간이 순서대로 이어진다. 언약의 길 '사랑의 서약 쉼터'에는 사랑의 자물쇠들이 걸려 있다. 비가 오나 눈이 오나 잘 매달려 있기를, 우리 사랑 영원하기를. 한때 간절했을 그 마음들은 지금 녹슬지 않고 안녕할까.

월영 갈림길에서 문화공원 방향으로 직진하는 오르막길은 월봉산의 남서쪽 허리를 따라간다. 길은 해발 348m에서 최고점을 찍은 후 내리막으로 바뀌어 1코스 끝지점마다 2, 3코스가 시작되는 월영교 사

정읍천 자전거 도로

눈 내리는 월봉산 자락

광주·전라도

거리까지 이어진다.

　2코스는 내장저수지를 한 바퀴 둘러보는 길이다. 시간 여유가 있다면 2코스를 거쳐 3코스까지 걸어보는 것도 좋겠다. 자전거 도로를 겸한 3코스는 좌측에 정읍천을 끼고 뻗어 있다. 사방이 막힘없이 뚫린 개활지로 시원한 개방감을 느낄 수 있지만 한여름 땡볕과 한겨울 칼바람은 피할 길이 없다. 앙상한 뼈대만 남은 장미터널을 거쳐 정동교 사거리를 지나 정읍사공원으로 향한다. 오르막에 자리 잡은 공원에서 조금 더 올라가면 처음 출발했던 월봉 등산로 입구에 닿는다.

+여행

동학농민혁명기념관
동학농민군이 처음 승리를 거둔 황토현전적지에 세운 기념관. 당시 전쟁에 사용한 무기와 그 시대의 생활용품이 전시되어 있다. 정읍사공원에서 차로 20분 거리.
위치 전북 정읍시 덕천면 동학로 742 **전화** (063)536-1892 **입장료** 없음

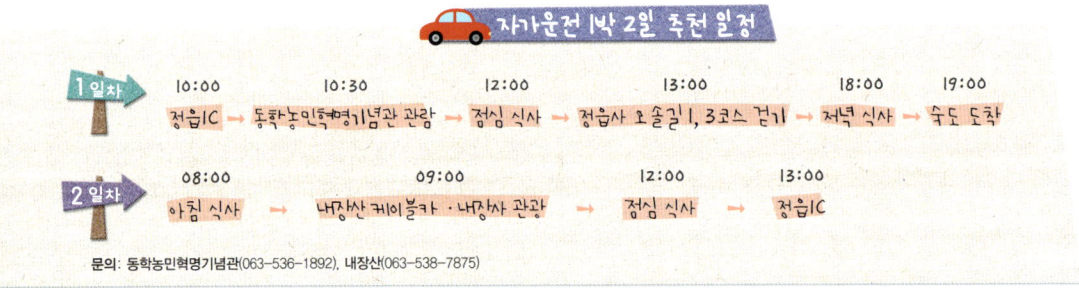

문의: 동학농민혁명기념관(063-536-1892), 내장산(063-538-7875)

광주·전라도

127 정약용 남도유배길 2코스 다산오솔길

다산의 학식과 마음을 따라가다

다산수련원 → 백련사 → 남포마을 → 강진시장 → 영랑생가

출발 전남 강진군 도암면 만덕리 369 다산수련원 본관 **주차** 다산수련원 주차장(무료)

거리	13.4km	난이도	조금 힘들어요
소요시간	5시간 30분		
추천테마	숲, 문화 유적, 봄·가을, 여럿이		

    18세기 실학사상을 집대성한 한국 최대의 실학자인 다산 정약용(1762~1836)은 4세에 천자문을 익히고, 7세에 한시를 짓고, 10세 이전에 자작시를 모아 〈삼미집〉을 낸 천재였다. 22세에 초시에 합격한 뒤 성균관에 입학하여 정조에게 인정을 받았고, 28세에 대과에서 2등으로 합격해 벼슬길로 나아가 관료 생활로 승승장구하였다. 배다리와 기중기를 설계하는 등 과학적 업적도 많이 남겼다.

    하지만 정조가 갑자기 세상을 뜨면서 기나긴 유배의 길로 들어섰고, 18년 동안 전남 강진에서 귀양살이를 하게 된다. 외롭고 힘든 유배 생활은 그에게 최고 실학자가 되는 밑거름이 되었다. 승려 혜장과 교우

다산수련원 두충나무 숲

뿌리의 길

찾아가기 강진버스여객터미널에서 다산초당 앞 보동 정류장까지 군내버스가 하루 4회 운행한다.
센트럴시티터미널→강진버스여객터미널
07:30 09:30 11:30 13:30 15:30 17:40
강진버스여객터미널→보동
06:35 17:35 12:40 18:40
돌아오기 영랑생가에서 도보 3분 거리에 강진버스여객터미널이 있다. 다산 초당으로 되돌아가려면 강진버스여객터미널에서 망호행 노선을 타고 가다 보동 정류장에서 하차. 2~3분 정도 걸으면 된다.
강진버스여객터미널→센트럴시티터미널
07:30 09:30 11:00 13:30 15:30 17:30

숙박 허브정원펜션 (061)433-0606
　　　 다산촌민박 (061)433-5252
식당 창평국밥(소머리국밥) (061)434-0910
　　　 설성식당(한정식) (061)433-1282
화장실 다산수련원, 다산초당, 백련사, 강진군청

하며 제자들을 키우고, 천여 권의 서적을 쌓아 놓고 유교 경전을 연구하여 〈경세유표〉, 〈목민심서〉, 〈흠흠신서〉 등 방대한 저작을 남겼다. 바로 이곳, 강진에서 보낸 정약용의 삶과 업적을 좇는 걷기코스가 '정약용 남도유배길'이다. 주작산 휴양림길·다산오솔길·시인의 길·녹색향기길까지 모두 4개의 코스로 구성되었으며 총 거리는 65.7km다. 명발당, 다산초당, 백련사, 영랑생가 등 다산 정약용과 영랑 김윤식의 흔적이 서린 장소, 무위사극락전(국보 제13호) 같은 명소를 두루 지나는 길이다.

2코스인 다산오솔길에서는 차나무가 많아 다산(茶山)이라는 이름이 붙은 만덕산 자락의 다산수련원에서 시작해 다산유물관과 다산초당, 백련사를 들르고, 철새도래지와 강진5일장, 사의재로 이어 걸으며 대학자의 마음을 되짚어볼 수 있다.

다산초당은 다산이 강진 유배 18년 중 10여 년을 생활했던 곳으로, 낡아 붕괴되었던 것을 1957년 복원했다. 여기서 다산은 제자들을 가르치고 600여 권에 달하는 실학 서적을 편찬했다. 초당 주변에는 다산이라는 글자를 직접 새긴 정석바위, 차를 끓이던 약수인 약천과 차를 끓였던 반석인 다조, 연못 가운데 조그만 산처럼 쌓아 놓은 연지석가산, 다산이 시름을 달래던 장소에 세운 정자 천일각 등이 있다.

길은 시간을 거슬러 오르듯 도착 지점에 이르러 다산이 유배 초기에 머물던 '사의재'로 이끈다. 주모의 선심으로 방 한 칸 얻어 쓴 주막집이다. 장이 서는 날마다 시끌벅적한 술타령이 벌어졌을 이곳에서, 다산초당에서보다도 더 생생하게 다산을 느낄 수 있다.

백련사

사의재

+여행

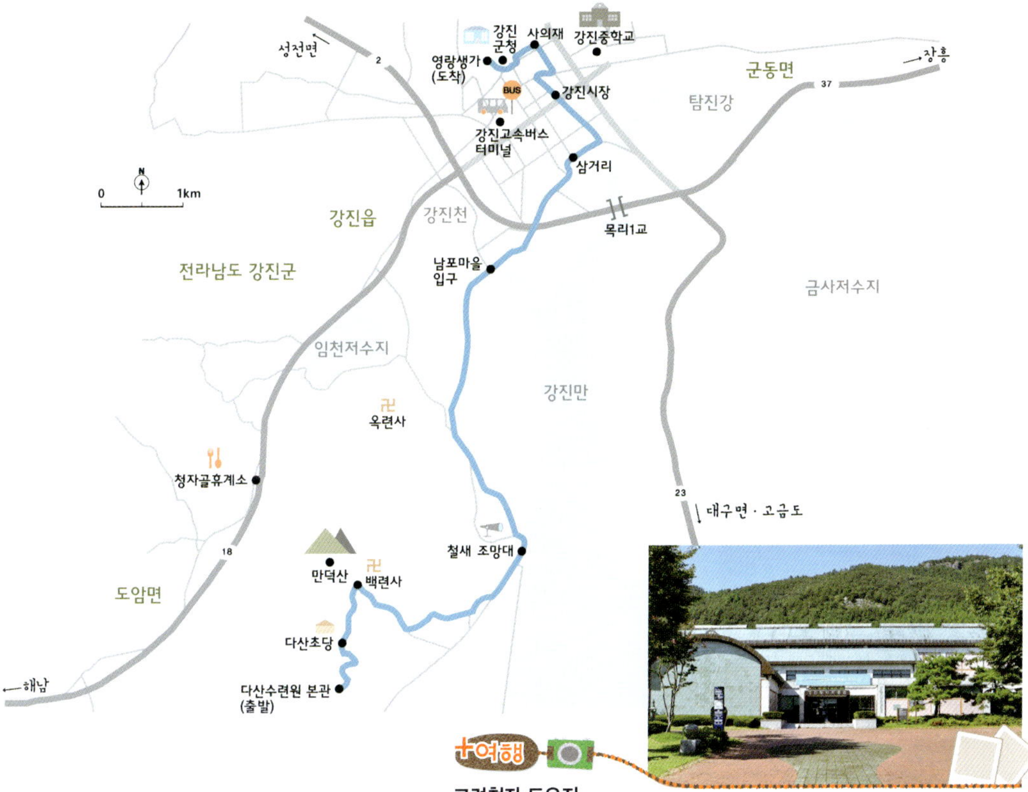

고려청자 도요지

국내 청자 가마터 숫자의 절반에 이르는, 188기의 가마터가 있는 도요지다. 사적 제68호로 지정되었다. 도요지 옆에는 국내 유일의 청자 박물관이 있다. 다산수련원에서 차로 30분 거리.

위치 전남 강진군 대구면 사당리 117 **전화** (061)430-3718

입장료 성인 2천 원, 청소년 1천500원, 어린이 1천 원

자가운전 1박 2일 추천 일정

1일차
11:00 강진무위사IC → 12:00 점심 식사 → 13:00 다산오솔길 걷기 → 18:30 저녁 식사 → 19:30 숙도 도착

2일차
09:00 아침 식사 → 10:00 고려청자 도요지 관람 → 11:30 점심 식사 → 13:00 고금도~조약도 드라이브 → 16:00 강진무위사IC

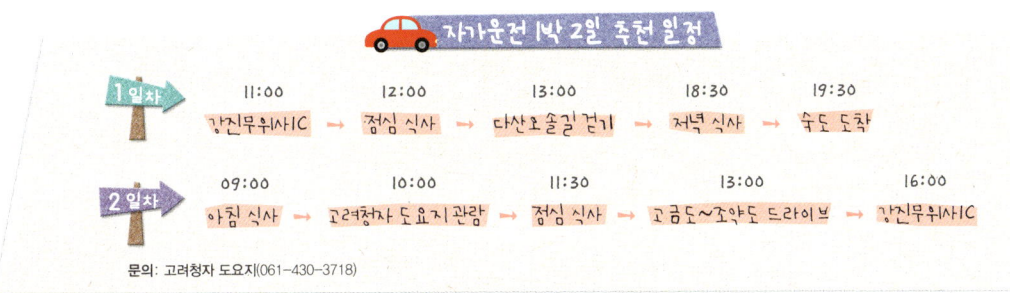

문의: 고려청자 도요지(061-430-3718)

128 팔영산 편백건강숲길

나무 의사가 기다리는 자연 병원

팔영산 매표소 → 능가사 → 팔영저수지 → 편백건강숲길 → 팔영산 매표소

출발 전남 고흥군 점암면 성기리 371-1 능가사 입구 팔영산 매표소 주차 팔영산 매표소 앞 주차장(1일 5천 원)

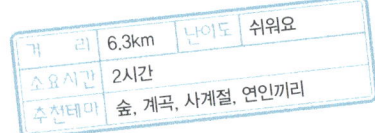

거 리	6.3km	난이도	쉬워요
소요시간	2시간		
추천테마	숲, 계곡, 사계절, 연인끼리		

고흥의 팔영산 '편백건강숲(413만㎡)'은 장성 축령산 '치유의 숲', 장흥 억불산 '정남진 편백숲 우드랜드'와 함께 전남의 3대 편백 숲으로 불린다. 편백은 아토피성 피부염, 갱년기 장애, 스트레스 완화 등에 효과가 있어 '치유의 나무'로 인기를 끌고 있다. 전라남도는 '남도 치유의 숲 10개년 계획'에 따라 2015년까지 총 417억 원을 투자하고, 2020년까지 특정 질환 치유를 위한 숲 16개소를 조성할 계획이다.

여행 Tip 능가사에서 왼쪽 팔영산 등산로 방향으로 10분쯤 걸어가면 오토캠핑장이 있다. 시설 이용료는 비수기 9천 원, 성수기 1만1천 원. 문의: (061)835-7282

편백건강숲길

고흥에서 가장 높은 산인 팔영산(608m)은 이름처럼 8개의 바위 봉우리가 기다란 그림자를 드리운 독특한 형태를 하고 있다. 산세가 험하고 기암괴석이 많아 등산객들이 많이 찾고, 정상에 오르면 멀리 대마도까지 보이는 풍광이 일품이다. 팔영산의 정기가 스민 능가사와 팔영저수지를 지나 편백건강숲을 산책하고 원점으로 돌아오는 걷기 코스는 어린이와 함께 걸을 수 있을 만큼 쉽고 편하다.

신라 눌지왕 때 아도화상이 창건했다는 능가사는 해우소까지 포함해도 건물이 대여섯 채인 아담한 사찰로, 외관 또한 소박하기 그지없다. 8개의 바위 봉우리 품에 포근히 안겨 있고, 범종(보물 제1557호)과 대웅전(보물 제1307호)이 문화재로 지정되었다.

편백건강숲길은 건강길과 사색길, 우정길, 행복길, 무병길, 장수길 등 다섯 코스가 1~2km 길이로 이어진다. 각 코스가 거미줄처럼 얽혀 있어 중복을 피해 한 바퀴 둘러보려면 우정길에서 출발하여 행복길과 사색길을 걷는 것이 좋다. 우정길은 거의 편백나무로만 이루어져 걸음을 뗄 때마다 코끝에 알싸한 피톤치드 향이 스친다. 행복길은 골짜기를 가로지르는 구간이어서 바닥에 돌부리가 많은 편이다. 아름드리 편백나무들이 그늘을 드리운 사색길은 팔영산 편백건강숲길에서도 가장 걷기 편하다.

찾아가기 고흥시외버스터미널에서 버스(10~15분 간격)를 타고 과역버스터미널로 간 다음, 점암 방면 버스로 갈아타고 능가사에서 하차
센트럴시티터미널→고흥시외버스터미널
08:00 09:30 14:40 16:00 17:30
고흥시외버스터미널→과역버스터미널
05:40~21:00(10~15분 간격)
과역버스터미널→능가사
09:10 10:15 11:15 13:05 13:55 15:50 16:50 17:50
돌아오기
능가사→과역버스터미널
09:10 10:20 12:50 14:10 15:50 17:50
과역버스터미널→고흥시외버스터미널
05:30~22:05(10~15분 간격)
고흥시외버스터미널→센트럴시티터미널
08:30 09:30 10:30 16:00 17:30

숙박 하얀파도 (061)844-1232
　　　영남알프스민박 (061)833-8907
식당 벌교 태백산맥 꼬막맛집(꼬막정식)
　　　　　　　　　　(061)858-6100
　　　관산식당(칡냉면) (061)832-7757
화장실 매표소, 능가사, 편백건강숲길 입구

능가사와 팔영산

광주·전라도

나로우주센터 우주과학관

인공위성 나로호 발사를 준비하며 고흥 남쪽 앞바다의 섬인 나로도에 세운 전시관이다. 로켓과 인공위성, 우주탐사 등을 테마로 90여 종의 전시품을 갖추고 있다. 아이들이 특히 좋아하는 장소다. 팔영산 매표소에서 차로 1시간 거리.
위치 전남 고흥군 봉래면 하반로 490 **전화** (061)830-8700
입장료 성인 3천 원, 청소년·어린이 1천500원

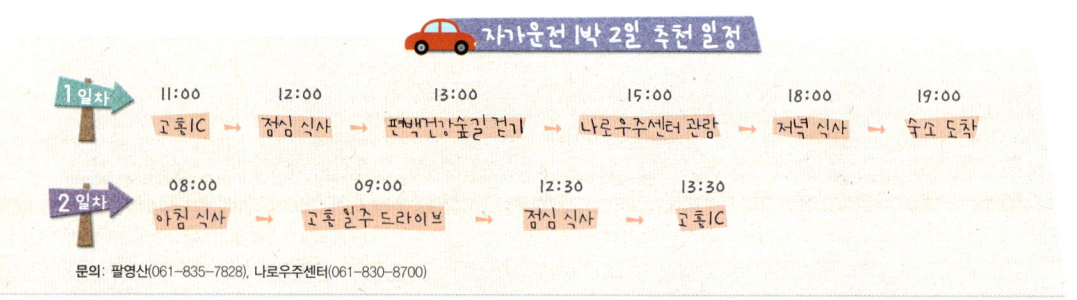

자가운전 1박 2일 추천 일정

1일차 | 11:00 고흥IC → 12:00 점심 식사 → 13:00 편백건강숲길 걷기 → 15:00 나로우주센터 관람 → 18:00 저녁 식사 → 19:00 숙소 도착

2일차 | 08:00 아침 식사 → 09:00 고흥 일주 드라이브 → 12:30 점심 식사 → 13:30 고흥IC

문의: 팔영산(061-835-7828), 나로우주센터(061-830-8700)

광주·전라도

129 섬진강 길

느릿느릿 시간을 거스르는 낭만

호곡나루 → 도깨비공원 → 두계마을 → 가정역

출발 전남 곡성군 고달면 호곡리 350 호곡나루 주차 호곡나루 터 주변 갓길(무료)

거리	5.8km	난이도	쉬워요
소요시간	2시간		
추천테마	숲, 강, 사계절, 연인끼리		

두계마을 앞 섬진강

광주·전라도

여행Tip 호곡나루와 두계마을 사이에 있는 도깨비공원의 언덕에는 섬진강을 굽어볼 수 있는 전망대가 있으니 잠시 올라보는 것도 좋다.

찾아가기 곡성시외버스터미널에서 칠곡 정류장으로 가는 군내버스가 60분 간격으로 있다. 호곡나루로 가려면 칠곡 정류장에서 내린 뒤 줄배를 타고 섬진강을 건너야 한다.
용산역→곡성역
06:35~22:45(1~2시간 간격)
곡성시외버스터미널→칠곡
06:10~19:40(60분 간격)
돌아오기 걷기 시작한 장소로 되돌아가려면 가정역에서 섬진강 기차마을역으로 가는 열차를 탄다. 섬진강 기차마을역에 도착하면 5분 정도 걸어 곡성시외버스터미널까지 간 다음, 버스를 이용해 칠곡 정류장으로 이동하면 된다.
가정역→섬진강 기차마을역
10:25 12:25 14:25 16:25 18:25
곡성역→용산역
07:45~20:05(1~2시간 간격)

숙박 도림민박식당 (061)363-4858
　　　그랑프리모텔 (061)363-4563
식당 은희식당(국수, 수제비) (061)363-2754
　　　옛날식당(백반정식) (061)363-3049
화장실 가정역

섬진강은 전라북도 진안군과 장수군의 경계인 팔공산에서 발원하여 남원을 거쳐 지리산 남부의 협곡을 지나 광양만으로 흘러든다. 길이 212.3km로 남한에서 네 번째로 큰 강이고, 국내에서 드물게 서쪽에서 동쪽으로 흐른다. 강을 따라 임실, 순창, 남원, 곡성, 구례, 하동을 여행할 수 있고, 임실 옥정호와 곡성 섬진강 기차마을, 구례와 하동 벚꽃, 광양 매실마을 등이 주변 명소이다.

이 중 곡성 섬진강 기차마을은 전라선의 곡성~압록 구간이 복선화로 이설되면서 기존의 선로를 쓰지 않게 되자 관광용 증기기관차와 레일바이크를 운행하며 관광지로 탈바꿈한 곳이다. 1930년대 역사 건물의 원형이 잘 보존되어 등록문화재로 지정된 옛 곡성역(현 섬진강 기차마을 역사로 활용)과 장미공원, 근현대를 배경으로 하는 영화 세트장 등이 들어서 있고, 곡성~가정 구간은 증기기관차, 침곡~가정 구간은 레일바이크가 달린다.

구불구불 섬진강을 따라 17번 국도와 증기기관차와 레일바이크가 달리는 이 구간을 흙먼지 폴폴 날리며 걷는 길이 있으니, 바로 호곡나루~가정역 섬진강 길이다. 기차마을과는 너비 50m의 섬진강을 사이에 두고 나란히 이어지는 이 길은 제법 숲 분위기가 나는 가로수가 우거져 있고, 섬진강의 물안개가 피어오르는 가운데 봄이면 산수유꽃, 벚꽃, 복사꽃이 흐드러지게 피어난다. 곡성 여행을 흔히 '느림의 미학', '과거와 현대를 오가는 곳'으로 표현하는데, 섬진강 길이야말로 느릿느릿 과거로 걸어 들어가는 길이라 할 수 있다.

강 양쪽에 묶은 밧줄을 잡아당기며 움직이는 '줄배'를 타고 호곡마을 입구로 건너가 길을 걷기 시작한다. 강을 내려다보는 길은 편하게 걷기 좋을 만큼 평탄하다. 두계마을에서부터 자전거 도로가 시작되고, 자전거 도로를 20분 정도 걸어 두가세월교를 건너면 종착지인 가정역이다. 곡성역에서 출발한 증기기관차도, 침곡역에서 출발한 레일바이크도, 자전거 여행자도, 도보 여행자도, 모두 여기서 만난다.

호곡나루에서 가정역까지의 거리는 5.8km로 그리 길지 않다. 호곡나루에 차를 세워 두었다면 가정역에서 호곡나루까지 걸어서 돌아가는 것도 괜찮은 선택이다.

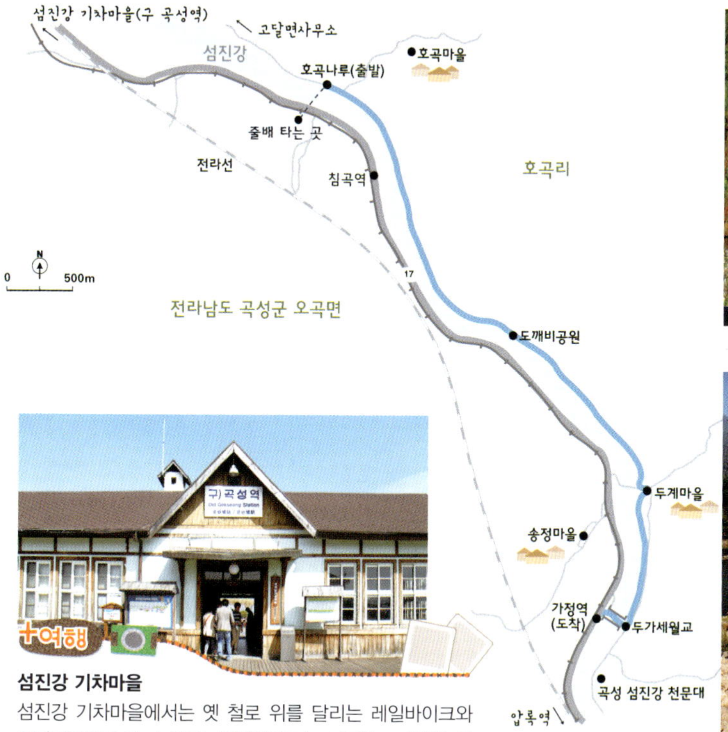

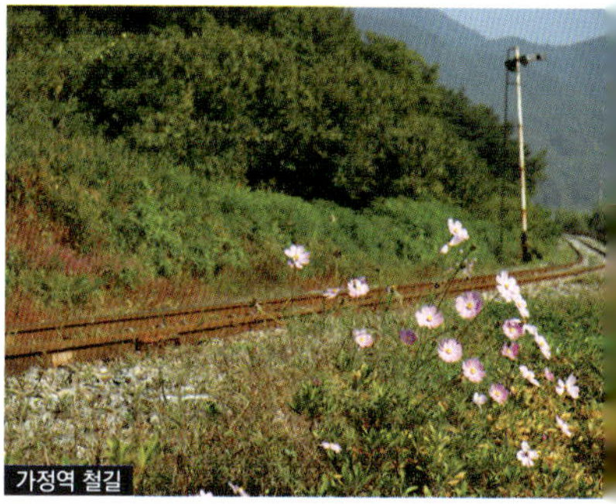

섬진강 기차마을

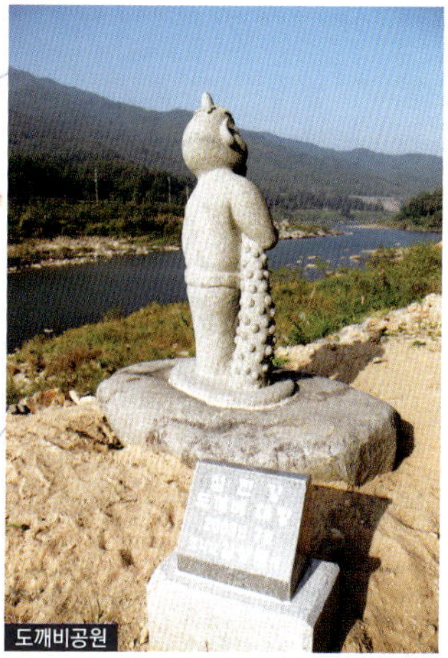

섬진강 기차마을에서는 옛 철로 위를 달리는 레일바이크와 증기기관차를 탈 수 있다. 레일바이크는 침곡역~가정역, 증기기관차는 곡성역~가정역 구간을 각각 하루 5회씩 운행한다. 레일바이크는 편도만 운행하며, 돌아올 때는 셔틀버스(무료)를 이용하면 된다.

위치 전남 곡성군 오곡면 오지리 720-16 섬진강 기차마을 **전화** (061)363-9900 **입장료** 기차마을: 성인·청소년 3천 원, 어린이 1천 원 **이용료** 레일바이크: 4인승 2만3천 원, 증기기관차: 왕복 성인·청소년 6천 원, 어린이 5천500원

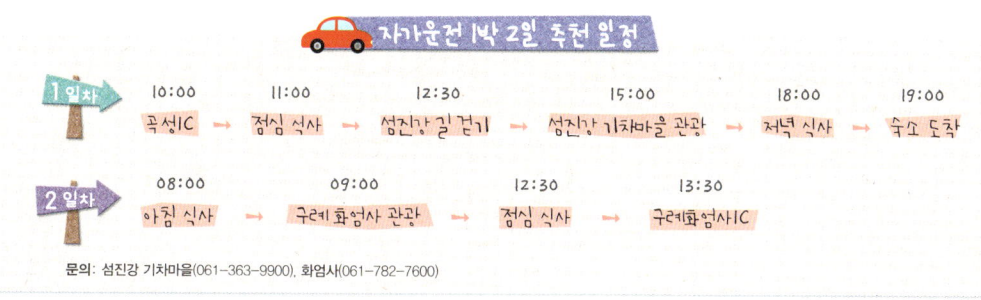

문의: 섬진강 기차마을(061-363-9900), 화엄사(061-782-7600)

오래된 숲의 짙은 그늘 속으로

관방제림~메타세쿼이아 가로수 길

담양종합체육관 → 관방제림 → 메타세쿼이아 가로수 길 → 금월교 → 담양종합체육관

출발 전남 담양군 담양읍 향교리 271-105 담양종합체육관 **주차** 담양종합체육관 주차장(무료)

거 리	7.1km	난이도	무난해요
소요시간	3시간		
추천테마	숲, 문화 유적, 사계절, 연인끼리		

　담양에는 유명한 숲이 두 곳 있다. 천연기념물 제366호인 '관방제림'과 전국적인 명소로 알려진 '메타세쿼이아 가로수 길'이다. 관방제림은 약 300년 전인 조선 인조 때 수시로 범람하던 금성천(담양천)에 둑을 쌓고 둑이 쉽게 무너지지 않도록 700여 그루의 푸조나무·팽나무·느티나무 등을 심어 만든 숲이다. 그 중 177그루가 지금까지 울창하게 자라 보호수로 지정, 관리되고 있다.

메타세쿼이아 가로수길

메타세쿼이아 가로수 길은 원래 차가 다니는 국도(구 24번)였다. 1972년 국도 옆 8km 거리에 메타세쿼이아 나무를 심었다. 이 길과 나무는 2000년 국도 확장 공사 때 사라질 뻔했으나 담양 군민들의 반대로 살아남아 지금의 아름다운 산책길이 되었다. 이후 드라마, 영화, CF, 예능 프로그램 등에 소개되면서 주말이면 하루 1만여 명이 다녀갈 정도로 인기를 끌고 있다.

이 아름다운 두 숲을 함께 걷는다. 담양종합체육관에서 출발해 향교교를 건너면 바로 관방제림이다. 오래된 나무들이 금성천을 따라 풍성한 가지를 늘어뜨리고 서 있다. 굵은 밑동만 봐도 세월을 짐작할 수 있다. 1.6km에 이르는 산책로가 끝나면 학동교차로 앞에서 길을 건너 메타세쿼이아 가로수 길을 이어서 걷는다. 무더운 여름에도 시원한 동굴에 들어선 기분이 들 만큼 나무그늘이 짙고 분위기가 신비롭다.

금월교에 도착하면 메타세쿼이아 가로수 길이 새로 난 24번 국도와 합류한다. 걸을 수 있는 메타세쿼이아 가로수 길은 이곳에서 끝이다. 금월교를 건너 왼쪽으로 난 둑길을 따라 담양종합체육관으로 돌아간다. 금성천 둑길은 관방제림이나 메타세쿼이아 가로수 길처럼 화려하지는 않지만 고즈넉한 시골 풍경이 정겹다.

찾아가기 담양버스터미널에서 담양종합체육관까지는 걸어서 20분 거리. 광주 금호터미널에서 죽녹원(담양종합체육관)으로 가는 311번 시내버스가 15분 간격으로 있다.
센트럴시티터미널→담양버스터미널
10:10 16:10
센트럴시티터미널→금호터미널
05:30~01:00(수시 운행)
금호터미널→죽녹원
06:40~22:40(15분 간격)
돌아오기
죽녹원 정류장에서 광주 금호터미널로 가는 311번 시내버스가 15분 간격으로 있다.
죽녹원→금호터미널
06:40~22:40(15분 간격)
담양버스터미널→센트럴시티터미널
10:00 16:00
금호터미널→센트럴시티터미널
04:00~01:30(수시 운행)

숙박 한옥에서 (061)382-3832
황토흙집펜션 (061)381-5885
식당 진우네집국수(멸치국수)
(061)381-5344
떡갈비본가(떡갈비) (061)383-6692
화장실 담양종합체육관, 학동리 정류장
입장료 메타세쿼이아 가로수 길: 성인 1천 원, 청소년 700원, 어린이 500원

여행 TIP 관방제림에서 메타세쿼이아 가로수 길을 지나 금성천 둑길까지는 '담양 오방길' 중 '수목길(죽녹원~담양리조트 8.1km)'의 일부다. 담양에서 문화생태 탐방로로 조성한 담양 오방길은 다섯 코스로 이뤄져 있으며, 관련 정보는 인터넷 사이트 obanggil.com에서 얻을 수 있다.

관방제림

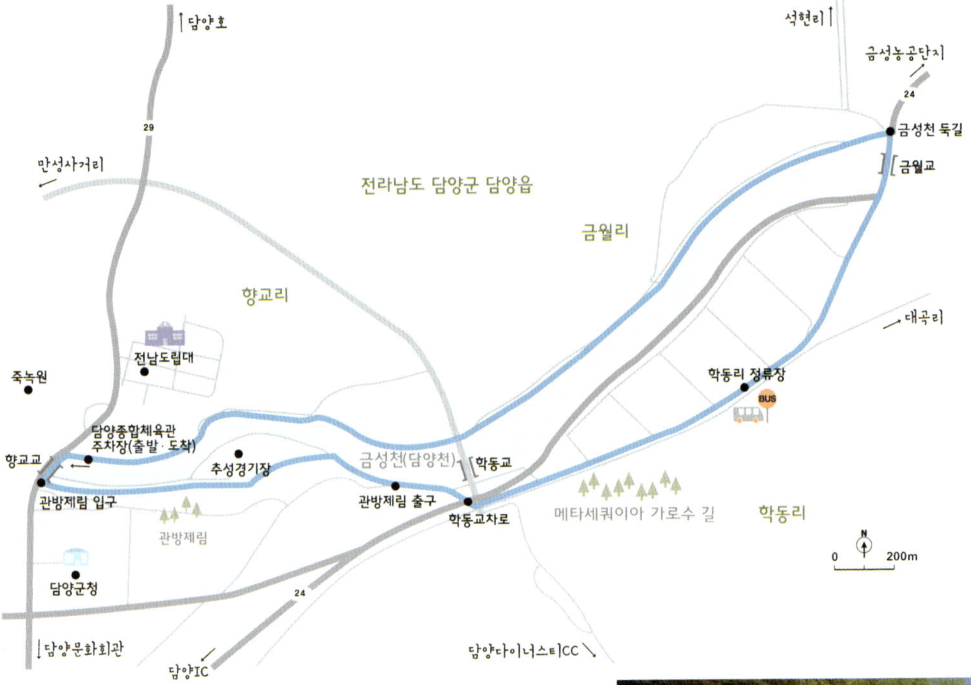

광주·전라도

죽녹원

담양천 앞에 조성한 대나무 공원으로 매년 100만 명이 다녀가는 관광지다. 공원 내에는 8개 주제의 산책로가 있다. 1시간이면 둘러볼 수 있다.

위치 전남 담양군 담양읍 향교리 282 **전화** (061)380-2680
입장료 성인 2천 원, 청소년 1천500원, 어린이 1천 원

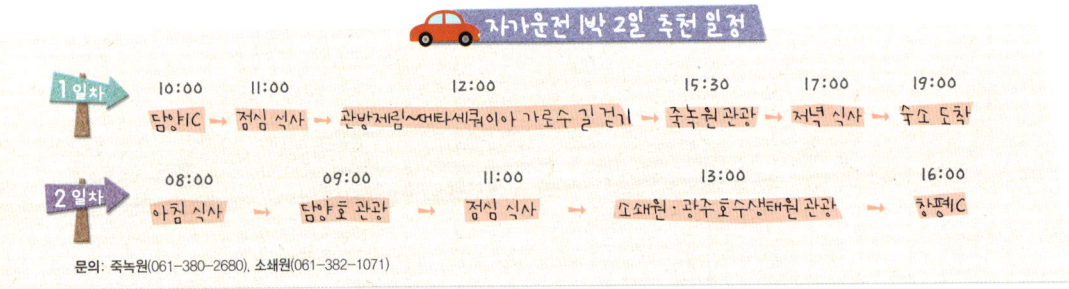

자가운전 1박 2일 추천 일정

1일차: 10:00 담양IC → 11:00 점심 식사 → 12:00 관방제림~메타세쿼이아 가로수 길 걷기 → 15:30 죽녹원 관광 → 17:00 저녁 식사 → 19:00 숙소 도착

2일차: 08:00 아침 식사 → 09:00 담양호 관광 → 11:00 점심 식사 → 13:00 소쇄원·광주호수생태원 관광 → 16:00 창평IC

문의: 죽녹원(061-380-2680), 소쇄원(061-382-1071)

131 대한다원 차밭

둥글둥글 초록 파도 일렁이는 곳

대한다원 주차장 → 매표소 → 중앙전망대 → 차밭전망대 → 대한다원 주차장

출발 전남 보성군 보성읍 봉산리 1288-1 대한다원 주차장 **주차** 대한다원 주차장(무료)

거리	3.2km	난이도	쉬워요
소요시간	1시간 30분		
추천테마	숲, 사계절, 연인끼리		

중앙전망대와 차밭

삼나무 숲

보성은 기후가 온화하고 강수량이 충분하며 산 사면이 잘 가꾸어져 있어 조선 시대부터 차를 재배해왔다. 대규모 차밭이 생겨난 것은 일제강점기 때라고 한다.

보성의 차밭 중에서 일반에게 가장 널리 알려진 곳이 바로 대한다원이다. 1957년 무렵 창업주가 6.25전쟁으로 황폐해진 활성산 오성봉 자락 1만5천㎡(4천500여 평)에 차나무를 심었고, 이후 조금씩 면적을 넓혀 165만㎡(50만여 평)이 넘는 차 재배 단지가 완성되었다. CF

 찾아가기 보성시외버스터미널에서 대한다원으로 가는 군내버스가 하루 22번 있다.
센트럴시티터미널→보성시외버스터미널
08:10 15:10
센트럴시티터미널→금호터미널
05:30~01:00(수시 운행)
금호터미널→보성시외버스터미널
06:10~21:40(30~40분 간격)
보성시외버스터미널→대한다원
06:00~20:20(30~40분 간격)

돌아오기
대한다원→보성시외버스터미널
06:30~20:55(30~40분 간격)
보성시외버스터미널→센트럴시티터미널
08:20 15:20
보성시외버스터미널→금호터미널
06:40~19:40(30~40분 간격)
금호터미널→센트럴시티터미널
04:00~01:30(수시 운행)

숙박 녹차향펜션 (061)853-7754
보성골망태펜션 (061)852-1966
식당 보성양탕(양탕) (061)852-2412
수복식당(꼬막정식) (061)853-3032
화장실 대한다원 주차장, 매표소, 분수광장
입장료 성인 2천 원, 청소년·어린이 1천 원

의 배경으로 처음 등장해 눈길을 끈 뒤 광고와 영화에 자주 나오면서 더 유명해졌다. 입구에서 방문객을 맞이하는 삼나무 숲이 매력적이고, 안으로 들어가면 넓은 차밭이 푸르게 펼쳐진다.

대한다원에는 차밭의 긴 이랑을 따라 걸을 수 있도록 산책로가 조성되어 있다. 다양한 편의 시설을 갖췄고, 경치 좋은 곳마다 전망대와 쉼터가 있어 여유롭게 풍경을 감상할 수 있다. 이른 아침 안개 내린 차밭 사이로 햇살이 비치는 풍경은 감탄이 나올 만큼 멋지다.

삼나무 길에서 매표소를 지나 왼쪽 나무계단을 잠시 오르면 대나무

숲이 보인다. 수십m씩 곧게 자란 대나무 옆에서 '부스스' 음악 같은 바람소리를 듣다가 분수광장으로 간다. 바다처럼 일렁이는 드넓은 차밭이 눈앞에 가득하다. 둥글둥글한 초록 파도가 싱싱한 생명력을 자랑하며 밀려왔다 멀어진다. 차밭전망대, 바다전망대 등 차밭의 전경을 내려다볼 수 있는 시설물이 산책로 곳곳에 있다.

바다전망대에서 활성산 방향(가던 방향)으로 조금 더 가면 근사한 편백 숲길이 나온다. 20분 정도 울창한 숲을 걸을 수 있고, 갈림길에서 이랑을 가로질러 가면 제일 아름다운 차밭 풍경을 보여주는 중앙전망대가 기다린다.

한국차박물관
대한다원 바로 옆에 개관한 3층 건물의 차 박물관. 층별로 차문화관, 차역사관, 차생활관이 있어 차에 관한 지식을 얻고 다도 체험을 할 수 있다. 대한다원에서 걸어서 15분 거리.
위치 전남 보성군 보성읍 봉산리 1197 **전화** (061)852-0918
입장료 성인 1천 원, 청소년 700원, 어린이 500원

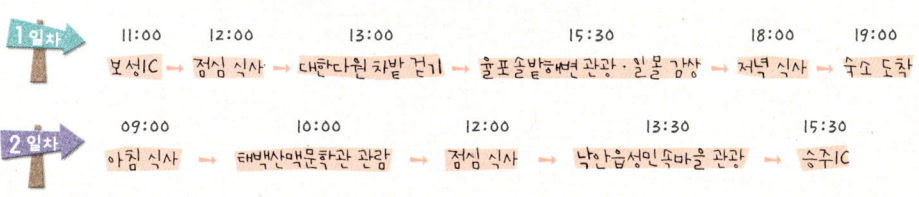

132 순천만

'갈대의 순정'도 장관이더라

순천만자연생태공원 → 갈대숲 탐방로 → 용산전망대 → 순천만자연생태공원

출발 전남 순천시 대대동 162-2 순천만자연생태공원 **주차** 순천만자연생태공원 주차장(1일 3천 원)

거 리	5.7km	난이도	무난해요
소요시간	2시간		
추천테마	숲, 바다, 사계절, 연인끼리		

'사나이 우는 마음을 그 누가 아랴. 바람에 흔들리는 갈대의 순정. 사랑엔 약한 것이 사나이 마음'이라는 옛 노래가 있다. 사나이가 어찌 울게 되었는지 몰라도, 진짜 순정은 바람에 흔들릴지언정 꺾이지는 않는 법. 지금 사랑에 흔들리고 있는 사나이라면 국내 최대의 갈대 군락지 순천만에 가서 외모는 가냘프고 보드라워도 웬만한 비바람과 눈보라에 꺾이지 않는, 강하고 오롯한 갈대의 순정을 배워볼 일이다.

순천시 해안 하구에 형성된 연안 습지인 순천만은 전체 갯벌의 면적이 22.6㎢에 이르고, 썰물 때 드러나는 갯벌의 면적만도 12㎢나 된다. 오염원이 적어 다양한 생물이 살고 있고, 220여 종의 보호 조류가 찾을 만큼 세계적인 희귀 조류 서식지로도 가치가 높다.

용산전망대에서 본 순천만

순천만 갈대밭

　순천만 최고의 명승은 갈대밭이다. 3km에 이르는 물길 양편으로 펼쳐진 갈대밭에는 물억새와 쑥부쟁이가 무리지어 피어나고 붉은 칠면초 군락지도 여럿이다. 여기에 광활한 갯벌까지 드러나면 어디서도 볼 수 없는 장관이 연출된다. 2006년 국내 연안습지 최초로 람사르 협약에 등록되고, 2008년 문화재청에 의해 명승(名勝) 제41호로 지정된, 우리의 소중한 자연유산이다.

　순천만은 자연생태관과 갈대밭 사이의 데크 탐방로, 용산전망대 등 탐방객을 위한 편의 시설이 잘 갖추어져 있고, 탐방 코스도 1~3시간이면 넉넉히 둘러볼 수 있다. 물길과 닿는 지점까지 걸어가며 아름다운 풍경과 함께 짱뚱어와 콩게, 칠게의 식생도 관찰해 보면 더욱 값진 여정이 된다. 특히 용산전망대에서 바라보는 낙조는 'S'자 곡선을 그리며 흐르는 물줄기, 하늘거리는 갈대 군락과 어울려 숨이 멎을 정도로 장관이다. 순천만을 대표하는 이미지 사진들은 대개 이곳에서 촬영된 것이다.

　순천만에는 열차도 있고 배도 있다. 탐사선은 35분 남짓 순천만 일대를 돌고, 갈대열차는 인근 순천문학관까지 30분 걸려 오간다. 순천문학관에서는 순천이 고향인 김승옥(소설가)과 고 정채봉(아동문학가)의 문학 세계를 살펴볼 수 있다.

찾아가기 순천역이나 순천종합버스터미널에서 순천만자연생태공원으로 가는 67번 시내버스가 30분 간격으로 있다.
용산역→순천역 05:40~22:45(60분 간격)
센트럴시티터미널→순천종합버스터미널 06:10~24:00(30~40분 간격)
순천역·순천종합버스터미널→순천만자연생태공원 06:00~22:30(30분 간격)
돌아오기
순천만자연생태공원→순천역·순천종합버스터미널 06:00~22:30(30분 간격)
순천역→용산역 05:35~23:31(60분 간격)
순천종합버스터미널→센트럴시티터미널 05:40~24:30(40~50분 간격)

숙박 순천만 갈대이야기 (061)741-4546
　　　비송펜션 (061)754-5530
식당 순천만 도원경(꼬막정식)
　　　　　　　　　　(061)744-5566
　　　흥덕식당(백반정식) (061)744-9208
화장실 순천만자연생태공원, 출렁다리 앞
입장료 성인 2천 원, 청소년 1천500원, 어린이 1천 원

광주·전라도

+여행

순천드라마촬영장

60~80년대를 배경으로 한 드라마와 영화 촬영지로 자주 사용되었다. 60년대 태백 탄광촌, 70년대 서울 봉천동 달동네, 80년대 서울 변두리 모습이 잘 재현되어 있다. 순천만에서 차로 30분 거리.

위치 전남 순천시 조례동 22
전화 (061)749-4003
입장료 성인 3천 원, 청소년 2천 원, 어린이 1천 원

자가운전 1박 2일 추천 일정

1일차
- 11:00 순천만IC → 12:00 점심 식사 → 13:00 순천만 걷기 → 16:30 순천드라마촬영장 관광 → 18:30 저녁 식사 → 19:30 숙소 도착

2일차
- 08:00 아침 식사 → 10:00 낙안읍성 민속마을 관광 → 12:00 점심 식사 → 13:00 승주IC

문의 : 순천만자연생태공원(061-749-4007), 순천드라마촬영장(061-749-4003), 낙안읍성 민속마을(061-749-3347)

전국 베스트 힐링로드

133 모실길 3코스 천년의 숲길

갯벌과 모래밭 지나 솔숲으로

짱뚱어다리 ➡ 해송 숲 ➡ 정자 쉼터 ➡ 엘도라도리조트

출발 전남 신안군 증도면 증동리 1607-2 짱뚱어다리 **주차** 짱뚱어다리 앞 주차장(무료)

거 리	4.3km	난이도	쉬워요
소요시간	2시간		
추천테마	숲, 바다, 사계절, 연인끼리		

　국제슬로시티연맹은 2007년 신안군의 작은 섬 증도를 아시아 최초의 슬로시티로 지정했다. 너무나 빠르게 변해가는 현대문명 속에서 잃어버린 여유와 너그러움을 되찾기 위해 조금 불편해도 천천히 느리게 살아보자는 국제운동의 모범이 되라는 뜻이다. 이후 증도는 공해 없는 자연에서 좋은 농수산물을 먹고 지역문화를 보존하는 건강한 마을로 단련되어 왔다.

　슬로시티로 지정된 뒤 관광객이 늘어 섬으로 들어갈 때 입장료를 내고 공휴일에는 제법 교통 체증이 일어나지만, 워낙 외지고 먼 길을 가야 해 아직은 '슬로'한 여행을 즐길 수 있다. 그 여행 방법 중 하나가 '모실길' 걷기다. '모실'은 이웃집이나 이웃 동네에 놀러 가는 일 또는 마을이라는 뜻의 전라도 방언으로, 모실길은 증도 사람들이 오가던 해안선을 따라 섬 한 바퀴를 일주하는 문화생태탐방로다. 5개 코스, 총

광주·전라도

찾아가기 지도터미널에서 짱뚱어다리로 가는 우전리 방면 군내버스가 하루 2번 있다.
센트럴시티터미널→지도터미널
07:30 16:20
지도터미널→우전리(짱뚱어다리)
09:00 18:00
돌아오기 걷기 시작한 짱뚱어다리로 돌아가려면 장고·사동·증동 방향의 버스를 타면 된다.
신안갯벌센터(엘도라도리조트)→지도터미널
07:50 08:40 09:50 11:20 13:00 15:30 16:30 18:40
지도터미널→센트럴시티터미널
09:00 14:20

숙박 엘도라도리조트 (061)260-3300
블루마레펜션 (061)271-2330
식당 고향식당(짱뚱어탕) (061)271-7533
증도밥상(짱뚱어탕, 낙지)
(061)261-2226
화장실 짱뚱어다리, 우전해수욕장, 해송 숲 산책로, 엘도라도리조트 정문
입장료 증도대교 슬로게이트: 성인 1천 원, 청소년 800원, 어린이 500원 / 갯벌생태전시관: 성인 2천 원, 청소년 1천 원, 어린이 800원

43km의 섬 둘레를 걸으며 낙조와 기암괴석, 모래 해변, 해송, 갯벌, 염전 등 증도의 숨은 비경과 풍광을 감상할 수 있다.

모실길 중 가장 짧고 쉬운 제3코스 '천년의 숲길'은 짱뚱어다리에서 신안갯벌센터까지 넓은 갯벌과 흰 모래밭, 아름다운 솔숲을 골고루 지나며 증도의 아름다움을 구석구석 보여준다. 바다 생물의 보고이며 오염물질 정화에 중요한 역할을 하는 회색빛 갯벌 위에 놓인 짱뚱어다리는 만조 때 건너면 바다 위를 걷는 기분이 들고, 하절기 간조 때는 갯벌 생물을 관찰할 수 있으며, 염초와 해송을 배경으로 펼쳐지는 백사장은 바다와 숲의 정취를 한꺼번에 전한다.

우전해수욕장을 지나면 3코스의 주요 테마인 해송 숲이 해안을 따라 길게 이어진다. 마을과 염전을 보호하기 위한 방풍림이 울창하게 번성한 해송 숲은 '천년해송숲', 또는 한반도 지형을 닮은 형태 때문에 '한반도 천년의 숲'이라 불린다. 산책로를 걷는 데 1시간 남짓 걸리는 큰 규모다. 갯벌생태전시관과 바다 전망이 일품인 엘도라도리조트 내의 산책로를 지나면 종점인 신안갯벌센터이다. 갯벌의 여러 표정을 보여주는 4코스 '갯벌공원 길'을 걷기 전에 둘러보면 도움될 자료들이 많이 전시되어 있다.

해송 숲

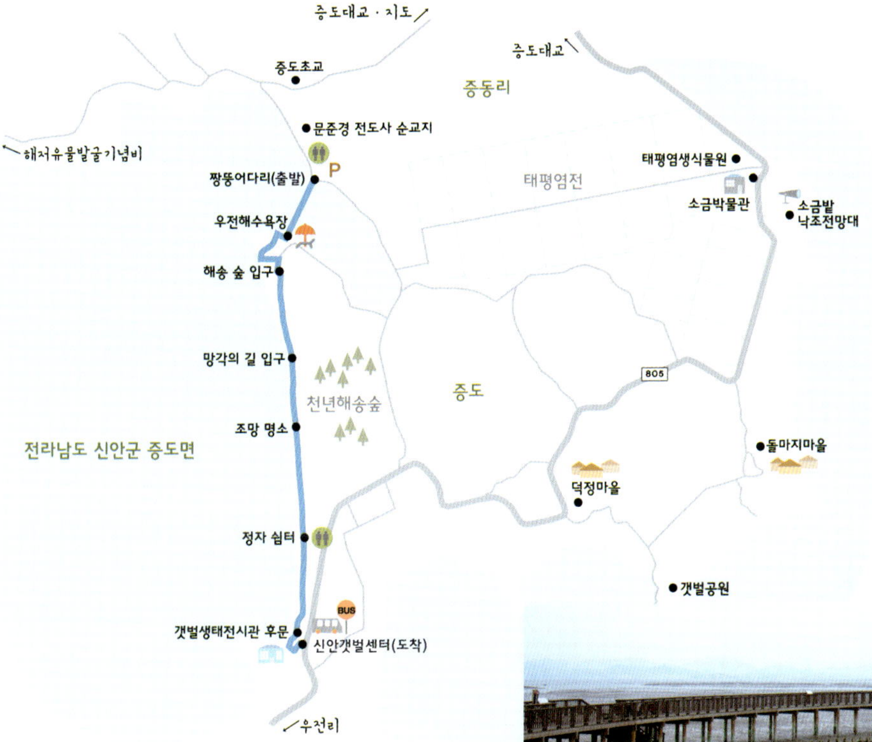

여행 Tip

걷기여행을 마친 후 화도나 소금밭전망대로 가서 일몰을 볼 것. 모실길 3코스 시작점인 짱뚱어다리와 우전해수욕장도 해질녘 풍경이 아름답다.

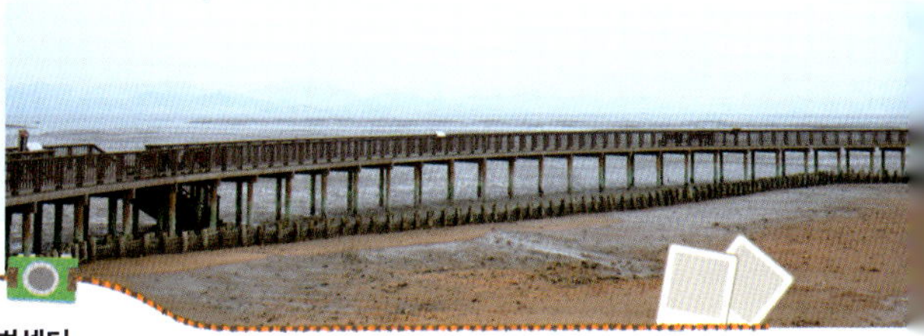

+여행

무안생태갯벌센터

갯벌 위로 설치한 데크를 따라 산책하며 무안갯벌을 둘러볼 수 있다. 건물 안 갯벌전시관에서는 갯벌의 생성과 변천 과정, 서식 생물 등에 대한 정보를 얻을 수 있다. 증도에서 무안으로 가는 길에 있으며, 짱뚱어다리에서 차로 50분 거리.

위치 전남 무안군 해제면 용산길 140 **전화** (061)450-5631

입장료 성인 2천 원, 청소년 1천500원, 어린이 1천 원

자가운전 1박 2일 추천 일정

1일차

10:00 북무안IC → 11:00 점심 식사 → 13:00 천년의 숲길 걷기 → 15:30 화도 관광 및 일몰 감상 → 18:30 저녁 식사 → 19:30 숙소 도착

2일차

08:00 아침 식사 → 09:00 소금박물관, 태평염생식물원 관람 → 11:00 태평염전 관광 → 12:30 점심 식사 → 14:30 무안생태갯벌센터 탐방 → 16:00 북무안IC

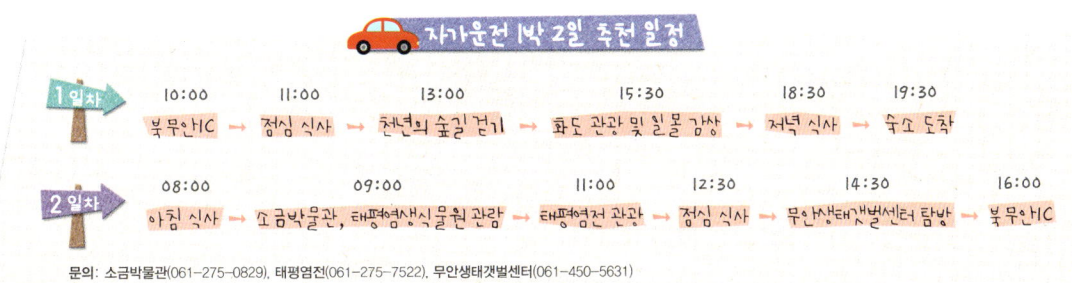

문의: 소금박물관(061-275-0829), 태평염전(061-275-7522), 무안생태갯벌센터(061-450-5631)

옛 시인이 풍류를 즐기는 법

청별항 → 세연정 → 동천석실 → 청별항 → 예송리갯돌해변 → 청별항

출발 전남 완도군 보길면 부황리 1-21 청별항 **주차** 청별항 주차장(무료)

거리	18.9km	난이도	조금 힘들어요
소요시간	6시간		
추천테마	숲, 바다, 봄·가을, 여럿이		

보길도는 시대를 풍미한 시인 고산 윤선도(1587~1671)가 병자호란을 피해 정박했다가 산수에 매료되어 10년 동안 머물며 시작(詩作)을 했던 섬이다. 곳곳에 남아 있는 고산의 흔적들이 다섯 벗(고산의 〈오우가〉에 등장하는 물, 돌, 소나무, 대나무, 달)처럼 정겹게 여행객을 맞이한다. 쪽빛 바다와 점점이 떠있는 작은 섬들, 파도와 조약돌이 하모니를 이루는 노래, 숲과 바다의 향기에 녹아든 섬을 돌아보면 이곳에서 화려하고 유유자적한 세월을 보낸 고산처럼 나만의 정자를 짓고 싶다는 생각이 절로 든다.

청별항에서 '윤선도 유적지' 이정표를 따라 걸으면 제일 먼저 세연정을 만난다. 연못 위 정자인 세연정은 고산의 휴게실이었다. 이른 아

전망대에서 본 예송리갯돌해변

침부터 독서를 하고 후학들을 가르치다가 오후가 되면 술과 음식을 싸들고 무희와 함께 세연정으로 가서 시간을 보냈다고 한다.

보길도에 남아 있는 고산 유적들을 '윤선도 원림'이라 부른다. 건물과 연못이 모두 고산이 직접 설계한 작품으로, 그 시절에는 건물이 무려 25채에 이르렀다고 한다. 고산은 자신이 꾸민 작은 무릉도원 일대를 '연꽃을 닮았다'는 의미의 부용동(芙蓉洞)이라 이름 붙이고, 그 무릉에 지인들을 불러 함께 무희들의 가무를 즐겼다고 한다. 시인이자 건축가, 해남 제일의 세력가다운 호사다. 지금은 대부분의 건물이 사라지고 터만 남아 있지만, 세연정이 있는 세연지만 보아도 화려했던 규모를 어느 정도 짐작할 수 있다.

고산문학체험공원에서 고산의 문학세계와 업적을 살펴본 뒤 데크 산책로를 10분쯤 걸으면 고산의 아들 윤학관이 기거하던 곡수당과 고산이 살던 집인 낙서재, 보길도의 아름다운 산세와 마을 전경이 한눈에 내려다보이는 동천석실 등을 둘러볼 수 있다.

동천석실에서 왔던 길을 되짚어 청별항으로 되돌아온다. 남은 여정은 보길도의 아름다운 해안 풍경을 따라 걷는 길이다. 초승달 모양의 예송리갯돌해변과 남도의 섬들을 한눈에 담을 수 있는 전망대, 검푸른 조약돌이 가득 깔린 예송리갯돌해변, 300년 전에 태풍과 바람을 막기 위해 조성한 천연기념물 제40호 상록수림 등 보길도의 명소를 만날 수 있다.

찾아가기 완도 화흥포항에서 배를 타고 노화도 동천항으로 간 다음, 노화도 동천항에서 보길도 청별항으로 가는 마을버스를 탄다.
센트럴시티터미널→완도시외버스터미널
08:10 10:20 15:10 17:20
완도시외버스터미널→완도 화흥포항
06:40~17:30(40~80분 간격)
완도 화흥포항→노화도 동천항
07:00~17:00(40~60분 간격)
노화도 동천항→보길도 청별항
07:05~18:15(50~60분 간격)
돌아오기
예송리갯돌해변→보길도 청별항
07:20 08:15 11:15 14:15 16:45
보길도 청별항→노화도 동천항
06:50~18:00(50~60분 간격)
노화도 동천항→완도 화흥포항
07:05~18:15(40~60분 간격)
완도 화흥포항→완도시외버스터미널
06:40~17:30(40~80분 간격)
완도시외버스터미널→센트럴시티터미널
08:20 10:20 15:10 17:30

숙박 보옥민박 (061)553-6650
보길도푸른민박 (061)553-5245
식당 바위섬(활어회) (061)555-5613
보길도의아침(해물된장찌개)
(061)553-6722
화장실 청별항, 세연정, 곡수당, 낙서재 주차장, 예송리갯돌해변
입장료 세연정: 성인 1천 원, 청소년 700원, 어린이 500원

동천석실에서 본 부황리 일대

세연정

광주·전라도

송시열 글씐바위

보길도 백도리 해안 바위에는 우암 송시열의 한시가 새겨져 있다. 제주도로 유배 가던 송시열이 보길도에 잠시 머물며 복잡한 심경을 시로 적어 새긴 것으로 알려진다. 청별항에서 차로 20분 거리.
위치 전남 완도군 보길면 백도리 산1-1
입장료 없음

여행 Tip 가볍게 걸으려면 청별항부터 동천석실까지만 왕복한다. 3시간 정도 걸린다.

예송리 갯돌해변

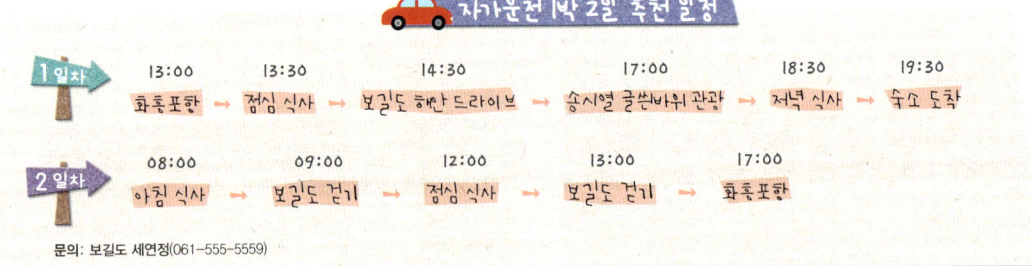

자가운전 1박 2일 추천 일정

1일차 13:00 화흥포항 → 13:30 점심 식사 → 14:30 보길도 해안 드라이브 → 17:00 송시열 글씐바위 관광 → 18:30 저녁 식사 → 19:30 숙소 도착

2일차 08:00 아침 식사 → 09:00 보길도 걷기 → 12:00 점심 식사 → 13:00 보길도 걷기 → 17:00 화흥포항

문의: 보길도 세연정(061-555-5559)

135 슬로길 1~7코스

느린 우체통으로 추억을 부치다

도청항 → 서편제 촬영지 → 낭길 → 범바위 → 장기미해변 → 구들장길 → 신흥풀등해변

출발 전남 완도군 청산면 도청리 930-34 도청항 주차 도청항 주차장(무료)

거리	30.0km	난이도	조금 힘들어요
소요시간	10~12시간		
추천테마	숲, 바다, 봄·가을, 여럿이		

당리 전경

장기미해변

〈서편제〉 촬영지 앞 돌담길

청보리밭

오랜 세월 청산도는 영화이자 드라마였다. 가보지 않은 사람이라도 '〈서편제〉를 촬영한 곳'이라면 알아듣고, 한효주의 팬이라면 〈봄의 왈츠〉로, 김선아의 팬이라면 〈여인의 향기〉로 기억했다. 가보고 싶은 영화 속의 '그곳'은 2007년 슬로시티가 된 뒤 개발과 단장을 거듭해 관광 명소로 거듭났고, 2011년 세계 슬로길 1호로 지정된 뒤로는 긴 줄을 서서 차례대로 유채꽃 길을 걸어야 하는 '강제 슬로' 코스가 되었다. 여행사마다 빠짐없이 상품을 만들고, 여행객들은 숙박과 음식점이 부족하다고 아우성이지만, 청산도는 여전히 아름답다. 이제는 영화나 드라마가 아니어도 청산도라는 이름 자체가 강력한 브랜드가 되었다.

광주·전라도

청산도의 둘레를 걷는 '슬로길'은 정신없이 달리던 발길을 잠시 멈추고 새 숨을 쉬어보라고 만들어진 길이지만 아름다운 풍경만 보여주지는 않는다. 척박한 땅과 거친 바다에서 살아가는 섬사람들의 이야기를 함께 들려준다. 바람을 막은 돌담, 계단을 이룬 구들장논, 망망대해가 어우러진 비경은 삶의 의지와도 같다.

완도에서 출발한 배는 1시간쯤 지나 청산도 도청항에 정박한다. 항구 가까이 다가서면 물고기 모양의 파란색 이정표가 바닥에 그려져 있다. 슬로길의 시작을 알리는 표식이다. 여기에 소개한 길은 11개 코스 중 남부지역 7개 코스인 1구간이다.

이정표를 따라 도락리로 들어서면 담장에 마을 사람들의 옛 사진이 걸려 있다. 담장을 추억의 전시 공간으로 바꾼 아이디어가 좋다. 보리밭을 지나 야트막한 당리 고개로 오르면 몇 채의 초가집으로 꾸며 놓은 〈서편제〉 촬영지가 나오고, 야트막한 돌담을 따라 드라마 〈봄의 왈츠〉 촬영지까지 길이 이어진다. 여기까지가 여행객들이 가장 몰리는 구간이다.

이후부터는 쓸쓸할 정도로 한적한 슬로길이 이어진다. 청록빛 바다와 기암절벽을 친구 삼아 '화랑포길'과 '사랑길'을 걷다 보면 '느린 우체통'이 나온다. '사랑하는 이에게 소중한 추억을 전하세요. 편지는 1년 후에 배달됩니다.' 하지만 안내문과 달리 엽서는 3개월에 한 번씩 수거해 배달한다. 1년 안에 헤어지는 연인들도 있기 때문이라고. '고인돌길'을 지나 '낭길'로 들어서면 해안 낭떠러지를 따라 조성된 가슴 서늘한 길이 40분쯤 이어진다.

5코스 '범바위길~용길'은 슬로길에서 가장 아름다운 구간으로 꼽힌다. '말탄바위'와 '범바위'의 생김새를 관찰하고 전망대에 올라 주변 바다와 해안 절벽의 절경을 마주하면 힘들게 걸어온 보람이 가슴 가득 차오른다. '구들장길~다랭이길'의 돌로 축대를 쌓아 만든 구들장논 앞에서는 선조들의 노고에 고개가 절로 숙여진다. 돌담의 원형이 잘 보존된 마을이 이어지는 '돌담길~들국화길'을 지나 해맞이 명소인 항도(목섬)를 한 바퀴 돌고나면 종착점인 신흥풀등해변이 지척이다.

찾아가기 완도시외버스터미널에서 도보 10분 거리인 완도여객선터미널로 간 뒤 하루 4번 청산도 도청항으로 가는 배를 탄다.
센트럴시티터미널→완도시외버스터미널
08:00 10:20 15:10 17:20
완도여객선터미널→청산도 도청항
08:00 11:20 14:30 18:00(3월 21일~9월 15일)
08:10 11:20 14:30 17:20(9월 16일~3월 20일)
돌아오기
신흥리→도청항
05:50~19:10(40~100분 간격)
도청항→완도여객선터미널
06:30 09:50 13:00 16:20(3월 21일~9월 15일)
06:50 09:50 13:00 16:00(9월 16일~3월 20일)
완도시외버스터미널→센트럴시티터미널
08:20 10:20 15:10 17:30

숙박 은행나무집민박 (061)552-3301
청산도돌담펜션 (061)554-8673
식당 부두식당(성게비빔밥) (061)552-8547
청산도식당(활어회) (061)552-8600
화장실 도청항, 도락리, 범바위 주차장, 신흥풀등해변

여행 Tip

청산도 슬로길은 2개 구간 11코스로 이루어져 있는데 그 안에 다시 17개의 테마길이 있다. 거리는 마라톤 코스와 같은 42.195km로 16시간 이상 걸린다. 1구간인 1~7코스만 해도 30km, 하루에 걷는 것은 무리가 따르므로 이틀 동안 천천히 걷는 것이 좋다. 슬로길 2구간은 하루 코스로 적당하지만 포장도로가 많아 걷는 재미가 덜하다.

장도 청해진유적지

장도는 완도 동쪽 앞바다의 작은 섬으로 신라의 장수 장보고가 머물며 해상무역권을 장악했던 장소다. 완도에서 목교로 연결되어 걸어갈 수 있다. 사적 제308호. 완도여객선터미널에서 차로 20분 거리.
위치 전남 완도군 완도읍 장좌리 809 **입장료** 없음

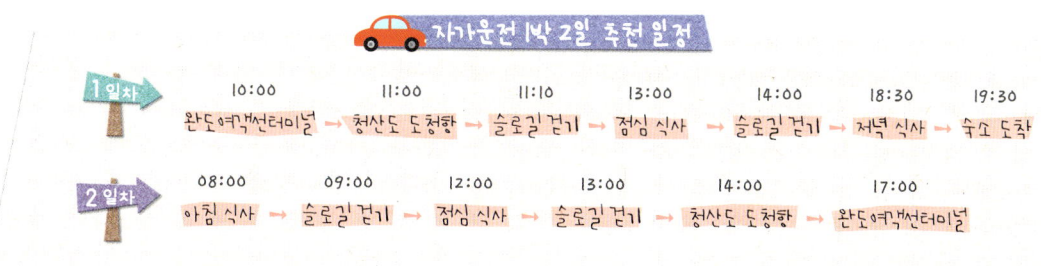

자가운전 1박 2일 추천 일정

1일차
10:00 완도여객선터미널 → 11:00 청산도 도청항 → 11:10 슬로길 걷기 → 13:00 점심 식사 → 14:00 슬로길 걷기 → 18:30 저녁 식사 → 19:30 숙소 도착

2일차
08:00 아침 식사 → 09:00 슬로길 걷기 → 12:00 점심 식사 → 13:00 슬로길 걷기 → 14:00 청산도 도청항 → 17:00 완도여객선터미널

136 장성 치유의 숲

편백나무 향과 피톤치드 가득한 숲

모암주차장 → 우물터 → 금곡안내소 → 하늘 숲길 → 축령산 정상 → 모암주차장

출발 전남 장성군 서삼면 모암리 651 모암주차장   주차 모암주차장(무료)

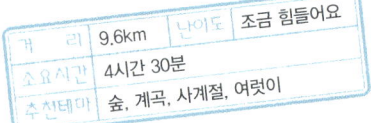

거리	9.6km	난이도	조금 힘들어요
소요시간	4시간 30분		
추천테마	숲, 계곡, 사계절, 여럿이		

1950년대 축령산(621m)은 일제강점기에 무분별한 벌목이 이뤄지고 6.25전쟁을 거치며 훼손이 더욱 심해져 상처뿐인 산이었다고 한다. '조림왕'으로 불렸던 순천 출신의 고 임종국(1915~1987) 씨는 장성군 야산에 있던 편백 숲을 보고 반해 사재를 털어 축령산에 편백나무와 삼나무, 낙엽송을 심기 시작했다. 1956년부터 1976년까지 20년간, 가뭄이 심할

하늘숲길 입구 가는 길의 편백나무 숲

때는 물지게를 이고 산을 오르내리며 조성해 놓은 숲은 596ha(596만㎡), 250만 그루에 이르렀다.

그가 작고한 이후 소유권이 다른 이에게 넘어가 방치되던 숲은 2002년 산림청이 매입하면서 2007년에는 체험의 숲으로, 2010년에는 치유의 숲으로 변신했다. 이후 2년 동안 30만 명 이상이 치유의 숲을 찾아왔다. 50년 넘은 편백나무들이 뿜어내는 피톤치드가 면역력을 강화해 질병을 예방하고 강도 높은 치료를 받는 환자들이 장기간 견딜 수 있도록 돕기 때문이었다. 스트레스로 지친 도시인, 암이나 아토피, 천식을 앓고 있는 환자들은 이 숲에서 무료로 제공되는 치유 프로그램을 통해 몸과 마음을 치유하고 간다. 불면증 환자나 고혈압 환자들은 숲을 찾는 것만으로도 치료 효과를 볼 수 있다고 한다.

'장성 치유의 숲'은 진입로가 금곡마을·문암마을·대덕마을 등 여러 곳에 있다. 길 폭은 차가 다닐 수 있을 정도로 넓고, 아파트 6층 높이인 20여m 높이로 자란 나무들 가운데를 걷다보면 단박에 느낄 수 있을 만큼 편백나무 향기가 진하다. 탐방로를 따라 하늘 숲길·건강 숲길·숲내음 숲길·조깅 숲길 4개가 조성되어 있다.

찾아가기 장성공용버스터미널과 장성역에서 모암종점까지 가는 군내버스가 하루 8번 있다.
용산역→장성역
06:05~23:10(20~40분 간격)
센트럴시티터미널→장성공용버스터미널
08:35 09:00 14:30 15:40 16:40
장성공용버스터미널·장성역→모암종점
06:30 08:10 11:00 12:35 13:45 16:00 17:15 19:20

돌아오기
모암종점→장성역·장성공용버스터미널
07:00 08:30 11:25 13:00 14:20 16:25 17:50 20:00
장성역→용산역
04:28~23:31(20~40분 간격)
장성공용버스터미널→센트럴시티터미널
09:30 11:30 16:00

숙박 축령산 편백펜션 010-6369-6940
　　　진흥각모텔 (061)393-5670
식당 풍미회관(생고기정식) (061)393-7744
　　　장성골 명가(한정식) (061)394-9292
화장실 모암주차장, 금곡안내소, 안내센터

금곡안내소로 돌아가는 임도

모암마을 쪽의 모암주차장에서 바로 편백 숲이 시작된다. 굴곡 적은 능선을 따라가는 하늘 숲길에서는 편백나무 사이로 펼쳐진 하늘을 볼 수 있다. 축령산 정상을 거치는 건강 숲길은 오르막이 많아 '산을 탄다'는 표현이 어울릴 정도로 힘들다. 숲내음 숲길은 S자로 이어진 숲길이 특히 아름답고, 산소 숲길에서는 고 임종국 선생을 수목장한 나무와 기념비를 볼 수 있다.

자가운전 1박 2일 추천 일정

1일차
10:00 장성IC → 10:30 점심 식사 → 11:30 장성 치유의 숲 걷기 → 17:00 저녁 식사 → 18:00 숙소 도착

2일차
08:00 아침 식사 → 09:30 금곡영화마을 관광 → 11:30 점심 식사 → 12:30 장성IC

문의: 장성 치유의 숲(061-393-1777)

137 두륜산 대흥사 숲길

고목이 터널 이루는 십리숲

대흥사 정류장 → 동백나무 군락지 → 대흥사 → 대흥사 정류장

출발 전남 해남군 삼산면 구림리 799 대흥사 입구 정류장 **주차** 대흥사 주차장(무료)

거리	5.9km	난이도	쉬워요
소요시간	2시간		
추천테마	숲, 계곡, 사계절, 아이들과		

'두륜산' 하면 요즘에는 '케이블카'가 먼저 떠오른다. 두륜산에서 2003년 국내 최장 길이인 1천600m 선로를 개통해 관광객을 불러 모으자 통영 미륵산, 밀양 얼음골에 장거리 케이블카가 개통했고, 청풍호반에는 무려 3.75km의 케이블카를 설치하겠다고 발표했다. 이에 두륜산은 전국에서 유일하게 냉난방 시스템을 갖춘 케이블카를 선보여 길이에 이어 시설 경쟁에 먼저 나섰다.

대흥사 가는 길

광주·전라도

찾아가기 해남시외버스터미널에서 대흥사로 가는 군내버스가 하루 19번 있다.
센트럴시티터미널→해남시외버스터미널
07:30 09:10 11:00 14:30 15:20 16:45 17:55
동서울종합터미널→해남시외버스터미널
07:10 10:10 14:10 15:40 17:10
해남시외버스터미널→대흥사
06:50~19:40(30~50분 간격)

돌아오기
대흥사→해남시외버스터미널
07:10~20:00(30~50분 간격)
해남시외버스터미널→센트럴시티터미널
08:00 09:00 10:00 11:00 14:00 15:30 17:30
해남시외버스터미널→동서울종합터미널
07:00 08:30 10:00 14:00 17:00

숙박 등대콘도민박 (061)533-2420
        제비민박 (061)534-5529
식당 태웅식당(보리밥) (061)533-5848
        태양정(오리탕) (061)534-6800
화장실 대흥사 입구, 대흥사 주차장, 대흥사 내
입장료 성인 3천 원, 청소년 1천500원, 어린이 1천 원

두륜산에도 미륵산에도 얼음골에도 케이블카 타러 가는 모양새가 되고 말았지만, 두륜산(703m)은 케이블카가 아니어도 바다를 품에 안은 '땅끝' 해남의 대표적인 명승지다. 수백 년 된 동백나무 숲 2km에 이르는 계곡이 장관이고, 정상에 서면 멀리 완도와 진도를 비롯하여 다도해의 작은 섬들이 한눈에 들어온다. 가을이면 두륜봉과 가련봉 사이에 넓은 억새밭이 펼쳐진다.

두륜산의 품격은 임진왜란 때 승병을 일으켰던 서산대사와 차 보급에 힘쓴 초의선사의 발자취가 남아 있는 천년 고찰 대흥사로 인해 더욱 높아진다. 13인의 대종사와 13인의 대강사를 배출하며 조선 불교의 중심 도량, 한국 불교의 종갓집 역할을 한 대흥사는 북미륵암 삼층석탑 등 보물과 국보, 유형문화재와 지정문화재가 대거 남아 있어 유구한 역사와 전통을 대변해 준다.

집단 시설 지구부터 대웅보전까지 다녀오는 대흥사 길은 수백 년 된 고목들이 어둑한 터널을 이루고 있어 '십리숲'이라 불린다. 도보 여행

대흥사 부도(사진 왼쪽)

객을 위해 새로 만들어진 길이 아니라 왕복 2시간이면 쉬엄쉬엄 다녀올 수 있는 편한 옛길이므로 명승 제66호(대흥사 일원)를 감상하는 느긋한 여정으로 계획하면 좋다.

대흥사 일주문으로 들어서면 탁 트인 경내에 크고 작은 건물들이 배치되어 있고, 그 뒤로 두륜산의 하얀 바위 봉우리들이 위용을 뽐낸다. 서산대사 부도(보물 제1357호)를 비롯한 역사 깊은 문화재를 볼 수 있고, 두 나무의 뿌리가 하나로 합쳐진 연리근도 눈길을 끈다.

여행 Tip 대흥사는 차의 대가였던 초의선사가 머물던 곳이다. 단풍 숲에 자리한 다원에서 차 한 잔의 여유를 느껴보자.

고산윤선도유적지

사적 제432호로 관직에서 물러난 윤선도가 후학을 가르치고 풍류를 즐기며 살았던 곳이다. 당시 그가 지은 건물과 연못, 고성의 흔적이 잘 보존되어 있어 역사적 가치가 크다. 유적지 내에는 윤선도의 작품 등을 살펴볼 수 있는 전시관이 있다. 대흥사에서 차로 30분 거리.

위치 전남 해남군 해남읍 연동리 82 **전화** (061)530-5548
입장료 성인 1천 원, 청소년·어린이 700원

자가운전 1박 2일 추천 일정

1일차 10:00 강진무위사IC → 11:00 점심 식사 → 12:30 대흥사 숲길 걷기 → 15:00 두륜산 케이블카 관광 → 18:00 저녁 식사 → 19:00 숙소 도착

2일차 09:00 아침 식사 → 10:30 고산윤선도유적지 관광 → 12:00 점심 식사 → 13:00 강진무위사IC

문의: 대흥사(061-534-5502), 두륜산 케이블카(061-534-8992), 고산윤선도유적지(061-530-5548)

옛 신라의 부귀영화처럼 경상도에는 도도한 아름다움이 있다.

유적에서 찬란한 불교문화를 만나고

자연에서 생명의 찬가를 듣는다.

척박한 삶의 현장인 다랑논마저 수채화처럼 아름답다.

138 남산

길가에 핀 민중불교의 꽃

포석정 → 남산 산책로 → 금오정 → 상선암 → 삼릉 → 삼불사 → 포석정

출발 경북 경주시 배동 454-3 포석정 **주차** 포석정 주차장(1일 2천 원)

거리	9.3km	난이도	무난해요
소요시간	4시간		
추천테마	숲, 문화 유적, 사계절, 여럿이		

마애석가여래좌상

부흥사와 벚꽃

경주는 국보 33점과 보물 83점, 사적 및 명승 78곳 등 국가지정문화재가 316점 이상이고, 고분 수백 기가 산재해 있어 도시 전체가 박물관이라 할 만하다. 〈삼국유사〉에는 경주를 '사사성장 탑탑안행(寺寺星張 塔塔雁行)'이라 묘사해 놓았다. 절이 하늘의 별만큼 많고, 탑은 기러기가 줄지어 서 있는 듯하다는 의미다. 천년 역사 신라의 국교가 불교였고 수도가 경주였기 때문인데, 한때 신라에는 사찰이 800개가 넘었다고 한다.

그 신라 불교의 중심에 남산이 있다. 불교의 숭산신앙(崇山信仰), 암석신앙(巖石信仰)의 흔적을 쉽게 찾아 볼 수 있다. 신라인들은 7~10세기 400여 년간 단단한 화강암을 쪼아 부처를 새기고 평평한 둔덕마다 불탑을 세웠다. 하지만 잘 생긴 석불은 별로 없고, 거칠고 어설프게 만들다 만 것 같은 미완의 작품들이 많다. 무명의 석공들

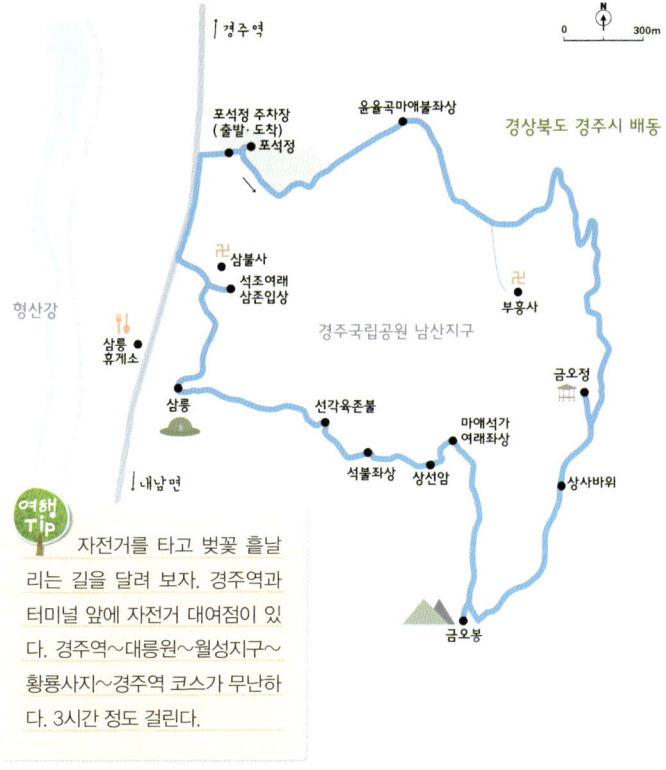

 찾아가기
동서울종합터미널→경주시외버스터미널
07:00~19:00(30~50분 간격, 심야 23:10 24:00)
서울고속터미널→경주고속버스터미널
06:10~20:15(60~65분 간격, 심야 22:40 23:55)
경주시외·고속버스터미널→포석정
505~508번(10~20분 간격)

돌아오기
포석정→경주시외·고속버스터미널
505~508번(10~20분 간격)
경주시외버스터미널→동서울종합터미널
07:40~19:40(40~50분 간격, 심야 23:40 24:40)
경주고속버스터미널→서울고속버스터미널
06:00~20:10(60분 간격, 심야 22:00 24:00)

숙박 남산자락 (054)774-7563
옛살비 (054)773-3838
삼릉펜션 (054)741-5556
식당 단감농원 할매칼국수(우리밀 손칼국수)
(054)745-4761
황남빵(황남빵) (054)749-7000
화장실 포석정, 금오산 정상 밑, 삼릉 입구, 삼불사
입장료 포석정: 성인 500원, 청소년 400원, 어린이 300원

이 무던 정을 들고 마음을 새겼으리라. 왕과 귀족들이 불국사, 황룡사, 석굴암 등 국가 사찰에서 불공을 드릴 때 민중들은 남산에 올라 석불 앞에서 합장했다.

남산은 또한 신라 시조 박혁거세의 탄생 설화가 있는 나정(사적 제245호)부터 신라 멸망의 현장인 포석정(사적 제1호)까지 숱한 유물과 유적들이 산재해 있어 신라의 흥망성쇠를 지켜본 증인과도 같다.

포석정에서 출발하여 남산에서 가장 높은 봉우리인 금오봉(458m) 정상에 올랐다가 삼릉을 거쳐 삼불사로 내려오는 걷기 코스는 신라의 역사와 불교 유산을 뒤돌아보는 박물관 탐방과도 같다.

금오봉 오르는 길은 두 갈래다. 남산탐방안내센터를 지나 삼거리에서 오른쪽 길을 택하면 늠비봉 5층석탑을 거쳐 금오봉으로 이어지는 조금 가파른 코스로 가게 되고, 직진하면 비교적 편안한 길을 걷게 된

삼릉

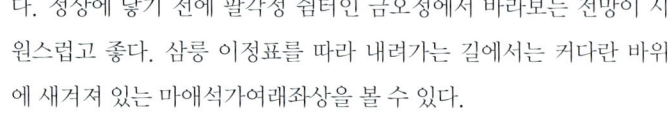

대릉원
천마총, 미추왕릉 등 신라의 왕릉을 볼 수 있는 곳이다. 주변에 첨성대, 반월성 등이 있어 함께 둘러보기 좋다.
위치 경북 경주시 황남동 89-2 **전화** (054)772-6317 **입장료** 성인 1천500원, 청소년 700원, 어린이 600원

다. 정상에 닿기 전에 팔각정 쉼터인 금오정에서 바라보는 전망이 시원스럽고 좋다. 삼릉 이정표를 따라 내려가는 길에서는 커다란 바위에 새겨져 있는 마애석가여래좌상을 볼 수 있다.

남산 산책로

안압지
경주의 수많은 문화유적지 중 야경이 특히 아름답다. 연못 주변을 크게 한 바퀴 돌 수 있는 산책로가 나 있다.
위치 경주시 인왕동 26 **전화** (054)772-4041 **입장료** 성인 1천 원, 청소년 500원, 어린이 400원

금오정

자가운전 1박 2일 추천 일정

1일차
10:00 경주IC → 10:30 대릉원 탐방 → 12:00 점심 식사 → 13:30 남산 걷기 → 17:30 저녁 식사 → 18:30 안압지 야경 관광 → 20:00 숙소 도착

2일차
08:00 아침 식사 → 09:00 월성지구·황룡사지 탐방 → 12:00 점심 식사 → 13:30 보문관광단지 관광 → 16:00 경주IC

문의 대릉원(054-772-6317), 포석정(남산 내, 054-745-8484), 안압지(054-772-4041), 월성지구(054-772-5134), 황룡사지(054-742-9922), 보문관광단지(054-745-7601)

전국 베스트 힐링로드

139 토함산 불국사~석굴암

신라 천년의 역사를 껴안다

불국사 → 토함산 산책로 → 석굴암 석굴 → 토함산 산책로 → 불국사

출발 경북 경주시 진현동 15 불국사 **주차** 불국사 주차장(1일 1천 원)

거리	7.8km	난이도	무난해요
소요시간	3시간		
추천테마	숲, 문화 유적, 사계절, 여럿이		

불국사 자하문 / 석굴암 본존불상

토함산(吐含山, 745m)은 바닷가에 자리 잡고 있어 안개가 자주 끼는 까닭에, 바다 쪽에서 밀려오는 안개와 구름을 들이마셨다가 토해 내는 산이란 뜻의 이름을 갖게 되었다. 앞이 안 보일 정도로 사납게 굴 때도 많지만, 안개가 걷히면 한 폭의 동양화처럼 아름다운 자태를 드러낸다. 특히 감포 앞바다를 붉게 적시며 떠오르는 태양은 이곳에서 바라볼 때 가장 감동적이어서 새해 첫날에는 수만 명의 인파가 몰려든다. 국립경주박물관에서 에밀레종(성덕여왕신종, 국보 제29호) 타종을 지켜본 뒤 석굴암까지 걸어 올라가 일출과 함께 새해를 맞는 것이 정석 코스다.

하지만 토함산의 진가는 기슭에 자리 잡은 불국사와 정상 가까이 선 석굴암에 있다. 유네스코 세계문화유산으로 지정된 불국사와 한국

찾아가기

동서울종합터미널→경주시외버스터미널
07:00~19:00(30~40분 간격, 심야 23:10 24:00)

서울고속버스터미널→경주고속버스터미널
06:10~20:15(60~65분 간격, 심야 22:40 23:55)

경주시외버스터미널→불국사
10, 11번(20~30분 간격)

돌아오기

불국사→경주시외버스터미널
10, 11번(20~30분 간격)

경주시외버스터미널→동서울종합터미널
07:40~19:40(40~50분 간격, 심야 23:40 24:40)

경주고속버스터미널→서울고속버스터미널
06:00~20:10(60분 간격, 심야 22:00 24:00)

숙박 불국사온천호텔 (054)745-6661
　　　 불국사펜션 010-4597-9380
　　　 향전농원민박 (054)773-6773
식당 토함혜(청국장찌개) (054)745-0445
화장실 불국사, 석굴암 주차장
입장료 불국사: 성인 4천 원, 청소년 3천 원, 어린이 2천 원
석굴암: 성인 4천 원, 청소년 3천 원, 어린이 2천 원

경상도

토함산 산책로

여행 Tip 감포 앞바다에 있는 문무대왕릉(대왕암) 일출도 유명하다. 불국사에서 문무대왕릉까지는 차로 40분 거리다.

불국사 벚꽃

의 대표적인 석굴사찰(石窟寺刹)인 석굴암이 있어 신라의 얼이 깃든 영산이자 불교 성지로 추앙받으며 문화재의 보고가 되었다. 그렇기에 불국사~석굴암을 걷는 것은 신라 천년의 역사와 나누는 인사 같다.

경내가 사적 제502호로 지정된 불국사에는 석가탑, 다보탑, 청운교, 연화교 등 유명세를 떨치는 유적들이 많다. 찬찬히 들러본 뒤 토함산 탐방로로 들어선다. 초입부터 운치 있는 숲길이 펼쳐진다. 울창한 침엽수와 활엽수가 저마다 곡선을 그리면서 숲 터널을 완성, 천년의 두께를 떠받치고 걷는 걸음을 더욱 웅장하게 해준다.

석굴암 석굴(국보 제24호)은 완벽하고 빼어난 조각과 독창적 건축으로 신라 불교예술의 정수를 보여준다. 일제강점기 때 보수공사를 하면서 시멘트를 마구잡이로 사용하는 바람에 석굴 본연의 제습 기능을 잃어 유리벽에 갇히게 된 본존불이 안타깝다. 죽을 때까지 상투머리에 한복을 입었다는 전주 출신 명필 강암 송성용이 쓴 일주문 현판도 인상적이다.

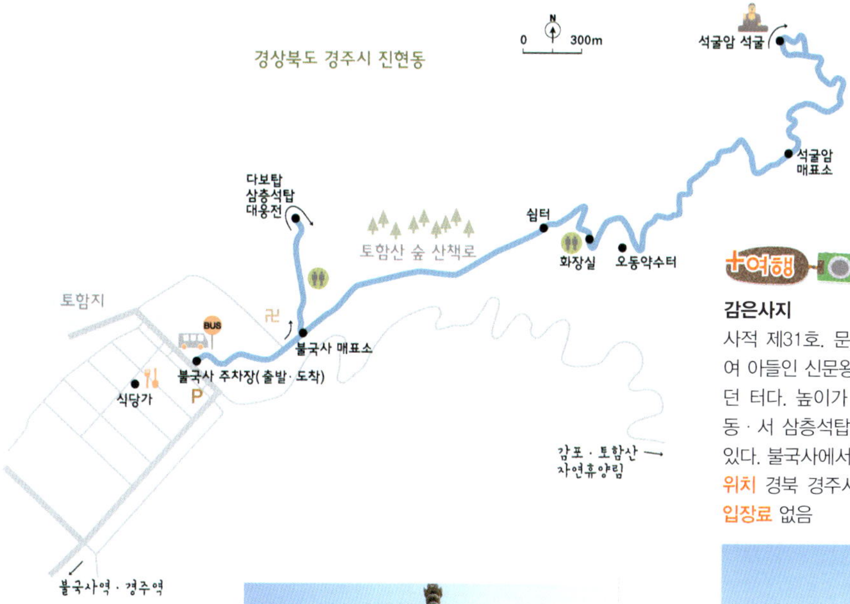

경상북도 경주시 진현동

감은사지

사적 제31호. 문무대왕 때 짓기 시작하여 아들인 신문왕이 완성한 감은사가 있던 터다. 높이가 13m로 같은 감은사지 동·서 삼층석탑(국보 제112호)이 남아 있다. 불국사에서 차로 40분 거리.
위치 경북 경주시 양북면 용당리 55-1
입장료 없음

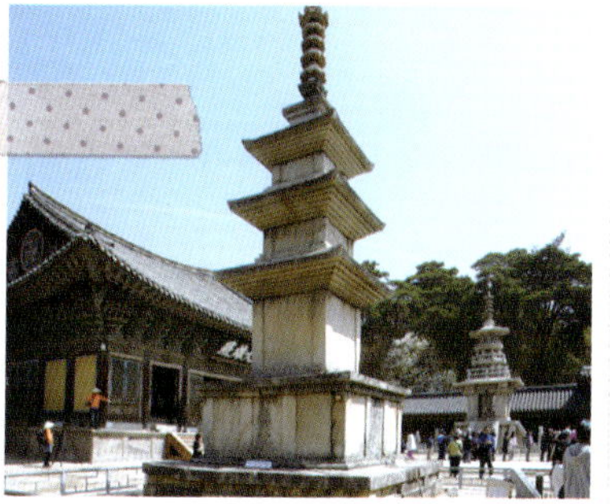

불국사 삼층석탑

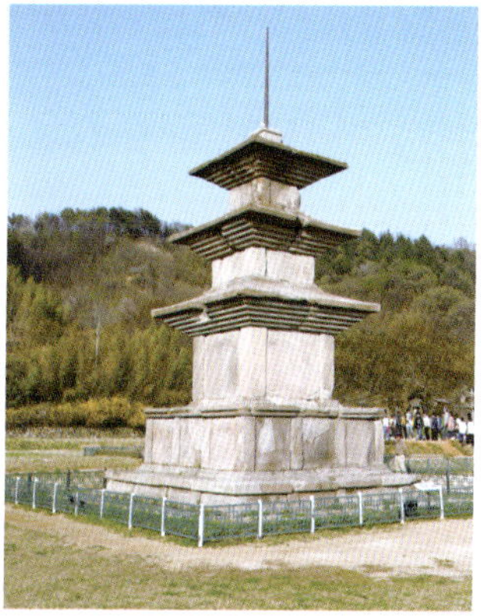

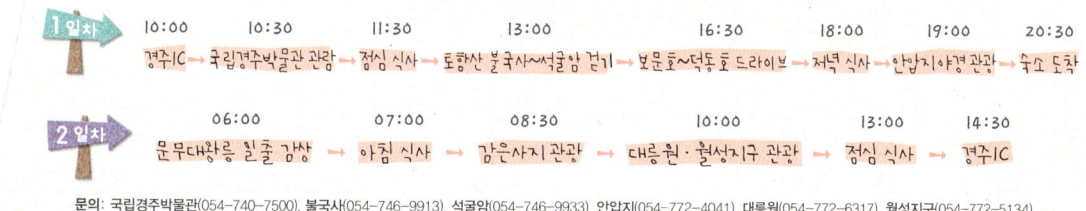

문의: 국립경주박물관(054-740-7500), 불국사(054-746-9913), 석굴암(054-746-9933), 안압지(054-772-4041), 대릉원(054-772-6317), 월성지구(054-772-5134)

직지문화 모티길

모퉁이 돌 때마다 정겨운 산골

직지초교 → 방하치마을 → 방아재 → 돌모마을 → 직지문화공원

출발 경북 김천시 대항면 향천리 589 직지초교　**주차** 직지문화공원 주차장(무료)

거리	11.3km	난이도	조금 힘들어요
소요시간	4시간		
추천테마	숲, 계곡, 봄·가을, 여럿이		

　　제주도 방언은 알아듣기가 어렵지만 경상도 방언은 몇 가지 발음 규칙을 알면 어느 정도 알아들을 만하다. 모티길이라는 이름에서도 '모퉁이'가 떠오른다면 제대로 맞춘 것이다. 김천 모티길은 모퉁이를 돌면 또 다른 모퉁이가 나타난다는 뜻을 담고 있다. 모티길은 '직지문화 모티길'과 '수도녹색숲 모티길' 두 개 코스로 구성되어 있다.

직지천

동구지산 임도

그렇다면 직지는? 선뜻 세계 최초의 금속활자 인쇄본이 떠오르는데, 아니다. 김천을 감돌아 흐르는 하천의 이름이며, 이 이름은 천년 고찰 직지사에서 따왔다. 직지사와 직지천이 김천의 역사와 문화에 얼마나 많은 영향을 주고 있는지 가늠할 수 있는 대목이다. 직지문화 모티길은 황악산과 동구지산 임도를 중심으로 정겨운 산골마을과 돌담길 이어지는 농촌마을을 지나 천년 고찰 직지사에서 마무리된다. 오르막과 내리막이 절반씩 섞여 있지만 걷기에 어렵지는 않다.

길에서 만나는 '황녀의마을'은 고종의 딸이면서 기구한 삶의 주인공이었던 조선 왕조의 마지막 황녀 이문용(1882~1901)이 왕실의 암투를 피해 숨어 살던 곳이다. 유주현의 역사소설 〈황녀〉의 배경이 된 마을의 역사를 바탕으로 테마 관광지를 조성해 놓았다. 활엽수와 낙엽송이 짙은 그늘을 만드는 방아재에서는 아래로 굽어보는 풍경이 장관이다. 마을을 개척할 당시 땅에 돌이 많아 이름이 되었다는 돌모마을에서는 지역 특산물을 직접 수확해보는 '녹색농촌체험'을 할 수 있다.

마을 앞 지방도로 빠져나와 우회전해 도로를 따라가면 직지문화공원이다. 모티를 돌고 돌아 종점에 도착한 것이다. 직지문화공원은 김천의 자랑거리 중 하나다. 조각 작품을 감상하며 지친 다리를 쉬어갈 수 있다. 음악 분수가 춤을 추고, 야외 공연장에서는 음악회와 공연이

찾아가기 김천공용버스터미널에서 11번이나 111번 버스를 타고 대항면사무소에서 내린 후 100m쯤 걸어가면 시작점인 직지초교가 나온다.
서울고속버스터미널→김천공용버스터미널
07:10 09:05 11:05 12:50 14:50 17:10 19:00
동서울종합터미널→김천공용버스터미널
10:10 14:10 18:10
김천공용버스터미널→대항면사무소
06:10~22:35(수시 운행)
돌아오기
직지사→김천공용버스터미널
06:15~22:50(수시 운행)
김천공용버스터미널→동서울종합터미널
10:00 14:00 18:00
김천공용버스터미널→서울고속버스터미널
07:30 09:00 11:00 13:00 15:00 17:00 18:30

숙박 김천파크호텔 (054)437-8000
　　　황토민박 (054)435-6627
　　　청솔민박 (054)436-3408
식당 용운식당(산채정식) (054)436-4134
　　　서울식당(산채정식) (054)436-6121
화장실 방하치마을, 돌모마을, 직지문화공원
입장료 직지사: 성인 2천500원, 청소년 1천500원, 어린이 1천 원

경상도

수시로 열린다. 이 도로의 종점이지만 실제로는 주축이 되고 있는 직지사는 신라 눌지왕 2년(418년)에 아도화상이 신라에서 두 번째로 지은 사찰이다. 조선 시대에는 8대 가람에 속할 만큼 위상이 대단했고, 사명대사가 득도한 사찰로도 유명하다.

금오산도립공원

경북 김천에서 구미로 가다보면 기암괴석이 절경을 이룬 높다란 산을 볼 수 있는데, 우리나라의 첫 도립공원으로 지정된 금오산(976m)이다. 28m 높이로 떨어지는 대혜폭포와 신라 시대 고승인 도선국사가 수도했다는 도선굴 등 아름다운 자연 경관을 볼 수 있다. 대혜교에서 해운사를 오가는 케이블카도 운영 중이며, 빙상장과 야외수영장 등을 갖춘 금오랜드도 들어서 있다. 산 입구에 있는 커다란 저수지인 금오지는 벚꽃 명소로 유명하다. 직지사에서 차로 50분 거리.
위치 경북 구미시 금오산 상가길 12
전화 (054)480-4601 **입장료** 없음
이용료 케이블카: 왕복 성인·청소년 7천 원, 어린이 4천 원

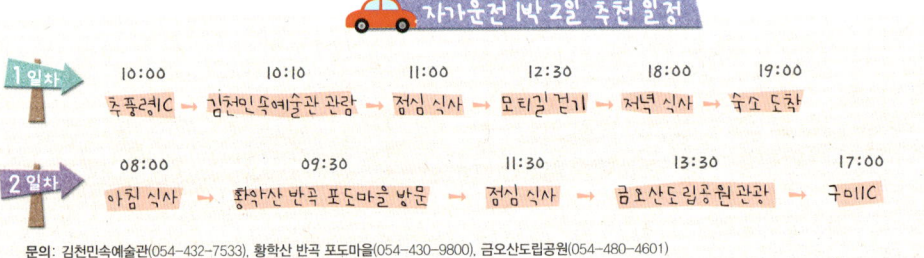

141 고모산성~토끼비리길

토끼가 다니던 벼랑, 명승이 되다

진남휴게소 → 고분군 → 진남문 → 고모산성 → 성황당 → 토끼비리길 → 진남휴게소

출발 경북 문경시 마성면 신현리 132-10 진남휴게소 **주차** 진남휴게소 주차장(무료)

거리	3.1km	난이도	쉬워요
소요시간	1시간 30분		
추천테마	숲, 문화 유적, 봄·여름·가을, 아이들과		

진남문

토끼비리길

후백제의 견훤이 신라를 공격하자 경애왕은 고려 왕건에게 급히 도움을 요청했다. 왕건이 서둘러 경주로 가는데 오정산 자락에서 길이 막혀 버렸다. 아래로는 영강이 흐르고 정면에는 벼랑이 막아 수천의 병사가 오도 가도 못하는 그때, 토끼 한 마리가 벼랑을 가로질러 가는 것을 본 왕건은 "토끼의 흔적을 좇아 길을 내라."고 명했다.

그렇게 만들어진 길이 토끼비리길이다. '비리'는 벼랑을 뜻하는 '벼루'의 경상도 방언으로, 토끼비리길은 '토끼가 다니던 벼랑길'을 뜻한다. 한 사람이 겨우 지나갈 수 있을 만큼 좁고 험한 이 길은 옛 문헌에도 그 험난함이 여러 차례 언급되어 있다. 그런데도 사람들이 위험한 길을 다닌 이유는 딱 하나, 지름길이기 때문이었다. 2km 정도 되는

찾아가기 점촌시외고속버스터미널 맞은편에 있는 홈플러스 정류장에서 마성 방면 시내버스를 타고 진남휴게소에서 하차.
동서울종합터미널→점촌시외고속버스터미널
06:00~23:00(30분 간격)
서울고속버스터미널→점촌시외고속버스터미널
06:30~20:20(70~90분 간격)
점촌시외고속버스터미널→진남휴게소
06:20~20:10(20~30분 간격)

돌아오기
진남휴게소→점촌시외고속버스터미널
06:44~21:14(20~30분 간격)
점촌시외고속버스터미널→동서울종합터미널
06:00~20:50(30분 간격, 심야 22:25)
점촌시외고속버스터미널→서울고속버스터미널
06:40~20:20(60~70분 간격)

숙박 가인강산 010-4522-8886
강가의아침 011-4522-8886
13월의아침 (054)552-1050
식당 진남팔경매운탕(민물메운탕)
(054)554-8080
원조진남매운탕(메기매운탕)
(054)552-8888
화장실 진남휴게소

이 길을 지나면 영남과 경기도를 잇는 문경새재에 금방 갈 수 있었다.

한동안 잊힌 토끼비리길이 걷기 코스로 다시 복원되었다. 옛 모습을 그대로 간직하고 있어 역사적 가치가 큰 까닭에 2007년 문경새재(명승 제32호)와 함께 명승 제31호로 지정됐다. 총 길이는 2km 정도지만 사람이 다닐 수 있는 구간은 입구부터 병풍바위까지 약 500m. 나머지 구간은 위험해서 갈 수 없다. 경북8경의 제1경인 진남교반이 한눈에 들어오는 고모산성과 한 코스로 엮어 돌아보면 다양한 이야기가 들어 있는 역사탐방로가 된다.

고모산성은 5세기 무렵 신라가 고구려의 침입을 막기 위해 축조한 것이다. 진남휴게소에서 고모산성으로 가려면 석현성의 진남문을 통해야 한다. 임진왜란 때 지어진 석현성은 본성을 돕는 날개성으로 고증을 거쳐 근래에 복원했다. 진남문은 고모산성과 토끼비리길을 잇는

고모산성에서 본 진남문

고모산성

진남역 레일바이크
레일바이크(철로자전거)는 문경의 채탄산업이 중단되면서 멈추어선 철로를 관광상품으로 개발한 것이다. 진남역, 가은역 등에서 출발하는 다양한 코스가 있다.
위치 경북 문경시 마성면 신현리 126-1
전화 (054)553-8300 **요금** 1대(성인 2명, 어린이 2명 승차) 1만 5천 원.

접점이기도 하다. 성곽길을 10분쯤 오르면 위용을 자랑하는 고모산성 남문에 이르고, 남문에서 목책이 세워져 있는 성곽을 5분쯤 걸어가면 데크 전망대가 나온다. 복원되어 사람이 갈 수 있는 길은 여기까지다.

진남문에서 고모산성 맞은편 성곽 길로 가면 토끼비리길이다. 낭떠러지 쪽에는 굵은 줄로 울타리를 치고 위험 구간마다 데크를 놓는 등 안전에 신경 썼다.

자가운전 1박 2일 추천 일정

1일차
- 10:00 문경새재IC
- 10:30 고모산성~토끼비리길 걷기
- 12:00 점심 식사
- 13:30 진남역 레일바이크 체험
- 16:00 문경석탄박물관 관람
- 18:00 저녁 식사
- 19:30 숙소 도착

2일차
- 08:00 아침 식사
- 10:00 옛길박물관 관람
- 11:00 드라마 촬영장 관광
- 12:30 점심 식사
- 13:30 조령 제1관문~조령 제2관문 탐방
- 16:00 연풍IC

문의: 진남역 레일바이크(054-553-8300), 문경석탄박물관(054-550-6424), 문경새재(054-571-0709), 옛길박물관(054-550-8365)

142 문경새재 과거길

맨발로 넘어도 되는 고갯길

문경새재 입구 → 주흘관 → 드라마 촬영장 → 조곡관 → 조령관 → 문경새재 입구

출발 경북 문경시 문경읍 상초리 288-1 문경새재 **주차** 문경새재 입구 주차장(1일 2천 원)

거리	14.5km	난이도	무난해요
소요시간	5시간		
추천테마	숲, 계곡, 문화 유적, 사계절, 여럿이		

새재는 한자로 조령(鳥嶺)이다. 이름에 대한 여러 풀이가 있지만, 문경이 워낙 오지였고 한강과 낙동강 유역을 잇는 영남대로 중 가장 높고 험한 고개였으므로 '새도 날아서 넘기 힘든 고개'라는 뜻으로 많이 통한다. 하지만 아무리 험해도 영남에서 한양으로 가는 가장 빠른 길이었기에 장원급제의 꿈을 안고 과거 시험을 보러 가는 선비들과 물건을 이고 장을 찾아가는 상인들이 줄을 이었다. 좁고 지형이 험해 군사적 요충지로의 역할도 컸다. 조선 태종 14년(1414년)에는 삼국시대 때부터 있던 새재를 정비해 관로로 만들었다.

그 험하던 고갯길이 지금은 맨발로 걸어도 되는 아름다운 길이 되었다. 박물관, 유적, 생태공원 등 볼거리도 다양해

주흘관 옆 산책로

가족이 함께 걷기에 좋고, 조령관 바로 아래의 책바위는 자녀들의 시험 합격을 비는 기도처로 인기다. 토끼비리길(명승 제 31호)과 함께 국가지정문화재(명승 제32호)로 지정되었다.

길은 국내 유일의 옛길박물관에서 시작된다. 새재까지 가는 길에는 사적 제147호로 지정된 3개의 관문을 만나게 된다. 제1~3관문인 주흘관·조곡관·조령관으로, 조곡관은 임진왜란이 일어난 직후인 1594년에, 주흘관과 조령관은 1708년에 세워졌다. 드라마촬영장 입구부터는 본격적인 걷기 코스다. 울창한 숲과 시원한 계곡이 길을 따라 펼쳐지고, 조령관까지 6km는 맨발로 걸을 수 있도록 점토처럼 고운 흙을 깔아 놓았다.

출장 가는 관리들의 숙박 시설인 '조령원' 터와 옛 모습을 그대로 재현해 놓은 주막, 경치가 빼어나 많은 시인 묵객들이 들렀다는 용추계곡, 경상감사가 업무를 인수인계하던 교귀정 등을 구경하며 걸어가면 시원한 물줄기가 쏟아지는 조곡폭포를 지나 약수터가 있는 조곡관이 나온다. 이후부터는 인적이 뜸해 숲길이 한층 고즈넉하다. 초가집인 귀틀집을 지나 30분 정도 뱀처럼 구불구불 휘어진 길을 따라 오르면 경상도와 충청도의 경계인 새재의 조령관이 나온다.

찾아가기
동서울종합터미널→점촌시외고속버스터미널
06:00~23:00(30분 간격)
서울고속버스터미널→점촌시외고속버스터미널
06:30~20:20(70~90분 간격)
점촌시외고속버스터미널→문경새재 입구
100, 200번(60분 간격)
돌아오기
문경새재 입구→점촌시외고속버스터미널
100, 200번(60분 간격)
점촌시외고속버스터미널→동서울종합터미널
06:00~20:50(30분 간격, 심야 22:25)
점촌시외고속버스터미널→서울고속버스터미널
06:40~20:20(60~70분 간격)

숙박 스머프마을 (054)572-3762
　　　옹달샘황토민박 (054)572-3555
　　　동화원산장 (054)571-2554
식당 새재할매집(약돌돼지양념석쇠구이정식)
　　　　　　　　　　　(054)571-5600
　　　소문난식당(묵조밥) (054)572-2255
화장실 코스 내 다수
입장료 드라마 촬영장: 성인 2천 원, 청소년 1천 원, 어린이 500원

드라마 촬영장

경상도

여행 Tip

문경새재 과거길을 색다르게 즐길 수 있는 '달빛사랑여행'은 곳곳에 마련된 미션을 풀면서 선조들의 문화를 체험하며 걷는 프로그램이다. 5월부터 10월까지 매월 둘째, 넷째 토요일 오후 3시 문경새재 입구 야외공연장에서 출발한다. 예약은 문경문화원의 전화(054-555-2571) 또는 홈페이지(www.mgmtour.co.kr)로 할 수 있다.

+여행

문경도자기박물관

분청사기 도요지로 유명한 문경의 도자기를 알리기 위해 세운 전시관이다. 문경에서 출토된 토기, 청자, 백자와 현대 장인들이 만든 도자기 작품을 관람할 수 있다. 문경새재 입구에서 차로 10분 거리.
위치 경북 문경시 문경읍 문경대로 2416
전화 (054)550-6416
입장료 없음

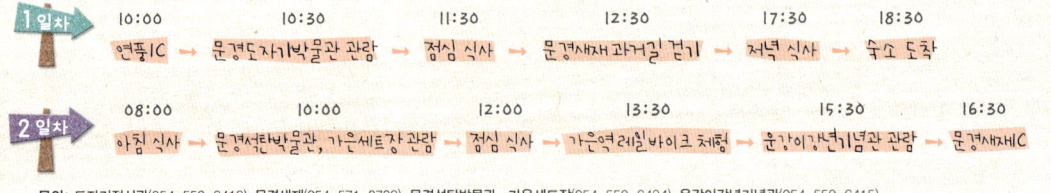

자가운전 1박 2일 추천 일정

1일차 10:00 연풍IC → 10:30 문경도자기박물관 관람 → 11:30 점심 식사 → 12:30 문경새재 과거길 걷기 → 17:30 저녁 식사 → 18:30 숙소 도착

2일차 08:00 아침 식사 → 10:00 문경석탄박물관, 가은세트장 관람 → 12:00 점심 식사 → 13:30 가은역 레일바이크 체험 → 15:30 운강이강년기념관 관람 → 16:30 문경새재IC

문의: 도자기전시관(054-550-6416), 문경새재(054-571-0709), 문경석탄박물관·가은세트장(054-550-6424), 운강이강년기념관(054-550-6415)

경상도

143 외씨버선길 춘향목 솔향기길

사과향기 솔향기 그윽한 길

춘양면사무소 → 만산고택 → 운곡천 → 서벽리 금강소나무 숲 → 춘양목산림체험관 → 두내약수탕

출발 경북 봉화군 춘양면 의양리 410 춘양면사무소 **주차** 춘양시장 주차장(무료)

거리	18.6km	난이도	조금 힘들어요
소요시간	6시간		
추천테마	숲, 강, 봄·여름·가을, 여럿이		

　외씨버선은 오이씨처럼 볼이 좁고 갸름하여 맵시가 있는 버선을 말한다. 조선 시대 풍속화에 등장하는 여인들은 영락없이 외씨버선을 신고 있다. 조지훈의 시 '승무'에서도 춤추는 여승의 고혹적인 이미지를 상징하는 도구가 바로 외씨버선이다.

　외씨버선길은 이름 그대로 외씨버선을 닮은 걷기여행지다. 산허리를 돌아서면 끊어질 듯 다시 이어지는 좁다란 산길, 보일 듯 말 듯 휘어져 돌아가는 숲길과 들길이 외씨버선의 곡선미와 승무의 춤사위를 닮았다. 경북 청송과 영양, 봉화, 강원도 영월 등 4개 군을 잇는 240km 여정으로, 역사와 문화가 숨 쉬는 옛 마을길과 산길로 이뤄져 있다.

운곡천 산책로

찾아가기 춘양시외버스터미널에서 100m 정도 직진하면 시작점인 춘양면사무소가 나온다.
동서울종합터미널→춘양시외버스터미널
07:40 09:40 11:50 13:50 16:10 18:00
돌아오기 두내약수탕 앞 정류장에서 시내버스를 타고 춘양시외버스터미널로 갈 수 있다.
두내약수탕→춘양시외버스터미널
10:55 13:20 16:40
춘양시외버스터미널→동서울종합터미널
08:10 10:10 12:20 14:20 16:40 18:40

숙박 솔향기펜션 (054)672-4568
  솔바람펜션 011-331-5529
  태백여관 (054)672-3164
식당 동궁회관(엄나무송이돌솥밥)
  (054)672-2702
화장실 춘양시외버스터미널, 춘양면사무소, 도심2리마을회관, 춘양목산림체험관

외씨버선길은 청송 슬로시티길, 영양 조지훈 문학길, 봉화 춘양목 솔향기길, 영월 김삿갓문학길 등 지역별 특색을 살린 13개 테마 길로 구성되어 있다. 봉화의 '춘양목 솔향기길'은 춘양에서 5일장을 구경하고, 문수산 둘레의 과수원을 따라 마을과 마을을 통과하는 사과 향, 소나무 향 그윽한 길이다. 초록 논과 향긋한 사과밭, 울창한 솔숲에 나 있는 편안한 길을 걷다 보면 흙벽집이 정겨운 마을, 꿩이 날고 청설모와 고라니가 뛰노는 숲, 쏘가리와 쉬리가 사는 하천이 만나고 헤어지기를 반복하며 길동무가 되어준다.

춘양은 조선말 봉화현 관아를 두었던 고을답게 고택, 정자, 절터 등의 문화유산이 많다. 만산고택, 권진사댁, 서동리 동·서 삼층석탑 등을 들러볼 만하다. 새콤달콤한 향기에 취해 사과 과수원을 지나면 이 길의 하이라이트인 서벽리 금강소나무 숲이 기다린다. 문화재 복원용 금강소나무를 생산하는 숲으로 영주국유림관리소에서 특별 관리하고 있다.

도심리의 외씨버선길 이정표

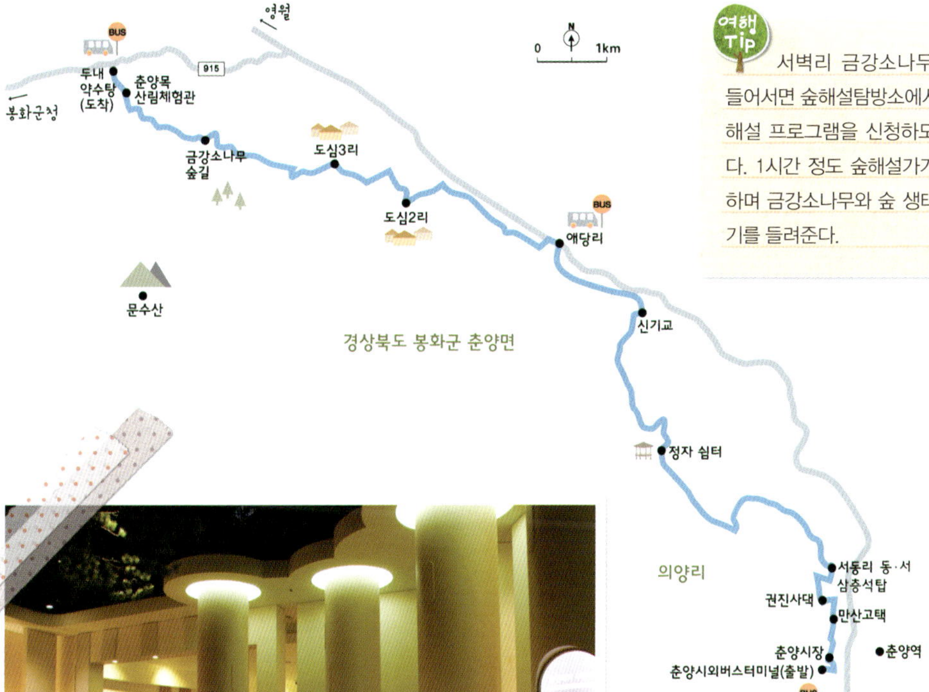

영월
0
1km
BUS
915
두내
약수탕
(도착)
춘양목
산림체험관
봉화군청
금강소나무
숲길
도심3리
도심2리
애당리
문수산
신기교
경상북도 봉화군 춘양면
정자 쉼터
의양리
서동리 동·서
삼층석탑
권진사댁
만산고택
춘양시장
춘양역
춘양시외버스터미널(출발)
봉화군청·안동시

여행 Tip 서벽리 금강소나무 숲에 들어서면 숲해설탐방소에서 자연해설 프로그램을 신청하도록 한다. 1시간 정도 숲해설가가 동행하며 금강소나무와 숲 생태 이야기를 들려준다.

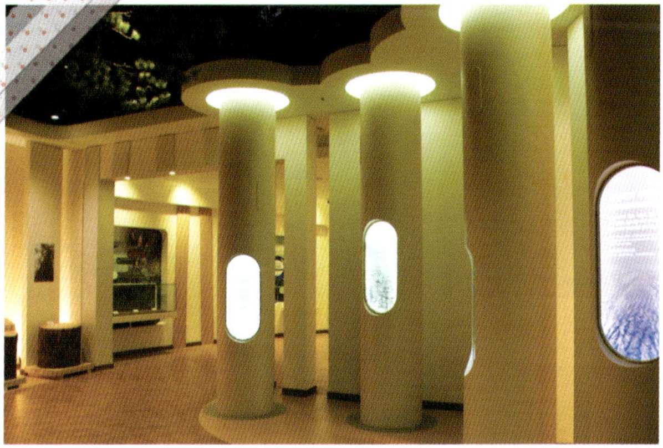

춘양목산림체험관

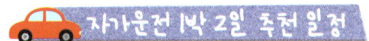

자가운전 1박 2일 추천 일정

1일차

10:00	11:00	12:30	13:30	18:00	19:00
풍기IC →	춘양목 솔향기길 걷기 →	점심 식사 →	춘양목 솔향기길 걷기 →	저녁 식사 →	숙소 도착

2일차

08:00	10:00	12:00	13:30	15:30
아침 식사 →	부석사 탐방 →	점심 식사 →	소수서원, 선비촌 관광 →	풍기IC

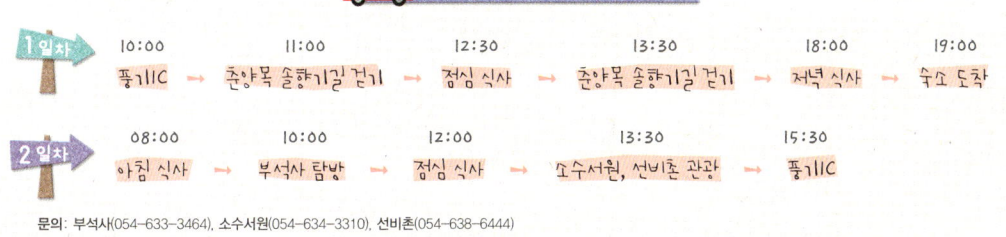

문의: 부석사(054-633-3464), 소수서원(054-634-3310), 선비촌(054-638-6444)

경상도

144 MRF 이야기길 4코스 숨소리길

나각산에 오르면 낙동강이 한눈에

낙동강변 먹거리촌 → 나각산 정상 → 마귀할멈굴 → 낙동강변 먹거리촌

출발 경북 상주시 낙동면 낙동리 낙단교(낙단보) **주차** 낙동강변 먹거리촌 공터(무료)

거 리	8.0km	난이도	조금 힘들어요
소요시간	3시간		
추천테마	숲, 강, 봄·가을, 여럿이		

낙동리 들판

출렁다리

2011년 국제슬로시티로 지정된 상주는 쌀, 곶감, 누에고치 등 '삼백(三白)의 고장'으로 유명하다. 자연이 주역인 다른 지역과 달리 상주 슬로시티는 전통문화와 장인이 주역이다. 슬로시티 문화 탐방 못지않은 생태 탐방 코스도 마련되어 있는데, 바로 MRF 이야기길이다. MRF는 산길(Mountain Road), 강길(River Road), 들길(Field Road)로 이루어진 트레킹 로드다. 해발 200~300m의 낮은 산과 강길 및 들길이 포함되고, 어디서 출발하더라도 원점으로 돌아올 수 있다.

서로 이어지거나 겹치는 MRF 이야기길 14개 코스 중 유일하게 홀로 떨어져 있는 코스가 4코스인 낙동강 숨소리길이다. 등산로 입구의 솔숲은 바짝 마른 황토로 덮여 있고 이정표가 눈에 잘 띄게 설치되어 몸도 마음도 편하게 걸을 수 있다. 30분쯤 올라가면 갈림길 지나 야외

체력단련장이 나오고 곧바로 정상 바윗길을 오르는 나무 계단 앞에 닿는다. 나각산은 240m 정도의 높지 않은 산이지만 정상에 서면 비옥한 들판 사이로 구불구불 흐르는 낙동강과 낙동리의 평화로운 전경이 한눈에 들어온다.

하산길에서는 마지막 봉우리로 이어진 나각산의 명물 출렁다리를 지나게 된다. 산 정상의 출렁다리라면 공포가 느껴질 법하지만 지면에서 그리 높지 않아 무난하게 건널 수 있다.

찾아가기 상주종합버스터미널에서 안계 방면 좌석버스를 타면 낙동강변 먹거리촌으로 갈 수 있다.
동서울종합터미널→상주종합버스터미널
06:00~20:30(30분 간격, 심야 23:00)
서울고속버스터미널→상주종합버스터미널
07:00~19:40(50~60분 간격)
상주종합버스터미널→낙동강변 먹거리촌
07:00~19:00(45~60분 간격)
돌아오기
낙동강변 먹거리촌→상주종합버스터미널
06:45~18:05(45~60분 간격)
상주종합버스터미널→동서울종합터미널
06:00~18:30(30분 간격, 심야 23:00)
상주종합버스터미널→서울고속버스터미널
07:00~19:40(50~60분 간격)

숙박 낙동리브사이드펜션 (054)534-3124
봉황파크 (054)533-0637
식당 강나루참복집(복매운탕)
(054)532-0199
화장실 낙동강변 먹거리촌, 생태체험단지 부근

경천대 국민관광지
낙동강의 아름다운 전경을 볼 수 있는 관광지로 전망대, 야영장, 드라마 세트장 등 다양한 부대시설도 마련되어 있다. 낙단교에서 차로 40분 거리.
위치 경북 상주시 사벌면 삼덕리 산 12-3
전화 (054)536-7040 **입장료** 없음

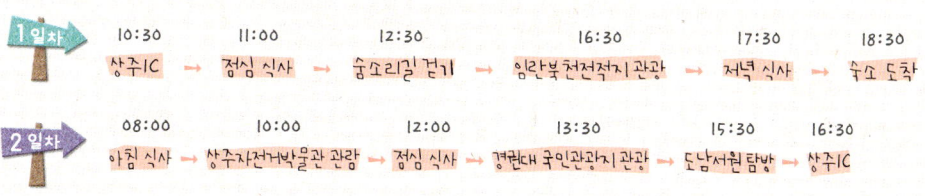

블루로드 B코스

어디서나 일출을 볼 수 있다

영덕해맞이공원 → 오보해수욕장 → 경정해수욕장 → 원조대게마을 → 죽도산 → 축산항

출발 경북 영덕군 영덕읍 창포리 산5-5 영덕해맞이공원 **주차** 영덕해맞이공원 주차장(무료)

거리	11.8km	난이도	무난해요
소요시간	4시간		
추천테마	숲, 바다, 봄·여름·가을, 연인끼리		

구불구불한 해안선에 이어진 바다. 하얀 뭉게구름을 그려 바다와 구별해 놓은 파란 하늘, 등대와 갈매기, 말라가는 오징어, 어촌과 어부, 그림책을 넘기듯 그 사이를 걸어가는 여행자. 모든 것이 블루다. 영덕군 강구항에서 출발해 축산항을 거쳐 고래불해수욕장에 이르는 약 50km의 해안길. '블루로드(Blue road)'가 그렇다.

블루로드는 2012년 '한국인이 꼭 가봐야 할 국내 관광지 99'에 뽑혔다. 2009년에는 '스

죽도산에서 본 축산항

토리가 있는 문화생태 탐방로 7선', 2010년에는 '명품 녹색길 33선'에 선정되어 우리나라를 대표하는 아름다운 바닷길로 이름을 알렸다. 해안길이 많고 군사작전구역이 포함되어 있지만 데크와 난간, 지점별 번호가 기재된 안내 표지를 설치하여 안전에 각별한 신경을 쓰고, 군부대 초소를 리모델링해 탐방객 쉼터로 활용하는 등 효과적으로 대응했다.

블루로드의 백미로 꼽히는 B코스는 한적한 어촌과 군인들이 이용하던 해안초소 길. 드넓은 백사장과 다양한 갯바위들을 볼 수 있다. 전 구역에서 일출을 감상할 수 있다는 점도 매력적이다. 연간 100만 명이 넘는 관광객들이 찾는 영덕 해맞이공원에서 출발, 귀가 멍멍할 정도로 세찬 바람에 등을 떠밀리다시피 걸으며 야트막한 언덕을 넘으면 아담한 어촌 마을인 대탄리에 이른다. 노물리를 지나고 바다색과 선명한 대비를 이루는 빨간 등대도 지나 방파제 옆길로 가면 B코스에서 가장 아름다운 해안 산책로로 들어선다. 오랜 시간 통제되어온 지역이라 자연환경이 잘 보존되어 말 그대로 '옥빛 바다'를 감상하며 거닐 수 있다.

갯바위 길을 지나 차유마을로 들어서면 '대게 원조마을'임을 알리는 기념비가 세워져 있다. 설날 직후 잡히는 것이 가장 맛있다고 알려져 그맘때는 사람들이 몰린다. 차유마을을 지나면 B코스의 마지막 해안 길이다. 울창한 해송 숲길을 걷다보면 모래 해변이 나오면서 시야가 탁 트인다. 축산천을 가로지르는 현수교를 지나 하얀 등대가 서 있는 죽도산에 오르면 검푸른 바다와 옹기종기 모인 집들, 축산항의 전경이 한눈에 들어온다.

찾아가기
동서울종합터미널→영덕시외버스터미널
07:00~18:30(60~90분 간격)
영덕시외버스터미널→영덕해맞이공원
09:30 11:00 13:00 14:30 16:30 18:20
돌아오기
축산항(영덕해맞이공원 경유)→영덕시외버스터미널 11:00 13:00 15:00 16:00 17:20 19:00
영덕시외버스터미널→동서울종합터미널
06:40~18:40(60~90분 간격)

숙박 해맞이캠핑장 (054)730-6337
　　　놀러와펜션 (054)734-7800
　　　파라다이스여관 (054)733-2255
식당 축산대게활어타운(대게찜)
　　　　　　　　　　(054)732-4019
　　　태흥대게식당(대게찜) (054)734-1128
화장실 코스 내 다수

강정리 앞바다의 갯바위

> **여행Tip**
> '대게 원조마을'인 차유마을의 주민들은 대부분 대게 조업을 하고, 식당과 선주집 어느 곳에서나 당일 잡은 대게를 판다. 대게의 크기에 따라 가격 차이가 많이 나지만 보통 1마리당 1만 ~2만 원쯤에 살 수 있다.

경상도

해안을 따라 난 블루로드 B코스

영덕풍력발전단지

블루로드 B코스 시작점인 해맞이공원 맞은편에 위치해 있다. 전망대에 올라 바라보는 풍력발전단지와 바다 풍경이 아름답다. 시설 좋은 오토캠핑장(해맞이캠핑장, 054-730-6337)도 있다.
위치 경북 영덕군 영덕읍 해맞이길 254 **입장료** 없음

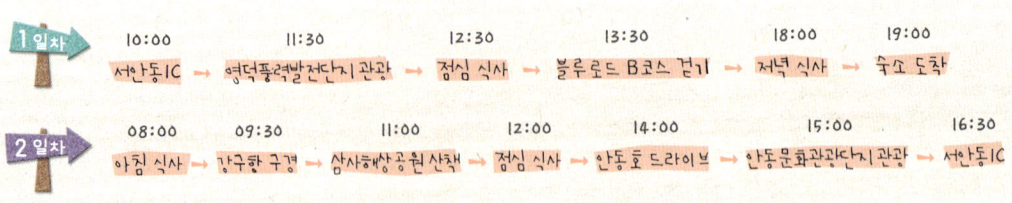

자가운전 1박 2일 추천 일정

1일차 10:00 서안동IC → 11:30 영덕풍력발전단지 관광 → 12:30 점심 식사 → 13:30 블루로드 B코스 걷기 → 18:00 저녁 식사 → 19:00 숙소 도착

2일차 08:00 아침 식사 → 09:30 강구항 구경 → 11:00 삼사해상공원 산책 → 12:00 점심 식사 → 14:00 안동호 드라이브 → 15:00 안동문화관광단지 관광 → 16:30 서안동IC

문의: 영덕풍력발전단지(해맞이캠핑장) 054-734-5871, 삼사해상공원 054-730-6398, 안동문화관광단지(온뜨레띠움) 054-823-8600)

소백산자락길 3자락

그 길 참 조붓하고 오붓하다

소백산역 → 느티정 주막거리 터 → 죽령루 → 보국사 터 → 죽령터널 → 당동리 정류장

출발 경북 영주시 풍기읍 수철리 63 소백산역(희방사역) **주차** 소백산역 주차장

거리	11.4km	난이도	무난해요
소요시간	4시간		
추천테마	숲, 계곡, 문화 유적, 봄·가을, 여럿이		

수철마을의 죽령옛길 표석

찾아가기
동서울종합터미널→영주버스공용터미널
06:15~21:45(30분 간격)
센트럴시티터미널→영주버스공용터미널
07:10~20:40(90분 간격)
영주버스공용터미널→소백산역(수철리 정류장)
06:20~18:30(30~90분 간격)

돌아오기
당동리→단양시외버스터미널
07:25~22:35(60~90분 간격)
단양시외버스터미널→동서울종합터미널
07:30~18:30(60분 간격)

숙박 죽령옛길펜션 (054)634-7732
　　　소백산풍기온천리조트 (054)604-1700
식당 죽령주막(산채정식) (054)638-6151
　　　갈매기식당(흑염소한방전골)
　　　　　　　(043)422-7378
화장실 소백산역, 죽령주막, 죽령휴게소

경상도

죽령옛길의 숲

소백산자락길을 '자락(自樂)하는 길'이라고 길을 만든 이가 소개한다. 산자락에 들어가 마음껏 즐기라는 얘기다. 멋지면서 가슴 찔리는 말이다. 자락에 안길 생각만 했지 자락할 생각은 하지 못했으니. 경북 영주시와 봉화군, 충북 단양군, 강원도 영월군의 3개 도, 4개 시·군에 걸쳐 12자락으로 구성된 소백산자락길에서는 진정한 자락을 해볼 일이다.

3자락은 죽령옛길, 용부원길, 장림말길로 구분된다. 전체가 11.4km로 각각 1시간 내외의 짧은 길들이 이어진다. 선비와 보부상들이 넘던 옛길, 상쾌한 숲과 계곡, 정감 어린 산골 마을을 걸으며 시간의 의미를 돌아보기에 적당하다.

'아흔아홉 굽이에 내리막 30리 오르막 30리'라 불리던 죽령옛길은 1910년대까지 사시사철 번잡했지만, 지금은 편리한 철길과 도로가 생겨 '오붓한' 산책로가 되었다. 3자락 입구에서 이정표 역할을 해주는 키 작은 장승들을 지나면 넓은 사과밭이 내려다보이는 '느티정 주막거리 터'에 닿는다. 죽령으로 오르는 길에는 크고 작은 주막거리가 4곳 있었는데, 이 일대는 수철리에 있는 '무쇠다리' 다음으로 번성했던 곳이다. 여기서부터 죽령까지는 울창한 숲 터널이다. 청량한 숲과 계곡 물소리가 어우러지는 청산유곡이다. 숲을 따라가면 퇴계 이황과 그의 형인 온계 이해의 깊은 우애가 전해지는 잔운대와 총명대 터가 나온다.

죽령마루부터 죽령터널까지는 용부원길로, 한적한 산골 마을, 숲과 계곡을 둘러볼 수 있다. 죽령휴게소에서 주차장 옆 나무 계단을 내려가면 산신당. 이곳부터 한동안 용부원리의 마을길을 따라 걸어가면 통일신라시대의 사찰로 추정되는 보국사 터가 나온다. 머리 없는 불상이 쓸쓸히 시간을 지키고 있다. 죽령터널부터 장림리까지 가는 장림말길은 오로지 5번 국도만 걷는다.

죽령옛길 초입의 장승

선비촌 · 소수서원

조선 시대 선비와 서민의 삶을 살펴볼 수 있는 민속마을로 초가집, 박물관 등 볼거리가 많다. 선비촌 바로 옆에는 우리나라 첫 사액서원인 소수서원이 있다. 소백산역에서 차로 30분 거리.

위치 경북 영주시 순흥면 내죽리 151
전화 (054)634-3310 **입장료** 없음

죽령루

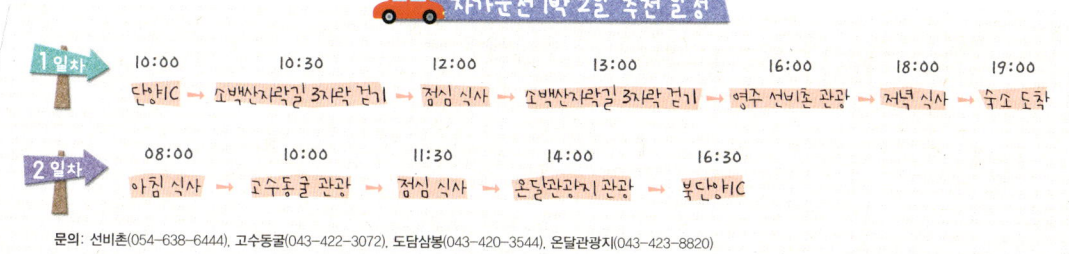

자가운전 1박 2일 추천 일정

1일차
10:00 단양IC → 10:30 소백산자락길 3자락 걷기 → 12:00 점심 식사 → 13:00 소백산자락길 3자락 걷기 → 16:00 영주 선비촌 관광 → 18:00 저녁 식사 → 19:00 숙소 도착

2일차
08:00 아침 식사 → 10:00 고수동굴 관광 → 11:30 점심 식사 → 14:00 온달관광지 관광 → 16:30 북단양IC

문의 : 선비촌(054-638-6444), 고수동굴(043-422-3072), 도담삼봉(043-420-3544), 온달관광지(043-423-8820)

147 금강소나무숲길 1구간

예약해야 걸을 수 있는 멋진 숲길

두천1리 → 울진내성행상불망비 → 금강소나무숲길 → 찬물내기 쉼터 → 조령성황사 → 소광2리

출발 경북 울진군 북면 두천1리(두천리동회관 앞) **주차** 두천1리 정류장 옆 주차장(무료)

거 리	14.2km	난이도	조금 힘들어요
소요시간	6시간		
추천테마	숲, 계곡, 문화 유적, 봄·여름·가을, 여럿이		

상록수를 말할 때면 제일 먼저 떠오르는 것이 소나무다. 금강소나무는 금강산에서부터 백두대간을 따라 자생하는 우리나라 토종으로, 성장 속도는 느리지만 곧고 길고 단단하게 자라고, 큰 뒤에도 크게 굽거나 잘 썩지 않는다. 예부터 궁궐이나 사찰, 사대부가의 집을 짓는 데 사용했고, 요즘도 문화재 복원용으로 특별히 보호하는 나무다. 수명이 길어 500년 넘게 산 금강소나무도 있다.

옛날 보부상들이 넘던 금강소나무숲길

금강소나무숲길은 산림청이 조성한 1호 숲길로, 이전에는 '십이령 고갯길'이라 불리던 길이다. 옛날 보부상들은 바닷가 장터에서 미역이나 건어물, 소금 등을 구입해 사흘 걸려 십이령 고갯길을 넘어 봉화, 영주, 안동장으로 갔다. 이곳에서 비단과 담배, 곡물 등과 교환한 뒤 다시 고갯길을 넘어 바닷가 장터로 돌아와 팔았다고 한다.

국내 최초로 탐방 예약제와 탐방 가이드제로 운영하는 금강소나무숲길은 민박과 도시락을 산촌 마을과 연계해 제공하는 등 숲과 사람이 어우러져 살아가는 생태 관광의 모범이 되고 있다. 반드시 팀으로 이동해야 하고, 산나물이나 야생화를 채취할 수 없는 등 깐깐한 관리 덕에 유네스코 등재를 앞두고 있는 '울진금강소나무'가 완벽하게 보존되고 있다.

두천1리에서 소광2리를 잇는 1구간에서는 산허리를 둘러가는 길과 계곡 숲길을 걷게 되고, 12고개 중 바릿재와 샛재 2개를 넘는다. 고개라 해도 밋밋한 평지나 마찬가지여서 어린이나 노인도 큰 부담 없이 걸으며 바람 같은 바지게꾼의 인생을 만나볼 수 있다.

울진내성행상불망비와 효자각을 지나면 십이령의 첫 고개인 바릿재와 만난다. 야트막한 고개를 넘으면 편편한 임도가 나오고 울창한 금강소나무 숲이 펼쳐진다. 알싸하고 싱그러운 솔향기가 이끄는 대로 몸을 맡기다보면 산양이 와서 목을 축이고 간다는 계곡도 만나고, 햇빛 한 점 들어오지 않는 울창한 숲도 지난다. 이후에도 보부상들이 제를 올리고 휴식을 했던 조령성황사와 함께 주막 터, 현령 추모비 등 선조들이 남기고 간 발자취를 더듬어 볼 수 있다.

찾아가기 울진시외버스터미널에서 탐방 집결지인 두천리로 가는 군내버스가 하루 4회 운행한다.
동서울종합터미널→울진시외버스터미널
07:10~20:05(30~60분 간격)
울진시외버스터미널→두천리
06:35 13:30 16:25 16:10
돌아오기
소광리→울진시외버스터미널
09:05 16:40
울진시외버스터미널→동서울종합터미널
06:25~18:40(35~60분 간격)

두천리에서 민박을 하려면 금강소나무숲길을 관리하는 (사)울진숲길을 통해 예약하면 된다.
숙박 두천리 마을민박 (054)781-7118
　　　금강송펜션 (054)782-9201
식당 십이령주막(모두부, 막걸리)
　　　　　　　　　　　　(054)782-9201
　　　불영사식당(산채비빔밥)
　　　　　　　　　　　　(054)782-9455
화장실 두천리 주차장, 십이령주막

숲길에서 만난 맑은 계곡

여행

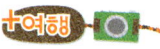

불영계곡 · 불영사

울진의 드라이브 명소인 불영계곡은 근남면 행곡리부터 서면 하원리까지 약 15km에 걸쳐 흐른다. 기암과 어우러진 계곡 절경이 아름답고, 산책하기 좋은 불영사가 있다. 두천1리에서 불영사까지 차로 1시간 10분 거리.

위치 울진군 근남면 행곡리 일대 **입장료** 불영사: 성인 2천 원, 청소년 1천500원, 어린이 1천 원

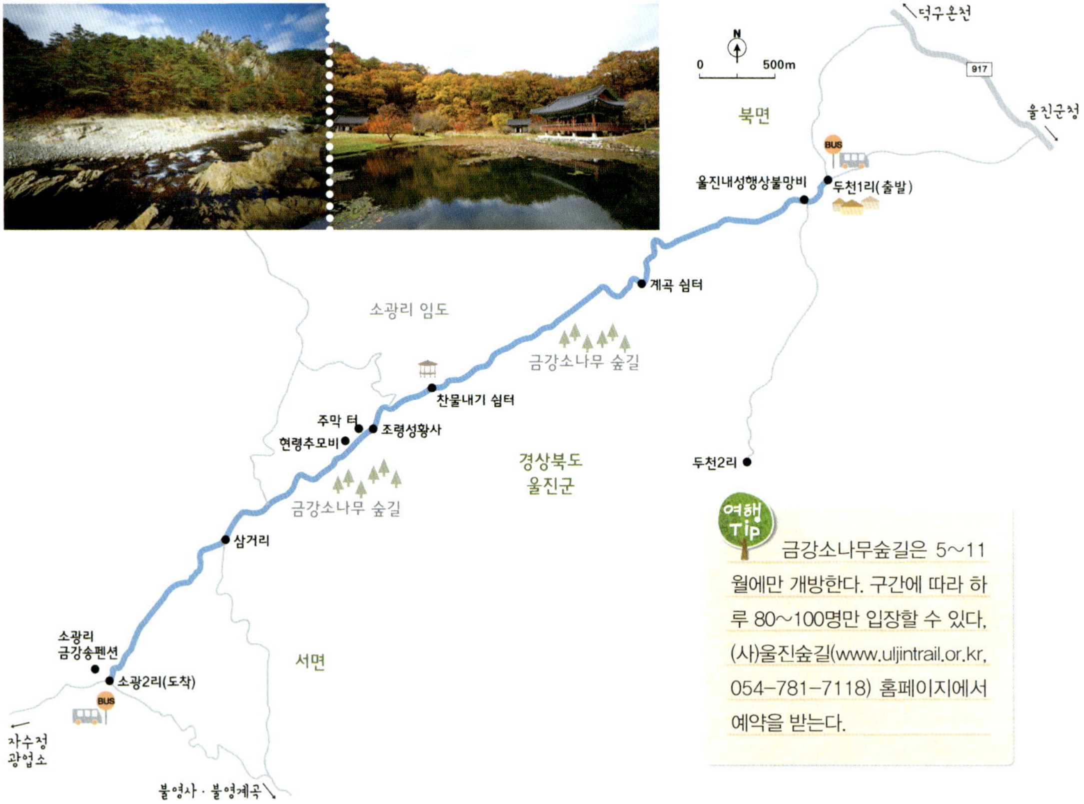

여행 Tip 금강소나무숲길은 5~11월에만 개방한다. 구간에 따라 하루 80~100명만 입장할 수 있다. (사)울진숲길(www.uljintrail.or.kr, 054-781-7118) 홈페이지에서 예약을 받는다.

자가운전 1박 2일 추천 일정

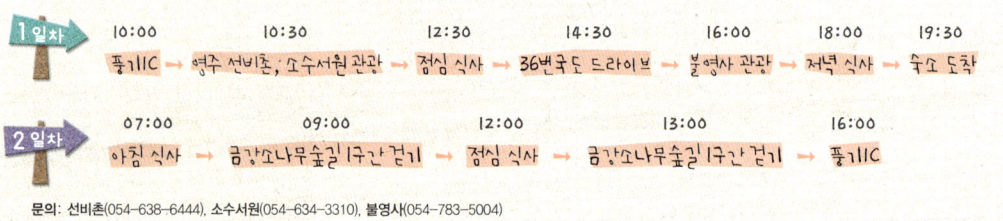

1일차
10:00 풍기IC → 10:30 영주 선비촌, 소수서원 관광 → 12:30 점심 식사 → 14:30 36번국도 드라이브 → 16:00 불영사 관광 → 18:00 저녁 식사 → 19:30 숙소 도착

2일차
07:00 아침 식사 → 09:00 금강소나무숲길 1구간 걷기 → 12:00 점심 식사 → 13:00 금강소나무숲길 1구간 걷기 → 16:00 풍기IC

문의: **선비촌**(054-638-6444), **소수서원**(054-634-3310), **불영사**(054-783-5004)

148 주왕산 주방계곡

깊은 산이 품은 폭포 세 개

상의매표소 → 대전사 → 주왕굴 → 제1폭포 → 제2폭포 → 제3폭포 → 상의매표소

출발 경북 청송군 부동면 상의리 200 상의매표소(대전사) **주차** 상의매표소 주차장(1일 5천 원)

거 리	10.1km	난이도	쉬워요
소요시간	3시간 30분		
추천테마	숲, 계곡, 봄·여름·가을, 아이들과		

시루봉

설악산, 월악산과 함께 우리나라 3대 암산인 주왕산(721m)은 수많은 바위봉우리와 깊고 수려한 계곡, 4개의 폭포와 동굴, 대전사 및 부속암자를 품고 있는 명산이다. 수백m 높이의 바위가 병풍처럼 솟아 있는 사이사이로 맑은 물이 굽이쳐 흐르고, 나무들이 바위를 휘감고 있는 풍광은 여느 산에서는 만날 수 없는 장관이다.

신록의 주방계곡

찾아가기

동서울종합터미널→주왕산 상의매표소
06:30 08:40 10:20 12:00 15:10 16:40

동서울종합터미널→청송시외버스터미널
06:30 08:40 10:20 12:00 15:10 16:40

청송시외버스터미널→주왕산 상의매표소
07:50~19:40(25분 간격)

돌아오기

주왕산 상의매표소→동서울종합터미널
08:20 10:30 13:00 14:08 15:48 17:05

주왕산 상의매표소→청송시외버스터미널
07:50~19:40(25분 간격)

청송시외버스터미널→동서울종합터미널
08:50 10:57 13:25 14:40 16:15 17:29

숙박 송소고택 (054)874-6556
　　　흙이랑짚이랑 (054)873-7055
　　　부산민박 (054)873-6161
식당 동대구식당(닭떡갈비 백숙)
　　　　　　　　　　(054)873-2563
　　　꽃돌식당(산채비빔밥) (054)873-0900
화장실 코스 내 다수
입장료 대전사: 성인 2천800원, 청소년 1천원, 어린이 600원

　명승 제11호인 주방계곡의 산책로는 바위봉우리와 폭포가 어우러진 비경 속으로 넓고 평탄하게 이어져 누구나 쉽게 걸을 수 있다. 대전사에서 백련암, 파락정, 시루봉, 학소대, 제1~3폭포에 이르는 동안 쉼 없이 주왕산의 절경을 열어 보인다. 주왕산국립공원의 대표적인 탐방로로, 단풍철이면 하루 5만 명 내외의 관광객이 몰린다.

　자하교에 도착하면 주왕이 신라 군사를 막기 위해 쌓았다는 자하성의 일부가 남아 있고, 길은 두 갈래로 나뉜다. 오른쪽 자하교를 건너면 주왕암과 주왕굴로 가는 자연관찰로를 거쳐 다시 탐방로로 합류하게 된다. 학소대는 백학과 청학이 떼를 지어 살았다는 전설이 얽힌 거대한 바위로, 기암괴석과 어울린 울창한 나무가 정상을 지키고 있다.

　학소대 앞의 다리를 건너면 길은 거대한 협곡 사이로 들어가는데, 안으로 들어서면 암봉이 서 있고 그 아래로 제1폭포가 쏟아진다. 세상 모든 소음을 빨아들일 듯 제1폭포의 웅장한 목청을 따라가 보면 굵고 힘찬 물줄기가 하얀 거품을 일으키며 쏟아진 뒤 맑은 소를 만들었다.

　제1폭포를 둘러본 후에는 제2폭포를 거쳐 제3폭포를 보러 가는 게 편하다. 삼거리에서 오른쪽으로 100m쯤 걸어가면 숲에 숨은 듯 아담하고 조용한 제2폭포가 보인다. 다시 삼거리로 돌아가 직진하면 이정표가 계곡 쪽을 가리키고 있다. 계단으로 몇 걸음 내려가면 제3폭포가 맞이한다. 2단으로 떨어지는 폭포는 규모가 크고 화려하다. 물줄기가 뒤틀림 없이 곧게 쏟아져 품위가 있다.

대전사 입구에서 본 기암

제2폭포

여행 Tip
5월초 주방계곡에는 수달래가 활짝 핀다. 이 시기에 맞춰 수달래축제도 열린다.

주산지

주왕산 자락이 손으로 감싼 듯한 형상의 주산지는 물속에 몸을 담그고 서 있는 10여 그루 왕버들과 호수의 물, 하늘과 태양이 협력해 아름다운 사계를 그려낸다. 상의매표소에서 차로 20분 거리.
위치 경북 청송군 부동면 이전리 **전화** (054)873-0014 **입장료** 없음

자가운전 1박 2일 추천 일정

1일차
10:00 서안동IC → 11:30 달기약수터 관광 → 12:00 점심 식사 → 13:30 주방계곡 걷기 → 17:00 송소고택 관람 → 18:00 저녁 식사 → 19:00 숙소 도착

2일차
08:00 아침 식사 → 09:00 주산지·절골계곡 관광 → 12:30 점심 식사 → 14:30 안동문화관광단지 관람 → 16:00 서안동IC

문의 주방계곡(대전사 054-873-2908), 주산지(054-873-0014), 안동문화관광단지(온뜨레띠움 054-823-8600)

고단한 삶이 그린 그림

남해 바래길 1코스 다랭이지겟길

평산항 → 몽돌해안 → 사촌마을 → 향촌해안 → 가천마을 정류장

출발 경남 남해군 남면 평산리 평산항(평산1리회관 앞)   주차 평산항 주차장(무료)

거리	14.4km	난이도	많이 힘들어요
소요시간	6시간		
추천테마	숲, 바다, 봄·가을, 여럿이		

볼거리와 먹을거리가 풍부하고 낭만 가득한 남해군은 다녀온 뒤에도 오래도록 여운이 남는 아름다운 섬이다. 남해 금산은 기암괴석과 울창한 산림, 이성계가 기도하던 고찰 보리암 등이 경승을 이룬다. 망루에 오르면 에메랄드빛 바다에 섬들이 점점이 떠 있는 환상적인 풍광을 볼 수 있다. 충무공 이순신의 마지막 해전지답게 충렬사와 관음포 이충무공 전몰유허가 있고 해오름예술촌과 독일마을, 원예예술촌을 비롯해 사촌해변, 물미해안 등 이색 관광지도 많다.

남해를 상징하는 가천마을의 '다랭이논'

여기에 또 하나, 그림엽서 같이 멋진 마을 풍경을 만들어내며 남해를 상징하는 것이 바로 '다랭이논'(다랑논의 사투리)이다. 산비탈을 계단식으로 깎은 다랭이논은 척박하고 고달픈 삶의 현장이지만, 바닷가 절벽에 108개의 계단으로 조성된 농지가 지금은 남해의 첫 번째 명승지로 사람들을 불러 모은다.

남해의 아버지들이 다랭이논에서 농사를 지을 때 어머니들은 호미와 소쿠리를 들고 바다로 나가 해초류와 해산물을 캤다. 그런 작업을 '바래'라 했다. 남해 바래길은 바래하던 바닷가와 농사짓던 다랭이논을 걷는 길이다. 남해 사람들의 엄숙한 삶이 담긴 생명의 길이며, 사람을 살린 산과 바다의 아름다운 나눔을 확인하는 길이다.

마을과 마을, 포구와 포구를 잇는 10개의 바래길 중 1코스인 다랭이지겟길은 평산항이라는 작은 포구에서 출발해 다랭이논을 지나 긴 해안을 따라 이어지며 질박한 섬 풍경과 사람 사는 모습을 보여준다. 걷는 내내 다랭이논과 바다와 산이 여행자와 동행하고, 종착지인 가천마을(다랭이마을)에 이르면 가장 아름다운 경관을 보여준다. 다랭

찾아가기
서울남부터미널→남해공용터미널
07:00~19:30(60~80분 간격)
동서울종합터미널→남해공용터미널 09:00
남해공용터미널→평산항
07:00 07:45 09:30 10:40 12:25 14:55
16:35 18:35 20:15

돌아오기
가천마을→남해공용터미널
08:10 08:50 10:30 11:40 13:40 14:40
17:45 19:30
남해공용터미널→서울남부터미널
06:00~19:00 (60~90분 간격)
남해공용터미널→동서울종합터미널 16:20

숙박 가족펜션 010-5455-2836
         노이하우스 (055)867-1337
         괴테하우스 010-9060-8885
식당 만영식당(멸치쌈밥) (055)867-4767
         촌놈횟집(생선회) (055)867-4977
화장실 평산2항, 가천마을

여행 Tip

다랭이지겟길을 걷다보면 모래 대신 검고 반질반질한 돌멩이가 해안을 덮은 몽돌해안을 만난다. 아름다운 모습과 달리 걷는 것으로만 치면 힘이 배로 드는 '난코스'다.

이논이 설흘산 8부 능선까지 100층이 넘도록 이어지고, 그 앞에서는 청정 남해바다가 넘실거린다. 담벼락과 지붕마다 그림이 그려져 있고, 골목길 입구마다 예쁜 이정표가 서 있다. 영화 혹은 동화의 한 장면 속에 서 있는 기분이다.

가천마을

독일마을
1960년대 독일로 파견되었던 간호사, 광부 교포들이 귀국해 정착하며 조성된 마을이다. 이국적인 독일식 가옥을 구경할 수 있고, 민박도 할 수 있다. 평산항에서 차로 1시간 거리.
위치 경남 남해군 삼동면 물건리 독일마을 1133 **전화** (055)867-1337
숙박요금 14만3천~22만 원 **입장료** 없음

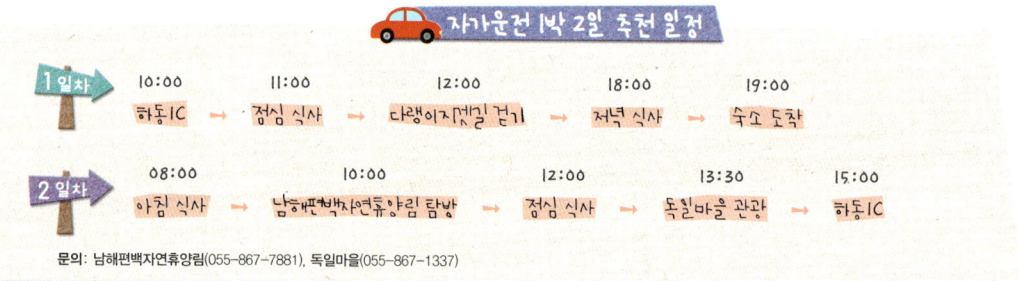

자가운전 1박 2일 추천 일정

1일차 10:00 하동IC → 11:00 점심 식사 → 12:00 다랭이지겟길 걷기 → 18:00 저녁 식사 → 19:00 숙소 도착

2일차 08:00 아침 식사 → 10:00 남해편백자연휴양림 탐방 → 12:00 점심 식사 → 13:30 독일마을 관광 → 15:00 하동IC

문의 남해편백자연휴양림(055-867-7881), 독일마을(055-867-1337)

150 남부길

진주의 꼿꼿한 자부심

연암공업대 → 망진산 → 천수교 → 남강 → 남부산림연구소 → 연암공업대

출발 경남 진주시 가좌동 780 연암공업대 주차 연암공업대 내 주차장(무료)

거 리	12.2km	난이도	무난해요
소요시간	4시간		
추천테마	숲, 강, 문화 유적, 사계절, 여럿이		

'진주' 하면 제일 먼저 생각나는 것이 남강과 논개다. 진주를 여행할 때 꼭 들르는 곳도 남강이다. 그도 그럴 것이, 양귀비꽃보다 붉은 논개의 마음이 흘러간 곳이 남강이고, 임진왜란 당시 치열한 전투 현장이던 진주성과 절경을 자랑하는 촉석루, 임진왜란 박물관인 국립진주박물관 등이 있는 곳도 남강변이다. 남강유등축제나 코리아드라마페스티벌 같이 인기 있는 행사가 열리기도 하니, 남강을 빼놓고는 진주를 보았다고 말할 수 없을 정도다.

찾아가기
서울고속버스터미널→진주고속버스터미널
06:00~21:00(15~20분 간격, 심야 22:10 23:10 23:35 24:10)
서울남부터미널→진주시외버스터미널
06:00~21:00(20~30분 간격, 심야 22:10 23:00 24:00)
동서울종합터미널→진주고속버스터미널
07:00 10:00 12:30 15:20 18:00

돌아오기
진주고속버스터미널→서울고속버스터미널
05:30~21:00(15~20분 간격, 심야 22:10 23:00 23:30 24:00)
진주시외버스터미널→서울남부터미널
05:00~21:00(20~30분 간격, 심야 22:30 24:00)
진주고속버스터미널→동서울종합터미널
07:10 10:00 12:30 15:20 18:00

숙박 솔하우스앤갤러리 010-9677-2781
    달강 (055)758-7885
식당 제일식당(육회비빔밥) (055)741-5591
    진주냉면(진주물냉면) (055)741-0525
화장실 남강변

남강변의 절경

그 남강을 따라 가는 걷기 코스로 남부길이 있다. 길은 남강을 따라 촉석루를 지나고, 가좌산과 망진산 자락에 올라 진주 시내를 굽어보고, 꽃물결 일렁이는 둔치 산책로에서 여유를 선물한다. 진주의 역사와 자연을 조금씩 모아 담은 선물세트 같다.

연암공업대학 정문을 통과해 조금 더 들어가면 '도심 속의 테마숲길'이라는 안내판이 보인다. 가좌산으로 오르는 남부길의 입구다. 산책로 주변은 남부산림연구소가 연구 목적으로 관리하는 지역이라 숲이 잘 보존되어 있다. 가좌산 정상 쪽으로 오르면 진주 도심이 한눈에 들어오는 '풍경길' 전망대가 나온다. 대나무 숲에 백로 떼가 내려앉은, 동양화 같은 풍경을 감상할 수 있는 자리다. 산을 내려오면 남강변으로 길이 이어지고, 문화예술회관을 지나면 강변과 찻길 사이에 담벼락처럼 늘어선 400m의 대숲이 있다. 대숲 곳곳에 전망대가 있어 강 건너 촉석루와 진주성을 조망할 수 있다.

남강변 대나무 숲

망경동 경전선 철길

자가운전 1박 2일 추천 일정

1일차
- 10:00 서진주IC → 10:30 진주성 관광 → 12:00 점심 식사 → 13:30 남부길 걷기 → 17:30 저녁 식사 → 18:30 진주남강유등축제 관람(10월 초) → 20:00 숙소 도착

2일차
- 08:00 아침 식사 → 09:30 진주랜드 관광 → 12:00 점심 식사 → 13:30 경남수목원 탐방 → 15:30 진성IC

문의: 진주성(055-749-2480), 진주남강유등축제(055-761-9111), 진주랜드(055-746-4431), 경남수목원(055-254-3811)

151 우포늪

생명의 찬가를 듣는다

세진주차장 → 전망대 → 나무다리 삼거리 → 제방길 → 세진주차장

출발 경남 창녕군 유어면 세진리 232 세진주차장(우포늪생태관)　주차 세진주차장(무료)

거리	11.5km	난이도	쉬워요
소요시간	3시간		
추천테마	늪, 봄·가을·겨울, 연인끼리		

왜가리

우포늪에 날아든 철새

　'늪'이라 하면 산이나 바다에 비해 단조롭고 초라할 것 같다는 생각이 들기도 한다. 하지만 잘 관리된 늪은 봄에는 파릇하게 움트는 생명력으로, 여름에는 싱그러운 물풀 융단으로, 가을에는 은빛 억새 물결로, 겨울이면 고요한 설원으로 생명의 힘을 보여준다. 물안개 자욱한 새벽 풍경은 몽환적이다. 황금빛으로 저무는 저녁 하늘은 숙연하다. 개구리밥 부유하는 수면 위로 백로 떼가 날아가는 모습은 생명의 찬가와도 같다.

　오랫동안 우포늪은 쓸모없는 땅이라 하여 매립과 개발의 진통에 시달렸다. 1998년 람사르습지로 등재되면서 그 가치를 널리 인정받긴 했지만, 가항늪과 팔랑늪 등 10여 개 늪이 사라진 채 지금은 우포늪과 목포늪, 사지포, 쪽지벌 4곳만 남았다. 1960년대까지 날아오던 백조는 더 이상 볼 수 없지만, 천연기념물인 노랑부리저어새를 비롯해 쇠물닭, 논병아리 등 텃새와 청둥오리, 쇠오리, 기러기 등 겨울 철새들이 찾아온다. 늪에는 식물이 430여 종, 어류도 28종이 서식한다. '생태계의 고문서', '살아 있는 자연사박물관'으로 불리며 늦게나마 그 소중함을 일깨워주고 있다.

　탐방로는 우포늪 둘레를 한 바퀴 둘러보도록 되어 있다. 먼저 '우포늪생태관'에 들러 습지 야생 동식물의 생태를 살펴본 뒤 걸으면서 늪의 생태적 특징과 원리를 관찰하면, 느끼고 체험하는 값진 여행이 될

찾아가기 창녕시외버스터미널 맞은편에 있는 영신버스터미널에서 우포늪으로 가는 버스가 있다.
서울남부터미널→창녕시외버스터미널
09:45 11:20 14:45 16:00 17:05
영신버스터미널→우포늪
06:50 08:00 13:30 15:00 18:00
돌아오기
우포늪→영신버스터미널
07:10 10:00 13:00 15:30 18:15
창녕시외버스터미널→서울남부터미널
09:30 10:30 11:30 14:30 17:00

숙박 우포늪펜션 010-6515-2070
　　　우포민박 (055)532-9052
식당 도천진짜순대(전골) (055)536-4388
　　　동일식육식당 (055)532-7058
　　　우포늪식당(매운탕) (055)532-8649
화장실 세진주차장

경상도

것이다. 입구에서 얼마 안 가 나오는 삼거리의 전망대에서는 늪 전역을 살펴볼 수 있다.

    우포늪은 호수 같기도 하고 강 같기도 하다. 토평천에 이르면 저 멀리 쪽지벌이 보이고, 비포장 탐방로에 접어들면 목포늪이 기다린다. 우포자연학습원을 지나 소포나루터를 지나면 다시 우포늪이고, 배수펌프장으로 이어진 짧은 둑방길 왼쪽의 아담한 늪은 사지포다. 우포늪 둘레를 거의 돌았을 즈음 제방을 사이에 두고 우포늪과 대치하듯 펼쳐진 넓은 논은 우포늪의 일부를 둑으로 막고 흙을 메워 농지로 만든 '대대들'이다.

우포늪 둘레의 산책로

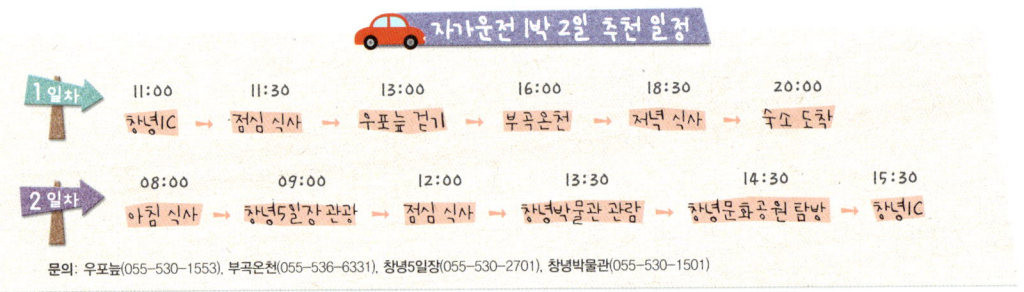

문의: 우포늪(055-530-1553), 부곡온천(055-536-6331), 창녕5일장(055-530-2701), 창녕박물관(055-530-1501)

경상도

152 무학산 둘레길 봉국사~만날고개

더 아름다운 마산을 보고 싶다면

봉국사 → 무학농장 산림욕장 → 서원곡 → 광명사 → 만날공원 → 만날고개 정류장

출발 경남 창원시 마산회원구 석전1동 79-3 봉국사 **주차** 봉국사 입구 이면도로 주차(무료)

거 리	10.0km	난이도	무난해요
소요시간	3시간 30분		
추천테마	숲, 사계절, 여럿이		

만날공원으로 내려가는 계단

찾아가기 마산고속버스터미널에서 홈플러스 정류장까지 걸어간 후 시내버스를 타고 석전사거리에서 하차. 봉국사까지 걸어서 5분.
서울고속버스터미널→마산고속버스터미널
06:05~22:05(25~35분 간격, 심야 23:05 00:05 01:00)
동서울종합터미널→마산고속버스터미널
07:30~22:00(60~90분 간격)
홈플러스→석전사거리 103번(14분 간격)

돌아오기
만날고개→석전사거리
05:16~22:43(40분 간격)
석전사거리→홈플러스
05:00~22:58(14분 간격)
마산고속버스터미널→서울고속버스터미널
06:00~01:00(20~60분 간격)
마산고속버스터미널→동서울종합터미널
06:40~22:20(06:40 08:10 10:05 12:45 14:10 16:05 17:45 19:35 22:20)

숙박 토파즈모텔 (055)297-1101
      황토방펜션비치모텔 (055)255-1447
식당 고향아구찜(아구찜) (055)242-0500
      금향(냉짬뽕) (055)256-6611
화장실 앵지밭골 위, 만날공원

'무학산'이라 하면 이성계의 사부로 알려진 고승 무학대사가 먼저 떠오르지만 마산 무학산(761m)은 무학대사와 관계없는, 신라의 학자 고운 최치원이 '춤추는 학과 같은 형세'라 하여 이름 붙인 산이다. 마산 지역을 서북쪽에서 병풍처럼 둘러싸고 있는 산은 크고 작은 능선과 여러 갈래의 계곡으로 이루어져 있다. 봄이면 진달래꽃이 온 산에 뒤덮여 전국에서 손꼽히는 명소가 된다.

마산만과 무학산 사이의 좁은 공간을 따라 형성된 마산은 높은 곳에서 보면 한눈에 잡히는 바다와 시가지가 아늑하고 평화롭다. 무학산 둘레길에서는 그 풍경을 여유롭게 즐길 수 있다. 산허리를 휘감아 도는 길이므로 어렵지 않게 걸을 수 있고, 갈림길마다 이정표가 잘 세워

져 있어 길 찾기도 쉽다.

1구간인 밤밭고개~봉국사 코스는 산 중턱에 있는 봉국사에서 시작해 반대 방향으로 내려가는 길이어서 걷기 수월하다. 눈길 끄는 명승은 없지만 한가로운 숲길이 오랜 친구처럼 길이 편안하다. 은행나무가 몰려 있는 성진사에서 서원곡으로 가는 숲은 꽃과 은행잎 때문에 가을이면 온통 노란색이다. 앵지밭골 위에서 간이 화장실이 있는 삼거리까지 가면 일대가 무학농장 산림욕장이다. 이정표를 따라 서원곡 쪽으로 가는 길에 편백 숲이 펼쳐진다. 규모가 작지만 커다란 편백나무가 빽빽하게 들어서 있어 울창하게 느껴진다.

서학사까지 가면 시멘트 길을 따라 아래로 내려간다. 서학사 돌탑에서 계속 서원곡 방향으로 가다가 넓은 계곡 위에 놓인 데크 다리를 지나면 계곡 유원지인 서원곡이다. 조선 시대 중기의 문신 정구(1543~1620)를 기리기 위해 세운 회원서원이 있던 곳이어서 서원곡이라는 이름이 붙었다. 봄이면 벚꽃 축제가 열린다. 내려오는 길은 데크가 깔려 있기도 하고 소나무 숲길이 이어지기도 한다. 산길이 끝나면 만날공원으로 접어들게 된다. 무학산 둘레길 1구간의 출발 지점인 밤밭고개까지 가려면 공원 내 도로를 가로질러 반대편 산길로 들어가야 한다.

석전동의 무학산 입구

성진사 아래 숲길

마산만과 돝섬

서학사 돌탑으로 가는 길

돝섬해상유원지

마산만 한가운데 떠 있는 작은 섬으로, 돼지를 뜻하는 옛말인 '돝'에서 이름을 빌려왔다. 화단으로 잘 꾸며놓은 산책로를 따라 시원한 바다 풍경을 볼 수 있는 곳이다. 마산연안여객선터미널에서 배를 타고 갈 수 있다.

위치 경남 창원시 마산합포구 월영동 625 **전화** (055)225-7034 **입장료** 없음

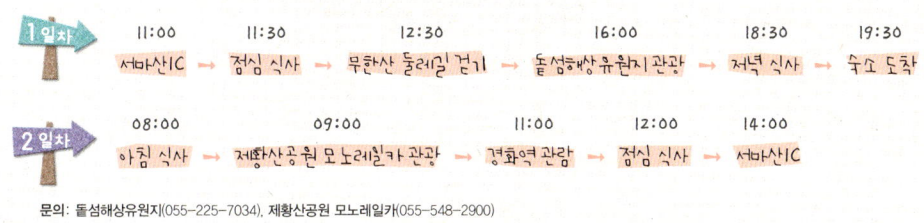

자가운전 1박 2일 추천 일정

1일차
11:00 서마산IC → 11:30 점심 식사 → 12:30 무학산 둘레길 걷기 → 16:00 돝섬해상유원지 관광 → 18:30 저녁 식사 → 19:30 숙소 도착

2일차
08:00 아침 식사 → 09:00 제황산공원 모노레일카 관광 → 11:00 경화역 관람 → 12:00 점심 식사 → 14:00 서마산IC

문의: 돝섬해상유원지(055-225-7034), 제황산공원 모노레일카(055-548-2900)

153 주남저수지

철새들의 군무를 보러 오세요

람사르문화관 → 주남배수문 앞 → 주남돌다리 → 용산마을 → 람사르문화관

출발 경남 창원시 의창구 동읍 월잠리 303-7 람사르문화관　**주차** 람사르문화관 주차장(무료)

거리	9.1km	난이도	쉬워요
소요시간	2시간 30분		
추천테마	호수, 봄·가을·겨울, 아이들과		

　낙동강 줄기 남쪽에 자연적으로 생겨난 늪이었던 주남저수지는 주위에서 농사를 짓기 시작한 1920년대부터 강의 범람을 막고 농업용수를 안정적으로 공급하기 위해 둑을 쌓아 지금의 모습이 되었다. 용산, 동판, 산남 3개의 저수지가 수로로 연결되어 180만 평의 광활한 늪지를 형성하고, 중앙에는 갈대가 자생하는 섬이 있다.

주남저수지의 갈대 섬

주남저수지 동쪽 산책로

여행 Tip
한국조류보호협회 창원지회는 2012년 10월부터 '주남저수지 탐조여행' 무료 앱서비스를 시작했다. 주남저수지 기본정보, 탐조지도, 새들의 비밀, 철새이야기, 탐조수첩, 커뮤니티 등 5개 카테고리로 구성해 계절별 탐조여행에 도움이 되는 정보를 담았다.

    1년 내내 일정한 저수량을 유지하고 수면이 얼지 않아 수만 마리 철새들의 황홀한 군무를 감상할 수 있고, 철새들의 먹이가 되는 다양한 동식물을 관찰하며 자연의 경이로움을 느껴볼 수도 있다. 12월과 1월에 가장 다양한 철새를 관찰할 수 있다.
    산책로는 저수지의 남쪽 둑 일부와 동쪽 둑 전체로 이어지며, 거리는 전체 둘레의 절반에 못 미치는 4km 정도다. 출발지는 2008년 창원에서 열린 제10회 람사르 총회를 기념하기 위해 지은 람사르문화관이다. 길은 인공 시설을 최대한 자제하여 있는 그대로의 자연을 느낄 수 있도록 조성했고, 특히 동쪽 산책로는 물가에 억새가 없어 저수지가 시원하게 바라다보이고 폭이 넓어 걷기도 편하다.
    걷다 보면 쉼터를 두 곳 지나게 되는데, 저수지에 모여드는 철새를 자세히 관찰할 수 있도록 망원경을 설치하고 철새들의 특징을 알기 쉽게 설명한 안내서를 비치해 놓았다. 길은 용산마을 민가 앞에 놓인 데크로 이어지다가 산남저수지와 맞닿아 있는 도로에서 끝난다. 해 질 무렵 저수지를 황금빛으로 물들이는 낙조 속에서 철새들이 멋진 군무를 연출할 때면 인간과 자연의 아름다운 공존에 가슴이 벅차다.

찾아가기
서울고속버스터미널→창원종합버스터미널
06:10~00:30(20~80분 간격)
창원역→주남저수지
1번(25분 간격)
돌아오기
주남저수지→창원역 1번(25분 간격)
창원역→창원종합버스터미널
101, 102번(10~20분 간격)
창원종합버스터미널→서울고속버스터미널
06:00~21:00(20~30분 간격, 심야 22:30 23:30 24:00 24:30 01:00)
창원종합버스터미널→동서울종합터미널
09:00 10:40 16:20 17:40

숙박 해훈민박 (055)253-7767
     춘관장여관 (055)291-7513
식당 송학가든(생오리회전구이)
     (055)253-7575
화장실 람사르문화관

경상도

주남저수지의 어부

창원해양공원
진해만에 있는 음지도에 조성한 해양공원으로, 육지와 연결되어 있어 승용차로 갈 수 있다. 공원 내에서는 해양생물 테마파크와 해전사체험관, 실제 군함인 강원함 등을 둘러볼 수 있다. 주남저수지에서 차로 50분 거리.
위치 경남 창원시 진해구 명동 산121 **전화** (055)712-0425
입장료 성인 3천 원, 청소년 2천 원, 어린이 1천 원

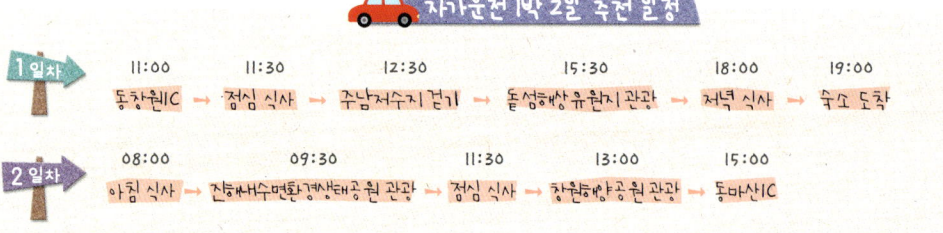

문의: 돝섬해상유원지(055-225-7034), 진해내수면환경생태공원(055-548-2766), 창원해양공원(055-712-0425)

전국 베스트 힐링로드

154 진해 드림로드 장복 하늘마루 산길~천자봉 해오름길

꿈꾸듯 행복한 시간을 드립니다

진해구민회관 → 장복 하늘마루 산길 → 안민고개 → 천자봉 해오름길 → 대발령 만남의 광장

출발 경남 창원시 진해구 태백동 98 진해구민회관　**주차** 진해구민회관 주차장(무료)

거 리	14.6km	난이도	조금 힘들어요
소요시간	4시간 30분		
추천테마	숲, 바다, 사계절, 여럿이		

　3~4월의 진해는 벚꽃이다. 벚꽃 명소를 따로 찾아갈 필요도 없고, 별도의 시간을 내서 꽃놀이 계획을 짤 필요도 없다. 도심이며 공원, 시냇가 어디를 가도 꽃비를 흩뿌리는 벚꽃나무가 있다. 도시가 바로 벚꽃 자체이므로 꽃놀이를 즐길 마음만 준비하면 하루 종일 황홀한 시간을 보낼 수 있다.

　진해의 벚나무는 35만 그루 정도로 추산된다. 일제가 군항 도시를 건설하면서 10만여 그루의 벚나무를 심었는데, 광복 후 일제의 잔재라 해서 대부분 베었다가 왕벚나무 원산지가 제주도라는 걸 알고는 1976년부터 다시 심었다. 일제 때 심은 벚꽃이 남아 있는 곳은 해군사

진해구민회관에서 장복산 가는 길

안민고개 벚꽃

찾아가기
서울남부터미널→진해시외버스터미널
07:00~20:00(60~90분 간격, 심야 23:10)
진해시외버스터미널→진해구민회관
150, 160번(30분 간격)

돌아오기
대발령 만남의 광장→진해시외버스터미널
305번(20분 간격)
진해시외버스터미널→서울남부터미널
06:00~20:00(60~90분 간격, 심야 23:00)

숙박 모텔몽 (055)545-0071
　　　25시민박 017-596-7799
　　　산호정민박횟집 (055)545-8888
식당 국수향(국수) (055)547-9392
　　　남평(돼지국밥) (055)547-0988
화장실 진해구민회관, 드림로드 코스 내 3곳

경상도

여행 Tip
여좌천에 있는 로망스다리는 진해군항제 때 인기 있는 장소로 주변에 왕벚나무가 많아 최고의 사진 촬영지로 꼽힌다. 진해구 경화동의 경화역도 벚꽃으로 유명하다. 벚꽃이 바람에 날리고 기차가 역을 통과할 때가 '최고의 순간'이다.

관학교와 해군기지사령부 등 몇 곳 안 된다고 한다.

2012년 50회가 지난 진해군항제 벚꽃 축제가 워낙 유명해 해군사관학교와 해군기지사령부의 벚꽃이 최고인 줄 아는 사람도 많지만, 진해의 벚꽃 명소는 이곳 외에도 많다. 드림로드 1, 2코스가 지나는 장복산과 안민고개도 그에 속한다. 산림 관리를 위해 만들어진 임도를 정비해 만든 드림로드는 숲 속에서 진해 시가지와 앞바다를 내려다보며 걷는 걷기여행 길일 뿐만 아니라 오르막과 내리막이 적절히 교차되어 라이더들에게도 인기 높은 자전거 길이다. 왕벚꽃나무가 꽃망울을 터뜨릴 때면 꿈꾸는 기분으로 걸을 수 있는 진짜 드림로드가 된다.

1코스인 '장복 하늘마루 산길'은 탁 트인 하늘, 널찍하고 편편한 길, 길 아래로 내려다보이는 시원한 풍경이 이름처럼 하늘 꼭대기를 거니는 기분을 준다. 장복산 허리를 휘감은 벚꽃 터널이 일품이고, 정자가 있는 봉우리 '하늘마루'에서는 청명한 날이면 진해만과 그 뒤 거제도까지도 보인다. 2코스인 '천자봉 해오름길'은 진해에서도 사람들이 제일 많이 몰리는 벚꽃 명소인 안민고개에서 시작된다. 안민고개를 등지고 길을 걷기 시작하면 도로 양쪽을 하늘조차 보이지 않을 만큼 빽빽하게 채운 벚나무의 규모에 감탄이 절로 나온다. 걷기 좋은 임도와 벚꽃 터널은 대발령 만남의 광장으로 내려가는 중에도 계속되어 길이 끝날 때까지 이어진다.

대발령 만남의 광장으로 내려가는 길

천자봉 해오름길

안면고개에서 본 천자봉 해오름길

진해내수면환경생태공원
우리나라 대표 벚꽃 축제인 진해군항제 때 특히 인기 있는 곳이다. 저수지 안에는 인공 섬이 떠 있고 물가에 커다란 왕버들이 자란다. 다양한 습지 식물도 볼 수 있다.
위치 경남 창원시 진해구 여좌동 577-1
전화 (055)548-2766 입장료 없음

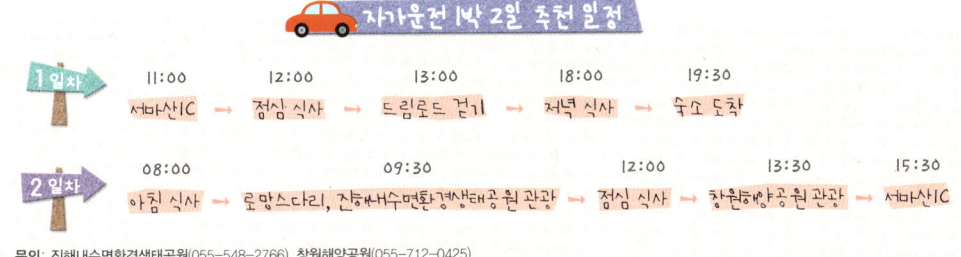

자가운전 1박 2일 추천 일정

1일차	11:00 서마산IC	12:00 점심 식사	13:00 드림로드 걷기	18:00 저녁 식사	19:30 숙소 도착
2일차	08:00 아침 식사	09:30 로망스다리, 진해내수면환경생태공원 관광	12:00 점심 식사	13:30 창원해양공원 관광	15:30 서마산IC

문의: 진해내수면환경생태공원(055-548-2766), 창원해양공원(055-712-0425)

155 삼칭이해안길

여기가 바로 한국의 나폴리

금호충무마리나리조트 → 통영공설해수욕장 → 통영등대낚시공원 → 금호충무마리나리조트

출발 경남 통영시 도남동 645 금호충무마리나리조트   주차 금호충무마리나리조트 주차장(무료)

거리	8.6km	난이도	쉬워요
소요시간	2시간 30분		
추천테마	바다, 사계절, 연인끼리		

140여 개 섬들이 곳곳에 흩어져 있는 통영 앞바다는 통영을 '한국의 나폴리'로 만든 멋진 풍광이다. 충무공의 행적을 따라가는 한산도 제승당, 세병관, 이순신공원은 역사를 배우는 공간이며, 유치환 시인의 청마거리와 청마문학관, 음악가 윤이상과 소설가 박경리의 기념관, 시인 김춘수의 유품전시관 등 이 고장 출신 예술가의 자취에서 문학과

해안절벽 지나 삼진포 가는 길

예술의 향기에 젖어볼 수도 있다. 산동네 동피랑마을의 동화 같은 벽화에 기대어 삶의 무게를 내려놓기도 좋고, 자연산 회와 다양한 생선 요리, 굴 요리, 충무김밥, 꿀빵, 빼떼기죽 등 끝없는 맛의 향연을 즐기는 재미도 크다.

삼칭이해안길은 금호충무마리나리조트 옆의 해안 산책길로, 걷는 동안 함께하는 바다가 그림처럼 아름답다. 누구나 쉽고 편하게 다녀올 수 있는 이 길에는 이색 볼거리인 통영등대낚시공원이 있다. 해안에서 바다 쪽으로 아치 모양의 데크가 길게 이어져 있는데, 짓다 만 구름다리처럼 바다 한가운데 놓여 있다. 감성돔 같은 고급어종을 비롯해 참돔, 우럭 등이 잘 잡힌다고 한다.

이후로는 산책로에 독특한 모양을 한 바위가 조각상처럼 드문드문 서 있다. 해안절벽에 있던 바위들을 전시한 것이다. 기이한 모양을 한 돌섬들도 꽤 보인다. 수천 년 동안 파도가 바위를 깎아 만든 천연의 작품이다. 산책로가 조금 넓어진다 싶으면 거대한 해안절벽이 나오고 절벽 안에 동굴도 보인다. 해안절벽을 지나면 이 길의 반환점인 삼칭이 조개양식장이 멀지 않다. 삼칭이는 영운리의 포구인 삼진포의 옛 지명이다. 천연요새 역할을 하여 고려 시대부터 왜구를 막기 위한 군사시설이 있었다고 한다.

찾아가기
서울고속버스터미널→통영종합버스터미널
07:10~19:30(40~60분 간격, 심야 23:00 23:50 24:30)

서울남부터미널→통영종합버스터미널
06:40~21:00(20~40분 간격, 심야 22:30 23:00 23:30)

통영종합버스터미널→금호충무마리나리조트
101번(10~20분 간격)

돌아오기
금호충무마리나리조트→통영종합버스터미널
101번(10~20분 간격)

통영종합버스터미널→서울고속버스터미널
07:00~18:40(50~60분 간격, 심야 23:00 23:40 24:30)

통영종합버스터미널→서울남부터미널
06:00~19:20(30~50분 간격, 심야 22:10 23:10)

숙박 금호충무마리나리조트 (055)643-8000
통영파라다이스펜션 (055)648-5300
통영미륵펜션 010-3579-0781
식당 영성횟집(멍게비빔밥, 물회)
(055)643-7956
원조 엄마손 충무김밥(충무김밥)
(055)641-9144
화장실 금호충무마리나리조트, 통영공설해수욕장

삼진포

통영공설해수욕장

경상도

여행 Tip
통영등대낚시공원에 가면 낚시를 해볼 수 있다. 5천 원에 낚싯대를 대여해 준다. 그냥 산책하거나 둘러보는 데는 입장료(성인 1천 원, 청소년 500원)만 내면 된다. 문의: (055)645-6886

동피랑마을
통영항 뒤편에 있는 좁은 골목을 따라 오르면 형형색색의 예쁘고 익살스런 담벼락 그림들을 볼 수 있다. 집집마다 벽화가 그려진 동피랑마을이다. 마을 꼭대기에 올라 바라보는 통영항 일대도 장관이다. 금호충무마리나리조트에서 차로 25분 거리.
위치 경남 통영시 동호동 통영항 뒤
입장료 없음

자가운전 1박 2일 추천 일정

1일차
11:00 통영IC → 11:30 동피랑마을 관광 → 13:00 점심 식사 → 14:00 삼청이해반길 걷기 → 17:00 산양일주로 드라이브 → 18:00 달아공원 일몰 감상 → 19:00 저녁 식사 → 20:00 숙소 도착

2일차
08:00 아침 식사 → 09:00 통영항 → 10:00 소매물도 관광 → 12:00 점심 식사 → 14:00 통영항 → 14:30 미륵산 케이블카 관광 → 16:30 통영IC

문의: 달아공원(055-650-4681), 통영항(055-642-0116), 미륵산 케이블카(1544-3303)

156 화개십리벚꽃길

봄날, 분분하게 꽃비 내리고

화개터미널 → 십리벚꽃길 → 쌍계사 → 화개터미널

출발 경남 하동군 화개면 탑리 662-7 화개터미널(화개장터 옆) 주차 화개로 이면도로(무료)

거 리	12.6km	난이도	쉬워요
소요시간	4시간		
추천테마	숲, 봄·가을, 연인끼리		

화개천과 어우러진 벚꽃

찾아가기
서울남부터미널→화개터미널
06:30 08:15 09:45 11:15 13:30 15:30
17:30 19:30 22:00

돌아오기
화개터미널→서울남부터미널
06:20 07:40 09:20 10:50 12:20 13:50
15:20 17:20 19:20

숙박 태무진펜션 070-4112-9319
　　　수류화개 (055)882-7706
　　　황토방별장 (055)883-7605
식당 동백식당(참게탕) (055)883-2439
　　　혜성식당(참게탕) (055)883-2140
화장실 화개터미널, 쌍계사

쌍계사

여행 Tip 쌍계사를 둘러본 후 여유가 있다면 좀 더 걸어서 불일폭포까지 가보자. 60m 높이에서 떨어지는 물줄기가 장관이다.

　화개의 벚꽃길은 젊은 연인이 손잡고 걸으면 백년해로 한다고 해서 예로부터 '백년해로길', '혼례길' 등으로 불렀다. 사랑에 빠진 사람들이라면 함께하고 싶은 일이 너무 많아 무얼 먼저 해야할지 정신이 없겠지만, 그 사랑이 영원히 유지되길 원한다면 두 손 꼭 잡고 화개십리벚꽃길 먼저 걸어볼 일이다. '한국에서 가장 아름다운 길'로 꼽히는 만큼 의미 이상으로 낭만도 가득한 길이다.

　화개장터에서 쌍계사로 들어가는 이 길은 일제강점기인 1931년 주민들이 산을 헐고 골짜기를 메우는 노역을 해 완성한 신작로였다. 길이 완성되자 하동군 유지들에게 자금을 걷어 벚꽃나무 1천200그루를 일본에서 들여다가 심었고, 1그루에 10전이던 벚꽃나무 값의 일부는 주민들이 부담했다고 한다. 그렇게 꽃피우기 시작해 지금은 전국 최고의 벚꽃 명소로, 영원한 사랑을 속삭이는 청춘남녀들의 데이트 코스로 꽃비를 뿌리고 있다. 날리는 꽃잎을 두 손으로 받으면 그 해 안에 큰 행운이 온다는 이야기도 있다.

　길 오른편으로는 화개천이 흐르고, 개천 양옆으로 차밭이 펼쳐진다. 아지랑이 나른한 봄날의 꽃터널을 놓쳤다면 여름의 신록이나 가을의 낙엽을 즐겨도 제각각의 운치가 있다. 화개중학교를 지날 무렵부터 이어지는 나무 데크 위로 올라서면 벚나무 물결 너머로 펼쳐지는 지리산 남부능선을 감상하며 걸을 수 있어 또 다른 멋이 있다. 나무 데크가 끝나면 다시 도로 옆 보도로 돌아가 쌍계사로 간다. 쌍계사는 신라 성덕왕 23년(723년)에 창건된 사찰로, 국보 제47호인 진감선사탑비를 비롯해 보물 6점과 수많은 지방문화재를 보유하고 있다.

하동 차밭

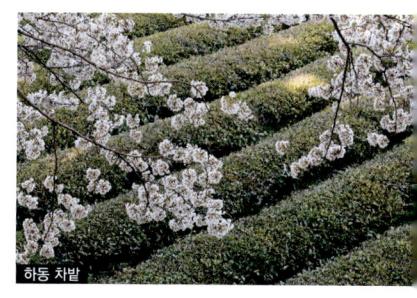

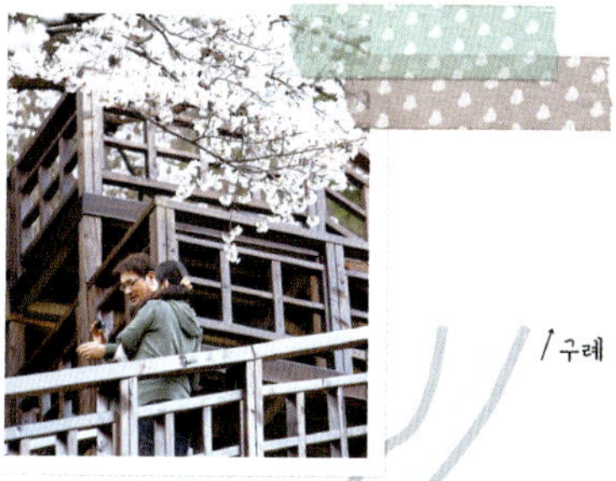

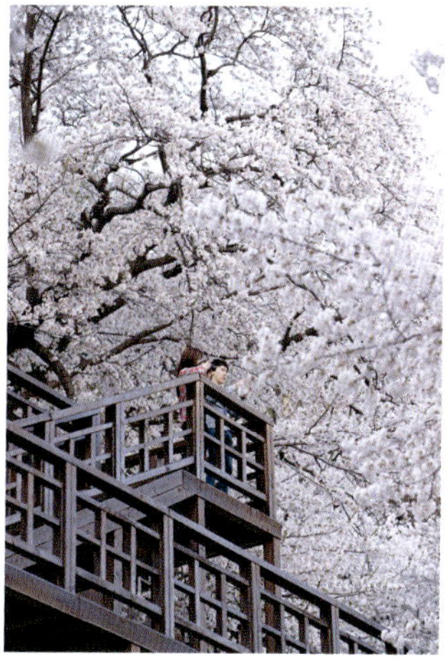

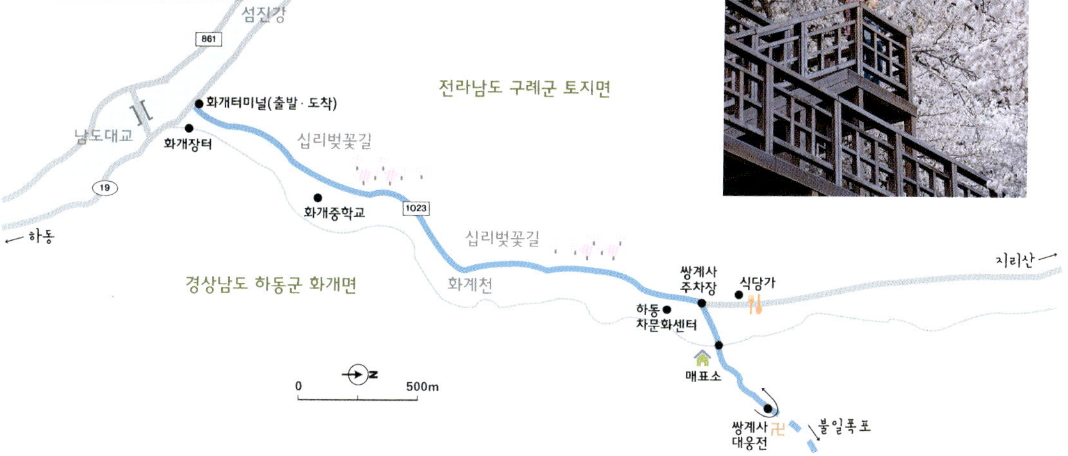

자가운전 1박 2일 추천 일정

1일차

10:00	11:00	12:00	13:00	18:00	19:00
구례화엄사IC →	화개장터 관광 →	점심 식사 →	화개십리벚꽃길 걷기 →	저녁 식사 →	숙소 도착

2일차

08:00	09:30	11:30	13:30	16:00
아침 식사 →	화엄사 관광 →	점심 식사 →	구례 산수유마을 관광 →	구례화엄사IC

문의: 화엄사(061-782-7600), 구례 산수유마을(061-780-2726)

유채, 신록, 억새가 장관을 이루는 제주도의 오름에 오르면

드넓은 초원과 반짝이는 바다가 가슴에 남는다.

오름과 오름 사이에는 치유와 명상의 숲이 펼쳐진다.

제주도의 길들은 다 '명불허전'이다.

157 군산

유채꽃 화사한 일출·일몰 명소

산불감시초소 → 진지동굴 → 구시물 → 군산 정상 → 사자암 → 산불감시초소

출발 제주도 서귀포시 상예동 4872 군산   주차 산불감시초소 앞 공터(무료)

거 리	4.0km	난이도	쉬워요
소요시간	1시간 30분		
추천테마	숲, 오름, 사계절, 아이들과		

제주도 오름 가운데 산(山)이라는 이름을 가진 몇 안 되는 오름 중 하나인 군산(334m)은 서귀포 앞바다를 코앞에 두고 서 있다. 그 모습이 군막(軍幕, 군용장막)을 펼쳐 놓은 것 같다 하여 군산(軍山)이라는 이름이 붙었고, '화산이 폭발하여 상서로운 산이 솟아났다' 하여 고려 시대에는 '서산(瑞山)'으로 기록되기도 했다.

군산 정상에서 본 서귀포 앞바다

산불감시초소에서 걷기 시작해 나무 계단을 따라 소나무 숲으로 발을 들인다. 잠시 오르막인가 싶더니 금세 숲이 걷히고 초지가 모습을 드러낸다. 가을이면 이곳을 은색으로 물들일 억새가 양쪽으로 자라 있고 돌 대신 시멘트로 담을 두른 무덤이 군데군데 보인다. 초지를 지나면 정자 쉼터가 나오는데, 이곳에서 왼쪽 길로 오르면 완만한 순환 산책로가 정상까지 이어진다.

진지동굴을 지나면 작은 연못인 구시물을 볼 수 있다. 구시물에는 담수가 솟아나는(때로는 고이는) 곳에 칸을 두어 사람이 먹는 물, 가축이 먹는 물, 빨래하는 물을 구분해 놓았다. 특히 이곳은 아무리 가물어도 물이 마르지 않아 마을 사람들이 신성하게 여겨 기우제를 지내거나 아들을 낳게 해달라고 기원했다고 한다.

밤나무와 소나무가 울창한 숲, 코크스 야자나무 정원, 유채꽃 만발한 들판 등을 차례로 만나고 헤어지며 걷다보면 어느새 정상이다. 한라산, 바다, 해안 마을, 산자락을 덮은 숲이 파노라마 사진처럼 펼쳐진다. 형제섬과 송악산, 가파도, 마라도까지 시야에 잡힌다. 일몰 때면 더욱 로맨틱해지는 풍경이다.

찾아가기 서귀포시 상예2동 정류장에서 군산 입구까지 걸어서 10분 거리.
제주공항→제주시외버스터미널
100번 06:17~21:46(10분 간격), 200번 06:03~21:30(15분 간격)
제주시외버스터미널→상예2동
05:40~21:00(15~30분 간격)

돌아오기
서귀포 상예2동→제주시외버스터미널
05:40~21:00(15~30분 간격)
제주시외버스터미널→제주공항
100번 06:17~21:46(10분 간격), 200번 06:03~21:30(15분 간격)

숙박 산방산 게스트하우스 (064)792-2533
치엘로 게스트하우스 070-8147-0951
식당 덕성원(게짬뽕) (064)762-2402
덤장(해물뚝배기) (064)738-2550
화장실 산불감시초소

한라산 백록담이 어렴풋한 군산 정상

제주도

군산 유채꽃

제주도 서귀포시 안덕면 창천리

상예2동 정류장
예래동
산불감시초소
정자 쉼터
군산 산책로
군산 정상
사자암
진지동굴
구시물
서귀포시 예래동
군산 산책로
코크스야자나무 정원
안덕계곡삼거리
대평리

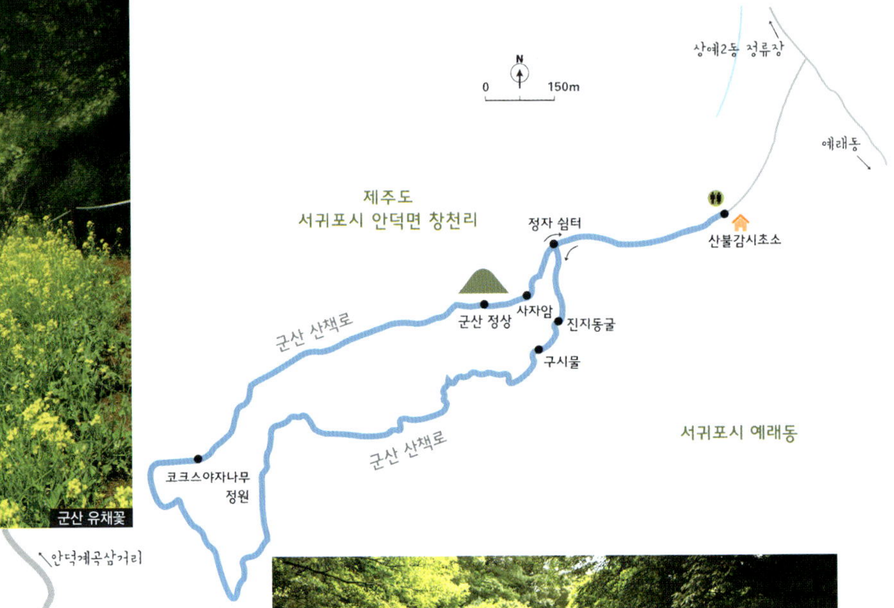

여행 Tip
군산은 일출과 일몰, 유채 명소로 유명해 새해 첫날이면 정상에서 해맞이 행사가 열리고, 봄이면 만발한 유채를 보러 찾아오는 이들이 많다. 오름 주변 들판이 샛노랗게 물드는 모습이 장관이다.

안덕계곡
제주에서 가장 아름다운 계곡으로 꼽힌다. 깊은 계곡 너머로 산방산 일대가 시원하게 조망되고, 나무와 넝쿨이 어우러진 원시의 기운을 만끽할 수 있다.
위치 제주도 서귀포시 안덕면 감산리 산1946 **입장료** 없음

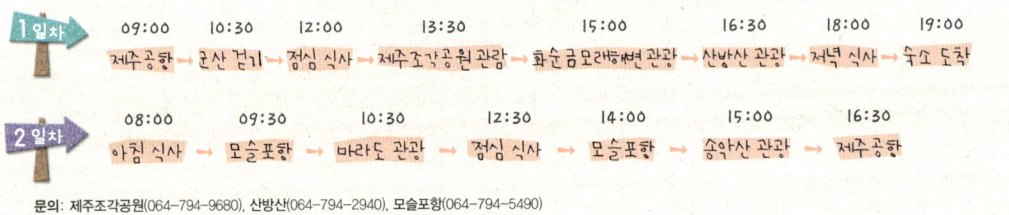

자가운전 1박 2일 추천 일정

1일차 09:00 제주공항 → 10:30 군산 걷기 → 12:00 점심 식사 → 13:30 제주조각공원 관람 → 15:00 화순금모래해변 관광 → 16:30 산방산 관광 → 18:00 저녁 식사 → 19:00 숙소 도착

2일차 08:00 아침 식사 → 09:30 모슬포항 → 10:30 마라도 관광 → 12:30 점심 식사 → 14:00 모슬포항 → 15:00 송악산 관광 → 16:30 제주공항

문의 : 제주조각공원(064-794-9680), 산방산(064-794-2940), 모슬포항(064-794-5490)

닮은 듯 다른 오름 세 개

주차장 → 백약이오름 → 주차장 → 문석이오름 → 동거문오름 → 주차장

출발 제주도 서귀포시 표선면 성읍리 산1 백약이오름 **주차** 백약이오름 주차장(무료)

거리	9.6km	난이도	무난해요
소요시간	3시간		
추천테마	숲, 오름, 사계절, 연인끼리		

100가지 약초가 자란다 하여 이름이 백약이오름(357m)이다. 정상에 작은 봉우리가 솟아 있고, 커다란 원형 분화구가 나 있다. 오름의 사면과 원형 분화구 안에는 청미래덩굴, 찔레나무 등 다양한 식물이 자란다. 인접한 문석이오름(292m)은 남북으로 길게 놓인 기생화산으로, 억새로 둘러싸인 작은 오름이다. 문석이오름과 마주한 동거문오름(340m)은 피라미드처럼 뾰족하게 솟은 봉우리가 특징으로 능선의 한쪽이 원뿔처럼 솟아 있어 방향에 따라 전혀 다른 모습을 보여준다. 이렇게 줄지어 모여 있는 세 오름을 이어 걸으면 닮은 듯 다른 개성을 찾아보는 재미가 있다.

동거문오름

백약이오름

돌담을 두른 묘들

찾아가기 송당리에서 백약이오름 입구까지 택시로 이동.
제주공항→제주시외버스터미널
100번 06:17~21:46(10분 간격), 200번 06:03~21:30(15분 간격)
제주시외버스터미널→송당리
06:25~20:35(40~120분 간격)
구좌김녕콜택시 (064)784-9910
돌아오기
송당리→제주시외버스터미널
06:59~19:29(40~120분 간격)
제주시외버스터미널→제주공항
100번 06:17~21:46(10분 간격), 200번 06:03~21:30(15분 간격)

숙박 해비치리조트 (064)780-8000
　　　성읍민속마을 전통가옥 민박
　　　　　　　　　(064)760-3578
식당 한라식당(흑돼지불고기)
　　　　　　　　　(064)787-2026
　　　굼부리식당(토종흑돼지구이)
　　　　　　　　　(064)787-4861
화장실 없음

　백약이오름은 사면을 따라 길이 완만하게 뻗어 있어 그리 힘들이지 않고 정상에 오를 수 있다. 솥뚜껑을 뒤집어 놓은 듯한 분화구 안에서 한가로이 풀을 뜯는 노루 떼를 바라보며 분화구를 한 바퀴 돌아보고 문석이오름으로 발길을 옮긴다. 제주도 사람들이 못난이오름이라 부르는 문석이오름은 나지막한 동산 같다. 가벼운 마음으로 걷기 좋은 산책로 주변은 어른 키만큼 자란 억새들로 무성하다.

　문석이오름의 억새밭이 끝나는 사거리에서 삼나무 숲에 설치된 나무사다리를 타고 넘으면 고깔모자를 쓴 것처럼 뾰족하게 솟아 있는 동거문오름으로 이어진다. 정상에 서면 높은오름, 아부오름, 백약이오름, 좌보미오름 등 제주의 내로라하는 오름들이 주변을 감싸고, 저 멀리 다랑쉬오름과 용눈이오름이 시원하게 조망된다. 그야말로 오름 전시장에 들어선 느낌이다.

동거문오름

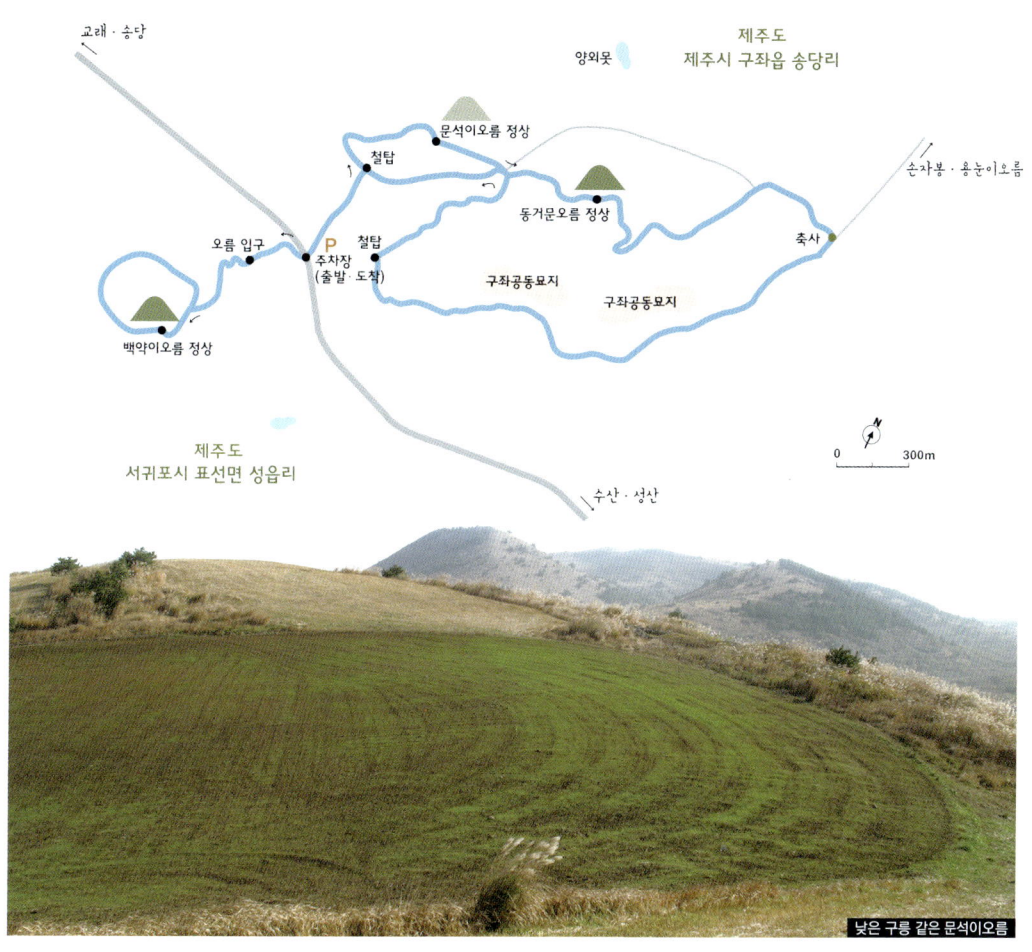

낮은 구릉 같은 문석이오름

제주도 **445**

159 서귀포자연휴양림

편안한 산책과 짜릿한 눈맛

매표소 → 제1야영장 → 법정악전망대 → 제3야영장 → 생태관찰로 → 매표소

출발 제주도 서귀포시 대포동 산1-1 서귀포자연휴양림 **주차** 휴양림 주차장(1일 2천 원)

거 리	5.0km	난이도	쉬워요
소요시간	2시간		
추천테마	숲, 사계절, 아이들과		

서귀포자연휴양림은 깨끗한 물, 맑은 공기, 울창한 산림이 조화를 이룬 무공해 휴양지다. 해발 600~800m 고지의 숲에는 난대와 온대, 한대 수종이 함께 자라고 꿩과 노루가 산다. 곳곳에 산막과 산림욕장, 쉼터 등이 잘 마련되어 있어 쾌적한 환경에서 산림욕과 산책을 즐길 수 있다.

순환로

순환로

생태 탐방로

서귀포자연휴양림 산책로는 순환로가 휴양림 둘레를 감싸고, 그 안의 호젓한 숲으로는 생태 탐방로가 가로지른다. 붉은 포장 길을 따라가는 순환로는 완만하고 걷기 편하다. 간간히 나타나는 소담한 돌담을 따라 걷기도 하고 목장에나 있을 법한 나무 울타리도 지난다. 시골버스 정류장 같은 대피소를 지나면 법정악전망대 입구. 이곳에서 10분 정도 가파른 오르막을 오르면 전망대다.

지도에서 이 전망대를 중심으로 한라산 정상과 서귀포 앞바다 쪽으로 선을 그어보면 거리가 거의 비슷하다. 신비로운 두 풍경의 가운데 지점에 서 있다는 감흥이 남다르다. 맑은 날이면 마라도와 가파도까지 선명하게 볼 수 있는 곳이다. 길이 나뉘었던 데크 갈림길로 내려와 올라갈 때의 반대편 길로 들어서면 안내하듯 길이 숲 속으로 이어진다.

굵고 반듯한 나무 기둥들이 하늘을 향해 쭉쭉 솟아 있는 '편백 숲 동산'을 지나 생태 탐방로로 향한다. 편백나무의 알싸한 향이 가득한 숲으로, 넓고 붉은 데크 산책로가 나 있다. 이 숲 속에 있는 제3야영장에는 어린이 놀이터가 있고 깨끗한 급수대 시설이 있다. 야영장을 지나 순환로 왼편으로 생태 탐방로 입구가 나온다. 이름표를 달고 저마다의 매력을 뽐내는 나무들과 대화하며 10여 분을 걸으면 '숲속의 집' 건물이 보이면서 탐방로가 끝난다.

찾아가기
제주공항→제주시외버스터미널
100번 06:17~21:46(10분 간격), 200번 06:03~21:30(15분 간격)
제주시외버스터미널→서귀포자연휴양림
06:30~16:00(60~90분 간격)
돌아오기
서귀포자연휴양림→제주시외버스터미널
07:45~17:15(60~90분 간격)
제주시외버스터미널→제주공항
100번 06:17~21:46(10분 간격), 200번 06:03~21:30(15분 간격)

숙박 서귀포자연휴양림 (064)738-4544
제주중문빌리지 (064)738-3151
중문게스트하우스 (064)738-7782
식당 조림명가(갈치조림) (064)767-8562
물질식육식당(복지리, 짬뽕)
(064)739-1542
화장실 코스 내 다수
입장료 성인 1천 원, 청소년 600원, 어린이 300원

제주도

법정악전망대에서 본 풍경

제주도 서귀포시 중문동

 **천제연폭포**

난대림 속에 아담한 소를 이룬 제1폭포부터 30m 높이에서 떨어지는 폭포수가 장관인 제3폭포까지 3단으로 된 폭포다. 천제연폭포가 시원하게 내려다보이는 아치형의 칠선녀교가 조망 포인트.
위치 제주도 서귀포시 중문동 2232 **전화** (064)760-6331 **입장료** 성인 2천500원, 청소년·어린이 1천350원

 자가운전 1박 2일 추천 일정

1일차 09:00 제주공항 → 10:00 서귀포자연휴양림 걷기 → 12:00 점심 식사 → 13:00 중문 관광 → 16:30 중문색달해변 관광 → 18:00 저녁 식사 → 19:00 숙소 도착

2일차 08:00 아침 식사 → 09:30 유리박물관 관람 → 12:00 점심 식사 → 14:00 카멜리아힐 관광 → 17:00 제주공항

문의: 서귀포자연휴양림(064-738-4544), 중문관광단지(064-739-1330), 유리박물관(064-792-6262), 카멜리아힐(064-792-0088)

160 설록다원서광~남송이오름

차밭에서 목장까지 실컷 푸르다

주차장 ➡ 오설록 티뮤지엄 ➡ 차밭길 ➡ 남송이오름 ➡ 목장길 ➡ 생태관찰로 ➡ 주차장

출발 제주도 서귀포시 안덕면 서광리 1235-3 오설록 티뮤지엄 **주차** 서광다원 주차장(무료)

거 리	6.9km	난이도	무난해요
소요시간	3시간		
추천테마	차밭, 오름, 사계절, 연인끼리		

제주도는 풍부한 일조량과 큰 일교차, 따뜻한 기후, 유기질 토양 등 차 재배에 적합한 환경을 갖추고 있다. 서귀포시 안덕면 서광리에 있는 설록다원서광은 단일 차 재배단지로는 세계 최대 규모이고, 다원 내 차박물관인 '오설록 티뮤지엄'은 관광 명소로 인기가 높다. 박물관 전망대에 오르면 서광리 일대의 광활한 차밭이 한눈에 들어온다.

박물관을 둘러본 후 차밭에 서면, 온통 초록으로 칠한 도화지의 한가운데만 위에서 아래로 닦아낸 것처럼 길이 쭉 뻗어 있다. 차연구소 건물을 지나자 그 많던 사람들이 거의 사라지고 한적한 산책로가 열린다. 79만m²에 이르는 평지의 푸른 차밭은 제주도에서만 만날 수 있는 멋진 산책로이기도 하다. 구실잣밤나무가 있는 사거리를 한 번 더 지나고 아스팔트로 포장된 삼거리가 나오면 직진, 넓은 길을 따라 잠시 걸으면 차밭 산책로가 끝난다. 길을 막고 선 집을 돌아 나가면 그 뒤에

찾아가기 설록다원서광까지 바로 가는 버스가 없어 택시를 이용하는 게 편리하다.
제주관광콜택시 (064)743-7909
안덕개인콜택시 (064)794-1400
돌아오기
제주관광콜택시 (064)743-7909
안덕개인콜택시 (064)794-1400

숙박 트리하우스 펜션 (064)792-0507
식당 서광우리집식당(갈비찜, 김치찜)
　　　　　　　　　　　(064)794-2601
화장실 주차장, 오설록 티뮤지엄

설록다원서광 차밭

여행 Tip
'오설록 티뮤지엄'은 한국 최초의 차(茶) 박물관이다. 1층 유물관에는 가야~조선 시대 찻잔이 전시되어 있으며, 카페 '다점'에서는 녹차를 비롯해 차 분말로 만든 아이스크림·케이크·쿠키를 맛볼 수 있다.
문의: (064)794-5312

오름 하나가 완만하게 솟아 있다.

　남송악, 남소로기 등 여러 이름으로 불리는 남송이오름(339m)은 말굽형 분화구와 원형 분화구, 알오름으로 구성되어 있다. 가파르지 않은 언덕을 천천히 오르면 허탈할 만큼 빨리 정상이 나타난다. 주변 숲이 모두 걷히지 않아 거린오름이 있는 동광리 방향으로만 시계가 열려 조망이 좋지 않다. 나무 계단을 타고 분화구 안으로 들어가면 편백나무 숲 가운데 대나무 군락이 보이고, 널따란 평상도 2개 놓여 있어 잠시 쉬어갈 수 있다. 남송이오름을 지나 목장의 초지로 들어서면 이정표도, 정해진 길도 없어 마음이 이끄는 대로 걸으면 된다. 발소리조차 풀에 잠겨버리는 고요한 길이 차밭으로 이어진다.

남송이오름 밑의 목장

소인국테마파크
세계 각국의 유명 건축물을 축소하여 전시해 놓은 미니어처 왕국이다. 경복궁, 만리장성, 자유의 여신상 등 60여 개의 미니어처가 야외공원에 전시되어 있다.
위치 제주도 서귀포시 안덕면 서광리 725 **전화** (064)794-5400 **입장료** 성인 9천 원, 청소년 7천 원, 어린이 5천 원

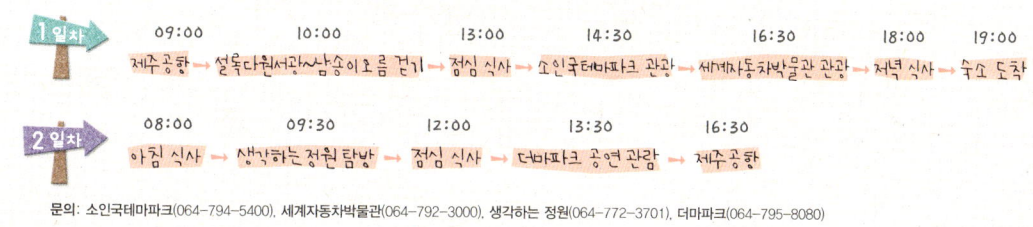

자가운전 1박 2일 축천 일정

1일차 09:00 제주공항 → 10:00 설록다원서광다원&남송이오름 걷기 → 13:00 점심 식사 → 14:30 소인국테마파크 관광 → 16:30 세계자동차박물관 관광 → 18:00 저녁 식사 → 19:00 숙소 도착

2일차 08:00 아침 식사 → 09:30 생각하는 정원 탐방 → 12:00 점심 식사 → 13:30 더마파크 공연 관람 → 16:30 제주공항

문의: 소인국테마파크(064-794-5400), 세계자동차박물관(064-792-3000), 생각하는 정원(064-772-3701), 더마파크(064-795-8080)

161 제주유배길 1코스 추사유배길

유배지에 남은 예술의 향기

제주추사관 → 동계정온유허비 → 대정성지 → 남문지못 → 대정향교 → 제주추사관

출발 제주도 서귀포시 대정읍 안성리 1661-1 제주추사관(추사유배지) 주차 제주추사관 주차장(무료)

거 리	9.1km	난이도	무난해요
소요시간	3시간		
추천테마	숲, 문화 유적, 사계절, 여럿이		

대정향교

　제주도는 조선 시대 대표적인 유배지였다. 조선 15대 왕인 광해군이 파란만장한 삶을 마감했고, 조선 후기 정치 및 사상계를 호령한 우암 송시열의 마지막 유배지도 제주도였다. 대학자이자 서예가인 추사 김정희도 9년이나 제주도에서 귀양살이를 했다.

　제주유배길은 제주도로 유배 온 인물들의 삶의 궤적을 따라 걷는 길이다. 2011년 5월 '추사유배길' 3개 코스가 선보였고, 2012년에는 옛 제주성을 중심으로 유배인들의 적거지를

단산(왼쪽)과 산방산

둘러보는 '제주성안유배길(3km)'과 역사의 격변에 앞장서 부딪친 면암 최익현의 유적지를 둘러보는 '면암유배길(5.5km)'이 새로 열렸다.

추사유배길은 집념의 길, 인연의 길, 사색의 길로 구성되어 있다. 집념의 길은 '제주추사관~송계순 집터~동계정온유허비~대정성지~대정향교'에 이르는 9.1km 코스다. 추사가 평소 다녔음직한 대정읍내 골목을 샅샅이 돌아보는 길로 12개의 돌하르방이 지키고 있다.

추사(1786~1856)가 제주도에 유배된 것은 55세 되던 1840년. 34세에 대과에 급제해 출세 가도를 달리던 그는 형조참판 시절 정변에 휘말려 제주도 대정현으로 유배됐다. 귀양 중에서도 제일 가혹한 위리안치(집에 가시울타리를 치고 그 안에 죄인을 가둠) 벌이 내려졌고, 9년여 세월을 가족과 떨어져 지내야 했다. 그러나 그는 추사체를 완성하고 국보 180호로 지정된 〈세한도〉를 그리는 등 유배 생활을 자신의 예술 세계를 완성하는 밑거름으로 삼았다.

제주추사관은 추사의 작품과 탁본 등을 전시한 공간으로 〈세한도〉에 나오는 둥근 창문이 있는 사각형 집을 모델로 삼았다. 대정읍성에 둘러싸인 추사유배지는 대정골 제일의 토호였던 강도순의 집. 추사가 처음 유배 생활을 시작한 곳은 지금은 터만 남은 인근의 송계순 집이었으나 3년째 접어들던 해에 이곳으로 옮겼다. 현재의 초가집은 고증을 거쳐 1984년에 복원했다.

대정성지는 다산 정약용의 형인 정약현의 딸 정난주 마리아의 무덤

추사유배지

찾아가기
제주공항→제주시외버스터미널
100번 06:17~21:46(10분 간격), 200번 06:03~21:30(15분 간격)
제주시외버스터미널→제주추사관
06:00~22:25(15~25분 간격)
돌아오기
제주추사관→제주시외버스터미널
06:10~21:38(15~25분 간격)
제주시외버스터미널→제주공항
100번 06:17~21:46(10분 간격), 200번 06:03~21:30(15분 간격)

숙박 아이랜드 게스트하우스
070-7096-3899
대정모텔 (064)792-3431
식당 고을식당(돔베고기, 고기국수)
(064)794-8070
화장실 제주추사관, 대정성지, 대정향교
입장료 제주추사관: 성인 500원, 청소년·어린이 300원

으로 천주교 성지다. 추사는 다산 정약용을 무척 존경했고 아들인 정학연, 정학유 형제와도 가까운 사이였다. 단산과 산방산의 시원한 전경을 품은 대정향교는 추사가 후학을 가르치던 곳이다.

자가운전 1박 2일 추천 일정

1일차
09:00 제주공항 → 10:00 추사유배길 걷기 → 13:00 점심 식사 → 14:30 산방산 관광 → 16:00 산방산탄산온천 → 18:00 저녁 식사 → 19:00 숙소 도착

2일차
08:00 아침 식사 → 09:00 모슬포항 → 10:00 가파도 걷기 → 12:00 점심 식사 → 13:30 모슬포항 → 14:30 금능으뜸원해변 관광 → 15:30 서부해안 드라이브 → 17:00 제주공항

문의: **제주추사관**(064-760-3406), **산방산**(064-794-2940), **산방산탄산온천**(064-792-8300), **모슬포항**(064-794-5490)

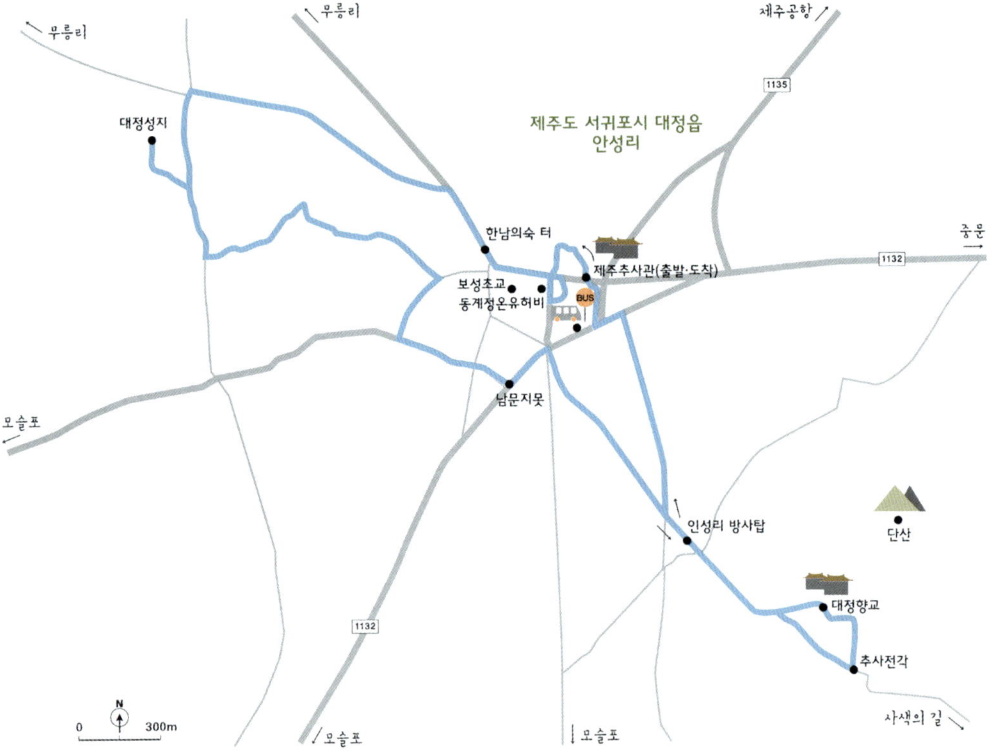

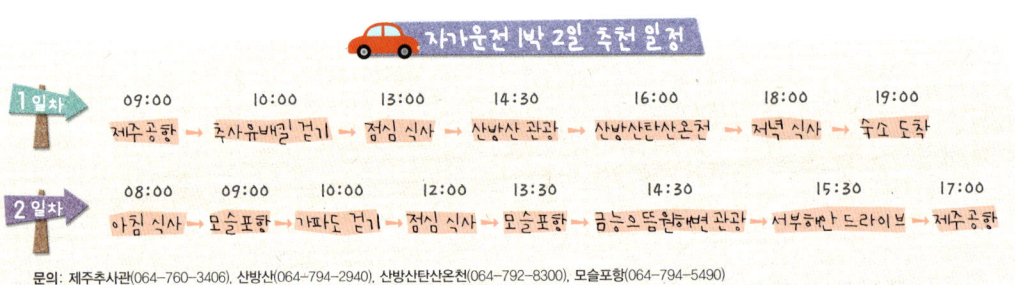

큰사슴이오름

봄 야생화, 가을 억새의 손짓

정석항공관 주차장 → 큰사슴이오름 → 유채꽃 축제장 → 녹산로 → 정석항공관 주차장

출발 제주도 서귀포시 표선면 가시리 산68 큰사슴이오름(대록산) **주차** 정석항공관 주차장(무료)

거 리	6.1km	난이도	쉬어요
소요시간	2시간 30분		
추천테마	숲, 오름, 사계절, 연인끼리		

서귀포시 표선면 가시리의 큰사슴이오름(475m)은 오름의 생김새가 사슴과 같다 하여 녹산(鹿山)이라 불렀다. 조선 시대에는 산마장(국영 목장)과 갑마장(조정에 진상할 최상급 말을 키우던 마장)이 있던 곳으로, 광활한 대지를 내달리는 말들의 발굽 소리가 진동했다.

제주유채꽃큰잔치 때의 큰사슴이오름 풍경

오름으로 오르는 길은 가파르지만 정상까지 나무 계단이 이어져 크게 힘들지 않다. 조그만 표석이 서 있는 정상은 마땅히 쉴 곳이 없고 주변이 나무에 가려 조망도 좋지 않으나, 내려오는 길에는 시야가 트여 주변의 오름들이 시원하게 보인다.

찾아가기 가시리에서 정석항공관 주차장까지 택시로 이동.
제주공항→제주시외버스터미널
100번 06:17~21:46(10분 간격), 200번 06:03~21:30(15분 간격)
제주시외버스터미널→가시리
06:28 11:28 15:28 18:28
표선 콜택시 (064)787-7733

돌아오기
가시리→제주시외버스터미널
07:30 12:00 16:00 20:00
제주시외버스터미널→제주공항
100번 06:17~21:46(10분 간격), 200번 06:03~21:30(15분 간격)

숙박 블라제펜션힐싸이드 (064)787-2588
　　표선가시리민박 (064)787-6199
　　성읍민속마을 (064)760-3578
식당 가시식당(두루치기) (064)787-1035
　　나목도식당(삼겹살) (064)787-1202
화장실 정석항공관

풍력발전기와 어우러진 유채꽃 들판

억새 핀 오름 산책로

유채광장

나무 계단이 시작되는 곳까지 내려와 족은사슴이오름과 큰사슴이오름 사이의 길로 들어서면 코스를 마칠 때까지 걷기 편한 산책로가 이어진다. 산책로 주변 유채광장은 가을이면 사람 키보다 높이 자란 억새로 뒤덮이고, 봄이면 노란 유채꽃 세상으로 변한다. 야생화도 많이 자라서 봄이면 제비꽃이 무리지어 피어나고, 복수초와 노루귀, 민들레도 드문드문 볼 수 있다. 유채광장에는 최근 풍력발전기가 들어서서 아름다운 풍경에 이국적인 멋을 더했다.

유채광장 입구부터 정석항공장 주차장까지 녹산로를 따라 걷는다. 제주도 드라이브 코스로도 잘 알려진 녹산로는 봄에는 벚꽃과 유채꽃이, 가을에는 코스모스가 지천으로 피는 낭만적인 길이다.

여행 Tip

4월 제주도에서는 '제주유채꽃큰잔치'가 열린다(장소는 해마다 바뀌므로 홈페이지에서 확인 요망).
2012년 축제 장소였던 큰사슴이오름 유채광장은 손꼽히는 유채꽃 명소다. 4월 중순~말경 꽃을 피우는데, 개화 후 2주 동안 가장 아름다운 풍경을 보여준다.

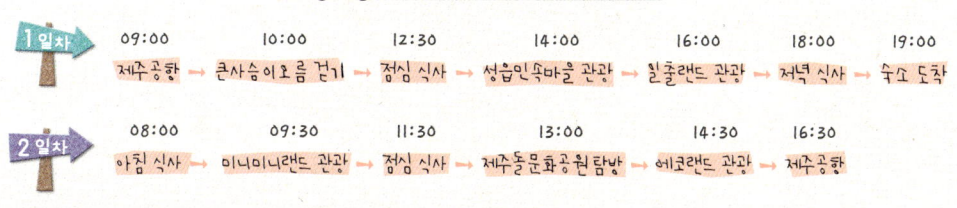

163 한라산 둘레길 1구간 법정사~시오름

숲의 기운 가득한 '내륙 올레'

법정사 ➡ 동백나무 숲 ➡ 숯가마 터 ➡ 4.3유적지 ➡ 표고버섯 재배장 ➡ 시오름 입구

출발 제주도 서귀포시 도순동 산1 법정사　**주차** 법정사 주차장(무료)

거　리	6.1km	난이도	쉬워요
소요시간	2시간 30분		
추천테마	숲, 봄·여름·가을, 아이들과		

올레가 제주의 바다를 이은 길이라면, 한라산 둘레길은 한라산의 허리를 이은 길이다. 생체 리듬이 가장 활발해진다는 해발 600~800m에서 한라산이 품은 자연의 기운을 만끽하며 걸을 수 있다. 한라산 둘레길은 총 80km에 이르는, 제주에서 올레 다음으로 긴 걷기여행지다.

동백나무가 군락을 이룬 한라산 둘레길 1구간

1구간 입구

다만 예산 확보가 어려워 2011년 1구간인 법정사~시오름, 2012년 2구간인 거린사슴~돌오름 구간만 열린 게 아쉽다. 나머지 구간의 개통은 미정이다.

1구간은 우리나라 근대사에서 큰 의미를 지닌 법정사에서 시작한다. 법정악의 한적한 터에 자리 잡고 있는 법정사는 3.1운동보다 5개월 먼저 항일운동이 일어난 곳이다. 당시 승려들과 신도, 민간인 등 400여 명이 무장한 채 항일운동에 참여했다. 법정사에서 데크로 포장한 길을 따라 가면 그들을 기리는 위령탑을 볼 수 있다.

위령탑 뒤로 한라산 둘레길을 알리는 아치문이 보인다. 문을 통과하면 아늑한 숲이 펼쳐진다. '동백길'이라고도 불리는 이 숲길에서는 걷는 내내 한라산의 땅을 거름 삼아 살아가는 동백나무 군락을 볼 수 있다. 1구간은 시작부터 끝까지 흙길이고, 청량한 숲의 기운에 젖어 걸을 수 있다.

한라산 둘레길은 우리나라의 아픈 역사를 관통한다. 일제강점기 때 일본군들이 자원 수탈을 위해 만든 병참도로(하치마키도로), 제주 4.3 사건 때 도민들이 숨어 살던 동굴과 무장대를 토벌하기 위해 만들어 놓은 주둔소 등이 고스란히 남아 있다. 근대 유적을 살펴보고, 크고 작은 계곡을 몇 개 건너면 표고버섯 재배장이 나온다. 20분쯤 더 걸으면 1구간이 끝나는 시오름 입구다.

찾아가기 법정사 입구 삼거리에서 하차. 법정사까지 걸어서 30분 거리.
제주공항→제주시외버스터미널
100번 06:17~21:46(10분 간격), 200번 06:03~21:30(15분 간격)
제주시외버스터미널→법정악 입구 삼거리
06:30~16:00(60~90분 간격)
돌아오기 시오름 입구에서 법정사로 되돌아가거나 30분 정도 걸어 1115번 도로까지 간 후 택시 이용.
법정악 입구 삼거리→제주시외버스터미널
07:40~17:10(60~90분 간격)
제주시외버스터미널→제주공항
100번 06:17~21:46(10분 간격), 200번 06:03~21:30(15분 간격)
서귀포 콜택시
(064)762-0100, (064)732-0082

숙박 송정게스트하우스 (064)763-5775
　　　 백패커스홈 게스트하우스
　　　　　　　　　　　　(064)763-4000
　　　 서귀포자연휴양림 (064)738-4544
식당 어부와농부(활어회, 흑돼지)
　　　　　　　　　　　　(064)738-5676
　　　 이조은식당(갈치조림) (064)738-8455
화장실 법정사

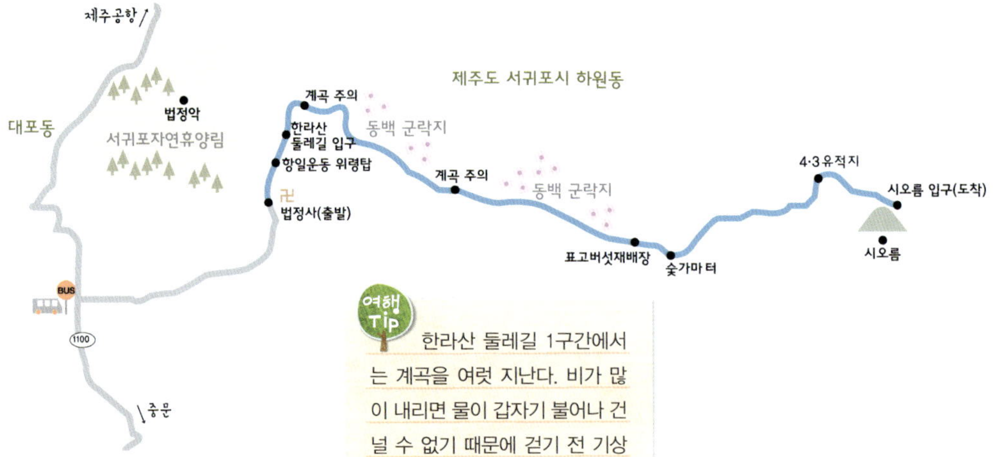

제주도

제주공항
대포동
법정악
서귀포자연휴양림
한라산 둘레길 입구
항일운동 위령탑
법정사(출발)
계곡 주의
제주도 서귀포시 하원동
동백 군락지
계곡 주의
동백 군락지
표고버섯재배장
숯가마터
4·3유적지
시오름 입구(도착)
시오름
BUS
1100
중문

여행 Tip 한라산 둘레길 1구간에서는 계곡을 여럿 지난다. 비가 많이 내리면 물이 갑자기 불어나 건널 수 없기 때문에 걷기 전 기상 체크는 필수다.

산책로에서 만나는 한라산의 계곡

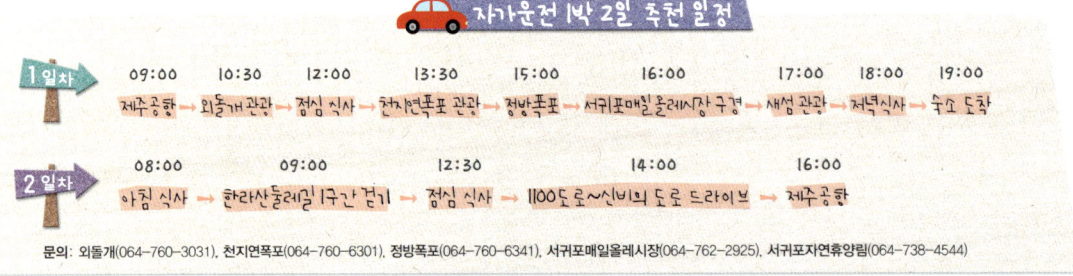

자가운전 1박 2일 추천 일정

1일차
09:00 제주공항 → 10:30 외돌개 관광 → 12:00 점심 식사 → 13:30 천지연폭포 관광 → 15:00 정방폭포 → 16:00 서귀포매일올레시장 구경 → 17:00 새섬 관광 → 18:00 저녁 식사 → 19:00 숙소 도착

2일차
08:00 아침 식사 → 09:00 한라산둘레길 1구간 걷기 → 12:30 점심 식사 → 14:00 1100도로~신비의 도로 드라이브 → 16:00 제주공항

문의: 외돌개(064-760-3031), 천지연폭포(064-760-6301), 정방폭포(064-760-6341), 서귀포매일올레시장(064-762-2925), 서귀포자연휴양림(064-738-4544)

164 거문오름

화산섬 제주를 빼닮다

탐방안내소 ➡ 거문오름 정상 ➡ 삼거리 ➡ 알오름 전망대 ➡ 수직동굴 ➡ 탐방안내소

출발 제주도 제주시 조천읍 선흘리 478 거문오름 탐방안내소　**주차** 거문오름 주차장(무료)

거　리	5.1km	난이도	쉬워요
소요시간	2시간		
추천테마	숲, 오름, 사계절, 아이들과		

거문오름

　제주도 오름의 상징과도 같은 거문오름(천연기념물 제444호)은 비워진 가슴에 원시의 생태계를 채운 '생물권 보존지역'이고 '지질공원'이며 '세계자연유산'이다. 벵뒤굴과 만장굴, 김녕굴, 용천동굴, 당처물동굴 등의 용암동굴을 생성시킨 모체다. 제주에서 가장 긴 용암협곡과 수직동굴, 화산탄 등 화산활동 흔적이 잘 남아 있고 곶자왈이라는 제주만의 독특한 자연 생태계를 품고 있다.
　남북방 식물이 공존하는 숲, 거문오름을 활용한 생태탐방 걷기코스는 2008년 7월 처음

찾아가기 선흘2리 정류장 옆에 거문오름 탐방안내소가 있다.
제주공항→제주시외버스터미널
100번 06:17~21:46(10분 간격), 200번 06:03~21:30(15분 간격)
제주시외버스터미널→선흘2리
06:28~20:38(60분 간격)

돌아오기
선흘2리→제주시외버스터미널
06:45~21:15(60분 간격)
제주시외버스터미널→제주공항
100번 06:17~21:46(10분 간격), 200번 06:03~21:30(15분 간격)

숙박 교래자연휴양림 (064)710-7475
더 갤러리 펜션 (064)784-4284
식당 선흘방주할머니식당(도토리묵밥)
(064)783-1253
거문오름가든(갈치조림)
(064)784-9917
화장실 탐방안내소, 삼거리

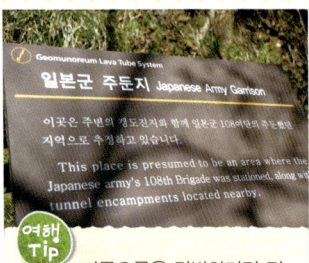

거문오름을 탐방하려면 전화(064-784-0456)나 인터넷 홈페이지(www.geomunoreum.kr)를 통해 예약해야 한다. 매주 화요일은 '자연휴식의 날'로 지정되어 탐방할 수 없다.

분화구 코스의 자연해설사

화산 활동의 흔적인 화산탄

공개되었다. 최고의 오름에서 화산섬 제주의 매력과 근현대사의 아픔에 직면하는 길이다.

거문오름 탐방로는 분화구 코스, 정상 코스, 능선 코스, 전체 코스 4개로 구분된다. 어느 코스를 선택하든 안내소에서 출입증을 받아 마을 주민으로 구성된 자연유산해설사와 함께 출발한다. 분화구 코스는 처음부터 끝까지 해설사가 동행하고, 정상 코스는 삼거리까지, 능선 코스와 전체 코스는 수직동굴까지만 해설사가 함께한다. 그 이후의 구간은 자율 탐방이다.

탐방객들이 가장 많이 찾는 분화구 코스를 걷는다. 깊이 15~30m에 이르는 용암협곡을 지나 언덕처럼 솟아오른 알오름 전망대에 오른다. 탁 트인 경관을 바라보며 숨을 고른 후 산책로를 따라가면 태평양전쟁 때 일본군이 연합군을 공격하기 위해 사용한 동굴 진지(4.3 사건 때는 제주 사람들 도피처로 이용된 곳)를 볼 수 있다. 밀림 같은 숲속을 걷다보면 숯가마 터와 풍혈, 용암덩이가 포탄처럼 날아가 바위에 부닥치며 생긴 화산탄도 볼 수 있다. 여기서 수직동굴까지는 울퉁불퉁한 지면을 돌로 다져 만든 병참도로다. 태평양전쟁 당시 총과 포탄을 실은 수레가 오갔던 길이다. 직경 3m, 깊이 35m의 수직동굴은 지

↑ 선흘1리 · 제주공항

← 고래리

선흘2리 마을회관

거문오름 탐방안내소 (출발·도착)

차량 차단막

제주도 제주시 조천읍 선흘2리

↙ 제주공항

삼거리
수직동굴
용암협곡 · 동굴
삼나무 숲길
용암협곡
곶자왈 숲길
숯가마터
알오름 전망대
동굴진지
풍혈 · 화산탄

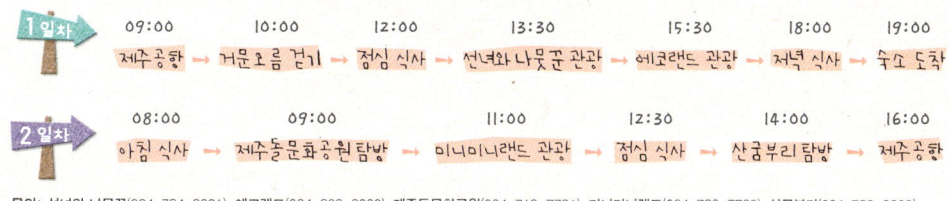

자가운전 1박 2일 추천 일정

1일차
- 09:00 제주공항 →
- 10:00 거문오름 걷기 →
- 12:00 점심 식사 →
- 13:30 선녀와 나뭇꾼 관광 →
- 15:30 에코랜드 관광 →
- 18:00 저녁 식사 →
- 19:00 숙소 도착

2일차
- 08:00 아침 식사 →
- 09:00 제주돌문화공원 탐방 →
- 11:00 미니미니랜드 관광 →
- 12:30 점심 식사 →
- 14:00 산굼부리 탐방 →
- 16:00 제주공항

문의: 선녀와 나뭇꾼(064-784-9001), 에코랜드(064-802-8000), 제주돌문화공원(064-710-7731), 미니미니랜드(064-782-7720), 산굼부리(064-783-9900)

165 노꼬메오름

밀림 지나면 눈부신 억새 능선

주차장 → 오름 입구 → 돌담 무덤 → 제1쉼터 → 제2쉼터 → 오름 정상 → 주차장

출발 제주도 제주시 애월읍 유수암리 산138 노꼬메오름 **주차** 노꼬메오름 주차장(무료)

거리	4.7km	난이도	무난해요
소요시간	2시간		
추천테마	숲, 오름, 사계절, 연인끼리		

　제주시 애월읍 유수암리에 위치한 노꼬메오름(833m)은 '높은 뫼'라는 뜻을 지니고 있다. 고고산, 구구산 등 여러 이름이 전해지지만 제주 말을 그대로 쓰는 노꼬메가 토속적이어서 정겹다. 다양한 식물이 자라는 숲과 억새가 융단처럼 깔리는 능선이 인상적이고, 뾰족한 봉우리를 연결하는 능선과 한쪽으로 터진 굼부리(분화구)의 형태가 독특하다.
　제1산록도로에서 벗어나 좁은 도로를 타고 오르면 말을 방목하는 초지를 지나 주차장이 나온다. 방목한 말들이 도망가지 못하도록 쳐 놓은 울타리를 지그재그로 통과한 후 넓은 초지 사이로 선명하게 이어진 포장길을 따라가면 오름 입구와 만난다. 여기서부터 정상까

노꼬메오름 정상

안개 낀 노꼬메오름

그늘 짙은 숲 사이의 길

지는 약 2.4km로 1시간쯤 걸린다.

　햇빛 한 점 스며들지 않는 밀림처럼 나무가 울창해 대낮인데도 어둑하다. 30분쯤 걷자 평상이 놓여 있는 제1쉼터. 여기서 몇 개의 계단을 오르면 노꼬메오름에 사는 동식물에 대해 적혀 있는 안내판이 나온다. 안내판의 동식물을 기억하며 식생을 관찰하다 보면 제2쉼터에 이른다. 여기에도 널따란 평상이 있어 쉬어가기 좋다.

　울창한 숲을 벗어나 능선을 타는 순간 시야가 열린다. 길에는 하늘하늘 억새가 가득하다. 정상은 제주 시가지와 한라산 북서쪽의 오름군이 길게 펼쳐지는 명소다. 특히 나뭇가지에 상고대가 피는 겨울 풍경이 압권이다. 침목 끝 산죽 사이로 오솔길이 나 있지만 출입이 금지되는 구역이고 중간에 길이 끊어지므로 들어가면 안 된다.

　내려오는 길은 그리 길지 않다. 숲을 통과하면 다시 초지가 모습을 드러내는데, 그 사이를 가로질러 주차장으로 가는 길에서는 종종 노루 가족을 만날 수 있다. 북동쪽에는 형제봉인 족은노꼬메가 있지만 두 노꼬메를 연결하는 탐방로는 없다. 족은노꼬메를 찾아가려면 노꼬메오름 입구에서 차로 5분 거리의 창암재활원에서 이어지는 임도를 따라 들어서야 한다.

찾아가기 제주운전면허시험장 정류장에서 노꼬메오름 입구까지는 걸어서 30분 걸린다.
제주공항→제주시외버스터미널
100번 06:17~21:46(10분 간격), 200번 06:03~21:30(15분 간격)
제주시외버스터미널→제주운전면허시험장
06:14~21:39(15~20분 간격)
돌아오기
제주운전면허시험장→제주시외버스터미널
06:37~22:10(15~20분 간격)
제주시외버스터미널→제주공항
100번 06:17~21:46(10분 간격), 200번 06:03~21:30(15분 간격)

숙박 애월파라다이스 리조트 (064)799-9114
　　올레리조트 (064)799-7770
　　동양콘도미니엄 (064)713-5100
식당 거문덕이식당(해물뚝배기)
　　　　　　　　　　　　(064)755-5440
　　산초원(오리고기, 돼지고기)
　　　　　　　　　　　　(064)799-9600
화장실 노꼬메오름 주차장

제주도

제주공항
제1산록도로
1117
노꼬메·놉고메 표지석
중문·대정
애월 곶자왈
제주도
제주시 애월읍 유수암리
P 노꼬메오름 주차장
(출발·도착)
노꼬메오름 정상
노꼬메오름 입구
제1쉼터
능선
노꼬메 숲
무덤
노꼬메 숲
돌담 무덤
제2쉼터

주차장에서 본 노꼬메오름

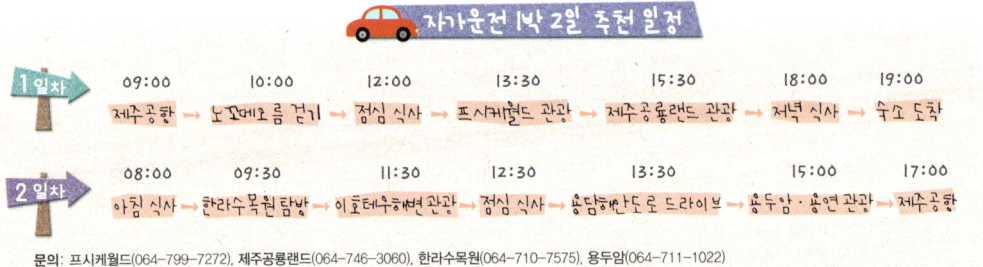

자가운전 1박 2일 추천 일정

1일차
09:00 제주공항 → 10:00 노꼬메오름 걷기 → 12:00 점심 식사 → 13:30 프시케월드 관광 → 15:30 제주공룡랜드 관광 → 18:00 저녁 식사 → 19:00 숙소 도착

2일차
08:00 아침 식사 → 09:30 한라수목원 탐방 → 11:30 이호테우해변 관광 → 12:30 점심 식사 → 13:30 용담해안도로 드라이브 → 15:00 용두암·용연 관광 → 17:00 제주공항

문의: 프시케월드(064-799-7272), 제주공룡랜드(064-746-3060), 한라수목원(064-710-7575), 용두암(064-711-1022)

166 다랑쉬오름~용눈이오름

잘생긴 오름에 달이 뜨면

다랑쉬오름 주차장 → 다랑쉬오름 → 순환로 → 용눈이오름 → 다랑쉬오름 주차장

출발 제주도 제주시 구좌읍 세화리 산6 다랑쉬오름(월랑봉) 주차 다랑쉬오름 주차장(무료)

거 리	13.2km	난이도	조금 힘들어요
소요시간	5시간		
추천테마	숲, 오름, 사계절, 여럿이		

구좌읍 송당리와 세화리에 걸쳐 있는 다랑쉬오름(월랑봉, 382m)은 제주 동부를 대표하는 오름 중 하나다. 화산 지형의 특징과 분화구의 모습을 온전하게 보여준다. 분화구의 둘레가 달처럼 둥글게 보여 '다랑쉬'라는 이름을 갖게 되었다. 균형이 잘 잡힌 원추형 모양에 사면의 경사도 보기 드물게 일정하다. 제주도는 2011년부터 다랑쉬오름을 '오름 랜드마크'로 관리 중이다.

용눈이오름 산책로에서 본 다랑쉬오름

찾아가기 송당리에서 택시를 타고 다랑쉬오름 입구로 이동.

제주공항→제주시외버스터미널
100번 06:17~21:46(10분 간격), 200번 06:03~21:30(15분 간격)

제주시외버스터미널→송당리
06:25~20:35(40~120분 간격)

구좌김녕콜택시 (064)784-9910

돌아오기

송당리→제주시외버스터미널
06:59~19:29(40~120분 간격)

제주시외버스터미널→제주공항
100번 06:17~21:46(10분 간격), 200번 06:03~21:30(15분 간격)

숙박 오름게스트하우스 070-8900-2701
써니허니 게스트하우스 010-9996-6640
준하우스 (064)783-2508
식당 은성식당(순대국밥) (064)784-5885
명가소담이네(한정식) (064)784-1110
화장실 다랑쉬오름 주차장

길의 초입부는 가파른 편이다. 이웃한 아끈다랑쉬오름을 바라보며 20분 정도 올라가면 분화구와 만나는데 여기서 정상까지는 완만한 오르막이어서 힘들지 않다. 10여 분 오르면 산불감시초소가 있는 정상이다. 발아래로 거대한 굼부리가 입을 벌리고 있다.

저 멀리 바닷가에 성산일출봉이 솟아 있고, 그 너머 바다 위로 우도가 떠 있다. 아끈다랑쉬를 비롯해 제주 들판을 수놓은 크고 작은 오름들도 보인다. 드넓은 초원과 햇빛을 받아 반짝이는 바다 풍경을 보고 있으면 가슴 속까지 시원해진다. 해가 뜰 무렵이면 아끈다랑쉬오름 분화구 가장자리가 다른 부분보다 먼저 빛을 흡수해 반짝거리는 게 거대한 황금 띠를 두른 듯 장엄하다. 이 모습을 사진에 담으려고 찾아오는 이들이 많다.

다랑쉬오름을 지나 용눈이오름으로 가는 길에는 1948년의 4.3사건 때 학살된 마을 사람들의 유해가 발견된 다랑쉬굴이 있다. 지금은 입구를 막아놓아 들어갈 수는 없지만, 군경 토벌대를 피해 굴로 숨어들었다가 발각되어 11명이 몰살당한 아픈 역사의 현장이다.

다랑쉬오름에서 도로를 따라 30분쯤 걸으면 용눈이오름(248m)이 나온다. 이 오름은 분화구 가운데가 크게 패어 있다. 위에서 내려다보면 분화구의 모습이 마치 용의 눈처럼 보인다 하여 '용눈이'란 이름을 얻었다. 분화구 능선을 따라 산책로가 부드럽게 이어지고, 오름군과 서부 바다의 경관도 시원하게 펼쳐진다.

다랑쉬오름

용눈이오름에서 본 제주도 풍경

 **비자림**

비자나무 2천800여 그루가 자생하는 세계 최대 규모의 단일 수종 숲이다. 아이들과 산책하기 좋은 곳으로, 수령 820년이 넘은 '새천년 비자나무'도 볼 수 있다. 다랑쉬오름 주차장에서 차로 10분 거리. **위치** 제주도 제주시 구좌읍 대평리 3164-1 **전화** (064)783-3857 **입장료** 성인 1천500원, 청소년·어린이 800원

자가운전 1박 2일 추천 일정

1일차
09:00 제주공항 → 10:00 비자림 탐방 → 12:00 점심 식사 → 13:30 다랑쉬오름~용눈이오름 걷기 → 18:30 저녁 식사 → 19:30 숙소 도착

2일차
08:00 아침 식사 → 09:30 하도해변 관광 → 11:00 제주해녀박물관 관람 → 12:30 점심 식사 → 14:00 만장굴 관광 → 16:30 제주공항

문의: 비자림(064-783-3857), 제주해녀박물관(064-782-9898), 만장굴(064-710-7903)

167 동백동산

희귀식물 품은 람사르 습지

선흘1리 정류장 → 동백동산 입구 → 먼물깍 → 곶자왈 숲길 → 반환점 → 선흘1리 정류장

출발 제주도 제주시 조천읍 선흘리 산12 동백동산(선흘1리마을회관) 주차 동백동산 주차장(무료)

거 리	6.6km	난이도	쉬워요
소요시간	2시간		
추천테마	숲, 사계절, 연인끼리		

동백동산 숲길

조천읍 선흘리에 위치한 동백동산(선흘 곶자왈)은 제주에서도 난대성 상록활엽수가 가장 넓게 펼쳐져 있는 곶자왈 지대다. 이곳에는 제주에만 있는 제주고사리삼과 한국 미기록종인 창일엽, 법정 보호식물인 개가시나무 등 다양한 희귀식물이 자생하고 있다. 2012년 3월에는 이곳의 습지인 '먼물깍'이 람사르 습지로 지정되기도 했다. 동백이 많아 동백동산이라는 이름이 붙었지만, 지금은 동백나무보다 구실잣밤나무, 종가시나무 등 상록수들이 숲 터널을 이루고 있다.

탐방로는 선흘1리 정류장에서 시작된다. 선흘분교를 지나 간이주차장이 나오면 '차량출입금지' 푯말이 서 있는 길을 통해 곶자왈 숲으로 들어설 수 있다. 차단막을 지나자마자 만나는 작은 연못이 바로 빗물이 고이며 자연스럽게 형성된 먼물깍이다. 수련의 일종인 순채가 가득하고, 물가엔 올방개, 세모고랭이가 무성하다. 못 둘레로 송이를 깐 산책로를 내 제법 운치가 있다. 예전에는 선흘리 목장에서 키우는 소와 말이 여기서 물을 마셨다고 한다.

찾아가기 선흘1리 정류장 옆에 있는 동백상회에서 선흘분교를 지나 10분쯤 걸어가면 동백동산 입구다.
제주공항→제주시외버스터미널
100번 06:17~21:46(10분 간격), 200번 06:03~21:30(15분 간격)
제주시외버스터미널→선흘1리
06:28~20:38(60분 간격)

돌아오기
선흘1리→제주시외버스터미널
06:45~21:15(60분 간격)
제주시외버스터미널→제주공항
100번 06:17~21:46(10분 간격), 200번 06:03~21:30(15분 간격)

숙박 교래자연휴양림 (064)710-7475
　　　거문오름펜션 (064)784-5233
식당 선인별장가든(한방오리)
　　　　　　　　　　　　(064)782-1117
　　　엄가네(부대찌개, 두루치기)
　　　　　　　　　　　　(064)784-8466
화장실 동백동산 입구

제주도

숲으로 들어서면 길에 나무가 빽빽해 사방이 어두컴컴하다. 발은 시든 나뭇잎으로 덮이고, 눈은 짙푸른 초록에 물든다. 간간히 들려오는 새소리, 벌레소리가 벗이 되어준다. 무성한 덩굴은 나무를 칭칭 감고 커다란 고사리는 땅을 뒤덮었다. 곶자왈의 지형과 생태 안내판이 곳곳에 세워져 있다. 꼼꼼히 읽다보면 신비로운 숲에 한 발 더 다가서는 기분이다.

숲이 깊어질수록 새들의 지저귐은 커진다. 중간에 숯가마 터에도 들러보고 식물 공부도 하며 반환점에 이른다. 그대로 통과해 포장도로로 나가도 되지만, 온 길을 되짚어 시작 지점으로 가는 것이 좋다. 몇 번을 걸어도 새로울 만큼 매력적인 곶자왈이다.

람사르 습지로 지정된 먼물깍

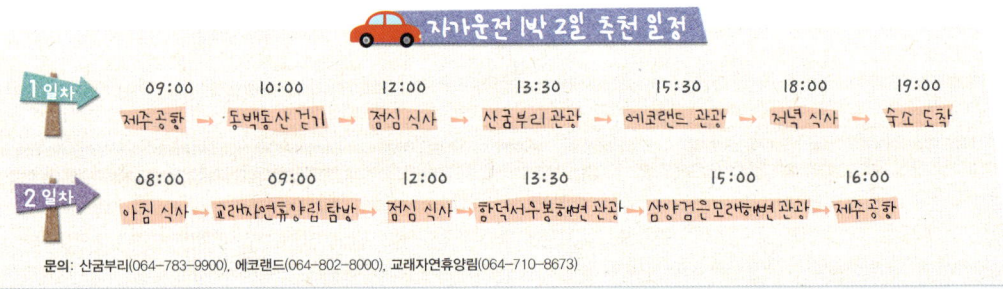

문의: 산굼부리(064-783-9900), 에코랜드(064-802-8000), 교래자연휴양림(064-710-8673)

168 바리메오름

나를 위한 공양의 시간

주차장 → 바리메오름 정상 → 주차장 → 족은바리메오름 정상 → 영함사 → 주차장

출발 제주도 제주시 애월읍 상가리 산123 바리메오름 **주차** 바리메오름 주차장(무료)

거 리	8.7km	난이도	무난해요
소요시간	3시간 30분		
추천테마	숲, 오름, 사계절, 연인끼리		

　　바리메오름(큰바리메, 763m)은 분화구가 움푹 들어간 모양이 절에서 쓰는 바리때(공양 그릇) 같다 하여 붙은 이름이다. 웅장한 풍채를 자랑하고 정상에는 깊이 78m, 둘레 130m 쯤 되는 원형의 산정 분화구가 있다. 남반부는 숲을 이루고 북반부는 초지가 형성되어 있으며, 옆에는 동생뻘 되는 '족은바리메(726m)'가 있다.

바리메오름 정상에서 바라본 풍경

찾아가기 제주운전면허시험장 정류장에서 바리메오름까지 걸어서 이동(30분 소요).
제주공항→제주시외버스터미널
100번 06:17~21:46(10분 간격), 200번 06:03~21:30(15분 간격)
제주시외버스터미널→제주운전면허시험장
06:14~21:39(15~20분 간격)
돌아오기
제주운전면허시험장→제주시외버스터미널
06:37~22:10(15~20분 간격)
제주시외버스터미널→제주공항
100번 06:17~21:46(10분 간격), 200번 06:03~21:30(15분 간격)

숙박 제주캠핑클럽 070-8900-8877
뉴코리아리조트 (064)799-7001
식당 아루요(가츠동, 나가사키짬뽕)
　　　　　　　　010-3256-4253
　　　참솔(산채비빔밥) (064)799-6638
화장실 바리메오름 주차장

시작하는 길은 만만치가 않다. 숲 사이로 고무판이 깔려 있지만 경사가 심해 땀이 흐르고 호흡이 가빠온다. 그러나 짧은 경사가 끝나면 평평한 산책로가 나오고 숲이 깊어진다. 숲에는 서어나무가 살고 있다. 처음에는 작게 자라지만 그늘에서도 잘 자라는 습성 때문에 결국 숲을 지배하게 된다는 극상림의 나무다. '머슬 트리(musle tree)'라는 별명처럼 한 뿌리에서 뻗은 여러 갈래의 줄기가 팔뚝 근육을 닮아 힘차다.

서어나무 터널을 지나 정상에 오르면 다리를 쉴 수 있는 벤치가 마련되어 있다. 신비롭게 펼쳐진 드넓은 바다를 바라보고 앉아 있으면 장애물 없이 달려온 제주의 바람이 땀을 식혀준다. 시계 방향으로 분화구를 돌면 맞은편에 쉼터가 한 번 더 나온다. 정상에서 고도만 50m 정도 낮을 뿐 주변 풍경은 정상에 비길 만하다.

주차장으로 내려온 다음 임도를 따라 족은바리메로 간다. 회초리 같은 작살나무의 가지가 햇볕 속에서 갈색과 분홍색 중간쯤 되는 색상으로 빛나고 있다. 까치박달나무, 졸참나무, 고로쇠나무들 사이로 얌전하게 뚫린 길가에는 노란 복수초가 옹기종기 소담하게 피어 있다. 정상에는 벤치가 몇 개 놓여 있지만 나무에 가려 전망은 좋지 않다. 바리메처럼 분화구를 따라 도는 족은바리메의 탐방로는 길이 너무 편해 평지를 산책하는 기분이다.

초지 위에 솟은 바리메오름

영함사로 이어지는 삼나무 숲길로 들어선다. 키가 20m 정도 되는 삼나무 행렬이 이어진다. 걷고 또 걷고, 오로지 걷기만 해도 자꾸 걷고 싶어지는 길이다. 영함사를 2km 정도 남겨둔 지점부터는 흙길이다. 아늑한 삼나무 숲은 변함이 없고 그 사이로 나 있는 길만 부드럽게 바뀐다.

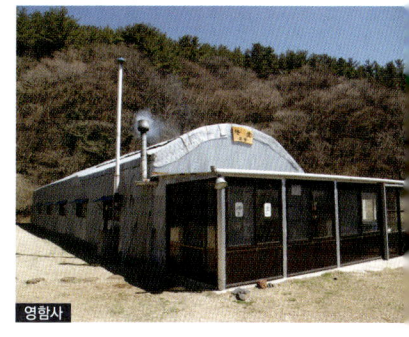

영함사

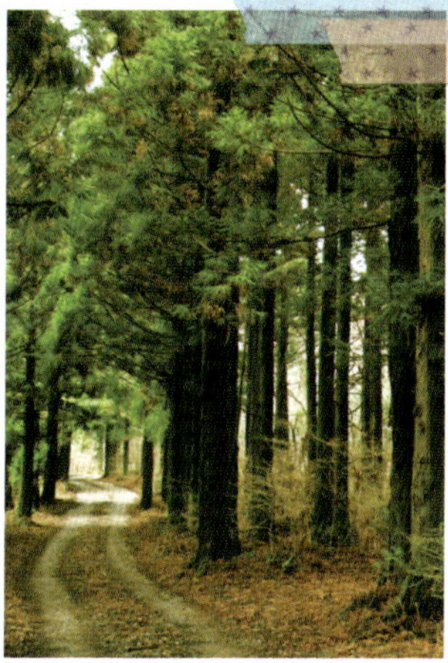

영함사 가는 길의 삼나무 숲

자가운전 1박 2일 추천 일정

1일차
09:00 제주공항 → 10:00 프시케월드 관광 → 12:00 점심 식사 → 13:30 바리메오름 걷기 → 17:00 제주경마공원 관광 → 18:30 저녁 식사 → 19:00 숙소 도착

2일차
08:00 아침 식사 → 10:00 한림공원 관광 → 12:00 점심 식사 → 13:00 서부해안도로 드라이브 → 14:00 곽지과물해변 관광 → 15:00 이호테우해변 관광 → 17:00 제주공항

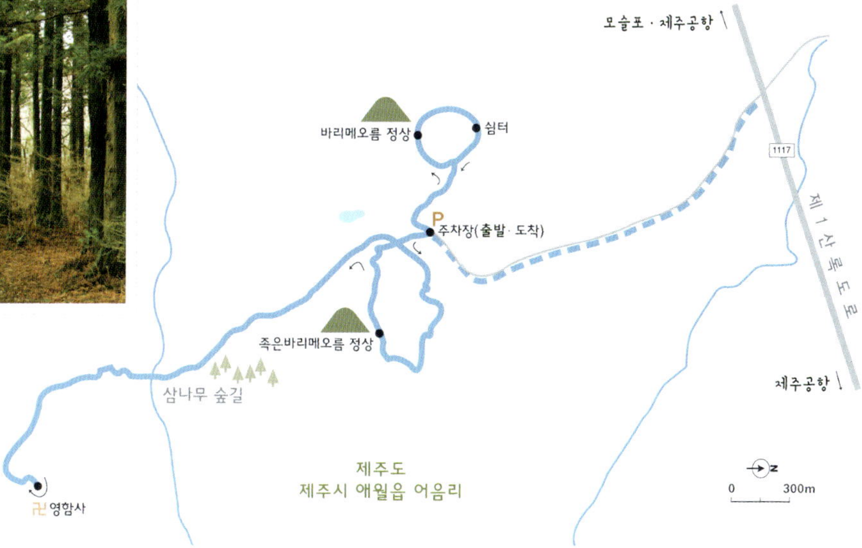

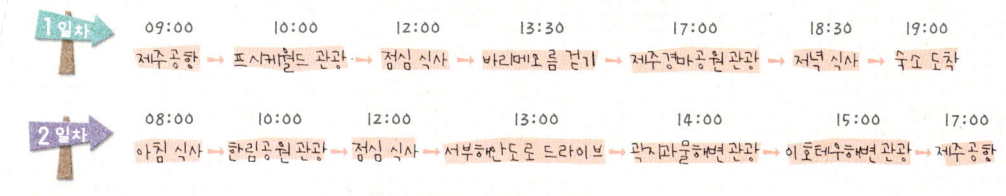

문의: **프시케월드**(064-799-7272), **제주경마공원**(064-786-8114), **한림공원**(064-796-0001)

169 사려니 숲길

언제든 걷고 싶은 최고의 숲길

탐방안내소 → 천미천 → 물찻오름 입구 → 월든 → 붉은오름자연휴양림 입구 → 남조로

출발 제주도 제주시 봉개동 사려니 숲길(물찻오름 입구) 주차 사려니 숲길 주차장(무료)

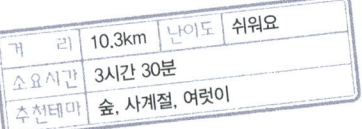

거 리	10.3km	난이도	쉬워요
소요시간	3시간 30분		
추천테마	숲, 사계절, 여럿이		

삼나무와 편백나무 숲

찾아가기 번영로 노선을 탄 후 사려니 숲길 입구인 물찻오름 입구 정류장에서 하차.
제주공항→제주시외버스터미널
100번 06:17~21:46(10분 간격), 200번 06:03~21:30(15분 간격)
제주시외버스터미널→물찻오름 입구
06:28~20:38(60분 간격)

돌아오기
붉은오름자연휴양림→제주시외버스터미널
06:00~21:20(20분 간격)
제주시외버스터미널→제주공항
100번 06:17~21:46(10분 간격), 200번 06:03~21:30(15분 간격)

숙박 절물자연휴양림 (064)721-7421
교래자연휴양림 (064)710-7475
샘터휴양펜션 (064)782-0349
식당 교래손칼국수(닭칼국수)
(064)782-9870
해락원(닭전골) (064)784-3378
화장실 탐방안내소, 숲속학교, 물찻오름 입구

산소의 질이 가장 좋다는 해발 500~600m에 위치한 사려니 숲길은 2009년 5월 일반에 개방되었다. 초기에는 자전거 길로 인기 있었지만, 여행객이 몰려듦에 따라 탐방객들의 불편을 덜고 숲길을 안전하게 지킨다는 취지로 자전거, 애완동물 등의 출입을 금지했다.

사려니 숲길은 거의 전 지역이 평탄하다. 숲은 졸참나무와 서어나무를 중심으로 산딸나무·때죽나무·단풍나무·편백나무·삼나무 등 다양한 수종이 어우러져 전형적인 온대림을 이룬다. 육식성 포유류인 오소리·제주족제비 등이 서식하고, 천연기념물이자 환경부 지정 멸종위기 야생동식물인 매와 팔색조도 산다. 숲길 주변에는 물찻오름·거린오름·사려니오름을 비롯해 천미천계곡과 서중천계곡 등이 자리하고 있다. 산책로 내에서 만나는 '참꽃나무숲', '치유와 명상의 숲', '서어나무숲' 등 10개의 테마 공간도 매력적이다.

극상림 형태가 잘 보존된 신령스러운(제주도 방언인 '사려니'의 뜻) 길. 물찻오름까지의 길은 스코리아(Scoria)라고 하는 화산재, 잘게 부서진 용암 덩어리를 뜻하는 적색 송이 길로, 맨발로 걸으면 건강에 좋다고 한다. 내디딜 때마다 바스락거리며 부서질 정도로 입자가 큰 송이를 밟는 맛이 좋다. 물찻오름에서 성판악휴게소 방면과 사려니오름 길은 5월 숲길 걷기 행사 기간을 빼면 평소 숲 보존을 위해 통제 중이므로(통제구간은 수시로 조정) 사전에 확인하고 일정을 짜도록 한다.

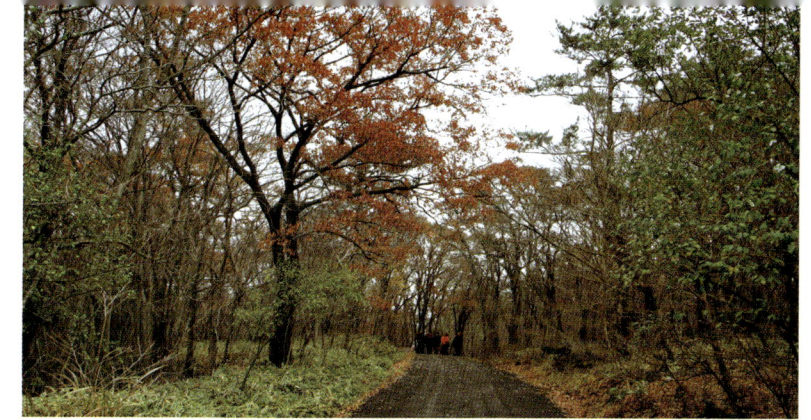

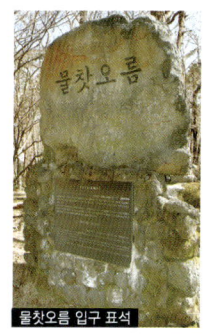

물찻오름 입구 표석

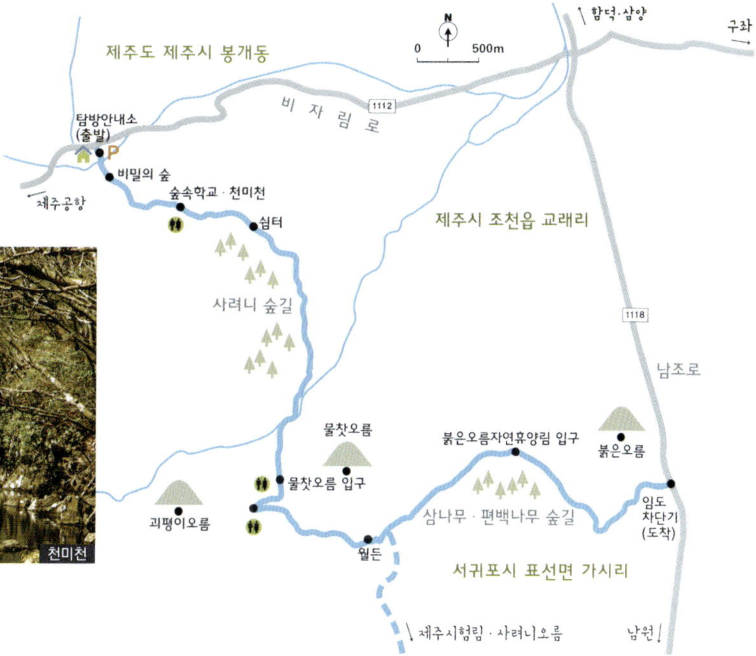

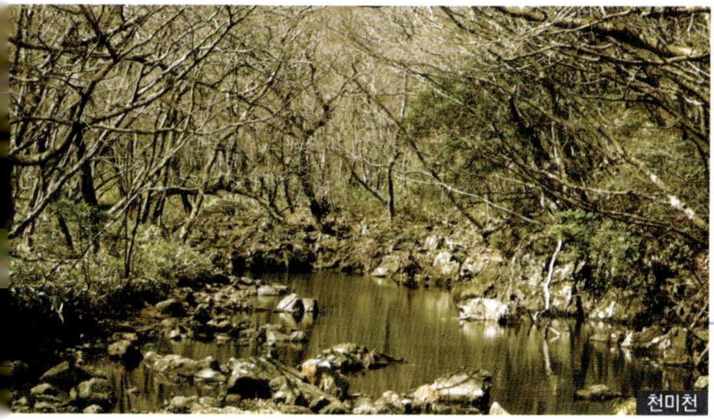

천미천

자가운전 1박 2일 추천 일정

1일차

09:00	10:00	11:30	13:00	17:30	18:30
제주공항 →	용두암 · 용연 관광 →	점심 식사 →	사려니 숲길 걷기 →	저녁 식사 →	숙소 도착

2일차

08:00	09:00	12:00	13:30	15:30
아침 식사 →	절물자연휴양림 탐방 →	점심 식사 →	제주돌문화공원 탐방 →	제주공항

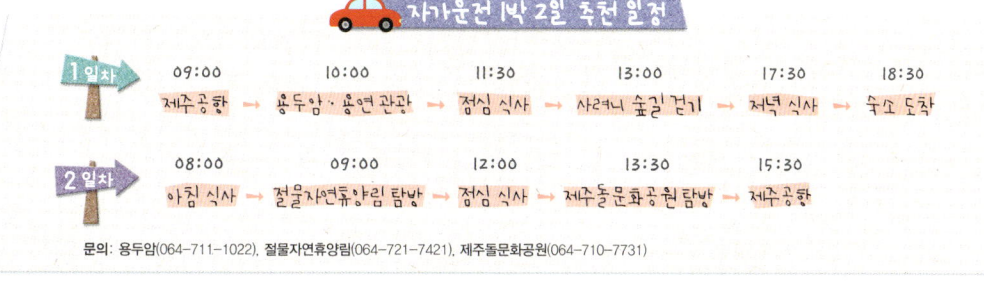

문의: 용두암(064-711-1022), 절물자연휴양림(064-721-7421), 제주돌문화공원(064-710-7731)

160 절물자연휴양림

천연림 곶자왈과 삼나무 숲

휴양림 매표소 → 삼울길 → 장생의 숲길 → 삼울길 → 생이소리 질 → 휴양림 매표소

출발 제주도 제주시 봉개동 산78-1 절물자연휴양림 주차 절물자연휴양림 주차장(1일 2천 원)

거 리	8.9km	난이도	쉬워요
소요시간	3시간		
추천테마	숲, 사계절, 연인끼리		

찾아가기
제주공항→제주시청
500번 06:20~22:22(8분 간격)
제주시청→절물자연휴양림
1번 07:48 10:30 11:21 12:51 13:36 16:06 17:06 19:06
돌아오기
절물자연휴양림→제주시청
1번 08:43 11:28 12:12 13:45 14:43 17:23 18:22 19:55
제주시청→제주공항
500번 06:20~22:22(8분 간격)

숙박 절물자연휴양림 (064)721-7421
　　　꽃메펜션 (064)782-7264
　　　동천펜션 (064)758-6565
식당 성미가든(닭 샤부샤부) (064)783-7092
　　　밀림원(흑돼지구이) (064)783-9803
화장실 휴양림 입구
입장료 성인 1천 원, 청소년 600원, 어린이 300원

제주시 도심에서 10km 정도 떨어진 곳, 해발 500m에 자리 잡은 절물자연휴양림은 연간 방문객이 70만 명에 이를 정도로 인기가 높다. 삼나무를 중심으로 곰솔과 구상나무 등이 빼곡한 숲이 장관이고, 산책로가 잘 갖추어진 데다가 쉴 곳도 넉넉해 가족 방문객이 많다. 길 곳곳에서 만나는 나무에는 이름표가 달려 있어 식생 정보도 쉽게 알 수 있도록 했다.

휴양림 내의 숲길은 저마다 이름을 갖고 있다. 입구에서 오른쪽 데크로 연결된 '삼울길(삼나무가 울창한 숲길)'은 하늘을 향해 쭉쭉 뻗은 삼나무 숲의 향기와 함께 걷는 길이다. 삼울길과 순환되는 '생이소리 질(새소리길)'은 노약자나 장애인도 불편 없이 걸을 수 있도록 계단 없이 목재 데크로 조성되어 있다. 휴양림의 으뜸 산책로인 '장생의 숲길'은 삼나무 조림지로 이루어져 있고, 노면이 흙이어서 땅의 기운을 한껏 느낄 수 있다.

삼울길 끝, 장생의 숲길 초입에는 목공예체험장과 실내산림욕체험관이 있어 들러볼 만하다. 목공예체험장 앞에는 나무로 만든 각종 곤충들이 전시되어 아이들의 관심을 끈다. 실내산림욕체험관은 삼나무, 편백나무, 소나무 등 각 나무별 방이 있어 상쾌한 나무 향기와 함께 쉴 수 있다. 장생의 숲길은 노루길, 연리길, 오름길, 내창길로 다시 나뉘어 교차로에서 질러올 수 있다. 이른 봄의 복수초 군락지를 비롯해 박새와 조릿대 군락지, 연리목 등을 관찰할 수 있다.

약수암을 지나 생이소리질로 들어서면 짙푸른 활엽수림이 나타난다. 연못 아래로 흘러내리는 물에서 탁족을 즐길 수 있도록 족욕소가 있고, 그늘 깊숙한 곳에는 약수터가 있다. 절물오름의 큰 봉우리인 큰대나오름 기슭에서 나오는 용천수로, 신경통과 위장병에 효과가 있다고 한다. 이 약수는 '제주시 먹는물 1호'로 지정되어 있다.

삼울길

삼나무 숲

자가운전 1박 2일 추천 일정

1일차

09:00 제주공항 → 10:00 절물자연휴양림 걷기 → 12:00 점심 식사 → 13:30 한라생태숲 탐방 → 15:30 관음사 관광 → 17:30 저녁 식사 → 18:30 숙소 도착

2일차

08:00 아침 식사 → 09:00 교래자연휴양림 탐방 → 11:30 점심 식사 → 13:00 에코랜드 관광 → 16:00 제주공항

문의: 절물자연휴양림(064-721-7421), 한라생태숲(064-710-8688), 관음사(064-724-6830), 교래자연휴양림(064-710-8673), 에코랜드(064-802-8000)

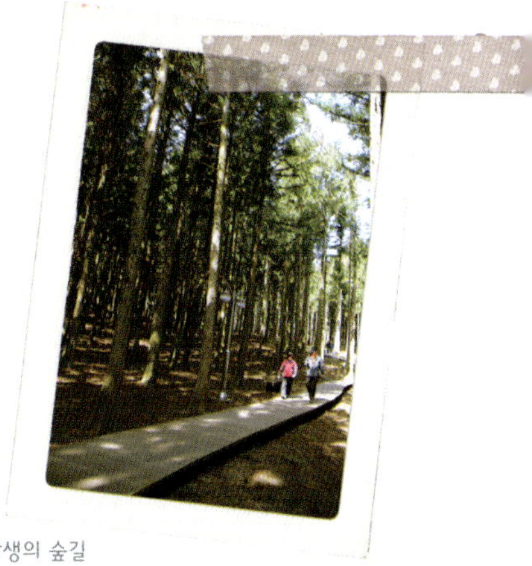

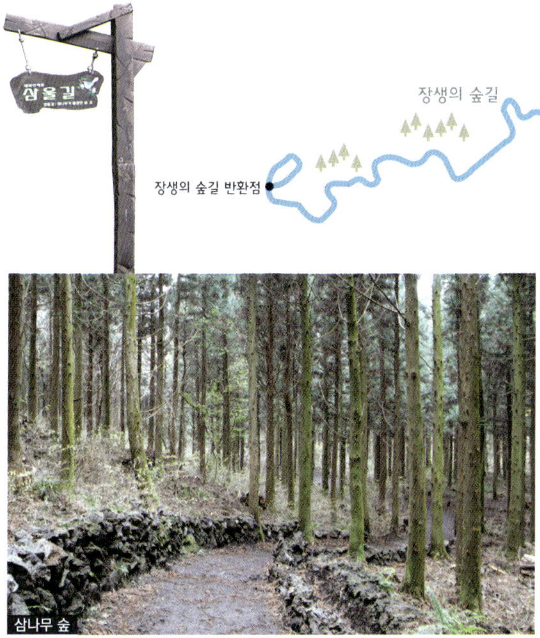

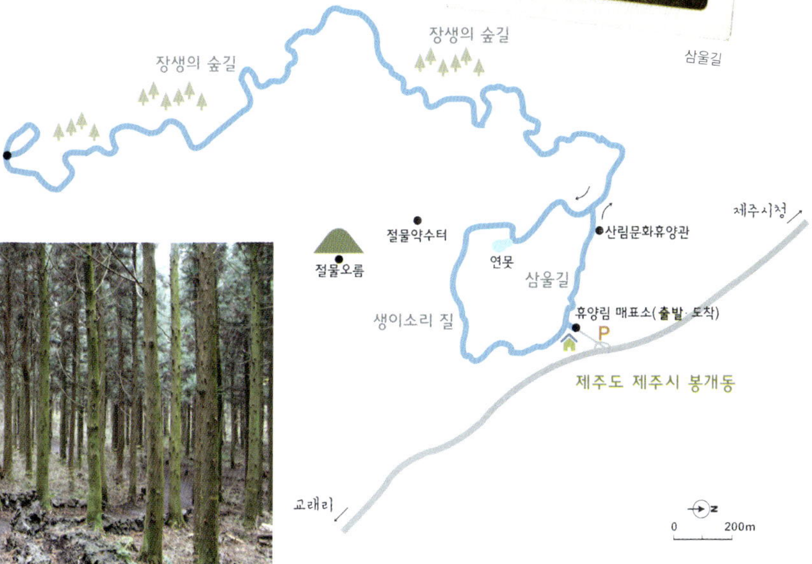

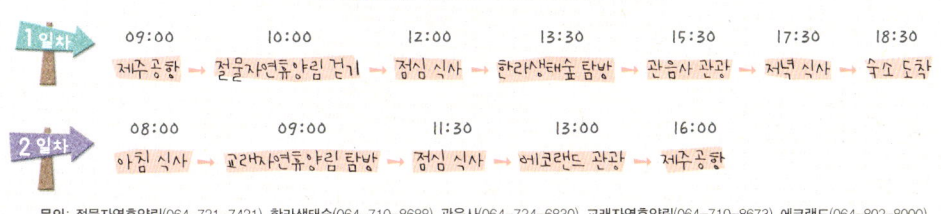

걸어서 해독하자!
주말 디톡스 여행

Copyright ⓒ 2013, 황금시간